THE FABLE OF THE BEES

01

蜜蜂的寓言

[荷]伯纳德·曼德维尔(Bernard Mandeville) 著
谌紫灵 译

中信出版集团 | 北京

图书在版编目（CIP）数据

蜜蜂的寓言：汉、英 /（荷）伯纳德·曼德维尔著；谌紫灵译 . -- 北京：中信出版社，2020.8
（迷人的经济学：影响世界的五大经济学思维）
书名原文：The Fable of the Bees
ISBN 978-7-5217-1849-2

Ⅰ . ①蜜… Ⅱ . ①伯… ②谌… Ⅲ . ①经济学－通俗读物－汉、英 Ⅳ . ① F0-49

中国版本图书馆 CIP 数据核字（2020）第 073814 号

迷人的经济学——影响世界的五大经济学思维
蜜蜂的寓言

著　　者：［荷］伯纳德·曼德维尔
译　　者：谌紫灵
出版发行：中信出版集团股份有限公司
（北京市朝阳区惠新东街甲 4 号富盛大厦 2 座　邮编　100029）
承 印 者：北京诚信伟业印刷有限公司

开　　本：787mm×1230mm　1/32　　印　　张：7.25　　字　　数：150 千字
版　　次：2020 年 8 月第 1 版　　印　　次：2020 年 8 月第 1 次印刷
书　　号：ISBN 978−7−5217−1849−2
定　　价：179.00 元（全五册）

服务热线：400−600−8099
投稿邮箱：author@citicpub.com

目 录

前　言

法律和政府是公民社会的政治主体，就像生气勃勃的精神与生命本身是生机盎然的自然万物的主体。正如那些研究尸体解剖的人所发现的：那维持我们身体运转的东西，那对我们的身体起到更直接作用的重要器官与绝妙源泉，既不是坚硬的骨骼，也不是强健的肌肉和神经，更不是附着在人体表面那美丽动人的光滑白嫩的皮肤，而是那些微不足道的薄膜和血管——它们不是被视若无睹，就是被视作无足轻重。因此，那些把人的本性从艺术和教育中抽离出来而加以考察的人会发现：人之所以会成为社会性动物，不在于他渴望有人陪伴，不在于他心地善良，不在于他有怜悯心，不在于他如何和蔼可亲，也不在于他有迷人的外表等其他优点；相反，在这个于世人眼中伟大无比、幸福安康和繁荣昌盛的社会里，他那卑鄙无耻和让人深恶痛绝的品质才是使他如鱼得水的必不可少的技能。

在下面的寓言中，我在上面所说的东西会得到淋漓尽致的阐述。这则寓言在8年多以前印在一本6便士的小册子上，标题为《抱怨的蜂巢；流氓变良民》(*The Grumbling Hive*；*or Knaves Turn'd Honest*)。在这之后，它很快就被重印，并被人们以每本半个便士的价格沿街叫卖。自从这本书第一次出版以来，我遇到过一些人，他们有意无意地就误读了这本书的意图（如果说它有什么意图的话）。他们认为，这本书的内容是对美德和道德的讽刺，整本书都是为了鼓吹恶德。这使我下定决心，即无论这本书在何时会被重印，我都要以某种方式告知读者这首小诗的真正意图。我并不是要借诗歌之名使这几行松散的句子变得价值连城，也并不指望仅仅因为它们押韵就让读者从中读出诗意。因此，我是真的不知道该怎么称呼它们，因为它们不是史诗，不是田园诗，不是讽刺诗，不是滑稽诗，也不是英雄喜剧诗。要是把它们称作故事，它们又缺乏人们想要的现实可能性；要是将其称作寓言，它们又太长了。我只能说，它们是一个以打油诗形式讲述的故事，其中丝毫没有要小聪明的意图。我竭尽全力把它们写得通俗易懂、平易近人：不管读者按各自意愿将它们称作什么，我都表示欢迎。人们都说，蒙田（Montaigne）对人类的缺陷了如指掌，却对人性之美一无所知。只要他们对我的评价不比蒙田差，我就觉得自己得到了公正的对待。

显然，宇宙中的任何一个国家都可以被理解成这里讲述的蜂巢。从对蜂巢的法律和体制，以及其居民的荣誉、财富、权力和勤劳的描述可以看出，在一个有限的君主政体制度的良善管理下，必定会有一个庞大、富有而且好战的国家。因此，下面几行文字所涉及的人们形形色色的职业，以及他们每一个人所处的各个阶层和地位，所蕴含的讽喻并不是蓄意针对某些特定的人，而仅仅是要表明：各种卑劣的成分聚合在一起，会形成一种构成有序社会的有益混合物。在一个由一些不值一提的部件组成的美妙无比的机器的帮助下，那具有神奇力量的政治智慧是值得颂扬的。因为，正如在正文《寓意》中简要解释的那样，这则寓言的主要意图是要表明：在一个勤劳、富裕和强大的国家，我们绝不可能既享受极度优雅舒适的生活，又享有黄金时代所拥有的一切美德和纯真。因此，我要揭露一些人的荒谬和愚蠢，他们渴望成为富甲一方的暴发户，却又总是低声抱怨或大声谴责恶德与麻烦。有史以来，那些恶德与麻烦同所有王国或国家是不可分割的，而与此同时，那些王国或国家也曾以强大、富裕和文明闻名于世。

为了做到这一点，我在一开始稍微提及了一些错误和腐败，它们发生在某些行业和职业之中。在那之后，我指出，正是那些经过了巧妙管理的每个人的恶德，才造就了国家的伟大和世俗的幸福。最后，通过阐述一般意义上的诚实和美德，以及全民拥有勤俭节约、天真纯洁和知足常乐品性的必然结果，我指出：当人类一直生活在自建国以来就繁荣昌盛的少数伟大的联邦制和君主制国家中时，如果他们能够治愈自己天生的缺陷，那么他们这种建设强盛的文明社会的能力将转瞬即逝。

如果你问我，为什么要说这些？有谁得益吗？这些观念会产生什么好处呢？说真的，除了给读者带来些消遣之外，我觉得也没有什么了。但是，如果有人问我，从这些观念中，人们能自然而然地获得些什么呢？我的回答是：首先，通过阅读我这本书，那些对别人总是吹毛求疵的人将学会反省自己，他们会审视自己的良心，会为自己的满腹牢骚感到羞愧；其次，那些非常喜爱安逸舒适并收获了一个伟大而繁荣的国家所带来的一切好处的人，会不厌其烦地面对那些世界上任何政府都无法移除的麻烦，他们应该了解，他们如果不面对这些麻烦，就不可能享受任何安逸舒适。

如果人们愿意通过听取一些忠言使自己变得更好一些，那么我自然也希望我发表的这些观点能产生这样的效果。可是，这么多年过去了，尽管人类竭尽全力奉献了许多富有教益并使人类社会日臻完善的著作，但人类自己却始终没有什么改观。对于要从这么一件不值一提的小事上取得更大的成功，我并没有自大到抱有什么希望。

考虑到这种微不足道的心血来潮可能产生的小小好处，我想我有义务表明，它绝不会对任何人造成伤害。因为我所发表的东西即使没有什么好处，至少也不应该有什么坏处。为了做到这一点，我加了一些解释性的说明文字。① 读者会发现，在那些似乎非常容易出现例外情况的段落里，自己可能就被包含在内。

那些从未读过《抱怨的蜂巢；流氓变良民》却在鸡蛋里挑骨头的人会告诉我，无论我怎样谈论这个不占全书十分之一内容的寓言，它都只是用来介绍那些解释性的说明文字的引子。我并没有清除那些可疑或模糊之处，我所做的只是强调那些我想去详细阐述的地方。我非但没有竭力减轻以前所犯的错误，反而想把事情做得登峰造极；在漫无边际的题外话里，我比在寓言中更厚颜无耻地证明自己

① 鉴于《迷人的经济学》这套书的特点是“短小精悍”，此版本并未收录这些解释性的说明文字。在此，简要提及一下《蜜蜂的寓言》的出版历史：总体来说，《蜜蜂的寓言》的创作大约耗费了24年的时间。1705年，长诗《抱怨的蜂巢；流氓变良民》正式出版；1714年，《蜜蜂的寓言》出版，作者在长诗《抱怨的蜂巢；流氓变良民》的基础上增加了对长诗的注释（20条）和《探究道德美德起源》一文；1723年，作者在此前的基础上又增加了更多的注释，以及《论慈善和慈善学校》和《探索社会本质》两篇文章——此次真正引发了强烈的反响。之后，作者为回应各种批评又写了《辩护词》，并在之后的所有版本中把大陪审团的陈述词和一封写给C爵士的信一同出版（1724年，作者还在前言中增加了两页，即此中文版前言）；1728年，作者又添加了6篇《对话》——之后的出版社都将其作为“第二卷”处理，1728年的版本为最终版。整体来说，本书收录了1705年的长诗《抱怨的蜂巢；流氓变良民》，1714年的《探究道德美德起源》，1723年的《探索社会本质》以及1724年的前言。——编者注

是一位恶德的守护者。

对这些指控，我一定会以置之不理的态度回敬，因为对于那些满怀偏见之人，最真挚的道歉也会徒劳无功。我知道，那些认为无论在何种情况下恶德都是罪恶的人，永远只会对恶德嗤之以鼻。但是，如果我们能深入研究，那么这种观念所引起的一切过错，也许便是从错误推论中所得出的一个必然错误的结论。我不希望任何人犯这样的错误。当我说恶德与强大的社会密不可分时，当我说没有恶德就不可能有财富和伟大的容身之地时，我并不是说，如果社会中的某些人犯了什么罪，他们就不该受到持续不断的谴责，或者当他们犯罪的时候，他们不应该受到惩罚。

我相信，在伦敦这片土地上，不管什么时候，虽然只有极少数人不得不选择走路，但这些人都希望街道能比平时更干净。除了关心自己的着装是否得体以及出行是否方便之外，他们对其他事情不屑一顾。虽然如此，一旦他们考虑到，那些让自己心烦意乱的东西正是这个车水马龙和繁荣富强的伟大城市的产物，而且如果他们还关心这个城市的福利，那么他们那种希望看到街道一尘不染的心愿大概就会消失得无影无踪。因为如果注意到万物的发展必须仰赖我们把各种各样的材料用于制造无穷无尽的交易品和手工品，如果注意到大量的食物、饮料和燃料每天都在这个城市消耗，如果注意到垃圾和废物正在随之产生，如果注意到成群结队的马匹和其他牲畜总是在街上闲逛，如果注意到动物拉车、四轮马车以及更为沉重的客运马车在没完没了地磨损和撞坏路面，最重要的是，如果还注意到成千上万的人在无休无止地破坏和蹂躏城市的每个角落，总之，如果我们注意到这一切，我们就会发现，这里每时每刻都会产生新的污秽之物。另外，想想这些宽阔的街道离河岸有多远吧！如果要尽可能快地清除这些肮脏的东西，那么我们需要付出多大的代价，以及耗费多大的精力啊！因此，伦敦如果变得一尘不染，就不可能有这样的繁华。现在我想问一下，如果一位良民考虑到了刚才所说的一切，那么他会不会认为，与伦敦的幸福密不可分的肮脏街道是一种必要的罪恶呢？这些街道既不妨碍人们擦鞋，也不妨碍人们打扫。因而，对于恶棍和拾荒者来说，这些街道并没有什么不同。

但是，如果你问我，撇开这个城市的利益或福祉，在什么地方散步最愉快，那么毫无疑问，我的答案是那芳香四溢的花园或者绿树成荫的乡村小道，而绝不会是伦敦这臭气熏天的街道。同样地，如果你问我，撇开世间这一切伟大和虚假的繁华，人们在什么地方最有可能享受真正的幸福，那么我的答案肯定是那平静的世外桃源。在这样的地方，人们既不被邻居羡慕，也不彼此尊崇。而且，这里是被大自然滋养的地方，这里的万事万物时时刻刻都在哺育着自己，人们对此感到心满意足。因此，我的答案绝不是那坐拥金山银山的武力雄厚之地——住在这里的人们，对外会随时出兵以使其他地方俯首称臣，对内则在来自国外的种种奢华中自甘堕落。①

在这本书的第一版中，我对读者说了以上的内容。在这本书的第二版中，我没有在前言中增添任何东西。但是从那以后，一片强烈的抗议之声就对这本书大力鞭挞，这完全符合我对公正、智慧、仁慈和公平品质的期待。一直以来，我对这些人已经深感绝望。大陪审团对这本书提出公诉，这本书因而遭到了成千上万从未读过它的人的谴责。有人曾在市长大人面前将这本书批判得体无完肤。一位神圣的牧师每天都会把这本书攻击得遍体鳞伤，他在大庭广众之下直斥我名，并威胁说要在两到五个月内撰文反驳这本书。在我这本书末尾的《辩护词》中，读者可以看到那些我不得不为自己所做的辩护，还可以看到大陪审团的陈述词，以及一封写给C爵士的言辞华丽、妙语连珠且语义连贯的信。②这位作者在谩骂方面天赋异禀，在发现别人

① 1714年版本的前言到此结束。——编者注

② 此版本并未收录《辩护词》、大陪审团的陈述词以及一封写给C爵士的信。——编者注

找不到的错漏方面智慧非凡。他热衷于反对邪恶的书籍，矛头直指《蜜蜂的寓言》，对其作者大发雷霆。他把四大骂名加在作者的滔天之罪上，并将一些优雅的讽刺名号赐给了大众，因为他觉得，让这样的作家活下去危险丛生，会使上天报复整个国家，而他自己却大慈大悲地奉劝大众要提防这个作者。

考虑到这封信的篇幅很长，而且也不完全是写给我一个人看的，起初我只想从里面摘录一些与我有关的东西。但仔细一看，我发现，那些与我紧密相关的文字是和那些与我毫无干系的文字交织在一起的，因此，我不得不用整封信来烦扰读者。虽然这封信冗长，但我也希望，对于那些因为细读过这些文字而觉得不寒而栗的读者来说，他们也能饶有兴致地想到这位写信人的“良苦用心”。

抱怨的蜂巢；流氓变良民

蜜蜂聚居在敞亮的蜂巢，
过着安逸和奢华的生活；
他们靠严明的纪律扬名，
数量万千并且勤劳异常；
这蜂巢实乃一造就科学
与工业的伟大非凡之国。
所有蜜蜂都被妥善安置，
没有躁动也没有不满意：
他们既非暴政者的奴隶，
也不受疯狂民主的管制；
这仅仅是因为各个国王，
他们的权力受法律限制。

蜜蜂们像人类一般生活，
微缩地演绎着人类行动。
他们在城里所参与之事，

就包括缝制衣物或铸剑；
那精工细活由那些敏捷
且难以看见的纤肢成就；
那看不到的引擎和工人，
船和城堡，军队和工匠，
店或器材，技艺和科学，
与人类生活均一一对应。
那听不懂的蜜蜂之语言，
能与我们的命名相对应。
除此之外，还需要坦诚，
就算是有了守卫与国王，
他们也需要娱乐，自然
能断言，他们拥有戏剧；
军团里的士兵们除了排
节目，实在是用处全无。

众蜂涌入硕果累累之巢，
使得蜂巢更加兴旺繁华；
为了彼此的欲望和虚荣，
其中一些甘愿心尽力竭；
有些乃被雇蜂群之成员，

眼看其手工品遭受摧残；
他们占帝国的半壁山河，
却干着比工蜂更多的活。
资本雄厚且毫无苦痛者，
投身于利润丰厚的行业。
哎！使用镰刀和铁锹者，
则做着繁重艰辛的工作；
苦难者每天都流着汗水，
为了温饱，耗尽了气力；
还有那从事神秘工作者，
其学徒只占蜜蜂之少数；
无须资本，厚脸皮即可，
轻而易举便能顶天立地；
他们就是那些偷鸡摸狗、
坐吃山空或花天酒地者，
这群蜜蜂个个居心叵测，
他们狡猾到了不择手段
地将憨厚老实而又大意
的邻居之劳动占为己有。
流氓是他们的称谓，但
严肃的勤勉者也是如此；

各行各业都了解些骗术，
所有行业均充斥着谎言。

职业律师的基本诀窍是，
加剧纷争，并雪上加霜；
这些骗子与登记员对立，
为了少量财产披星戴月；
他们自认此乃合法之事，
若无诉讼，便众人皆知。
故意拖延听证会之举办，
却精打细算着每笔佣金；
为了捍卫某邪恶的案件，
需对相关法律烂熟于心，
如窃贼面对住房和商店，
要为突破重围找寻良机。

医生所珍视的名利双收
高于那垂危病人的健康，
高于医学造诣：药剂师
钻研的不是医术的规则，
那木讷神情和呆滞举止，

才让这药剂师青睐不已；
赞美产婆、牧师等人员
一直为生者与死者服务。
忍受那一言难尽的琐事，
聆听夫人的姑妈之吩咐；
笑着问候，尴尬而好心，
毕恭毕敬，享家庭之乐；
还有，最要命的诅咒是，
忍受看护们的挑三拣四。

主神，你那众多的神父，
其身份蒙受上天之祝福，
但愚昧无知且暴躁者众，
学识渊博而善辩者则寡；
他们通过了测试，隐藏
着懒惰、贪欲以及骄傲；
如低等裁缝、落魄水手
一般，因而闻名于世间；
有些偷偷地祈求着食物，
枯瘦如柴并且衣着寒酸，
仅仅想填充自己的仓库，

实际上，却是所得甚少；
这些神圣的苦工正挨饿，
那些受其服务的懒惰者，
却正享受着安逸，脸上
飞扬着健康的奕奕神采。

那些不得不参战的士兵，
若幸存，则会得到荣誉；
有些蜜蜂避开血雨腥风，
远离战场，却残肢断臂；
有浴血杀敌的英勇将军，
也有受贿放走劲敌之士；
有冒险者踏入战火烽烟，
缺胳膊断腿乃家常之事；
无力战斗便有被弃之遭，
仅靠微薄薪水苟活于世；
还有蜜蜂从不奔赴战场，
在家里领取着高额俸禄。

国王们高枕无忧，私下
却被其大臣无情地欺骗；

大臣们沦为名利的奴隶，
攥着每一块省下的钱币：
俸禄少，生活却很阔绰，
大言不惭地说自己正直。
看哪，他们滥用着权力，
那滑溜把戏仅权宜之计；
当民众看破他们的伪善，
他们便动用金钱做交易；
面对那些利益相关之事，
从没有想过朴素和平淡。
哎！每只蜜蜂都从那里
得到了不应该得到之物；
他像赌徒一样有所付出，
但他不会因此四处宣告；
尽管公平，他也不会在
失败者的面前承认胜利。

尽管连枷[①]没有任何抱怨，
但谁能复制所有的欺诈？

① 连枷（Flail），一种打谷用具，此处用来指代那些利用各种机会发财的蜜蜂（人）。——译者注

他们在交易所的不正当
出售方式却丰富了世界，
买家们常常会发现自己
混淆了精英和各种废物。
谁能把食盐换成黄油呢？

正义女神因公正而闻名，
这蒙眼者仍有七情六欲；
她的左手本应握着天平，
却接受着金灿灿的贿赂；
她虽然看起来一视同仁，
但所施惩罚却出于私利，
对谋杀和所有暴力罪行，
则佯装经过了正当程序；
最初虽因作弊而被指责，
但最终因失败而被杀害；
然而，她的剑则被用来
对付那绝望和贫困之人；
这仅仅是一件必然之事，
为了富人和伟人，他们
被挂在那棵可鄙的树上，

这些罪犯不该有此境遇！

因此，每部分都有罪恶，
但这整个蜂国却是乐园；
有和平之乐和战争之怖，
但异邦蜂国却予其尊崇。
享受生活，挥霍着财富，
乃其他蜂国向往之天堂。
这就是那个蜂国的福祉；
那些罪犯使得蜂国伟大：
那来自政治的各种美德，
已学会上千种阴谋诡计，
受那邪恶的快乐之熏陶，
已经融为一体。到最后，
众蜂中的恶贯满盈之士，
却对公众利益贡献卓越。

蜂国如此精妙，它维持
着那由怨气构成的整体。
正如刺耳的不和谐音符
飘荡于和谐的音乐之中。

这些处于怨恨中的音符，
对峙着，却成就了彼此；
那为了清醒的戒酒行为，
却滋生醉酒和暴食暴饮。

贪婪啊，这罪恶的源头，
这罪该致死的邪恶东西，
成了那挥霍之士的奴才，
这是高雅之罪；而奢侈
却支配着数百万穷苦人，
以及不可一世的更多人。
那妒忌和虚荣之心本身，
是激励蜂群勤勉的大臣；
那些可爱的愚蠢和浮夸，
现于食物、家具和衣服。
奇怪可笑的恶习变成了
滚滚车轮，使交易发生。
法律和多变的外衣雷同，
都是些变幻无常的东西！
因为，此时的正当行为，
在半年后就会触犯法规；

然而，当法律被改变时，
查漏补缺之事从未停歇，
改过自新之事反复无常，
毕竟错误总是不可预知。

因此，邪恶孕育了智慧，
它与勤勉一道快速前进，
它给生活带来种种方便，
那些真实的快乐和安适，
竟使那些贫穷之士过得
比以前的富裕者更幸福。
它带来的东西无与伦比。

要是知道了幸福的界限，
那众生之福该多么苍白！
那肉体凡胎身上的完善
要多于上帝给予的赐福；
那一群满腹牢骚的废物
对大臣和部长感到满意。
但每一次面临失败之时，
就成了没有食物的生灵，

咒骂着那些该死的骗子，
该死的政客和军团舰队；
尽管知道自己也是骗子，
却排斥他人，粗鲁无比。

欺骗主人、国王和穷人，
自己却坐拥着万贯家财，
大声呼喊土地要被没收，
因为欺诈仍存；你觉得
那喋喋不休的无赖是谁？
一个哄骗顾客的手套商。

坏事，或者说那些破坏
公共事务的事都已做绝，
但所有流氓都无耻哭泣，
上帝啊，我们只要诚实！
有对这事莞尔一笑之士，
有觉此乃丧失理智之人，
对自己所爱总满腹抱怨。
但主神却已经义愤填膺，
他立下誓言，势必根除

充满欺诈和抱怨的蜂巢，
他一言既出，驷马难追。
一旦欺诈抱怨销声匿迹，
诚实就装满了蜂群之心；
就像是善恶树让其看到
自己那无地自容的罪行；
他们如今都在默默悔恨，
对自己的丑陋感到脸红：
就像孩子一般隐藏过错，
红脸颊反映他们的想法：
自认为旁人盯着自己看，
就是知道自己所犯之错。

神啊！蜜蜂已惊慌失措，
简直就跟晴天霹雳一样！
仅仅半小时，举国上下，
每磅猪肉就降了一便士。
从伟大的政治家到小丑，
他们丢弃了虚伪的面具。
一些闻名于世的假面者，
觉得自己已经脱胎换骨。

那天起，酒吧静悄悄的；
那被债主忘记了的欠款，
那被一笔勾销了的欠款，
那欠债者竟要主动还清。
曾经的犯错者默然站立，
把难看的补丁衣服丢弃。
那些散布于四处的律师，
比诚实蜂巢的都要幸运。
除了奔波者能勉强度日，
其他蜜蜂都已经被抛弃。

正义使罪犯或死或流放，
女神完成了这样的使命，
于是没有了存在的必要，
其豪华排场已逐渐退却。
铁匠们带着锁、铁栅栏、
脚镣和铁片门离开此地；
狱长、狱卒和助手随行。
在女神的面前，在远处，
是那忠诚无比的守护者，

法律的伟大终结者凯奇[1]。
他并未持有传说中的剑，
而是紧握着斧头和绞索。
然后，公正被云朵遮蔽，
正义女神便飘扬在空中。
紧随身后的是她的战车，
以及那数不胜数的警察、
将士、法警和法庭官员，
他们在泪水中勉强度日。

生病时，尽管医术尚存，
却只有艺高者能开处方；
其往返之蜂巢相距甚远，
因而无须冒险弄虚作假；
没有无谓的争辩，竭力
为病了的蜜蜂免除痛苦；
任凭诈骗之国生产药品，
仅使用本国自己的产品；
他们知道，众神不会让
疾病发生在无医药之国。

① 凯奇，即凯奇老爷（Squire Catch），意指刽子手。——译者注

蜂国教士从懒惰中奋起，
不再向过往者收取费用，
自力更生，并弃绝罪行；
因祷告与祭品而生的神，
其中有些不合格或知道
自己毫无用处，遂隐退；
许多蜜蜂都不需要敬神，
如果诚实者还需要祭祀，
大祭司会主持少数圣事，
剩下的虔诚者选择服从；
他自己从事神圣的工作，
而不过问其他国家大事。
不将挨饿者从门前赶走，
不会克扣穷苦者的工资；
饿者能在他家填饱肚子，
工人能找到无数的面包，
流浪者也能有栖身之所。

在国王的那些尊贵大臣，
以及所有的各级官员中，
变化是如此巨大，现在，

节俭的他们靠俸禄生活。
穷困者曾一直向其索取
他那应得的一小笔欠款，
尽责的手下以王冠返还，
却无须再返还任何差价，
这在当下却被称为诈骗，
尽管以前叫作额外补贴。
三个巨头掌管着这一切，
相互监管着各诈骗事宜，
彼此之间常常惺惺相惜，
各自都干着偷窃的工作。
他们很高兴有监管存在，
万千蜜蜂却离开了蜂国。

现在没有荣誉使人满意，
所花之钱都应还给别人；
掮客的财产都在商店里，
他们很高兴能远离马车；
那成套出售的高贵马匹
和乡间别墅都只为还债。

远离一切的虚伪和欺诈，
没有千军万马驻守国界；
嘲笑异国蜜蜂因为自大
和战争带来的空虚荣耀；
当权利或自由受威胁时，
为水深火热的国家战斗。

来看看那尊贵的蜂巢吧！
诚实与交易是多么一致。
虚假的作秀已灰飞烟灭，
呈现出天翻地覆的变化。
现在不仅是离开的蜜蜂
每年消耗了大量的东西，
还有那靠此生活的众蜂，
也每天被迫做相同的事。
其他行业也是于事无补；
所有财富都在日益减少。

土地和房屋价格在下跌；
那奇迹般的宫殿和城墙，
像底比斯被当作砝码般

即将出租；而那些曾经
安坐高堂的欢乐神，却
宁可死于大火，也不愿
见到门上那刻薄的铭文
嘲笑那令其厌恶的虚荣。
建筑行业已经被摧毁了，
技术工人也失去了工作；
画师不因作品蜚声世界，
石匠和雕刻也不名一文。

那留下者尽力变得节制，
其心思从花钱移至生存；
在付完酒馆的账单之后，
便永远远离了那些酒馆。
如今，不再有葡萄酒馆，
不再有锦衣玉食的奢华；
不再有托凯酒的金钱罐，
勃艮第和奥特朗亦如此。
朝臣隐退，他们和夫人
坐在家中吃着圣诞豌豆；
并在每天花上两个小时

悉心地照料着那一群马。

克洛亚想要阔气地生活，
让丈夫去抢劫其他国家；
但她现在已卖掉了家具，
印度蜂洗劫过这些东西。
她发誓要干那粗重之活，
整年都要穿那粗布麻衣，
轻浮和多变已经消逝了；
服装和时尚却永存于世。
将昂贵丝绸与金箔缝好
的织工和其他类似职员
没有了；只有和平富足，
每样东西既便宜又朴素；
只有善良，不再有暴力，
这一切都是自然产生的；
也不再有什么稀世珍宝，
不再有什么耕耘与收获。

随着骄傲和奢侈的减少，
众蜂便丢失了大片海域。

不再有商贩，所有公司
已经关闭了各自的工厂。
各个行业已经丢弃谎言；
那击碎了勤奋的满足感，
让众蜂享受平凡的生活，
再也不会垂涎任何东西。

大量的蜂巢已所剩无几，
蜜蜂只占敌国百分之一，
虽难抵万千仇敌之侵扰，
却依然英勇地发起反抗，
一直退至那些防守之地，
或捐躯，或仍坚守阵地。
他们的军队里没有雇工；
他们勇敢地为自己而战，
他们的英勇不屈和正直
使其赢得了最终的胜利。

他们为胜利付出了太多，
成千上万的蜜蜂牺牲了。
在历经那万千磨难之后，

他们认为安逸是种恶习；
他们的自制力大大增强。
为了拒绝那些铺张浪费，
他们飞进了一棵空心树，
安心享受着满足和诚实。

寓　意

不要抱怨：傻瓜才想竭
力打造伟大的诚实蜂巢。
享受着世界带来的便利，
赢得军功，过着慢生活，
远离重大恶德，这只是
在大脑中才有的乌托邦。
在我们享受着福利之时，
欺诈、奢侈和骄傲必存。
饥饿无疑是可怕的瘟疫，
难道有谁没有这种感觉？
难道不应将酒业之繁荣
归功于那干瘪的藤蔓吗？
它在其嫩芽无人关注时，
与同胞争锋，终成大树。
当那砍伐的季节到来时，
我们便收获了甘美果实；

所以，那恶德是有益的，
当其被正义修剪束缚时；
对于国家，它必不可少，
正如饥饿催人填饱肚子，
它让这个国家变得繁荣。
仅有美德并不能使各国
昌盛；各国若想使黄金
时代复活，就必须心平
气和地看待恶德与美德。

导　言

了解自己的人是很少的，造成这种现象的一个最重要的原因是：大多数作家总是在教导人们应该成为什么样的人，而很少费心去告诉他们真正是什么样的人。至于我，我对彬彬有礼的读者，或我自己，没有任何赞美之词。我相信，人在除去肉眼可见的皮、肉、骨头等之后，便是一种由各种激情构成的混合体。只要这些激情被激发，它们就会轮流支配着人类，而不管人类愿意与否。这些让我们假装觉得羞耻的品质，正是繁荣社会的巨大支柱——这就是前面那首诗的主题。但其中却有一些看似矛盾的段落，因而我在前言中承诺要对此做出解释性的说明。我认为：即使某个人没有完美无缺的品质，他也可以通过自己的不完美去学会区分美德和恶德。这些解释性的说明恰恰有助于将这个问题探讨得更加清楚。当然，我希望读者在这里能再一次注意：我所说的人，既不是犹太人，也不是基督徒，而是纯粹的人，处于自然状态和对真正的神一无所知的人。

探究道德美德起源

所有未受教育的动物都只关心如何使自己快乐，于是它们很自然地就会追随自己的天性，而不考虑自己的快乐会给别人带来什么好处或坏处。正因为如此，在大自然的蛮荒状态下，那些过着平静生活的动物最适合大量聚集在一起，它们既没有什么理解力，也没有什么要满足的欲望。因此，对于任何一种动物来说，如果没有政府的约束，那么它们都不可能有像人类那种在长时间达成一致意见而成群地生活在一起的能力。然而，对于人类的这种品质究竟是好是坏，我无法做出判断，因为除了人类以外，没有任何生物能被赋予社会性。但是，人不仅仅是一种狡黠的动物，也是一种非常自私和任性的动物。他可能会一时被强大的力量征服，但无论如何，仅仅依靠武力是不可能让他变得温顺的，也不可能使他有所改善。

因此，为了把社会建立起来，那些为此殚精竭虑的立法者和其他智者的主要工作就是使那些被他们管理的人相信：对每个人来说，克服私欲比放纵私欲更有益，关心公众利益也比关心个人利益好得多。一直以来，这便是一项异常艰巨的任务。为了完成这项任务，人们使用了许多智慧之法或雄辩之术，各个时代的道德家和哲学家都使出浑身解数来证明这个命题的真实性和有效性。但是，不管人类相不相信这个命题，都不太可能有人能说服他们克服自己的自然天性，或者如果对方没有同时向自己提供某种可以当作同等享受的替代物，以作为对侵犯他们自然天性的奖赏的话，那么这些人都不会愿意将别人的利益置于自己的利益之上，因为他们如果这样做，就是对自己天性的不忠。那些致力于人类文明事业的人并非不知道这一点。但是，由于不能对每个人的每一种行为都给予那么多物质奖励，所以他们不得不发明某种精神奖励，并将其作为某种一般等价物，以代替在一切场合下因为自我克制而造成的麻烦。对他们自己和其他人来说，这种等价物不会造成任何损失，但对接受者来说，这却是一种最能获得认可的补偿。

他们仔细检查了人类天性中的所有优点和弱点，发现没有哪个粗鄙之人不为赞美所陶醉，没有哪个野蛮之人能容忍轻蔑。他们得出了一个公正的结论：奉承一定是人类所能使用的最有力的论据。借助这迷人的引擎，他们对我们那优于其他动物的天性大加赞扬，对我们妙不可言的智慧和无边无际的理解力赞不绝口，给我们的心灵理性赐予了无穷无尽的赞美之词，并宣称，由于这些，我们才取得了至高无上的成就。他们用这种巧妙的奉承方式，使自己潜入人们的心里，并开始向人们灌输关于荣誉和耻辱的观念。其中，一种观念代表的是万恶之首的恶德，另一种观念代表的则是人类能有所期待的至善。做了这一切之后，他们便在人们面前表明：如此高尚的物种，竟如此热心地去满足那些和禽兽无异的欲望，以至忽略了那些使他们比一切可见的生物都要卓越的更高级的品质，这是多么名不副实啊！他们的确承认：这些与生俱来的冲动是非常强烈的，与它们对抗是一件很麻烦的事，而要完全克服它们更是一项难于登天的任务。但他们给出的论据只是为了证明：一方面，征服它们是多么光荣；另一方面，不试着攻击它们又是多么可耻。

此外，为了引入竞争，他们把整个人类分成了有着天壤之别的两类。一类是卑鄙下流之人，这类人总是追逐眼前之乐，完全不能自我克制，完全不顾他人利益。对于他们来说，没有比个人私利更高的目标。此类人是肉欲的奴隶，毫不抵抗地屈服于每一个粗鄙的欲望，从不利用自己的理性，只想提高自己的感官享受。他们说，这些卑躬屈膝的野人是同类中的渣滓，除了人的外形，此类人与禽兽无异。但是，另一类则是由意气风发的高尚之人组成的。这一类人摆脱了卑鄙龌龊的自私，把精神上的进步看作他们最闪耀的财产。这些人之所以追求正确的价值，不是为了取乐，而是为了让自己的优点更加璀璨夺目。这些人对自己与非理性生物之间的共同之处嗤之以鼻，在自己理性的帮助下，与自己的天性对抗。为了与他人和睦相处，为了促成公共福祉及征服自身激情，这些人持续不断地与自己做斗争。

Fortior est qui se quàm qui fortissima Vincit

Moenia …

（制服己心的，强如取城……）[①]

第二类人被认为是人类这一崇高物种的真正代表，他们本身并不比田间野兽优越多少，但他们的价值远远超过前面提到的那一类人。

我们发现，对于所有的动物来说，并不是因为它们不完美以至我们不能发现其具备骄傲之心；与此相反，那些在同类中完美无缺的动物（比如这种动物漂亮动人且尊贵

① 选自《圣经》，全句为："不轻易发怒的，胜过勇士；制服己心的，强如取城。"此处为拉丁语。——译者注

无比）通常都拥有无可比拟的骄傲之心。因此，在人这种最完美的动物身上，骄傲之心与人的本性竟如此密不可分（不管有些人学会如何高超地隐藏或掩饰它）。没有骄傲之心，人这种混合体就会缺少一种最主要的成分。我们只要稍加考虑，就一定会发现：骄傲之心不过就是教训和规劝罢了。骄傲之心与人们的自我感觉良好如此相得益彰（我在前面提到了那些赞美之词）。如果这种观点被公布于众，那么它不仅必然会获得大多数人和思辨者的同意，而且同样也能教导一些人，尤其是那些热情似火和坚定无比的杰出人士（他们要忍受千种麻烦，经历万种磨难）。这些人可能高兴地认为自己是第二类人，从而把那些存于世间的优秀品质都安在自己身上。

我们应该从上面所说的想到，首先，那些为了控制自己与生俱来的欲望而付出巨大努力的英雄，把别人的利益看得比自己的利益更重要，绝对不会放弃自己所接受的关于理性的生物是多么高贵的美好观念；而且，他们有政府这至高无上的权威给予支持，他们以那想象得到的气势维护着属于第二类人的尊严和他们那相对于其他同类的优越性。其次，那些想要有足够的骄傲之心或决心来支撑自己，从而让自己舍弃至爱的人，虽然遵循着天生的感官指令，虽然被普遍认为与禽兽相差无几，但是仍羞于承认自己是属于低等类别的卑鄙小人。因此，在为自己辩护时，他们会像其他人一样，尽可能地掩饰自己的缺陷，尽可能地推崇自我克制的美德和公益精神。他们中的一些人，很有可能对自己看到的那些真正的坚韧不拔和自我征服精神心悦诚服，从而赞赏别人身上那些自己想拥有的品德；另一些人则害怕第二类人的决心和勇气，他们都对统治者的权力心生敬畏。因此，我们有理由认为，如果要公开为其他所有人所认定的有罪行为辩护，那么他们每个人（无论他们如何看待自己）都会做缩头乌龟。

这就是为了击溃野蛮人所采取的方式，或者至少是已经使用了的方法。从这里可以看出，道德的最初基础是由老练的政治家们提出的，其目的是使人们互相帮助，同时又使人们易于管理，当然主要也是为了使野心勃勃的人从中获得更大的利益，最终使他们在管理广大人民时更加容易和享有更好的保障。一旦奠定了政治基础，人类就不可能长期处于不文明状态。因为即使是那些只追求满足个人欲望的人（尽管他们不断地被有相同欲望的人阻挠）也能注意到：无论什么时候，只要他们克制自己的欲望，或者更加小心谨慎地遵循自己的意愿，他们就无须面对那数不胜数的麻烦，并且往往也能避免许多通常因过于急切地追求享乐而带来的灾难。

首先，他们和其他人一样，从那些为了整个社会的利益而采取的行动中得到了好处。因此，对于这些采取这类行动的属于更高类别的人，他们便不由自主地心生好感。其次，他们越是心无旁骛地追求自己的利益（不顾他人利益），就越相信：挡住自己道路的并不是其他人，而最有可能恰恰是自己。

为了获得他人的劳动果实及其自我克制的成果，为了能够不受干扰地放纵自己的欲望，他们中的穷凶极恶之徒比任何人更热心于宣扬公益精神。他们同意其他人的意见，认为那些不顾公众利益而只致力于满足自己欲望的一切行为都是恶德。如果他们能在这种情况下预见一点什么，那么他们便有可能看到这种行为对社会中的某些人有害，或者看到自己向别人提供的服务会更少。与此同时，如果人们违背与生俱来的冲动，出于善良的理性抱负而努力为他人谋福利，或征服自己的激情，这样的行为就会被称为美德。

应当指出的是：只要大多数人还没有一致崇拜某种统治力量，文明社会就不会存在。因此，善与恶的概念以及美德与恶德的区别并不是政客们的诡计，而只是受到了信仰的影响。在解释这个异议之前，我必须重复一下我已经说过的，即在这篇《探究道德美德起源》中，我所说的人，既不是犹太人，也不是基督徒，而是纯粹的人，处于自然状态和对真正的神一无所知的人。然后，我要明确表明的是：其他国家所有那些关于偶像崇拜的迷信，以及那些关于至高存在的糟糕观念，都不能激发人的美德。除了使粗野和没有思想的大众心生敬畏和觉得好笑以外，它们没有任何用处。历史证明，在那些值得一提的社会里，无论人们的观念多么愚蠢或荒谬（例如他们那些关于崇拜神灵的观念），人性都曾在各个方面发挥作用。世间没有一种智慧或道德美德能与财富和权力相媲美，只是有些时候，在所有君主制度和联邦制度里，总有那么一些人在这方面显得出类拔萃。

古埃及人不满足于把他们能想到的所有丑陋的怪物神化，他们愚蠢到崇拜自己种的洋葱。但与此同时，他们的国家却是闻名于世的艺术和科学的摇篮。在探索最不可思议的神秘自然现象方面，他们比任何国家的人都要驾轻就熟。

在产生的所有道德美德的模式方面，天下没有哪个国家或王国能与古希腊和古罗马帝国媲美，尤其是古罗马。然而，它的人民是怎样对神圣事物表现出莫名甚至荒唐可笑的感情的呢？因为如果我们不考虑他们那被夸大了的神明的数字，而只考虑他们给那些神明所编造的臭名昭著的故事，那么不可否认，他们的宗教不但没有教导人们如何去征服他们的激情，不但没有向他们指明通向美德的道路，反而似乎是在为他们的欲望辩护，鼓励他们的恶德。但是，如果我们想知道是什么造就了他们那异于常人的坚贞不屈、英勇无畏和宽宏大量的品格，我们就必须把目光投向他们那辉煌的凯旋庆典、宏伟的纪念碑和拱门，以及他们的战利品、雕像和碑文。我们还需要看到他们那多种多样的军衔，他们给死者授予的荣誉，他们对生者的赞颂，以及他们给有才能之人的其他所有能想象得到的奖励。然后，我们便会发现：使古罗马人将自我克制做到登峰造极的，并不是什么别的东西，而是他们那运用某种非常有效手段迎合人们骄傲之心的策略。

可见，并不是任何野蛮人的宗教或其他与偶像崇拜相关的迷信，而是那些考虑周全的政治家的老练管理，最先使人们克制自己的欲望以及抑制自己最珍视的天性。我们对人性研究得越深入，就越相信，道德美德是迎合人们骄傲之心的政治产物。

如果那种阿谀奉承的魔法被巧妙运用，而且与人们的能力配合得恰到好处，那么不管人们如何能力过人以及如何明察秋毫，他们都不能完全抵御这种魔法。孩子和傻瓜会囫囵吞下这些对他们个人的赞美，但我们必须给予那些更精明的人更巧妙的赞美。奉承之语越具有普遍性，被奉承的人就会越相信它。你称赞全镇的人，全镇的人会乐于接受。一般来说，赞许文人会让每一位饱学之士觉得自己要对你表示衷心的感谢。你可以放心地赞扬一个人的职业或者他出生的国家，因为你给了他一个机会——他可以在佯装对他人的尊重中掩饰自己产生的快乐。

这在精明的人中间是常有的事，这些人知道奉承对骄傲之心能产生某种力量。当害怕自己会被别人愚弄时，他们就会十分违心地对那些过多的荣誉、公平的交易以及自己的家庭和国家，有时甚至对自己职业的忠诚度心生疑虑。因为他们知道，人们往往会改变自己的心意，做出违背自己天性的事。因此，他们虽然也许会继续乐于让自己的行为与观念契合，但还是知道事实并非如此。这样的话，睿智的道德家们就会把人描绘得像天使一样，希望至少某些人的骄傲之心会迫使他们模仿天使所代表的美丽原型。

当无与伦比的理查德·斯蒂尔爵士（Sir Richard Steele）[①]以其惯有的优雅朴素文风，对崇高物种给予绵延不绝的赞美，并以华丽的修辞阐明了人性的优越性时，他那令人愉快的思想倾向和彬彬有礼的表达方式无不使人沉醉。虽然我常常被他雄辩的口才打动，并乐意接受他巧妙的诡辩，

① 理查德·斯蒂尔，英国著名散文家，代表作包括《葬礼》（1701）、《撒谎的情人》（1703）、《温柔的丈夫》（1705）及《互相谅解的情人们》（1722）。他出版过政府报纸，当过国会议员，其成就在期刊文学上最为亮眼。——译者注

但是我只能以从未有过的严肃回想他那些巧妙的赞美，我想到了妇女在教孩子礼仪规矩时所使用的那些花招。当一个还不怎么会说话或走路的小女孩，在经过百般恳求后，开始第一次笨手笨脚地行屈膝礼时，保姆便会心醉神迷地赞不绝口："做得真好！小姐真棒啊！真是一位窈窕淑女！啊，小姐行屈膝礼比她姐姐莫莉行得更好呢！"众女仆随声附和，而那位妈妈则紧紧地搂着那个小女孩。知道怎样行一个非常漂亮的屈膝礼的，只有比她大四岁的莫莉小姐。莫莉小姐对众人荒谬无稽的赞美感到不可思议，她怒不可遏，想要为她所受的不公大哭一场。直到有人在她耳边悄悄告诉她，这只是为了取悦婴儿（她已经长大），她才为自己能参与这个秘密感到骄傲。她为自己高人一等的理解力感到高兴，并把刚刚听到的话一遍一遍地添油加醋，还对妹妹的弱点大加侮辱。而在此期间，她的妹妹则一直觉得自己是众人中的骄子。在那些认知超过了婴儿的人看来，这些夸大其词的赞美就是一种过分的谄媚表现，当然也可以被称作令人反感的谎言。然而，经验告诉我们，在这些数不尽的赞美之词的帮助下，年轻的小姐们会被带去行漂亮的屈膝礼。比起那些没有接受赞美之词的小姐，她们很快就会变得彬彬有礼；在成为淑女的道路上，她们面对的难题要少得多。男孩子也一样，人们会努力去说服他们，所有的绅士都会按大人们的吩咐去做。只有叫花子才会粗鲁无礼，才会弄脏衣服。不仅如此，当一个没有教养的野孩子开始笨拙地捣弄自己的帽子时，他的母亲为了让他摘下帽子，便会告诉这个不到两岁的孩子，他已经是一个男子汉了。如果她想让孩子重复这个动作，她就会告诉孩子，他现在就是一个船长、一个市长、一个国王，或者任何一个她能想到的更伟大的人物。在赞美的力量的推动下，这个小顽童竭尽所能，用尽一切办法把自己表现得像他所认为的大人物的样子，但其实这小屁孩的脑袋瓜里还没有装什么东西，他只是尽力想象罢了。

最卑贱的人认为自己是无价之宝，在这一点上，野心勃勃之人的终极愿望就是希望全世界所有人与他意见一致。因此，一直以来,各路英雄之所以在无穷无尽的欲望中保持着昂扬的斗志，只不过是因为他们有一颗难以克制的贪婪之心。正如他们已经赢得了同一时代之人的尊敬与崇拜一样，他们还希望赢得未来时代的其他人的尊敬与崇拜。不管亚历山大或恺撒如何再三思量，以下这个事实都是一件让他们颜面尽失之事。各路英雄所收获的巨大报偿其实什么都不是，只不过是一种人类气息，一种与赞美有关的空气币，而最高贵的人却为此不惜牺牲他们的宁静、健康、感官愉悦和与自己相关的一切。每当想到那些大人物都在郑重其事地谈论那个马其顿狂人（Macedonian madman）[1]，那个有着广阔灵魂和强而有力的心脏的人时［据洛伦佐·葛劳提安（Lorenzo Gratian）说，世界坐落在这个伟人心脏的一角，而那心脏是如此宽敞，以至里面还可以容纳6个世界］，谁还能忍住不笑呢？我是说，每当想到洛伦佐·葛劳提安把他对亚历山大的赞誉与亚历山大在自己创造丰功伟绩的过程中制定的目标拿来比较时，谁能忍住不笑呢？当亚历山大历经千辛万苦通过海达斯佩斯（Hydaspes）时，他大声呼喊："雅典人哪，为了赢得你们的赞誉，你们能相信我使自己处在水深火热之中吗？"[2]此时，如果我们要用最让人心服口服的方式来定义那无上的回报，那么我们最有可能这么来讲述：当一个人想着别人会为他鼓掌时，这种回报就包含在一种至高无上的幸福中；当一个人意识到自己做了一件高尚的事时，他就会在自爱中享受这种幸福。

但在这里，有人会告诉我：除了野心勃勃者的战功炫耀和公众为之喝彩的喧嚣外，还有一些高尚慷慨的行为在悄悄衍生。美德本身就是奖赏，那些真正善良的人会对自己意识到这一点心满意足，这就是他们期望从最有价值的

① 马其顿狂人，指亚历山大大帝。——译者注

② 此段典故可参见Bayle, *Dictionary and Miscellaneous Reflections*。——译者注

行为中得到的所有回报。众多野蛮人之中依然会有这样的人：在行善时，他们根本不渴望得到感谢和掌声，他们千方百计地一直瞒着那些接受他们恩惠的人。因此，在使人们达到自我克制的最高境界方面，骄傲之心毫无用处。

对此，我的回答是：如果没有完全了解一个人的行为原则和动机，那么我们要对其表现做出评判简直是痴人说梦。虽然怜悯是我们所有情感中最温和与最无害的一种，但正如愤怒、骄傲或恐惧一样，它也是我们天性中的一个弱点。最弱的人通常拥有最大的同情心，因此没有比妇女和儿童更富有同情心的人了。我们必须承认，在我们所有的弱点中，同情心是最亲切可人的，与美德相差无几。不仅如此，如果社会中没有什么人拥有同情心，社会就难以存在。但是，由于同情心是一种自然的冲动，它既不考虑公共利益，又不考虑我们自己的理性，所以它既可能产生善，又可能产生恶。同情心在破坏处女名誉、败坏法官品格方面都能发挥作用。不管是谁，如果他的一举一动是以同情心为原则的，那么无论他给社会带来什么好处，他都不值得赢得别人的赞誉，他只会沉溺于一种碰巧对公众有益的激情之中。拯救一个即将落入火坑的无辜婴儿是没有任何价值的，这种行为无所谓好坏——无论婴儿得到什么好处，那都只是人们情不自禁做出的结果而已。因为如果看到婴儿掉下却不竭力阻止，这就会造成一种痛苦，而自我保护又迫使我们去避免这种痛苦。如果一个富有的浪子碰巧有恻隐之心，并且喜欢满足自己这种情感，那么当他用一个对自己来说微不足道的东西去解救一个值得同情的人时，这并不是什么值得夸耀的美德。

但是，一些人在为人处世中并不遵从自己的嗜好，因而能够以自己对自己的评价为出发点，把热爱善行当作自己行动的目的，默默无闻地做着令人称道的事情。我承认，这些人比我迄今所谈到的那些人拥有更高贵的美德观念。然而，即使在这些人身上（迄今为止，这个世界还从未出现过很多这样的人），我们也会发现许多与骄傲相关的迹象。最卑微的人也必须承认：善行的回报，也就是随之而来的满足，在于他通过思考自己的价值而获得的某种快乐。这种快乐，连同引起这种快乐的动机，都是骄傲的表现，这就好比恐惧的表现是面对一些迫在眉睫的危险而脸色苍白和浑身发抖一样。

如果某一位过于敏感的读者一开始就谴责这些道德美德起源的观点，并认为它们可能冒犯了基督教义，那么我希望，当他考虑到以下这一点时，他能克制自己，少一些责难：在揭示深不可测的神圣智慧方面，人类是无与伦比的。上帝为社会所设计的人，不仅会被自己的弱点和不完美引至通往短暂幸福的道路，而且同样会由于某种似乎具有必然性的自然原因得到某种知识的启示。在这种启示中，他最终会在真正的信念引导下走向至善，从而获得永恒的幸福。

探索社会本质

迄今为止，大多数道德家和哲学家都认为，没有自我克制就没有美德。但是，一位已故的作家（现在，许多有见识的人都读他的著作）却持有相反的观点。他认为，人可能就是在没有任何烦恼或者在没有违背自己意愿的情况下，自然而然地拥有了美德。就像我们品尝葡萄和中国橘子的甜味一样，他似乎要求并期待他的同类是天生善良的；但如果其中某些是酸的，我们就会毫无顾忌地宣布，它们还没有达到其本性所能达到的完美。这位高尚的作家——我在这里指的是《性格论》（*Characteristics*）的作者沙夫茨伯里伯爵（Lord Shaftesbury）——抱有这样的幻想：既然一个人是为社会而生的，那么他生来就应该对整体有一种爱，而他自己也是整体的一部分，他会为所有人的福祉鞠躬尽瘁。根据这一假设，他把所有为公众利益而采取的行为称为“善行”，把一切自私自利而完全不顾公众利益的行为称为“恶行”。至于我们人类，他将我们身上的美德和恶德看作亘古不变的现实。他认为：如果一个理智健全的人能遵循理性的规则，那么他不仅会在道德、艺术作品和自然中发现美（pulchrum）和德（honestum），还会轻松自如地运用理智来约束自己，就像一个杰出的骑手用缰绳驾驭一匹受过良好训练的马那样。

在仔细阅读了这本书的前一部分之后，细心的读者很快就会认识到，沙夫茨伯里伯爵的观点和我的观点是截然不同且彼此对立的。我承认，他的见解大方得体，对人类做出了高度赞扬。我们只需动用自己的一丁点儿热情，就能激发人类那具有高尚性质尊严的最崇高的感情。很遗憾，事实并非如此。在这本书中，我已经有力地证明了：那些见解与我们的日常经验截然相反，它们完全禁不起检验。但是，为了不给反对者留下任何可乘之机，为了让他们有答案可寻，我打算再详细阐述一下那些到目前为止我只浅尝辄止过的事情，以使读者相信：不仅是人类那善良又和蔼的品质使其超越其他动物而成为一种社会性生物，而且更重要的是，如果没有我们所说的天性和道德上的恶德的帮助，那么要把某个群体培养成一个人口众多、富有而又繁荣的国家便是痴心妄想。当然，人们即使建立了这样的国家，也绝不可能使其基业永固。

为了更好地完成我揽下的这个任务，我要首先对美和德的真实性进行研究。古人大量地谈及了“to kalon”，其含义是：探讨事物是否具有真正的价值和优点，是否具有优于其他事物的卓越性质。在这一点上，每个人都同意那些对这一点有独到见解的人的观点。有时候，人们能在极少数的东西上达成一致意见，这些东西所受到的评价是亘古不变的。我们最开始是寻找这种内在价值，然后会发现一种东西比另一种更好，接着又发现第三种东西比之前那种更好，依此类推。这样，我们就开始对成功满怀憧憬。但是，当遇到几种要么都好要么都差的东西时，我们就会感到困惑。并且，我们也并不总是同意自己的看法，更不用说总是与别人达成一致的意见了。时尚瞬息万变，风格从不永存，人们的品位和情趣各不相同。正如丑是千奇百怪的一样，美也是多种多样的，而人们对美和丑的欣赏及厌恶也是迥然相异的。

当把一幅好画与新手的涂抹之作相比时，绘画鉴赏家们的意见绝不会相左。但是，他们对杰出大师的作品却有着迥然不同的看法，这是多么不可思议啊！鉴赏家的世界是派系林立的，不同年代和不同国家的各个鉴赏家对同一作品的看法也很少一致。巧夺天工的画作也不一定是价值连城的。一幅闻名于世的原作永远比任何一个无名之辈的临摹之作更有价值，尽管临摹的画作可能会更好。绘画的价值不仅取决于画家的知名度和他作画的时代，而且在很大程度上取决于他作品的稀缺性，更百思不得其解的是，还取决于那些作品拥有者的个人特质及其显赫家族的存在时长。如果今天汉普顿宫廷里的壁画不是拉斐尔所作，而是出自一位寂寂无闻者，更有甚者，如果这些壁画的拥有者是一位被迫卖画的普通人，那么人们绝不会以十分之一的现价购买这些画。总之，这些人已铸成大错，他们居然认为那些壁画价值千金。

尽管如此，我还是愿意承认，对绘画所做的评判也许会具有某种普遍的确定性，或者至少不会像对其他任何东西的评判那样变幻莫测和难以捉摸。其中的原因是显而易见的：评判是有标准的，而且总有一个评判标准是永恒不变的。绘画是对自然的模仿，是对人们随处可见之物的临摹。我亲爱的读者，我希望你能谅解，尽管思考绘画这种让人叹为观止的发明未免有些过时，但它对我要阐明的主要意图非常重要：虽然我所说的艺术是有价值的，但我们从这种快乐的欺骗中获得的所有快乐和所有令人沉醉的愉悦，都主要受制于我们那有缺陷的各种感觉。例如，虽然空气和空间并不是视线所及之物，但仅仅通过不假思索的观察，我们就能发现：我们看到的大部分东西都是逐渐减少的，因为它们离我们越来越远。除了从这些观察中获得的经验，没有什么可以让我们对自己与这些东西的距离做出相对可靠的猜测。如果一个生来就双目失明的人在20岁时蒙上天庇佑，突然恢复了视力，那么他会对距离的不同困惑不已。仅仅凭他的眼睛，他几乎不能立刻判断：那靠一根手杖就差不多够得到的柱子和那应该有半英里[①]远的尖塔，哪个离自己更近。让我们尽可能仔细地看一看墙上的洞吧！洞的后面除了空气以外什么都没有。除了空荡荡的天空，我们也一无所见。而天空与我们的距离就像我们与那些随意环绕着空间的石头背面的距离一样近。我们之所以有这种自己容易受到欺骗的感觉，并不是因为我们有视觉障碍。除了运动，任何东西都可以通过艺术在平面上表现出来，恰如我们在生活和自然中所见到的那样。如果一个人从来都不知道如何将这种艺术付诸实践，一面梳妆镜可能很快就会使他相信艺术并不是镜花水月。我不禁想到，恰恰是那映入我们眼帘的反射物（它来自这平滑又发亮的镜子），成了绘画这种发明的第一束灵感之火。

在自然界中，价值和优点都是变幻无常的，甚至在人类社会，在一个国家被看作美丽的东西，在另一个国家却不是这样的。花店老板的选择是多么稀奇古怪啊！获得他青睐的，有时是郁金香，有时是报春花，有时则是康乃馨。在他看来，每年都会有新花胜过所有的旧花，尽管新花的

① 1英里≈1 609.344米。——译者注

颜色和形状都远不如旧花。300年前，男人们的刮脸习惯和现在差不多。可从那以后，他们就蓄起了胡子，把胡子剪成各种各样的形状。在当时的人看来，这些胡子是很时髦的，但在现在的人看来，这些胡子却是荒唐可笑的。当每个人都戴宽边帽，而某个人却戴一顶窄边帽时，尽管这个人衣着得体，但他看上去还是如此不合时宜，让人哭笑不得！风水轮流转，当窄边帽风靡的时候，那大大的宽边帽又是多么古怪啊！蓦然回首：这些风尚很少能持续10年或12年以上，一个60岁的人至少能见证五六次时尚大变革！然而，这些我们已目睹的变革在其初始阶段却总是粗俗不堪的，而且它们每当以新面孔回潮的时候，总是令人生厌。哪个肉体凡胎能从既有的风尚中精挑细选出风尚之星呢？是大纽扣还是小纽扣？规划花园的合理方法总是数不胜数的，而其中那所谓的美，则因不同国家和不同时代的不同品位而各不相同。在草坪、树丛和花坛中，它们那多种多样的修剪样式通常令人身心愉悦。但是，圆形也可能和正方形一样悦目。还有，椭圆形可能会让一个地方锦上添花，而在另一个地方却变得格格不入，反而是三角形与这个地方珠联璧合。虽然八棱形只是在数字上比六边形更胜一筹，但在某些时候，它展现的美丽却使六边形黯淡无光。

自从基督徒能建造教堂以来，教堂的形状就与十字架的形状相差无几，其顶端指向东方。如果一种建筑物遗漏了可以被轻而易举利用起来的空间，人们就会认为建筑师犯下了不可饶恕的错误。但是，指望土耳其清真寺或异教寺庙能做到这一点是几乎不可能的。如果我们要在这100年来所制定的许多良善法律中找出一项法律，而这项法律不仅比那项规定死者着装的法律更有用，而且也不会给人带来任何不便，那么这是非常困难的。那些在制定这项法律时就注意到了事情发展态势的健在老者，一定还记得当时的人们都反对这项法律。起初，对于成千上万的人来说，没有什么比他们穿着毛织品下葬更令人震惊的了。唯一能使这项法律得到支持的是：比起葬礼上的其他开销，有些追求时尚的人还可以毫不铺张地展示自己的嗜好。在葬礼上，哀悼是几个人的事，而炫耀是很多人的事。这项法律给这个国家带来的好处是如此明显，以至人们没有任何理由去谴责它。几年之后，由于恐惧，人们对它的抱怨也逐渐减少。我当时注意到：那些见过葬礼却很少考虑自己葬礼的年轻人，很快就接受了这项新奇的法律；但是，那些在这项法律实行期间埋葬了许多亲友的人则一直表示反对。我还记得，许多人至死都没有接受这项法律。到这个时候，人们几乎已经忘记了穿亚麻布衣服下葬的风俗，他们普遍认为：没有什么比毛织品更体面的了，这种对死者的着装规定是非常合乎礼仪的。这表明，我们喜欢某些东西与否主要取决于风尚和习俗，取决于那些杰出人士，取决于那些我们认为在某些方面优于我们的人的训诫，取决于由此而产生的标杆效应。

道德上的评判标准也是变幻无常的。那些才华横溢、学识渊博的天才之士曾为一夫多妻制辩护，但基督徒对一夫多妻制恨之入骨，他们不屑一顾地拒绝了天才们的辩驳；而伊斯兰教徒则认为一夫多妻制不足为奇。人们从小学到的东西使人们成为奴隶，习俗的力量扭曲了天性，同时又以某种方式模仿天性，因此我们往往很难知道自己是受习俗还是天性影响。在很久以前的东方，姐妹嫁给兄弟、男人娶母亲是值得称道的。这种联姻是丧心病狂的，但可以肯定的是：无论我们在想到他们的思想时有多么惊恐，除了那些建立在风尚和习俗上的情感会对此表示抗拒之外，我们的天性中并没有任何东西会对此感到憎恶。如果一个虔诚的伊斯兰教徒从来没有喝过烈酒，而且经常看见别人喝醉，那么他大概会对酒感到厌恶；与此同时，我们当中那些即使是道德水平和教育程度很低的人也会对跟他的姐妹睡觉感到恶心。这两种人都认为这种厌恶感是天生的。哪一种信仰是最完美的呢？这个问题造成的危害比所有其他问题加在一起更大。如果你在北京、君士坦丁堡、罗马分别提出这个问题，那么你会得到三个截然不同的答案，但是每个答案都颇有裨益且不容争辩。基督徒确信异教徒和伊斯兰教徒的迷信是虚假的。在这一点上，他们之间有着高度的契合。但若被问起“在由基督教产生的几个教派中，哪个才是真正的基督教”这个问题时，所有的人都会告诉你“他们自己的教派才是真正的基督教”，而且他们还会齐心协力地强迫你皈依他们的教派。

那么，显而易见，对美和德的探索只是无功之举，整个过程也不过是捕风捉影罢了。然而，这并不是我在其中发现的最大谬误。那种认为人可以不自我克制就具有美德的虚妄观念，为虚伪敞开了大门。我们一旦让虚伪成为习惯，就不仅要欺骗别人，还会在自我欺骗中丧失自我。我马上就要举一个例子来说明：一个出身高贵、品德高尚和学富五车的人，由于自己没有做到每日三省己身，便从头到脚、从里到外沦为了一个与《性格论》的作者类似的人。

对于一个从小就养尊处优的人来说，如果他天性温顺而懒惰，他就会学着逃避一切麻烦，并选择控制自己的激情，这并不是因为他厌恶感官享受，而是因为他害怕追求快乐和屈从天性会给自己带来种种不便。理所当然，当某个人在受教于一个平易近人且和蔼可亲的堪称导师的伟大哲学家这种让人愉悦的环境中时，他对自己内心状态的良好评价可能会高于实际情况，他会相信自己是有道德的，因为他的激情处于休眠状态。他可以在自己的书斋中奋笔疾书，构造出与社会美德和死亡耻辱相关的完美观念，并站在公众面前滔滔不绝地讲述这些完美观念；但你永远不会看到他为自己的国家挺身而出，或者在国家千钧一发之时力挽狂澜。一个研究玄学的人很容易使自己陷入狂热，而且只要死亡还远在天边，他便坚信自己不畏惧死亡。但是，如果有人问他，既然他有这样的不管是来自天性还是哲学的英勇无畏的精神，那么为什么在他的国家卷入战争之时，他没有奔赴战场，或者当他目睹国家每天都被掌权者掠夺，国库事务一团糟时，为什么他不走进宫廷，利用所有的关系和势力去做一位财政大臣——这样的话，他的廉洁正直、足智多谋和管理有方是可以恢复公众信心的啊，那么他很可能会回答，他热爱退休生活，除了渴望做个好人之外，别无所求，也从未想过要在政府中占据一席之地，或者他还会回答，他对那些低三下四、投人所好的侍从心生厌恶，对官场里的阿谀奉承和尔虞我诈，以及尘世间的喧嚣备感厌倦。我觉得他所言非虚。可是，当一个天性懒惰、精神懒散的人言辞恳切地说出这番话时，他却不能克制自己的种种欲望而对其听之任之（尽管其职责召唤他要这样），难道这合理吗？美德在于行动，无论谁拥有这种对社会的爱和对他同类的美好感情，他都可以利用自己的出身或品德获得相关的公共管理职位。只要能有所作为，他就不应该坐以待毙，就应该为了同胞的利益竭尽全力。如果这个高尚之人是一个好战之士，或者是一个脾气暴躁者，他就会在他的如戏人生中选择另一种角色，并宣扬另一种截然相反的学说。这是因为：我们总是在用自己感受到的各种激情去运用理性，而且对于人类的不同观点，我们的自爱总能欣然接纳，并一直为每个人提供论据来证明他们天性的合理之处。

那种自吹自擂的中庸之道，以及那些在《性格论》中备受推崇的平静祥和的美德，除了滋生游手好闲者以外，毫无用处。或许，它们还能使一个人适应苦行僧的愚蠢乐趣，或者最多使他适应一个国家的太平与正义，但它们绝不能使他适应劳作和艰辛，绝不能激励他取得伟大的成就，绝不能让他从事危险的事业。人类的天性是好逸恶劳的，他们容易沉溺于感官愉悦，而这并不能靠戒律来治愈，他们根深蒂固的生活习性和爱好倾向只能被更具有侵略性的激情抑制。向懦夫鼓吹和展示他的恐惧是毫无道理可言的，你不会使他变得勇敢，这就好比你不可以通过命令他长到

10英尺[1]而使他变得更高。我在“1.321评论”中所揭示的提升勇气的秘诀，绝对是相当可靠的。[2]

当处在精神矍铄、欲望炽热的燃情岁月时，我们对死亡的恐惧是最刻骨铭心的。此时，我们目光敏锐，听觉灵敏，身上各个部位都井然有序地发挥作用。其中的原因很简单：我们精力充沛，可以享受这段有滋有味的生活。既然如此，那么对于一个对此引以为傲的人来说，尽管他才30岁，身体非常健康，为什么他还能如此轻易地接受挑战呢？他之所以能战胜自己的恐惧之心，正是因为他拥有骄傲之心。因为当他的骄傲之心不被关注时，那种恐惧之心就会明目张胆地出现。如果他不习惯大海，就让他到暴风雨中去吧；如果他以前从未生病，就让他喉咙痛，或者发低烧吧。这样，他便会像那热锅上的蚂蚁一般焦虑万分，他会觉得自己的生命如泰山般贵重无比。如果人天生谦恭，不受奉承，政治家就永远达不到自己的目的，也不会知道是什么造就了自己。如果没有这些恶德，人类的优点就如明珠蒙尘，而每一位闻名于世的杰出人士，都是反对这种良善制度的有力证据。

如果那位伟大的马其顿人在与整个驻防军队单打独斗

① 1英尺=0.304 8米。——译者注

② 指作者在1714年的版本中添加的解释性说明，此版本并未收录。——编者注

时丧失了勇气，那么当他幻想自己是神或者至少怀疑自己是不是神的时候，他的疯狂是不会有丝毫减少的。一想到这一点，我们便会立即发现：正是这种激情和疯狂，使他在九鼎一丝之时壮志凌云，让他在“山重水复疑无路”中看到了“柳暗花明又一村”。

在这个世界上，再也没有比西塞罗更才华横溢和更完美无缺的模范执政官了。我想到了他的一丝不苟和机警如蛇，想到了他视火海刀山为浮云，想到了他为古罗马的安全殚精竭虑，想到了他在察觉和挫败那些胆大包天和心思缜密的阴谋者时所散发着的智慧和聪敏之光。与此同时，我还想到了他对文学、艺术和科学的热爱，他在本体论研究上的才干，他在逻辑推理中的严谨，以及他妙语连珠的魅力、彬彬有礼的仪态和在他作品中流动的高雅气息。当想到这一切的时候，我惊叹不已。对于西塞罗，我至少可以说：他太了不起了。但是，当对他的许多优点深入思考的时候，我也清清楚楚地看到了他的另一面：比起他那些无与伦比的优点，他的虚荣心已经占据上风；不然，他所拥有的对世界有着深刻理解的知识绝不会使他成为一个自吹自擂且令人生厌的聒噪号手，他也绝不会容忍自己不去宣扬自己那些闪光点，反而去写连小学生都嘲笑的诗“噢！多么快乐啊……”[①]。

刚正不阿的加图严格地践行着近乎严酷的道德观。这位古罗马自由的伟大守护者，其美德是如此坚定不移和独树一帜！他从不向世人宣告自己与所有苦行者一样长期以来过着克己禁欲的生活，他也不向外界显露他那与众不同的谦逊。也许，在很长一段时间内，他自己也不知道是心灵的脆弱在迫使他信奉英雄主义。尽管如此，在他生命的最后时刻，世人还是通过他的自杀清楚地看到：他被一种专制力量统治着，这种力量超越了他对国家的热爱。对于恺撒彪炳千古的不世之功和个人才华，他恨之入骨、妒火中烧。在很长的一段时间里，他用那看似光明磊落的虚情假意去影响恺撒的一举一动。如果他这强烈的动机没有压倒他那无可匹敌的谨小慎微，如果他肯屈尊做古罗马的第二号人物，那么十有八九，他不仅可以活下来，还可以挽救因为自己而遭受灭顶之灾的大多数朋友。但是，加图知道那位胜利者有着宽阔的胸怀，有着无边无际的慷慨之心。他害怕的正是恺撒的慈悲为怀，因此他选择了奔赴黄泉。对于高傲的加图来说，死亡并不那么可怕；可怕的是，如果他没有死去，他就会给自己的宿敌一个显示其灵魂宽宏

① 全句为：“成为罗马之王，我是多么快乐啊！”（O fortunatam natam me consule Romam.）——译者注

大量的机会。恺撒会发现：原谅像加图这样势不两立的敌人，并向他表示友好，会显示出自己的大度。而且，有识之士会认为：即使加图胆敢活下去，那位明察秋毫、野心勃勃的征服者也不会遭遇滑铁卢。

另一个可以证明我们人类天生就心地善良、感情真挚的论据是：与其他生物相比，我们喜欢结伴而行，并对那些所谓的离群索居者心生反感。这种见解被《性格论》中的生花妙笔淋漓尽致地展现出来了。在读到它的第二天，我便听到人们在叫卖新鲜的鲱鱼。这些叫卖声让我不禁想到那鲱鱼栖息的宽阔浅滩，想到那些和鲱鱼一同被捕的其他鱼。尽管当时只有我一个人，我还是感到十分愉快。但是，正当我沉浸在这种冥思的喜悦之中时，一个目中无人的懒汉突然出现在我面前，不幸的是，我恰好还认识此人。尽管我觉得自己容光焕发，和平日一样生龙活虎，他还是问我身体如何。我忘记了自己当时是如何回答他的，但我记得自己花了很长一段时间才摆脱他，而且一直感受着我的知己贺拉斯[①]所抱怨的那种手足无措的感觉——本自同根生，相煎何太急！

我并不想让任何才智过人的评论家因为上面这个故事就说我是一个憎恨人类的人。不管谁这么认为，那都是大

① 贺拉斯，古罗马文学“黄金时代”的代表人物之一。——译者注

错特错。我是一个很喜欢结交朋友的人，如果读者还没有完全厌倦与我做朋友，那么我马上便可证明：之前所谈到的那些对我们人类的恭维话简直就是空穴来风，可笑至极。下面，我就要描述一下我愿意与什么样的人交谈，并同时保证：你不需要读完这些在一开始就有可能偏离了我主旨的话，这样你会受益良多。

通过早期的巧妙教育，这样的人应该对荣誉和耻辱有了充分的认识，并且对那些与厚颜无耻、粗鲁无礼、泯灭人性有一点点相关的举动都有了习惯性的厌恶。他应该会流利地说拉丁语，自如地运用希腊语，而且除了他自己的语言之外，还应该通晓一两种现代语言。他应该熟悉古人的时尚和风俗，对自己国家的历史和他所生活的时代的风尚也了如指掌。除了文学，他应该学了一些有用的科学知识或其他知识，拜访过外国的法院和大学，并能使旅行真正发挥作用。他应该时不时地享受跳舞、击剑、骑马的乐趣，并了解狩猎和其他乡村运动。他能做到不沉溺于这里的任何一种运动，反而把它们看作为增进健康而进行的锻炼，或者看作永远不会妨碍事业因而不需要全力以赴的消遣。他应该熟知几何学、天文学、解剖学和人体构造学。当然，精通音乐并能当众表演也是一种成就。但也有很多反对这种说法的理由。我更想让他了解足够多的绘画知识，这样他就可以欣赏风景画，或者阐释我们想要描述的包含了所有模样的东西的含义，但永远不必去碰铅笔。他应该很早就习惯了与一群端庄典雅的淑女为伴，不到两星期就会和这些女士交谈一次。

我不愿提及诸如反宗教、嫖娼、赌博、酗酒和争吵等罪大滔天的恶德，因为即使是最低等的教育也能使我们防范这些恶德。面对一位君子，我总是劝他多行善事，但是我绝不赞成他对宫廷或城市里发生的事情一无所知。人无完人，因此，如果我不能让他克服身上那些缺点，我就会顺其自然。从19岁到23岁，年轻人的热火朝天也许会压倒他的个人操守而使他变得凡事谨慎；在某些特殊场合，他会被一群情绪高涨的朋友劝酒而导致饮酒过量，但事后自己却发现，自己如果想要身体健康、性格温和，就不能常常这么做；有时，他因自己的高尚品格面临某种对正义事业构成威胁的挑衅，使自己卷入一场争吵。他发现，要是自己拥有真正的才智，并且不那么恪守荣誉原则，这种争吵本来是可以减轻或避免的，并认为这样的事绝不会再发生。是啊，如果他做了这些事，又从不谈起，更不因此自吹自擂，而且就此改过，在之后的日子里谨慎行事，那么他要是在我所说的这个年纪犯下了过错，也许就该得到宽恕，或者至少那些过错是可以被忽略的。青年时代的种种不幸，有时就已经把这些绅士吓得更加小心谨慎了。如果没有这些不幸，他们十有八九是做不到这一点的。要防止他走向堕落，从而不去做那些见不得人的丑事，最好的办法就是，让他自由出入一两个贵族家庭。这样，他经常性的拜访就会变成一种义务。通过这样的办法，你便维护了他的骄傲之心，他会一直对耻辱心生畏惧。

一个手头还算殷实的人，正如我所要求的那样，他已近乎完美，也一直在追求使自己变得更好，但他却在而立之年才认识世界。在他身体健康、家境富裕，没有什么事能使他发火的时候，我起码会很乐意与这样的人交谈。不管是偶遇还是经人引荐，若他结识了三四位和他类似的人，并且大家一致同意一块消磨时光，这些人就可以被我称作好伙伴。他们谈论的话题不是为了让理性之人更有收获，就是为了让这些人更加快乐。他们可能并不总是意见一致，但他们之间并不会争论不休，反而会有人率先向那些持异见者让步。他们轮流发言，从不大喊大叫，只要让那些坐得最远的人也能听清楚就行了。他们每个人最大的乐趣就是使别人感到快乐。他们其实都知道，只要侧耳倾听，面带赞许，正如我们自己在讲述美妙之事时那样，就会让人觉得身心愉悦。

不管一个人的爱好如何，大多数人都会喜欢这样的谈话，而且只要不知道怎样消磨时间，他们就会自然而然地参与这类谈话，而不是一个人待着。但是，如果他们能专注于做某件事，并期待从中获得某种更实在或更持久的满足，他们就会拒绝这种乐趣，而去追求那些对他们而言更重要的东西。可是，某人已经有两个星期没有见过其他人了，难道他还愿意一直一个人待着吗？难道他就不愿意和那帮以群居为乐、以争辩为荣的喧嚣之人交往吗？某人有书可读，有话题可写，难道他就不愿意每天晚上和那群认为英国一无是处而其对手却在此苟且偷生的党派人士在一起吗？如果某人独处了一个月，每天晚上七点钟以前就睡觉，那么难道他不愿意与那伙白天冒着生命危险瞎忙活，夜晚聚众狂饮为再一次奔赴黄泉做准备的猎狐者（这群人为了表达自己的兴奋之情，在房子里愚蠢地大叫，叫声比那些和他们类似的精神错乱的疯子同胞的声音更大，他们可比那些疯子更爱惹麻烦）打成一片吗？对于一个不愿意受点累去散步的人，我实在不敢恭维。如果某人宁可闭门不出，在房间里乱扔大头针再把它们捡起来，也不愿意和十来个刚领了薪水的水手待上6个小时，那么我对他也无话可说。

尽管如此，我还是要开诚布公：大部分人仍会被迫参与那些我以上提到的活动，而不愿意独处太久。但是我不明白，为什么这种对结伴而行的热爱，这种对交往的强烈渴望，会被解释成对我们多么有用并被认为是人类内在价值的标志，而其他动物身上却没有呢？可以证明的是：由于人类是一种社会性动物，所以我们秉性纯良，对人类有着慷慨之爱，这种爱超越自身并遍及众生。那么，这种渴望结交朋友、厌恶独处的心境，在万物中就是最明显和最强烈的。最伟大的天才、最杰出的人物和最有成就的人士应是那些拥有最少恶德的人，但事实正好相反。那些最软弱的人最不能控制自己的情感，那些问心有愧的人痛恨躬身反省，那些一无所有的人没有任何能力去做一件对自己有用的事。这些人视孤独为宿敌，他们宁可与任何人交往也不愿独处。而那些聪明的有识之士，却能够陷入冥思苦想，他们很少被自己的激情干扰，他们心甘情愿地享受长期的独处时光。为了远离嘈杂、愚蠢和傲慢，他们会躲开无数同伴。如果要做一些违背自己志趣之事，他们宁愿待在自己的小房间或花园里。不仅如此，即使是一个人待在荒地或沙漠，他们也不愿意融入由某些人组成的社交圈。

但是，让我们设想一下，人类对于结伴而行是如此难以割舍，没有人能够忍受片刻的孤独，那么我们能从中得出什么结论呢？人类喜欢结伴而行，这不正像他们做其他事情一样，只是为了自己吗？没有礼尚往来，就不会有任何一段地久天长的友谊或其他关系。在你每周和每天的娱乐聚会中，在那一年一度的宴会上，在那无比隆重的盛会里，每一个在这里抛出橄榄枝的人都有自己的目的。有些人还会经常光顾某个俱乐部，但他们肯定是俱乐部里的头面人物，否则他们是不会去那里的。我认识一个人，他就是众人的焦点，因而是各种聚会的常客。对于任何妨碍他准时赴约的事情，他都感到不安。一旦有了能与他匹敌或者与之争锋的人加入，他就会溜之大吉。有些人辩才有碍，但心中怀着的恶意却使他能从别人的争吵中获得快乐。尽管他们从不卷入争议，但如果同伴在争论中不能给他提供这种消遣，那么他便会觉得人家索然无味。漂亮房子、精美家具、美丽花园、骏马、爱犬、祖先、好友、美人、好物以及任何卓尔不群的东西，不管是邪恶的东西还是美好的东西，都有可能成为人们渴望社交的附属品，因为他们希望自己所珍视的东西在某一时刻成为谈话的主题，从而让自己沉浸在心满意足的喜悦之中。对于我在一开始提到的那类我乐意与之交谈的人来说，即使他们是世界上最有礼貌的人，如果他们的自爱没有得到回报，如果他们最终不能成为众人的焦点，如果他们不能随心所欲地让别人围着他们打转，那么他们也不会给别人带来任何快乐。但是，能让我们一目了然地看出每个人都最关心自己的一点证据是：在谈笑风生的俱乐部和社交团体中成为众人之宠的，正是那些宁愿多付钱也不愿争吵的无私者，那些既不尖酸刻薄也从不动怒的老好人，以及那些既厌恶争吵也不争强斗胜的慢性子。然而，其中不那么受人喜爱的却是那些更加多才多艺的杰出人士，他们正是那些既不会被蒙骗也不容易被说服的聪慧博学者，那些话锋犀利、口若悬河但从不肆意妄为而且做得恰到好处的天才型智者，以及那些既不接受挑衅又不招惹是非的德高望重之人。

在这些情况下，之所以会出现与人为善的品质，是因为我们总是设法使自己感到满足。一般来说，这种品质来自他的天生胆怯和他对自己的关怀备至。有两个伦敦人，他们的工作使他们不能有商业上的往来，所以经常在交易所的他们也许都知道彼此，而且也经常看到对方，但总是彼此错过，他们之间的礼貌并不比牛群间的多。那么，让他们在布里斯托尔（Bristol）[①]见面吧！他们会脱帽致意，一有机会就会开始交谈，为有彼此的陪伴感到高兴。当法国人、英国人、荷兰人在中国或其他任何与自己国家迥然相异的国家相遇时，由于都是欧洲人，他们会把彼此视为同胞。如果不意气用事，那么他们会自然而然地倾向于对

① 布里斯托尔，现为英国西南地区的最大城市。——译者注

彼此表示友爱。不仅如此，即使曾经是敌人的两个人，如果被迫结伴而行，那么通常也会放下仇恨，变得和蔼可亲，交谈甚欢，特别是在旅途不安全且两个人都对目的地一无所知的情况下。从表面上看，这些事件的发生源于人的社会性，他们会对友谊情有独钟，将同伴视为珍宝。但无论是谁，只要他能时不时地审视整个事件，并更加仔细地审视人类，他就会发现：这一切之所以发生，只是因为我们竭尽全力要增进我们的利益，而且一想起那些我们在上文中所说的理由，彼此就会热泪盈眶。

到目前为止，我所要努力证明的是，那些美和德，那些卓尔不群和价值连城的东西，往往是随着风尚和习俗的不同而变化不定的。因此，那种从它们的确定性中得出的推论是无关紧要的；"人类本性善良"这种众所周知的观念也是贻害无穷的，因为这种看法往往会将人引入歧途，仅仅只是在白日做梦而已。通过援引历史上那些最显而易见的例子，我已阐明这种观念会贻害无穷的真相。我曾说我们喜欢结伴而行，厌恶孤独；我仔细研究过他们的各种动机，并得到了他们以自爱为中心的结论。我现在打算深入研究社会的本质，深入挖掘它的起源，让以下结论变得更加不言而喻：人类之所以在失去天堂之后，还能超越其他动物使自己变得具有社会性，其中的首要原因不是人类的善良与和善，而是人类的邪恶和可鄙，即这种其他生物都具备的不完美和对卓越的渴望。如果人类还保持着原始的天真，继续享受与生俱来的幸福，那么人类要成为现在这样的社会性动物便只是一种痴心妄想。

我们的欲望和激情对于各行各业的繁荣是多么的重要，这一点在这本书中得到了充分的证明。没有人否认，这些欲望和激情是我们的邪恶体现，或者至少是产生各行各业的诱因。那么，我应该继续设置各种各样的障碍，让这些障碍成为人们持续劳动的绊脚石和干扰物，使“有志者，事竟成”成为一句空话。换句话说，这就是被称为自我抵抗的东西。同时，我指出，人的社会性只来自两样东西，即他的欲望的多样性，以及他为满足欲望而不断遭遇的反对之声。

我所说的障碍，或者与我们自身的结构有关，或者与我们居住的地球有关（我指的是地球的状况，因为我们早已对此怨声载道）。我常常想要将我提到的最后两件事分开考虑，但总是徒劳无功。它们总是相互干扰，彼此混合，最后共同组成一种可怕而又混乱的邪恶东西。地球上的所有元素都是我们的敌人，对于那些不熟练运用水和火的人，水灾和火灾会报复他们。地球上有成千上万的地方生长着对人类有害的植物。地球哺育和爱护着对人类有害的各种生物，而人类则忍受着这些生长在地球怀中的各类有毒之物。我们一刻也离不开那冷酷无情的风吹雨打，但它们带给我们的伤害却是说不完也道不尽的。人类虽然利用自己无与伦比的聪明才智来保护自己这个物种不受恶劣天气的影响，但迄今还不能通过任何方法或行动找到一个安全之策，以抵御那些狂暴的天灾。

的确，很少有飓风，很少有人被地震吞没，也很少有人被狮子吞食。但当避免了这些巨大的灾难时，我们却被小灾小祸困扰。不知有多少昆虫折磨着我们，这些昆虫简直就是在厚颜无耻地侮辱和愚弄我们！虽然最卑鄙无耻的虫子不像牲畜吃草那样践踏和撕咬我们，但它们只要稍微运用一下自己的才能就会让我们痛不欲生。可是，比这更让我们难受的是：在这里，我们的仁慈又一次变成了一种恶德。这些昆虫对我们的怜悯心如此不屑一顾，它们让我们措手不及，如果我们不能时刻保持警惕地赶走它们，将它们毁尸灭迹，它们就会不厌其烦地侵扰我们的孩子。

即使是最善于谋划的人，如果他因为错误或无知而在实践中遭遇了一点小失败，那么对他来说，宇宙间也没有什么好东西。天真无邪或刚正不阿并不能保护一个人免受周围的万般不幸。相反，每一件事都是邪恶的，炉火纯青的技术和见多识广的阅历并没有让我们把不幸之事变成幸事。所以，在收割的时候，农夫是多么勤劳！他们必须收割庄稼，盖好粮食，以防其被雨水淋湿，否则他们就不可能享用这些粮食！四季变换下的天气是各有不同的，因此，经验告诉我们要随机应变。在地球上的一个地方，我们可以看到农民在播种；而在另一个地方，农民则在收割。通过所有这些，我们可以了解到：自从我们最早的父母堕落以来，[①]地球已经发生了翻天覆地的变化。这是因为，当追溯人类那美丽而又神圣的本源时，我们发现：那时，人类并不以从傲慢的训诫和乏味的经验中获得智慧为荣，他们在其出生的那一刻便被赋予了完美的知识。我指的是，那时的人类处于一种天真无邪的状态，在这种状态下，地球上的动物和植物，以及地下的矿物对他们毫无害处。他们自己不受空气和其他有害元素的伤害，也无须任何帮助，对于地球为他们提供的那些生活必需品，他们称心如意。那时，人类还没有意识到自己的罪恶，他们发现：无论在哪里，他们都是主宰万物的无可匹敌的统治者。同时，不管自己有多伟大，他们也都完全沉浸在对至高无上的造物主的崇高冥想之中：他们每天都享受着与造物主神交的恩赐，并且还能毫发无伤地四处游玩。

在这样一个黄金时代，人类为什么还会在这个世界建

① 指亚当和夏娃被逐出伊甸园。——译者注

立一个如此庞大的社会呢？即使我们能对此提出什么令人信服的解释，它也不能明确地解答这个问题。当一个人拥有他想要的一切，又没有什么使他烦恼或不安的东西时，他的幸福就臻于极致。在这样的一个幸福国度里，所有生意、艺术、科学、地位或职业都是多余的。如果我们坚持这一思想，我们就会很容易地认识到，任何一个社会都不能产生人类所具备的那种可人美德和可爱品质。恰恰相反，这一切都源于人类的需求、人类的不完美以及人类各种各样的欲望。同样，我们也会发现：人类的骄傲和虚荣表现得越明显，他们的欲望越膨胀，他们就越有可能建立一个庞大无比的社会。

难道我们赤裸的身体总是受益于空气吗？就像我们想象中的鸟儿在晴朗的天气中普遍都会觉得很快乐一样。如果人类没有傲气、虚伪和淫欲，那么我不知道是什么促使我们发明了衣服和房子，更别说珠宝、盘子、绘画、雕刻和精美的家具，以及所有那些被严苛的道德家看作不必要的多余东西了。但是，如果人类不是因为很快厌倦了步行而想像其他动物一样身手敏捷，如果人类天生勤劳并能理性地追求和享受快乐，如果人类没有其他恶德且到处都是平坦、坚固、干净的土地，那么谁会想到马车，谁会想骑在马背上冒险呢？海豚能说出它需要船只的理由吗？或者，老鹰在旅行时又会要求什么样的马车呢？

我希望读者知道，我所了解的社会是一个政治体，在这个政治体中，人不是被强大的力量征服，就是被其野蛮的状态驯服，因此，人便成为一种有纪律的生物。这种生物可以在为他人劳作的过程中找到自己的目标。在独裁或是其他形式的政府下，每个成员都服从于整体。通过巧妙的管理，他们统一行动。这是因为，如果我们所说的社会只是指一些人，而这些人不受约束，也没有政府，出于对自己种族的天然喜爱或者对结伴而行的热爱，他们像一群牛或一群羊那样聚在一起，那么这个世界上便不会有比人更不适合社会的生物了。而且，他们中间100位本应该彼此平等，不受任何压迫，不惧怕世界上任何的位高权重者的人，不可能在一起毫不争吵地生活两个小时。他们彼此越有才华、力量、智慧、勇气和决心，这种争吵就会越剧烈。

在大自然的蛮荒状态下，父母很可能坚守他们那高于自己孩子的优越地位，至少在他们强壮的时候是这样的。甚至到后来，当他们不再强壮时，他们的子女仍会想起父母所经历的事，这就会产生一种介于爱和恐惧之间的被我们称为“尊重”的感情。同样，第二代人很可能会以第一代为榜样。一个人，只要还算是精明的，只要还活着，只要还有理智，就永远能够对自己的子孙后代保持一种优越的支配能力，无论他有多少子孙。但是，一旦长辈过世，后辈就会陷入没完没了的争吵，直至兵戎相见。兄弟之间所谓的长幼有序并没有太大的影响力，而长子被授予的卓越地位也只不过是为了保证彼此和平相处的权宜之计而已。人天生就是一种没有攻击力的胆小动物，并且对宁静祥和情有独钟。如果没有人冒犯他，他就永远不会去战斗。即使没有别人的冒犯，他也本可以得到他为之奋斗的东西。他这种会感受到害怕的性情，以及他对被人打扰的深恶痛绝，都是由各种各样的计划和政府形式造成的。毫无疑问，君主制是罪魁祸首。贵族制和民主制是解决这种麻烦的两种不同的方法。这三种方法的结合是对其他所有方法的改进。

但是，不管我们是野蛮人还是政治家，像我们这样的堕落之人，在运用自己的器官时，除了取悦自己，都不可能有什么别的意图。即使是陷于热恋或者处于绝望之中，我们也不会有其他东西产生。在某种意义上，意愿和快乐毫无二致，任何有违自己意愿的不悦行为都是违背天性且让人惶恐不安的。既然行动是被这样定义的，那么我们便总是不禁去做自己喜欢的事。同时，我们的思想是自由的，是不受约束的。没有伪装，我们就不可能成为社会性动物。这方面的证据是显而易见的：如果我们没有学会用独一无二的技巧和谨慎的掩饰之法来隐藏和扼杀内心那些不断涌现的势不可当的欲望，那么所有的文明都将销声匿迹；如果我们的全部想法都向别人公开，就像我们对自己毫无保留一样，那么虽然我们具备说话的能力，但我们却做不到彼此容忍。我相信，对于我所说的这些事实，每个读者都能有所感悟。我能辨别我的对手，因为他的想法表现在他的脸上，他正准备开口反驳我。在所有的文明社会中，人们不知不觉地从小就被教育成伪君子，没有人敢承认他从公众的灾难中抑或从某些私人的损失中得到了好处。如果教堂司事公开表示自己希望教区居民死去，他就会被人用石头砸死，尽管大家都知道除了为居民办葬礼，他无以为生。

对于我来说，在观察人类生活中所发生的事情时，我很高兴地看到：由于不同的职业和地位，人们对财富的期望和看法是如此千变万化，而且常常以奇怪的对立形式呈现。在一个井然有序的舞会上，每一张面孔都显得欢乐无比！在一场葬礼的化装舞会上，人们展现的又是一副多么庄严肃穆的愁容啊！但是，葬礼主持人和舞会司仪一样，对自己的成就感到高兴。而两个人对自己的职业都同样感到疲惫，前者的欢乐和后者的庄重都是一种异曲同工的伪装。如果人们从来没有注意过一位打扮得体的绸缎商和一位正好来他店里的年轻女士的对话，那么他们便与生活中饶有意味的一幕失之交臂。我严肃的读者啊，请你暂时放下自己的庄重，容许我把这两个人分别考察一下，深入他们的内心，看看他们行动的不同动机。

绸缎商的生意是尽其所能地出售尽可能多的丝绸，而他开出的售价就是他所认为的合理价格，是根据交易的利润惯例来决定的。至于那位女士，她的拿手好戏就是让自己高兴，她要以比平时便宜四到六个便士的价格买到自己想要的东西。如果她不是很丑的话，那么从男性的殷勤给她留下的印象来看，她会认为自己气质优雅、举止随和、嗓音甜美。如果她并不漂亮，那么她会认为自己大方得体，至少也比她所认识的大多数年轻女子更讨人喜欢。虽然她找不到什么理由使自己能用比别人更少的钱买到同样的东西，但她毕竟有良好的品质，所以她挖空了心思、绞尽了脑汁，以使自己获得最大的好处。但是，这里并不会产生什么爱情火花。因此，一方面，她不能扮演暴君，摆出怒气冲冲、怨天尤人的架势；另一方面，她又比在所有其他场合有更多的自由表现出说话亲切、待人和蔼的样子。她知道许多知书达理的人都会光临他的店铺，她竭尽全力使自己表现得和蔼可亲、温婉贤淑，使自己的言谈举止符合那些优雅的礼节。既然她这样下定了决心，那么不管遇到什么事，她都不会发脾气。

这位女士的马车还没有停下，就有一个绅士模样的人向她走来，此人干净素雅，装扮时尚，低垂着头，对她毕恭毕敬。只要她面露喜色，他就会知道她想进去，于是他便会将她引入店里。然后，他立刻从她身边溜走，穿过一条小道，只半分钟时间，他就风度翩翩地站到了柜台后面。此时，他面对着她，满腔敬意，用新潮的辞令恳切地询问她的喜好。不管她喜欢什么，不喜欢什么，她永远不会被直接反驳。与她打交道的是这样一个男人，在他身上，无与伦比的耐心是他这一行的秘密之一——无论她制造什么麻烦，她肯定只会听到最亲切的话语。她的面前总有一副让人心旷神怡的面容。在这面容上，愉悦和尊敬似乎同良好的心境融为了一体，创造出一种人为的宁静。比起那由未经雕琢的本性所造就的宁静，这种宁静要更加引人入胜。

这两个人的相处是如此融洽，两个人表现得如此文质彬彬，虽然他们也会谈论一些鸡毛蒜皮的小事，但是他们的谈话一定会让人非常舒心。虽然她还拿不定主意买什么东西，可是他还是不厌其烦地给她建议。虽然他在提建议的时候小心翼翼，但一旦她下定决心要买什么，他马上就变得主动，说这是店里最好的一种料子，夸她独具慧眼，还说自己越看它越觉得奇怪，说自己以前不该没发现它比店里的任何东西都要好。通过众前辈的言传身教和自己的勤学苦练，他学会了神不知鬼不觉地潜入别人的灵魂深处，拥有了摸清顾客的能力，并发现那些连顾客自己都不知道的弱点。在运用了那些无穷无尽的计谋后，他使那位女士高估了自己的判断力，同时也高估了她要买的商品的价值。比起她来，他的优势体现在他们交易中那最重要的一环，即讨价还价。他对价格知道得一清二楚，而她却一无所知。因此，他抓紧每个机会去影响她的想法。在这里，虽然他可以随心所欲地扯谎，例如在成本价和折扣方面；但他并不仅仅依赖这些，他还朝她的虚荣心进攻，使她相信世界上最不可思议的事情就是自己的羸弱不堪和她的卓尔不群。他说，他已经下了决心，绝不以这样的价格卖掉那个东西，但是她有力地说服他放弃了，说服力比他碰到过的任何顾客都强劲有力。他抱怨自己失去了他的丝绸，但看到她如此喜欢，便决心宁可让自己遭受这样的不幸，也不愿让这样一位无比珍贵的女士受辱。他说，就把这丝绸给她吧，只求她下次别对他那么狠心。同时，这位知道自己不仅聪慧而且也能说会道的买家，也很容易觉得自己的谈话方式很有说服力。于是，为了使自己良好的教养得到体现，他便觉得自己只要不承认她所说的优点就足够了。接着，他又用一连串的妙语回敬对方的恭维，使那位女士称心如意地相信了他对她所说的一切，让她觉得事实正是如此。结果是：她带着每码省下9便士的满足感，以和别人一样的价格买下了丝绸。事实上，即使她再少付6便士，商家也会卖给她。

这位女士可能因为得不到足够的奉承，或者因为她高兴地发现他的行为有什么纰漏，或者因为她不喜欢他系领带，抑或因为她不喜欢他的其他举止，所以她就不光顾这个绸缎商，而把机会留给了这个行业的其他商家。可是，如果许多商家聚集在一起，那么她要决定上哪一家商铺往往便不那么容易了。那么，为什么有些女人会有这样或那样的选择呢？原因往往是千奇百怪的，而且这是一个巨大无比的谜团。我们从来就不能毫无节制地随心所欲，我们无法对那些欲望追根溯源，而且其他人的猜测也是毫无道理可言的。一个贤惠的女人喜欢去一家商铺买东西，而不选择其他商铺，因为她曾在那里见到一位仪表堂堂的店员；另一个女人性情温顺，当她没有要买东西的打算，而只是去圣保罗教堂的时候，她经过某一家商铺，在这家店里，她所受到的待遇比在其他任何地方都要好。在那些时髦的绸缎商人中间，优秀者必须守在自己的门前，随时吸引顾客。除了阿谀奉承的神态外，他们并不能随心所欲或强拉硬拽让她们进入店铺。他们摆出百依百顺的姿势，对于那些把目光投向自己商铺的衣着考究的女士，他们也许还会一一鞠躬。

我刚才所说的最后一句话，使我想到了另一种招揽顾客的办法，它与我上面所说的那种方式相差甚远。我指的是送水人，尤其是那些从外表和服装就可以看出他们是来自农村的送水人。五六个人围在一个他们从未见过的男子周围，其中两个人离得最近，他们用胳膊搂住他的脖子，热情地拥抱着他，仿佛他是他们刚从东印度航行归来的兄弟。第三个人抓住他的手，第四个人抓住他的衣袖、纽扣或任何他能摸到的东西，而第五个或第六个人在绕着他跑了两圈后也没能碰到他。他们站在被围住的那个人的正前方，离他的鼻子还不到3英寸[①]。他们张开嘴叫了一声，与对手们抗争，露出一排可怕的大牙齿，上面还沾着面包和奶酪的残渣，因为那位乡下人的到来使他们没来得及把这些东西咽下去。其实，当看到这个场面时，我们并不会产生任何不快的感觉。

这并没有任何冒犯的意思，农民理所当然地认为他们对他皆有所求。因此，他非但不反对他们，反而耐心地忍受自己在人群中被他们推来推去。不管是一个刚抽完烟斗的人还是一个有着油腻腻头发的人在他身边蹭来蹭去，他

① 1英寸=0.025 4米。——译者注

都没有心思去挑人们呼出的气息的不是，毕竟他从摇篮里就习惯了污垢和汗水。在这五六个人中，有的就站在离他耳边很近的地方，有的最远也离他不到5英尺。对他来说，即使他们站在100码外对他大喊大叫，也没什么大不了的。他意识到，当他自己快乐的时候，他也会发出同样的声音，并且暗自喜欢他们这种吵闹。这种推搡已经让他看到了他们的意图，这种奉承方式是他能心领神会的。他不禁希望他们能交上好运，因为他们似乎很器重他。他喜欢成为众人的焦点，他钦佩伦敦人，因为他们愿意花3便士（甚至更少的钱）购买他的服务。然而，在乡下，在他光临的那些商店里，如果他不先告诉那些人自己想要什么，他就会一无所获。而且，即使他一次拿出三四个先令，也没有人搭理他，除非店员被迫回答他最开始问的问题。而在这里，这些快速的回应使他感激不尽，他打心底里不希望让任何人失望，因此他不知道该选择卖给谁。我曾见过一个送水人，他已经把这一切或诸如此类的事情想得清清楚楚，就像我把他身上的一切看得一清二楚一样。与此同时，他对送水这项工作感到心满意足，于是面带微笑地挑起比自己身体还要重100磅左右的水，将其送到岸上。

如果我在描绘这两种底层生活的形象时所表现出的小小欢乐与我的身份不相称，那么我会感到遗憾，但我保证不再犯那样的错误。现在，我将抓紧时间用朴实无华的简单方式继续我的论证，并指出那些人所犯的巨大错误。他们认为：我们身上那些值得称赞的社会美德与和蔼可亲的品质，对公众和拥有这些美德的个人同样有益；而且，那些行之有效的方法只要有助于私人家庭的福利和真正的幸福，就一定会对整个社会产生同样的影响。我承认，我一直在为此奋斗，而且也相信自己做得相当不错。但我不希望人们因为看到一个问题的真相被证明是多种多样的（而不是唯一的），就对这个问题心生好感。

可以肯定的是，一个人的欲望越少，他越不贪得无厌，他就越能保持自我；他越积极地满足自己的需要，越不需要别人侍候，就越受人爱戴，他在家庭中的麻烦就越少；他越热爱平静与和谐，他对他的邻居就越仁慈，他所散发的美德之光也就越真实。这样，毫无疑问，上帝和人们都会乐于接受他。但让我们理智些吧，这些事情能有什么益处呢？或者，这些事情究竟能促成什么好事来使各个国家繁荣富强、威震天下和永垂不朽呢？穷奢极侈的朝臣毫不限制他的欲望；变幻无常的妓女在每周都发明新的时装；那位心高气傲的公爵夫人在万千侍从、锦衣玉食中享尽欢娱，其举止活脱脱就是一位公主；还有挥霍无度的浪子和挥金如土的富二代四处挥霍钱财，从不三思而后行。他们见到什么就买什么，第二天不是把这些东西毁掉就是丢弃。那个贪得无厌、信口雌黄的阴险小人，从寡妇和孤儿的眼泪里榨取了无尽财富，把钱留给那些浪子去挥霍。这些正是一个强大国家的猎物和美食。或者换句话说，这就是人类所面临的灾难性状况。若要战胜它，我们就需要我所提到的瘟疫和怪物，需要完成那些人类能够创造出来的各种各样劳作和任务，以使广大的穷苦劳动人民谋得坚实牢靠的生存之道，这种生存之道是造就大社会的必备条件。如果没有强大的力量和一定的规矩，那么一个伟大而富裕的国家可以永世长存吗？这简直就是异想天开。

我和路德、加尔文、伊丽莎白女王一样反对教皇制。但我从心底相信，在使那些拥护教皇的王国或国家比其他国家更兴旺发达方面，宗教改革所起的作用并不比发明了那傻乎乎、毫无章法的带撑环、加衬心的女裙大。但是，如果我的敌人因此反对我，说我蔑视教廷权力，那么我至少还能确信：从教廷问世一直到今天，除了同这些为世人的福祉而战的英勇人士做斗争之外，与我所说的女性奢侈品行业近几年那令人不屑一顾的发展相比，教廷在雇用可靠、勤勉的劳动力方面实在是相形见绌。宗教与商业截然不同。有人在给其成千上万的邻居造成不计其数的麻烦的同时，也历经千辛万苦发明了数不胜数的产品，不管他是对是错，他对这个社会都厥功至伟。

在世界上的某些地方，为了织出漂亮的猩红色或深红色布料，人们一定会面临一番喧闹。同时，这又需要多少能工巧匠啊!他们不仅包括那些显而易见的劳动者，如粗纺工、纺纱工、织布工、洗布工、染色工、定线工、绘制工和包装工，还包括那些看似风马牛不相及的陌生工作者，如磨坊匠、制锡工和化学家，以及许多其他为纺织业制造工具、器皿和其他设备的必不可少的手工制作者。但所有这些事情都是在国内完成的，而且可以在没有特别疲劳或危险的情况下大功告成。当我们想到在国外将要经历的艰难险阻，将要航行的辽阔海洋，将要忍受的不同气候，以及那些必须求助的国家时，国内那些辛劳简直不值一提。的确，只有西班牙才有可能为我们提供羊毛，让我们织出最好的布料。但是，要把布料染成这种美丽的颜色，需要多么高超的技艺和多么辛苦的劳作，以及多么丰富的经验和娴熟的技能啊！一个染缸中又该汇集多少种分散在宇宙中的药物和其他各种成分啊！的确，我们有自己生产的明矾，我们还有来自莱茵（Rhine）的粗酒石（argol）和来自匈牙利的硫酸盐。这一切都来自欧洲。但是，硝石太少了，我们不得不远到东印度群岛。古人不知道的胭脂虫红（cocheneal），离我们并不近，它在地球上一个与我们这里完全不同的地方。的确，我们从西班牙人那里买这种染料，但它并不产自西班牙，西班牙人不得不从东印度群岛那片遥远的新世界为我们取货。在我们的东部和西部，众多的水手在太阳下炙烤，他们热得大汗淋淋；还有一群水手则在北方忍受酷寒，他们在俄罗斯为我们获取草碱（potashes）。

为了制出一匹上好的布料，人们必须经历各种各样的艰难困苦和自然灾害。人们在航行中冒着巨大的风险，不仅如此，这些航行还极少获得成功，且代价高昂，许多人牺牲了健康和财富，甚至失去了生命。当对这一切了如指掌却不得不考虑这一切时，我们很难想象一个如此没有人性、毫无羞耻之心的暴君，会以同样的眼光看待事物，他居然从他无辜的奴隶那里得到了这样可怕的服务！同时，我们也要敢于承认：他做这件事并不是为了别的，而是为了让人从一件猩红色或深红色的衣服中得到满足。但是，一个国家的奢侈要达到什么样的程度，才能使国王的官员、近卫军甚至士兵都产生这种无耻的欲望啊！

但是，如果我们深入思考，把所有这些劳动看作各行各业的自愿行为，认为这些劳动是人们的谋生手段，而且每个人都为自己工作，不管他看上去为别人付出了多少努力；如果我们想到，即使是那饱经风霜的水手，在每次航行结束之后，甚至在船只失事之后，也会找到另一次航行的工作；如果我们想到，我是说，从另一个角度来看这些事情；那么，我们会发现，对于穷人来说，这些劳动绝不是一种负担，绝不是一种压迫。能得到工作是人们的福气，这是他们向上天祈求的恩赐。让普通大众都能得到工作，也是每一位立法者所殚精竭虑的事。

就像小孩，即使是婴儿，也善于模仿，因而所有的年轻人都有强烈的欲望成为成年人，而且他们由于急于表现出自己是成年人，反而使人们认为他们尚不成熟，从而导致这个过程充斥着荒唐可笑。在所有大型社会中，繁荣兴旺的商业如果能永远持续下去，或至少能长期保持下去，就都得益于年轻人这种愚蠢的行为。由于缺乏判断力和经验，年轻人羡慕那些比他们年长的人。为了具有年长者那些无关紧要且常常会受到责备的资质，年轻人要经历多大的痛苦，要对自己多么残忍啊！这种对模仿的爱好使他们逐渐习惯于使用那些令人厌烦的东西，如果他们一开始就能忍受这些东西，那么日后他们便不知道如何丢弃这些东西，并且常常因为轻率地增加了这些毫无必要的生活必需品而深感遗憾。茶叶和咖啡带来的财富是多么丰厚啊！在这个世界上，有多少交易在发生，又有多少劳动力参与其中，而这只是为了让成千上万个家庭维持那两种即使不令人厌恶起码也是愚蠢的习惯——吸鼻烟、抽烟草。对于那些对此上瘾的人来说，这两种习惯肯定是弊大于利的！我还要进一步说明，当我们假装自己非常明智和正经的时候，个人的损失和不幸，以及我们的愚蠢愿望对公众是有益的。伦敦的大火是一场巨大的灾难。但是，如果木匠、泥瓦匠、铁匠和其他所有人（不仅包括建筑行业的人，而且包括制造和买卖与建筑行业相关的产品、被烧毁的商品以及因此有大量工作可做的其他行业的人）同那些在大火中遭受损失的人一起投票表决，那么为起火而感到高兴的人的数目即使没有超过抱怨大火的人的数目，也会与其相等。正是因为要重新生产和买卖那些因火灾、风暴、海难、围攻和战争而受到损失与破坏的物资，相当一部分行业才得以维持。这一事实，以及我所说的关于社会本质的任何事实，将在下文清楚地显现出来。

要列举一个国家在航运方面所获得的所有好处和不同利益是一项艰巨的任务。但是，如果我们仅仅考虑一下船只本身，想想那些用于海运的大大小小的船只——从最不起眼的小船到第一流的战舰，想想那建造它们所涉及的木材和工人，想想沥青、柏油、松香和油脂，想想桅杆、帆桁、帆篷和索具，想想各种铁器、缆索、船桨和其他一切船上之物，那么我们会发现：仅仅为我们这样一个国家提供这些必需品，就占据了欧洲的大部分交易，且不说因此被消耗的各种各样的物资和弹药，也不必提水手、船夫和其他因此而得以生存的人及其家属了。

另外，如果我们看到，世界各国在航海业发展过程中及其在与外国通商方面所发生的人为和自然上的种种不幸和罪恶，那么航海业的前景会使我们觉得毛骨悚然。我们能想象这样一个人口众多的岛国吗？那里的人们对船只和海上事务一无所知，但除此之外，他们却聪明机智、遵纪守法。一位天使一般的人，也许是他们中的天才，竟然在他们面前展开了一幅设计蓝图。这些人一方面看到，一千年后的航海所能带来的财富和那些实实在在的好处；另一方面则同时看到，财产会消耗，健康会受损，所有其他灾难将不可避免地发生。我相信，他们会以恐惧和厌恶的眼光看待船只，他们谨慎的统治者会严厉禁止建造和发明所有与航海相关的建筑或机器，不管它们是什么形状或者叫什么。总之，他会禁止所有这类可恶的发明，或者即使不对相关人士判处死刑，也要处以重罚。

就算不说外贸带来的必然后果，不说礼仪的败坏，不说航运带来的瘟疫、天花和其他疾病，难道我们不应该看到狂风天气、狂躁海洋、北方冰雪、南方害虫、黑暗夜晚和恶劣气候所带来的后果吗？或者，不应该想到食物匮乏、水手出错、某些人技术不熟练、某些人玩忽职守和醉酒引起的后果吗？难道我们不应该考虑人员遭到损失，财富被深海吞没，孤儿寡妇的泪水夺眶而出，商人破产荡业及其后果，以及父母对其子女、妻子对其丈夫的安危整日提心吊胆吗？难道我们不该记住在一个提倡贸易的国家里，全国的老板和保险所有人都会因海上刮起的每一阵狂风而辗转反侧、心痛万分吗？我想说的是，难道我们不应该关注这些事情，对它们给予理所当然的重视吗？在一个由有思想的人构成的国家里，人们把船只与航海说成是上天对他们的特别恩赐。面对那些分散于世界各地的无数艘船，以及那些驶向世界各地和从世界各地开往自己国家的船，他们觉得自己因此而获得了一种与众不同的幸福，这难道不是一件不可思议的事情吗？

但是，我们在考虑这些事情的时候，还是把自己限制在船只造成的苦难上吧！让我们只考虑船只本身，以及船上的索具和装备，而不去考虑船上所载的货物或船上的工作人员吧！我们将发现，仅因船只本身造成的损害就是非常巨大的，而且每年的损失都会增加。有些船在海上沉没了，有些船撞在岩石上裂成两半，有些船被泥沙吞没了，有些船被狂风暴雨卷走了，有些船则由于缺乏有经验和海岸知识的船员而沉没了。还有那些被风吹倒或不得不被砍断而抛到海里的桅杆，被风暴摧毁的帆桁、帆篷和各种尺寸的绳索，以及损坏了的锚。还有，我们也得加上那必须修补的因狂风暴雨和巨浪造成的漏洞和其他破损。除此之外，由于船员粗心大意以及那些嗜酒如命的水手狂饮烈酒，一些船被火烧毁。有时，恶劣的气候和糟糕的装备都会酿成致命的瘟疫，从而夺去大部分船员的生命，甚至不少船仅仅因为人手不足而毁于一旦。

这些都是与航海密不可分的灾难，而且似乎也是阻碍对外贸易的巨大障碍。如果一个商人的船只总是碰上好天气——有他所希望的海风，并且他所雇用的每个层级的每个水手不仅有知识、经验，而且小心谨慎、不酗酒、品行端正，那么他该多么高兴啊！这难道不是每位祈祷者所希望得到的幸福吗？在欧洲，在全世界，有哪个船主、商人不为这样的赐福整日向上天祈祷，而对那些给别人造成的伤害置之不理呢？这样的请愿当然是非常不合情理的，然而认为自己没有权利这么祈求的人又在哪里呢？因此，既然每个人都假装自己有和别人平等的权利获得上天的恩泽，我们就不去想这种恩泽是否真实，我们就假设他们的祈祷都应验了，他们的愿望也都实现了。我们就研究一下这幸福的结果究竟如何吧。

只要造船的木材不烂，船就永远不会坏，因为它和木材一般结实。木材很容易遭受狂风暴雨的袭击，而根据我们的推测，船是不会坏的。因此，在还没有机会建造新船之前，现今的造船大师们以及在他们下面工作的每一个人，要么已经因挨饿失去生命，要么英年早逝，要么已经寿终正寝。首先，所有船都能遇上强风（永远不必担心没有风），因而这些船都能快速航行，既能出海，又能返航。其次，没有任何商品会因为海上或天气的压力而遭受损害，所有的商品都能安全到岸。最后，目前有四分之三的船都是多余的，而现在世界上的船会被用上很多年。桅杆和帆桁的使用时间和船本身的使用时间一样长，在这一点上，我们暂时还不需要麻烦挪威人。的确，仅有的几艘船的帆篷和索具会被磨损，但磨损速度不会像现在这么快，因为它们在一个小时的风暴中所受的损害，往往比在十天的好天气中所受的损害还要大。

同时，锚和缆索几乎不会遭到损坏，它们都可以在船上使用一段时间。光是这些东西，就能使制锚工人和缆索工人享受许多枯燥乏味的假期。这种普遍的消费需求会对木材商人和所有进口铁器、帆布、大麻、沥青、焦油等的人产生很大的影响。正因如此，在我最初提到的与航海业务相关的在欧洲商贸中占了相当份额的五种行业中，有四种会消失。

到目前为止，我只谈到了这一赐福对航运的影响，但它将损害其他贸易部门，而且对每个出口自己所种植或制造的东西的国家的穷人也是有害的。那些每年随船在深海中航行被海水、高热、害虫毁坏以及被火焚毁的货物和商品，还有由风暴、航行中的乏味感以及三心二意和贪婪成性的水手引起的其他意外状况造成的货物和商品损坏，都会使商人遭受损失。我要说的是，这些商品和货物在每年运往世界各地的货物中占了相当大的一部分，在它们被装上船之前，一定有许许多多的穷人被雇用。对于英国的穷人来说，在地中海被烧毁或淹没的100包布，就像它们被安全运至士麦那（Smyrna）或阿勒颇（Aleppo）一样——在这些尊贵绅士的领地，所有布匹都会被抢售一空。

运输商可能会破产，服装商、染匠、包工和其他商人以及中间商也可能会遭殃，但那些制造布匹的穷人绝不会受损。临时工一般每周领取一次工资，在货物装上船之前，所有被雇用的工人都能领到工资，无论他们是在与制作布匹本身相关的各个部门，还是在从装船到卸货使布匹制造业臻于完善的陆运和水运行业，至少大部分人都是如此。如果我的一些读者从我的话中随心所欲地得出结论，即那些被淹没或烧毁了的货物对穷人是有益的，就像它们被卖得很好而且得到了合理利用一样，那么我便会认为他是在无事生非，根本不值得搭理。如果天总是下雨，太阳永不升起，作物很快就会腐烂和消失。因此，可以肯定的是，要得到青草或谷物，雨水和阳光都是必不可少的。这个说法绝不自相矛盾。

这种风和日丽的赐福，对水手本身和水手的未来会产生怎样的影响呢？从已有的论述中，我们也许很容易推断出来。因为每艘船被使用的概率不到25%，所以船本身也总能免于暴风雨的袭击，因而其需要配备的操作人员就会减少，结果则是，六位水手中的五位可能会失业。在这个国家，失业的穷人越来越多，这是一件很不幸的事。一旦那些多余的水手都过世了，我们就不再可能拥有与现在一样庞大的舰队。但是，因为全世界的水手数量都在减少，所以我并不认为这是一种损害或者一件极不方便的事情。其最终结果就是：一旦爆发战争，海上强国将不得不减少军舰数量。这是一种幸福，而不是一种罪恶。你们要把这种幸福发扬到最完美的境界吗？只要再加上一种更称心如意的赐福，任何国家就永远不会有战争了。我在这里提到的赐福也是所有善良的基督徒必须祈祷的，即所有的君主和政治家都信守彼此的誓言和承诺，都遵守对自己臣民许下的誓言和承诺。他们也许会更加看重道德和信仰律令，而不是只盯着国家政治和世俗学问；他们也许会更看重别人的精神幸福，而不仅仅是自己的世俗欲望；他们也许更看重他们所治理的国家中体现的诚信、安全、和平与安宁，而不仅仅是自己对荣耀、复仇、贪婪和野心的热爱。

在许多人看来，上述一段话似乎离题了，与我的目的无关。但我的本意是要证明：统治者和执政者那善良、正直、和平的性情，并不能使他们声势显赫，他们国家的人数也并不会因此增加。如果可能的话，那么每个人最多可以获得他们所祈祷的连续不断的成功。我已经说过：如果一个大型社会把幸福建立在世俗的伟大上，让自己的邻居心生艳羡，把荣誉和军事力量当成自己的价值所在，那么这终将贻害无穷。

人们绝不会提醒自己要当心各种赐福，但灾难却需要人们去刻意避免。人类和蔼可亲的品质并没有使任何人精神振奋。他的诚实，他对结伴而行的热爱，他的善良，他的满足和节俭，对一个懒惰的社会来说是无限的慰藉。他们越真实和越不受影响，就越能使一切变得平静和安宁，因而也就越能处处避免麻烦，避免躁动。同样，我们也可以说，上天的恩赐和慷慨，以及大自然的馈赠和恩惠所涉及的范围越广、数量越大，我们就越能节省体力。但是，人类的种种需要、恶德和不足，以及空气和其他恶劣的元素，都蕴含着一切艺术、工业和劳动的种子。正是严寒酷暑、四季无常、狂风不止、洪水肆虐、烈火熊熊和贫瘠荒凉的土地刺激着人们的发明创造。为了远离它们可能会带来的灾难，或者纠正它们的有害力量，把各种力量转化为我们自己的优势，我们尝试了不计其数的不同方法。当忙于满足无穷无尽的需求时，随着知识的增长和欲望的增加，我们的需求也会成倍增长。饥饿、口渴和赤裸是使我们奋起的第一个导火索。后来，我们的骄傲、懒惰、淫逸和浮躁，是促进所有艺术、科学、贸易、手工业和各行各业发展的伟大赞助者。需求、贪婪、嫉妒、野心以及每个人所拥有的特质则是伟大的实干家，它们使社会上的人各司其职，使他们乖乖劳作，使大多数人高高兴兴地干着自己行业的苦差事。当然，国王和王子不会这样。

贸易和制造业的种类越多，劳动者就越勤勉；各行各业的部门划分越详细，社会中互不妨碍的劳动人民的数量就可能越多，人们就越容易建立一个富裕、强大和兴旺发达的国家。美德者甚少，而且他们也不雇用什么人，因此他们可以使一个小国家受益，却永远不能造就一个伟大的国家。在千难万险面前的锲而不舍和坚韧不拔，以及在所有工作面前的兢兢业业，都是让人肃然起敬的品质。但是，由于人们做的都是自己的工作，所以那些品质正是对他们的奖赏，艺术和工业从来没有向他们表示过敬意。然而，从过去到现在，人类思想和其发明才能的卓越成就最为显著地体现在工人和工匠的各种工具和器具，以及各种各样的机器上，它们都用于弥补人类的各种弱点，纠正人类的许多缺陷，满足人类的懒惰需要或者平息人类的急躁之心。

道德和大自然中的万物如出一辙。万物中没有什么是完美的善，它不会伤害社会中的一分一毫，也不会伤害任何完全邪恶的东西；相反，它有可能被证明对万物中的某些东西大有裨益。因此，某个东西的善与恶，只是相对于其他东西而言的，并且同其所处的角度与位置密不可分。按照这样的说法，好的东西能让我们心情愉快。根据这一规则，每个人都希望自己过着尽可能好的生活，而很少考虑自己邻居的生活。在一个非常干燥的季节，虽然大家都祈求降雨，但是从来就没有下过雨。不过，总有一些想出国的人只希望自己远走他乡的那一天天气晴朗。当春天的谷物长得很茂盛时，全国人民都为这个可喜的结果欢欣鼓舞。而为了更高的市场价格储藏了去年收成的富农，一看到这种景象就痛苦不已，一想到丰收的前景就暗自悲伤。不仅如此，我们还经常发现，一些游手好闲的人在大庭广众之下声称自己想要得到别人的财产。为了避免造成某些所谓真正的损害，他们还声称需要加入一个明智的限制性条款，即不能因为确保自己不受损害就损害所有者的利益。

但我觉得，当他们在说这件事时，其心里恐怕不会经常给自己设下这样的限制。

大多数人的祈祷和愿望都是微不足道且毫无意义的，但这却是一种幸福；否则，唯一能使人类适应社会和使世界不会陷入混乱的事就是，那些向上天祷告的祈求都会变成过眼云烟。一位刚从旅途中归来的有责任心的年轻绅士逗留在布里埃尔（Briel），耐心地等着东风把他送回英国。在那里，他垂死的父亲完全沉浸在悲恸和柔情之中，父亲想在自己咽气之前拥抱儿子，给他祝福。同时，英国还有一位牧师，他非常关心德国清教徒的利益，他骑马去了哈威治（Harwich）①，急急忙忙地赶在会议结束之前来到拉蒂斯本（Ratisbone）②。与此同时，一支装备精良的舰队正准备驶向地中海，一支有着卓越战斗力的舰队正驶向波罗的海。所有这些事情都可能同时发生，至少，我们可以轻而易举地设想它们会同时发生。如果这些人既不是无神论者，也不是大坏蛋，那么他们在睡觉前都会有一些好的想法。因此，在上床睡觉的时候，他们都一定会以不同的方式祈祷自己顺风顺水。但我并不认为这是他们的职责，也不认为上天可以听到他们的祷告，但我敢肯定：他们的愿望不

① 哈威治，位于英国英格兰东南部的埃塞克斯郡。——译者注

② 拉蒂斯本，德国东南部的一座城市。——译者注

可能同时得到满足。

在此之后，我觉得自己已经证明了，无论是人类天生的友好品质和善良情感，还是人类通过理性和自我否定而获得的真正美德，都不是社会的基础。但是，在这个世界上，那些被我们所认为的邪恶东西，无论是道德上的还是大自然中的，它们都是使我们成为社会性动物的重要源泉，是一切交易以及各行各业的坚实基础、生命之源和依托之物，无一例外。因此，我们必须将其视为所有艺术和科学的真正起源。一旦邪恶消失，这个社会即使不会毁尸灭迹，也会遍体鳞伤。

我可以怀着满腔的热忱，补充上千个例子来进一步说明和强调这个事实。但是，为了不惹人讨厌，我还是到此为止吧。尽管我得承认，对于想要得到别人赞许这件事，我并没有那么乐此不疲，因为我已经学会了在写作这种消遣中自娱自乐。不过，如果我听到有人说，这些消遣的文字使某位聪慧的读者有所收获，那么这总会使我在这番成就中的满足感有所增强。在结束这些在形式上有些许浮夸之气的文字时，为了使读者不留遗憾，我不得不重复一遍那个似是而非的论点，其实质内容在前言已经提到了，即通过一个老练的政治家的巧妙管理，私人的恶德是可以转变为公众的利益的。

The Fable of The Bees

Bernard Mandeville

CONTENTS

Preface

Laws and government are to the political bodies of civil societies, what the vital spirits and life itself are to the natural bodies of animated creatures; and as those that study the anatomy of dead carcases may see, that the chief organs and nicest springs more immediately required to continue the motion of our machine, are not hard bones, strong muscles and nerves, nor the smooth white skin, that so beautifully covers them, but small trifling films, and little pipes, that are either overlooked or else seem inconsiderable to vulgar eyes; so they that examine into the nature of man, abstract from art and education, may observe, that what renders him a sociable animal, consists not in his desire of company, good nature, pity, affability, and other graces of a fair outside; but that his vilest and most hateful qualities are the most necessary accomplishments to fit him for the largest, and, according to the world, the happiest and most flourishing societies.

The following Fable, in which what I have said is set forth at large, was printed above eight years ago, in a six penny pamphlet, called, *The Grumbling Hive: or Knaves Turn'd Honest*; and being soon after pirated, cried about the streets in a halfpenny sheet. Since the first publishing of it, I have met with several that, either wilfully or ignorantly mistaking the design, would have it, that the scope of it was a satire upon virtue and morality, and the whole wrote for the encouragement of vice. This made me resolve, whenever it should be reprinted, some way or other to inform the reader of the real intent this little poem was wrote with. I do not dignify these few loose lines with the name of Poem, that I would have the reader expect any poetry in them, but barely because they are rhyme, and I am in reality puzzled what name to give them; for they are neither heroic nor pastoral, satire, burlesque, nor heroicomic; to be a tale they want probability, and the whole is rather too long for a fable. All I can say of them is, that they are a story told in doggerel, which, without the least design of being witty, I have endeavoured to do in as easy and familiar a manner as I was able: the reader shall be welcome to call them what he pleases.

It was said of Montaigne, that he was pretty well versed in the defects of mankind, but unacquainted with the excellencies of human nature: if I fare no worse, I shall think myself well used.

What country soever in the universe is to be understood by the Bee-Hive represented here, it is evident, from what is said of the laws and constitution of it, the glory, wealth, power, and industry of its inhabitants, that it must be a large, rich and warlike nation, that is happily governed by a limited monarchy. The satire, therefore, to be met with in the following lines, upon the several professions and callings, and almost every degree and station of people, was not made to injure and point to particular persons, but only to show the vileness of the ingredients that altogether compose the wholesome mixture of a well-ordered society; in order to extol the wonderful power of political wisdom, by the help of which so beautiful a machine is raised from the most contemptible branches. For the main design of the Fable (as it is briefly explained in the Moral), is to show the impossibility of enjoying all the most elegant comforts of life, that are to be met with in an industrious, wealthy and powerful nation, and at the same time, be blessed with all the virtue and innocence that can be wished for in a golden age; from thence to expose the unreasonableness and folly of those, that desirous of being an opulent and flourishing people, and wonderfully greedy after all the benefits they can receive as such, are yet always murmuring at and exclaiming against those vices and inconveniences, that from the beginning of the world to this present day, have been inseparable from all kingdoms and states, that ever were famed, for strength, riches, and politeness, at the same time.

To do this, I first slightly touch upon some of the faults and corruptions the several professions and callings are generally charged with. After that I show that those very vices, of every particular person, by skilful management, were made subservient to the grandeur and worldly happiness of the whole. Lastly, by setting forth what of necessity must be the consequence of general honesty and virtue, and national temperance, innocence and content, I demonstrate that if mankind could be cured of the failings they are naturally guilty of, they would cease to be capable of being raised into such vast potent and polite societies, as they have been under the several great commonwealths and monarchies that have flourished since the creation.

If you ask me, why I have done all this, cui bono? And what good these notions will produce? Truly, besides the reader's diversion, I believe none at all; but if I was asked what naturally ought to be expected from them, I would answer, that, in the first place, the people who continually find fault with others, by reading them, would be taught to look at home, and examining their own consciences, be made ashamed of always railing at what they are more or less guilty of themselves; and that, in the next, those who are so fond of the ease and comforts, and reap all the benefits that are the consequence of a great and flourishing nation, would learn more patiently to submit to those inconveniences, which no government upon earth can remedy, when they should see the impossibility of enjoying any great share of the first, without partaking likewise of the latter.

This, I say, ought naturally to be expected from the publishing of these notions, if people were to be made better by any thing that could be said to them; but mankind having for so many ages remained still the same, notwithstanding the many instructive and elaborate writings, by which their amendment has been endeavoured, I am not so vain as to hope for better success from so inconsiderable a trifle.

Having allowed the small advantage this little whim is likely to produce, I think myself obliged to show that it cannot be prejudicial to any; for what is published, if it does no good, ought at least to do no harm: in order to this, I have made some explanatory notes, to which the reader will find himself referred in those passages that seem to be most liable to exceptions.

The censorious, that never saw the *Grumbling Hive*, will tell me, that whatever I may talk of the Fable, it not taking up a tenth part of the book, was only contrived to introduce the Remarks; that instead of clearing up the doubtful or obscure places, I have only pitched upon such as I had a mind to expatiate upon; and that far from striving to extenuate the errors committed before, I have made bad worse, and shown myself a more barefaced champion for vice, in the rambling digressions, than I had done in the Fable itself.

I shall spend no time in answering these accusations: where men are prejudiced, the best apologies are lost; and I know that those who think it criminal to suppose a necessity of vice in any case whatever, will never be reconciled to any part of the performance; but if this be thoroughly examined, all the offence it can give must result from the wrong inferences that may perhaps be drawn from it, and which I desire nobody to make. When I assert that vices are inseparable from great and potent societies, and that it is impossible their wealth and grandeur should subsist without, I do not say that the particular members of them who are guilty of any should not be continually reproved, or not be punished for them when they grow into crimes.

There are, I believe, few people in London, of those that are at any time forced to go a-foot, but what could wish the streets of it much cleaner than generally they are; while they regard nothing but their own clothes and private conveniency; but when once they come to consider, that what offends them, is the result of the plenty, great traffic, and opulency of that mighty city, if they have any concern in its welfare, they will hardly ever wish to see the streets of it less dirty. For if we mind the materials of all sorts that must supply such an infinite number of trades and handicrafts, as are always going forward; the vast quantity of victuals, drink, and fuel, that are daily consumed in it; the waste and superfluities that must be produced from them; the multitudes of horses, and other cattle, that are always dawbing the streets; the carts, coaches, and more heavy carriages that are perpetually wearing and breaking the pavement of them; and, above all, the numberless swarms of people that are continually harassing and trampling through every part of them: If, I say, we mind all these, we shall find, that every moment must produce new filth; and, considering how far distant the great streets are from the river side, what cost and care soever be bestowed to remove the nastiness almost as fast as it is made, it is impossible London should be more cleanly before it is less flourishing. Now would I ask, if a good citizen, in consideration of what has been said, might not assert, that dirty streets are a necessary evil, inseparable from the felicity of London, without being the least hinderance to the cleaning of shoes, or sweeping of streets, and consequently without any prejudice either to the blackguard or the scavingers.

But if, without any regard to the interest or happiness of the city, the question was put, what place I thought most pleasant to walk in? Nobody can doubt, but before the stinking streets of London, I would esteem a fragrant garden, or a shady grove in the country. In the same manner, if laying aside all worldly greatness and vain glory, I should be asked where I thought it was most probable that men might enjoy true happiness, I would prefer a small peaceable society, in which men, neither envied nor esteemed by neighbours, should be contented to live upon the natural product of the spot they inhabit, to a vast multitude abounding in wealth and power, that should always be conquering others by their arms abroad, and debauching themselves by foreign luxury at home.

Thus much I had said to the reader in the first edition; and have added nothing by way of preface in the second. But since that, a violent outcry has been made against the book, exactly answering the expectation I always had of the justice, the wisdom, the charity, and fair-dealing of those whose good-will I despaired of. It has been presented by the Grand Jury, and condemned by thousands who never saw a word of it. It has been preached against before my Lord Mayor; and an utter refutation of it is daily expected from a reverend divine, who has called me names in the advertisements, and threatened to answer me in two months time for above five months together. What I have to say for myself, the reader will see in my Vindication at the end of the book, where he will likewise find the Grand Jury's Presentment, and a letter to the Right Honourable Lord C. which is very rhetorical beyond argument or connection. The author shows a fine talent for invectives, and great sagacity in discovering atheism, where others can find none. He is zealous against wicked books, points at *the Fable of the Bees*, and is very angry with the author: He bestows four strong epithets on the enormity of his guilt, and by several elegant innuendos to the multitude, as the danger there is in suffering such authors to live, and the vengeance of Heaven upon a whole nation, very charitably recommends him to their care.

Considering the length of this epistle, and that it is not wholly levelled at me only, I thought at first to have made some extracts from it of what related to myself; but finding, on a nearer inquiry, that what concerned me was so blended and interwoven with what did not, I was obliged to trouble the reader with it entire, not without hopes that, prolix as it is, the extravagancy of it will be entertaining to those who have perused the treatise it condemns with so much horror.

The Grumbling Hive; or, Knaves Turn'd Honest

A spacious hive well stock'd with bees,
That liv'd in luxury and ease;
And yet as fam'd for laws and arms,
As yielding large and early swarms;
Was counted the great nursery
Of sciences and industry.
No bees had better government,
More fickleness, or less content:
They were not slaves to tyranny,
Nor rul'd by wild democracy;
But kings, that could not wrong, because
Their power was circumscrib'd by laws.

These insects liv'd like men, and all

Our actions they performed in small.
They did whatever's done in town,
And what belongs to sword or gown;
Though th' artful works, by nimble slight
Of minute limbs, 'scap'd human sight;
Yet we've no engines, labourers,
Ships, castles, arms, artificers,
Craft, science, shop, or instrument,
But they had an equivalent.
Which, since their language is unknown,
Must be call'd, as we do our own.
As grant, that among other things,
They wanted dice, yet they had kings,
And those had guards; from whence we may
Justly conclude, they had some play;
Unless a regiment be shown
Of soldiers, that make use of none.

Vast numbers throng'd the fruitful hive,
Yet those vast numbers made 'em thrive;
Millions endeavouring to supply

Each other's lust and vanity;
While other millions were employ'd,
To see their handy-works destroy'd;
They furnish'd half the universe;
Yet had more work than labourers.
Some with vast flocks, and little pains,
Jump'd into business of great gains;
And some were damn'd to scythes and spades,
And all those hard laborious trades;
Where willing wretches daily sweat,
And wear out strength and limbs to eat;
While others follow'd mysteries,
To which few folks bind 'prentices;
That want no stock, but that of brass,
And may set up without a cross;
As sharpers, parasites, pimps, players,
Pickpockets, coiners, quacks, soothsayers,
And all those, that in enmity,
With downright working, cunningly
Convert to their own use the labour
Of their good-natur'd heedless neighbour.

These were call'd Knaves, but bar the name,
The grave industrious were the same;
All trades and places knew some cheat,
No calling was without deceit.

The lawyers, of whose art the basis
Was raising feuds and splitting cases,
Oppos'd all registers, that cheats
Might make more work with dipt estates;
As were't unlawful, that one's own,
Without a law-suit, should be known.
They kept off hearings wilfully,
To finger the refreshing fee;
And to defend a wicked cause,
Examin'd and survey'd the laws,
As burglar's shops and houses do,
To find out where they'd best break through.

Physicians valu'd fame and wealth
Above the drooping patient's health,
Or their own skill: the greatest part

Study'd, instead of rules of art,
Grave pensive looks and dull behaviour,
To gain th' apothecary's favour;
The praise of midwives, priests, and all
That serv'd at birth or funeral.
To bear with th' ever-talking tribe,
And hear my lady's aunt prescribe;
With formal smile, and kind how d'ye,
To fawn on all the family;
And, which of all the greatest curse is,
T' endure th' impertinence of nurses.

Among the many priests of Jove,
Hir'd to draw blessings from above,
Some few were learn'd and eloquent,
But thousands hot and ignorant;
Yet all pass'd muster that could hide
Their sloth, lust, avarice and pride,
For which they were as fam'd as tailors
For cabbage, or for brandy sailors;
Some, meagre-look'd, and meanly clad,

Would mystically pray for bread,
Meaning by that an ample store,
Yet lit'rally received no more;
And, while these holy drudges starv'd,
The lazy ones, for which they serv'd,
Indulg'd their ease, with all the graces
Of health and plenty in their faces.

The soldiers, that were forc'd to fight,
If they surviv'd, got honour by't;
Though some, that shunn'd the bloody fray,
Had limbs shot off, that ran away;
Some valiant gen'rals fought the foe,
Others took bribes to let them go;
Some ventur'd always where 'twas warm,
Lost now a leg, and then an arm;
Till quite disabled, and put by,
They liv'd on half their salary;
While others never came in play,
And staid at home for double pay.

Their kings were serv'd, but knavishly,
Cheated by their own ministry;
Many, that for their welfare slaved,
Robbing the very crown they saved:
Pensions were small, and they liv'd high,
Yet boasted of their honesty.
Calling, whene'er they strain'd their right,
The slipp'ry trick a perquisite;
And when folks understood their cant,
They chang'd that for emolument;
Unwilling to be short or plain,
In any thing concerning gain;
For there was not a bee but would
Get more, I won't say, than he should;
But than he dar'd to let them know,
That pay'd for't; as your gamesters do,
That, though at fair play, ne'er will own
Before the losers that they've won.

But who can all their frauds repeat?
The very stuff which in the street

They sold for dirt t'enrich the ground,
Was often by the buyers found
Sophisticated with a quarter
Of good-for-nothing stones and mortar;
Though Flail had little cause to mutter.
Who sold the other salt for butter.

Justice herself, fam'd for fair dealing,
By blindness had not lost her feeling;
Her left hand, which the scales should hold,
Had often dropt 'em, brib'd with gold;
And, though she seem'd impartial,
Where punishment was corporal,
Pretended to a reg'lar course,
In murder, and all crimes of force;
Though some first pillory'd for cheating,
Were hang'd in hemp of their own beating;
Yet, it was thought, the sword she bore
Check'd but the desp'rate and the poor;
That, urg'd by mere necessity,
Were ty'd up to the wretched tree

For crimes, which not deserv'd that fate,
But to secure the rich and great.

Thus every part was full of vice,
Yet the whole mass a paradise;
Flatter'd in peace, and fear'd in wars,
They were th' esteem of foreigners,
And lavish of their wealth and lives,
The balance of all other hives.
Such were the blessings of that state;
Their crimes conspir'd to make them great:
And virtue, who from politics
Has learn'd a thousand cunning tricks,
Was, by their happy influence,
Made friends with vice; And ever since,
The worst of all the multitude
Did something for the common good.

This was the state's craft, that maintain'd
The whole of which each part complain'd:
This, as in music harmony

Made jarrings in the main agree,
Parties directly opposite,
Assist each other, as 'twere for spite;
And temp'rance with sobriety,
Serve drunkenness and gluttony.

The root of evil, avarice,
That damn'd ill-natur'd baneful vice,
Was slave to prodigality,
That noble sin; whilst luxury
Employ'd a million of the poor,
And odious pride a million more.
Envy itself, and vanity,
Were ministers of industry;
Their darling folly, fickleness,
In diet, furniture, and dress.
That strange ridic'lous vice, was made
The very wheel that turn'd the trade.
Their laws and clothes were equally
Objects of mutability!
For, what was well done for a time,

In half a year became a crime;
Yet while they altered thus their laws,
Still finding and correcting flaws,
They mended by inconstancy
Faults, which no prudence could foresee.

Thus vice nurs'd ingenuity,
Which join'd the time and industry,
Had carry'd life's conveniences,
Its real pleasures, comforts, ease,
To such a height, the very poor
Liv'd better than the rich before.
And nothing could be added more.

How vain is mortal happiness!
Had they but known the bounds of bliss;
And that perfection here below
Is more than gods can well bestow;
The grumbling brutes had been content
With ministers and government.
But they, at every ill success,

Like creatures lost without redress,
Curs'd politicians, armies, fleets;
While every one cry'd, damn the cheats,
And would, though conscious of his own,
In others barb'rously bear none.

One, that had got a princely store,
By cheating master, king, and poor,
Dar'd cry aloud, the land must sink
For all its fraud; and whom d'ye think
The sermonizing rascal chid?
A glover that sold lamb for kid.

The least thing was not done amiss,
Or cross'd the public business;
But all the rogues cry'd brazenly,
Good gods, had we but honesty!
Merc'ry smil'd at th' impudence,
And others call'd it want of sense,
Always to rail at what they lov'd.
But Jove with indignation mov'd,

At last in anger swore, he'd rid
The bawling hive of fraud; and did.
The very moment it departs,
And honesty fills all their hearts;
There shows 'em, like th' instructive tree,
Those crimes which they're asham'd to see;
Which now in silence they confess,
By blushing at their ugliness:
Like children, that would hide their faults,
And by their colour own their thoughts:
Imag'ning, when they're look'd upon,
That others see what they have done.

But, O ye gods! what consternation,
How vast and sudden was th' alteration!
In half an hour, the nation round,
Meat fell a penny in the pound.
The mask hypocrisy's sitting down,
From the great statesman to the clown.
And in some borrow'd looks well known,
Appear'd like strangers in their own.

The bar was silent from that day;
For now the willing debtors pay,
Ev'n what's by creditors forgot;
Who quitted them that had it not.
Those that were in the wrong, stood mute,
And dropt the patch'd vexatious suit.
On which since nothing else can thrive,
Than lawyers in an honest hive.
All, except those that got enough,
With inkhorns by their sides troop'd off.

Justice hang'd some, set others free;
And after gaol delivery,
Her presence being no more requir'd,
With all her train and pomp retir'd.
First march'd some smiths with locks and grates,
Fetters, and doors with iron plates;
Next gaolers, turnkeys and assistants.
Before the goddess, at some distance,
Her chief and faithful minister,
'Squire Catch, the law's great finisher,

Bore not th' imaginary sword,
But his own tools, an ax and cord:
Then on a cloud the hood-wink'd fair,
Justice herself was push'd by air.
About her chariot, and behind,
Were serjeants, bums of every kind,
Tip-staffs, and all those officers,
That squeeze a living out of tears.

Though physic liv'd, while folks were ill,
None would prescribe, but bees of skill;
Which through the hive dispers'd so wide,
That none of them had need to ride;
Wav'd vain disputes, and strove to free
The patients of their misery;
Left drugs in cheating countries grown,
And us'd the product of their own;
Knowing the gods sent no disease,
To nations without remedies.

Their clergy rous'd from laziness,

Laid not their charge on journey-bees,
But serv'd themselves, exempt from vice;
The gods with pray'r and sacrifice,
All those, that were unfit, or knew,
Their service might be spar'd, withdrew;
Nor was their business for so many,
(If th' honest stand in need of any,)
Few only with the high-priest staid,
To whom the rest obedience paid;
Himself employ'd in holy cares,
Resign'd to others state-affairs.
He chas'd no starv'ling from his door,
Nor pinch'd the wages of the poor;
But at his house the hungry's fed,
The hireling finds unmeasur'd bread,
The needy trav'ller board and bed.

Among the king's great ministers,
And all th' inferior officers,
The change was great; for frugally
They now liv'd on their salary.

That a poor bee should ten times come
To ask his due, a trifling sum,
And by some well-hir'd clerk be made
To give a crown, or ne'er be paid,
Would now be call'd a downright cheat,
Though formerly a perquisite.
All places manag'd first by three,
Who watch'd each other's knavery
And often for a fellow-feeling,
Promoted one another's stealing.
Are happily supply'd by one,
By which some thousands more are gone.

No honour now could be content,
To live and owe for what was spent;
Liv'ries in brokers shops are hung,
They part with coaches for a song;
Sell stately horses by whole sets,
And country-houses, to pay debts.

Vain cost is shunn'd as much as fraud,

They have no forces kept abroad;
Laugh at th' esteem of foreigners,
And empty glory got by wars;
They fight but for their country's sake,
When right or liberty's at stake.

Now mind the glorious hive, and see
How honesty and trade agree.
The show is gone, it thins apace,
And looks with quite another face.
For 'twas not only that they went,
By whom vast sums were yearly spent;
But multitudes that liv'd on them,
Were daily forc'd to do the same.
In vain to other trades they'd fly;
All were o'er-stock'd accordingly.

The price of land and houses falls;
Mirac'lous palaces, whose walls,
Like those of Thebes, were rais'd by play,
Are to be let; while the once gay,

Well-seated household gods would be
More pleas'd to expire in flames, than see
The mean inscription on the door
Smile at the lofty ones they bore.
The building trade is quite destroy'd,
Artificers are not employ'd;
No limner for his art is fam'd,
Stone-cutters, carvers are not nam'd.

Those, that remain'd, grown temp'rate, strive,
Not how to spend, but how to live;
And, when they paid their tavern score.
Resolv'd to enter it no more.
No vintner's jilt in all the hive
Could wear now cloth of gold, and thrive;
Nor Torcol such vast sums advance,
For Burgundy and Ortolans;
The courtier's gone that with his miss
Supp'd at his house on Christmas peas;
Spending as much in two hours stay,
As keeps a troop of horse a day.

The haughty Chloe, to live great,
Had made her husband rob the state;
But now she sells her furniture,
Which th' Indies had been ransack'd for.
Contracts the expensive bill of fare,
And wears her strong suit a whole year,
The slight and fickle age is past;
And clothes, as well as fashions, last.
Weavers, that join'd rich silk with plate,
And all the trades subordinate,
Are gone; still peace and plenty reign,
And every thing is cheap, though plain;
Kind nature, free from gard'ners force,
Allows all fruits in her own course;
But rarities cannot be had,
Where pains to get them are not paid.

As pride and luxury decrease,
So by degrees they leave the seas.
Not merchants now, but companies
Remove whole manufactories.

All arts and crafts neglected lie;
Content, the bane of industry,
Makes 'em admire their homely store,
And neither seek nor covet more.

So few in the vast hive remain,
The hundredth part they can't maintain
Against th' insults of numerous foes;
Whom yet they valiantly oppose,
'Till some well fenc'd retreat is found,
And here they die or stand their ground.
No hireling in their army's known,
But bravely fighting for their own,
Their courage and integrity
At last were crown'd with victory.

They triumph'd not without their cost,
For many thousand bees were lost.
Harden'd with toils and exercise,
They counted ease itself a vice;
Which so improv'd their temperance.

That, to avoid extravagance,
They flew into a hollow tree,
Blest with content and honesty.

The Moral

Then leave complaints: fools only strive
To make a great an honest hive.
T' enjoy the world's conveniences,
Be fam'd in war, yet live in ease,
Without great vices, is a vain
Eutopia seated in the brain.
Fraud, luxury, and pride must live,
While we the benefits receive.
Hunger's a dreadful plague, no doubt,
Yet who digests or thrives without?
Do we not owe the growth of wine
To the dry shabby crooked vine?
Which, while its shoots neglected stood,
Chok'd other plants, and ran to wood.
But blest us with its noble fruit,

As soon as it was ty'd and cut;
So vice is beneficial found,
When it's by justice lopp'd and bound;
Nay, where the people would be great,
As necessary to the state,
As hunger is to make 'em eat.
Bare virtue can't make nations live
In splendor; they, that would revive
A golden age, must be as free,
For acorns as for honesty.

The Introduction

One of the greatest reasons why so few people understand themselves, is, that most writers are always teaching men what they should be, and hardly ever trouble their heads with telling them what they really are. As for my part, without any compliment to the courteous reader, or myself, I believe man (besides skin, flesh, bones, &c. that are obvious to the eye) to be a compound of various passions; that all of them, as they are provoked and come uppermost, govern him by turns, whether he will or no. To show that these qualifications, which we all pretend to be ashamed of, are the great support of a flourishing society, has been the subject of the foregoing poem. But there being some passages in it seemingly paradoxical, I have in the preface promised some explanatory remarks on it; which, to render more useful, I have thought fit to inquire, how man, no better qualified, might yet by his own imperfections be taught to distinguish between virtue and vice: and here I must desire the reader once for all to take notice, that when I say men, I mean neither Jews nor Christians; but mere man, in the state of nature and ignorance of the true Deity.

An Inquiry into the Origin of Moral Virtue

All untaught animals are only solicitous of pleasing themselves, and naturally follow the bent of their own inclinations, without considering the good or harm that, from their being pleased, will accrue to others. This is the reason that, in the wild state of nature, those creatures are fittest to live peaceably together in great numbers, that discover the least of understanding, and have the fewest appetites to gratify; and consequently no species of animals is, without the curb of government, less capable of agreeing long together in multitudes, than that of man; yet such are his qualities, whether good or bad I shall not determine, that no creature besides himself can ever be made sociable: but being an extraordinary selfish and headstrong, as well as cunning animal, however he may be subdued by superior strength, it is impossible by force alone to make him tractable, and receive the improvements he is capable of.

The chief thing, therefore, which lawgivers, and other wise men that have laboured for the establishment of society, have endeavoured, has been to make the people they were to govern, believe, that it was more beneficial for every body to conquer than indulge his appetites, and much better to mind the public than what seemed his private interest. As this has always been a very difficult task, so no wit or eloquence has been left untried to compass it; and the moralists and philosophers of all ages employed their utmost skill to prove the truth of so useful an assertion. But whether mankind would have ever believed it or not, it is not likely that any body could have persuaded them to disapprove of their natural inclinations, or prefer the good of others to their own, if, at the same time, he had not showed them an equivalent to be enjoyed as a reward for the violence, which, by so doing, they of necessity must commit upon themselves. Those that have undertaken to civilize mankind, were not ignorant of this; but being unable to give so many real rewards as would satisfy all persons for every individual action, they were forced to contrive an imaginary one, that, as a general equivalent for the trouble of self-denial, should serve on all occasions, and without costing any thing either to themselves or others, be yet a most acceptable recompence to the receivers.

They thoroughly examined all the strength and frailties of our nature, and observing that none were either so savage as not to be charmed with praise, or so despicable as patiently to bear contempt, justly concluded, that flattery must be the most powerful argument that could be used to human creatures. Making use of this bewitching engine, they extolled the excellency of our nature above other animals, and setting forth with unbounded praises the wonders of our sagacity and vastness of understanding, bestowed a thousand encomiums on the rationality of our souls, by the help of which we were capable of performing the most noble achievements. Having, by this artful way of flattery, insinuated themselves into the hearts of men, they began to instruct them in the notions of honour and shame; representing the one as the worst of all evils, and the other as the highest good to which mortals could aspire: which being done, they laid before them how unbecoming it was the dignity of such sublime creatures to be solicitous about gratifying those appetites, which they had in common with brutes, and at the same time unmindful of those higher qualities that gave them the preeminence over all visible beings. They indeed confessed, that those impulses of nature were very pressing; that it was troublesome to resist, and very difficult wholly to subdue them. But this they only used as an argument to demonstrate, how glorious the conquest of them was on the one hand, and how scandalous on the other not to attempt it.

To introduce, moreover, an emulation amongst men, they divided the whole species into two classes, vastly differing from one another: the one consisted of abject, low-minded people, that always hunting after immediate enjoyment, were wholly incapable of self-denial, and without regard to the good of others, had no higher aim than their private advantage; such as being enslaved by voluptuousness, yielded without resistance to every gross desire, and make no use of their rational faculties but to heighten their sensual pleasure. These wild grovelling wretches, they said, were the dross of their kind, and having only the shape of men, differed from brutes in nothing but their outward figure. But the other class was made up of lofty high-spirited creatures, that, free from sordid selfishness, esteemed the improvements of the mind to be their fairest possessions;

and, setting a true value upon themselves, took no delight but in embellishing that part in which their excellency consisted; such as despising whatever they had in common with irrational creatures, opposed by the help of reason their most violent inclinations; and making a continual war with themselves, to promote the peace of others, aimed at no less than the public welfare, and the conquest of their own passion.

Fortior est qui se quàm qui fortissima Vincit
Moenia…

These they called the true representatives of their sublime species, exceeding in worth the first class by more degrees, than that itself was superior to the beasts of the field.

As in all animals that are not too imperfect to discover pride, we find, that the finest, and such as are the most beautiful and valuable of their kind, have generally the greatest share of it; so in man, the most perfect of animals, it is so inseparable from his very essence (how cunningly soever some may learn to hide or disguise it), that without it the compound he is made of would want one of the chiefest ingredients: which, if we consider, it is hardly to be doubted but lessons and remonstrances, so skilfully adapted to the good opinion man has of himself, as those I have mentioned, must, if scattered amongst a multitude, not only gain the assent of most of them, as to the speculative part, but likewise induce several, especially the fiercest, most resolute, and best among them, to endure a thousand inconveniences, and undergo as many hardships, that they may have the pleasure of counting themselves men of the second class, and consequently appropriating to themselves all the excellencies they have heard of it.

From what has been said, we ought to expect, in the first place, that the heroes who took such extraordinary pains to master some of their natural appetites, and preferred the good of others to any visible interest of their own, would not recede an inch from the fine notions they had received concerning the dignity of rational creatures; and having ever the authority of the government on their side, with all imaginable vigour assert the esteem that was due to those of the second class, as well as their superiority over the rest of their kind. In the second, that those who wanted a sufficient stock of either pride or resolution, to buoy them up in mortifying of what was dearest to them, followed the sensual dictates of nature, would yet be ashamed of confessing themselves to be those despicable wretches that belonged to the inferior class, and were generally reckoned to be so little removed from brutes; and that therefore, in their own defence, they would say, as others did, and hiding their own imperfections as well as they could, cry up self-denial and public spiritedness as much as any: for it is highly probable, that some of them, convinced by the real proofs of fortitude and self-conquest they had seen, would admire in others what they found wanting in themselves; others be afraid of the resolution and prowess of those of the second class, and that all of them were kept in awe by the power of their rulers; wherefore is it reasonable to think, that none of them (whatever they thought in themselves) would dare openly contradict, what by every body else was thought criminal to doubt of.

This was (or at least might have been) the manner after which savage man was broke; from whence it is evident, that the first rudiments of morality, broached by skilful politicians, to render men useful to each other, as well as tractable, were chiefly contrived, that the ambitious might reap the more benefit from, and govern vast numbers of them with the greater ease and security. This foundation of politics being once laid, it is impossible that man should long remain uncivilized: for even those who only strove to gratify their appetites, being continually crossed by others of the same stamp, could not but observe, that whenever they checked their inclinations or but followed them with more circumspection, they avoided a world of troubles, and often escaped many of the calamities that generally attended the too eager pursuit after pleasure.

First, they received, as well as others, the benefit of those actions that were done for the good of the whole society, and consequently could not forbear wishing well to those of the superior class that performed them. Secondly, the more intent they were in seeking their own advantage, without regard to others, the more they were hourly convinced, that none stood so much in their way as those that were most like themselves.

It being the interest then of the very worst of them, more than any, to preach up public spiritedness, that they might reap the fruits of the labour and self-denial of others, and at the same time indulge their own appetites with less disturbance, they agreed with the rest, to call every thing, which, without regard to the public, man should commit to gratify any of his appetites, vice; if in that action there could be observed the least prospect, that it might either be injurious to any of the society, or ever render himself less serviceable to others: and to give the name of virtue to every performance, by which man, contrary to the impulse of nature, should endeavour the benefit of others, or the conquest of his own passions, out of a rational ambition of being good.

It shall be objected, that no society was ever any ways civilized before the major part had agreed upon some worship or other of an over-ruling power, and consequently that the notions of good and evil, and the distinction between virtue and vice, were never the contrivance of politicians, but the pure effect of religion. Before I answer this objection, I must repeat what I have said already, that in this inquiry into the origin of moral virtue, I speak neither of Jews or Christians, but man in his state of nature and ignorance of the true Deity; and then I affirm, that the idolatrous superstitions of all other nations, and the pitiful notions they had of the Supreme Being, were incapable of exciting man to virtue, and good for nothing but to awe and amuse a rude and unthinking multitude. It is evident from history, that in all considerable societies, how stupid or ridiculous soever people's received notions have been, as to the deities they worshipped, human nature has ever exerted itself in all its branches, and that there is no earthly wisdom or moral virtue, but at one time or other men have excelled in it in all monarchies and commonwealths, that for riches and power have been any ways remarkable.

The Egyptians, not satisfied with having deified all the ugly monsters they could think on, were so silly as to adore the onions of their own sowing; yet at the same time their country was the most famous nursery of arts and sciences in the world, and themselves more eminently skilled in the deepest mysteries of nature than any nation has been since.

No states or kingdoms under heaven have yielded more or greater patterns in all sorts of moral virtues, than the Greek and Roman empires, more especially the latter; and yet how loose, absurd and ridiculous were their sentiments as to sacred matters? For without reflecting on the extravagant number of their deities, if we only consider the infamous stories they fathered upon them, it is not to be denied but that their religion, far from teaching men the conquest of their passions, and the way to virtue, seemed rather contrived to justify their appetites, and encourage their vices. But if we would know what made them excel in fortitude, courage, and magnanimity, we must cast our eyes on the pomp of their triumphs, the magnificence of their monuments and arches; their trophies, statues, and inscriptions; the variety of their military crowns, their honours decreed to the dead, public encomiums on the living, and other imaginary rewards they bestowed on men of merit; and we shall find, that what carried so many of them to the utmost pitch of self-denial, was nothing but their policy in making use of the most effectual means that human pride could be flattered with.

It is visible, then, that it was not any heathen religion, or other idolatrous superstition, that first put man upon crossing his appetites and subduing his dearest inclinations, but the skilful management of wary politicians; and the nearer we search into human nature, the more we shall be convinced, that the moral virtues are the political offspring which flattery begot upon pride.

There is no man, of what capacity or penetration soever, that is wholly proof against the witchcraft of flattery, if artfully performed, and suited to his abilities. Children and fools will swallow personal praise, but those that are more cunning, must be managed with much greater circumspection; and the more general the flattery is, the less it is suspected by those it is levelled at. What you say in commendation of a whole town is received with pleasure by all the inhabitants: speak in commendation of letters in general, and every man of learning will think himself in particular obliged to you. You may safely praise the employment a man is of, or the country he was born in; because you give him an opportunity of screening the joy he feels upon his own account, under the esteem which he pretends to have for others.

It is common among cunning men, that understand the power which flattery has upon pride, when they are afraid they shall be imposed upon, to enlarge, though much against their conscience, upon the honour, fair dealing, and integrity of the family, country, or sometimes the profession of him they suspect; because they know that men often will change their resolution, and act against their inclination, that they may have the pleasure of continuing to appear in the opinion of some, what they are conscious not to be in reality. Thus sagacious moralists draw men like angels, in hopes that the pride at least of some will put them upon copying after the beautiful originals which they are represented to be.

When the incomparable Sir Richard Steele, in the usual elegance of his easy style, dwells on the praises of his sublime species, and with all the embellishments of rhetoric, sets forth the excellency of human nature, it is impossible not to be charmed with his happy turns of thought, and the politeness of his expressions. But though I have been often moved by the force of his eloquence, and ready to swallow the ingenious sophistry with pleasure, yet I could, never be so serious, but, reflecting on his artful encomiums, I thought on the tricks made use of by the women that would teach children to be mannerly. When an awkward girl before she can either speak or go, begins after many entreaties to make the first rude essays of curtseying, the nurse falls in an ecstacy of praise; "There is a delicate curtsey! Oh, fine Miss! There is a pretty lady! Mamma! Miss can make a better curtsey than her sister Molly!" The same is echoed over by the maids, whilst Mamma almost hugs the child to pieces; only Miss Molly, who being four years older, knows how to make a very handsome curtsey, wonders at the perverseness of their judgment, and swelling with indignation, is ready to cry at the injustice that is done her, till, being whispered in the ear that it is only to please the baby, and that she is a woman, she grows proud at being let into the secret, and rejoicing at the superiority of her understanding, repeats what has been said with large additions, and insults over the weakness of her sister, whom all this while she fancies to be the only bubble among them. These extravagant praises would by any one, above the capacity of an infant, be called fulsome flatteries, and, if you will, abominable lies; yet experience teaches us, that by the help of such gross encomiums, young misses will be brought to make pretty curtesies, and behave themselves womanly much sooner, and with less trouble, than they would without them. It is the same with boys, whom they will strive to persuade, that all fine gentlemen do as they are bid, and that none but beggar boys are rude, or dirty their clothes; nay, as soon as the wild brat with his untaught fist begins to fumble for his hat, the mother, to make him pull it off, tells him before he is two years old, that he is a man; and if he repeats that action when she desires him, he is presently a captain, a lord mayor, a king, or something higher if she can think of it, till edged on by the force of praise, the little urchin endeavours to imitate man as well as he can, and strains all his faculties to appear what his shallow noddle imagines he is believed to be.

The meanest wretch puts an inestimable value upon himself, and the highest wish of the ambitious man is to have all the world, as to that particular, of his opinion: so that the most insatiable thirst after fame that ever heroe was inspired with, was never more than an ungovernable greediness to engross the esteem and admiration of others in future ages as well as his own; and (what mortification soever this truth might be to the second thoughts of an Alexander or a Caesar) the great recompense in view, for which the most exalted minds have with so much alacrity sacrificed their quiet, health, sensual pleasures, and every inch of themselves, has never been any thing else but the breath of man, the aerial coin of praise. Who can forbear laughing when he thinks on all the great men that have been so serious on the subject of that Macedonian madman, his capacious soul, that mighty heart, in one corner of which, according to Lorenzo Gratian, the world was so commodiously lodged, that in the whole there was room for six more? Who can forbear laughing, I say, when he compares the fine things that have been said of Alexander, with the end he proposed to himself from his vast exploits, to be proved from his own mouth; when the vast pains he took to pass the Hydaspes forced him to cry out? Oh ye Athenians, could you believe what dangers I expose myself to, to be praised by you! To define then, the reward of glory in the amplest manner, the most that can be said of it, is, that it consists in a superlative felicity which a man, who is conscious of having performed a noble action, enjoys in self-love, whilst he is thinking on the applause he expects of others.

But here I shall be told, that besides the noisy toils of war and public bustle of the ambitious, there are noble and generous actions that are performed in silence; that virtue being its own reward, those who are really good, have a satisfaction in their consciousness of being so, which is all the recompence they expect from the most worthy performances; that among the heathens there have been men, who, when they did good to others, were so far from coveting thanks and applause, that they took all imaginable care to be forever concealed from those on whom they bestowed their benefits, and consequently that pride has no hand in spurring man on to the highest pitch of self-denial.

In answer to this, I say, that it is impossible to judge of a man's performance, unless we are thoroughly acquainted with the principle and motive from which he acts. Pity, though it is the most gentle and the least mischievous of all our passions, is yet as much a frailty of our nature, as anger, pride, or fear. The weakest minds have generally the greatest share of it, for which reason none are more compassionate than women and children. It must be owned, that of all our weaknesses, it is the most amiable, and bears the greatest resemblance to virtue; nay, without a considerable mixture of it, the society could hardly subsist: but as it is an impulse of nature, that consults neither the public interest nor our own reason, it may produce evil as well as good. It has helped to destroy the honour of virgins, and corrupted the integrity of judges; and whoever acts from it as a principle, what good soever he may bring to the society, has nothing to boast of, but that he has indulged a passion that has happened to be beneficial to the public. There is no merit in saving an innocent babe ready to drop into the fire: the action is neither good nor bad, and what benefit soever the infant received, we only obliged ourselves; for to have seen it fall, and not strove to hinder it, would have caused a pain, which self preservation compelled us to prevent: nor has a rich prodigal, that happens to be of a commiserating temper, and loves to gratify his passions, greater virtue to boast of, when he relieves an object of compassion with what to himself is a trifle.

But such men, as without complying with any weakness of their own, can part from what they value themselves, and, from no other motive but there love to goodness, perform a worthy action in silence: such men, I confess, have acquired more refined notions of virtue than those I have hitherto spoke of; yet even in these (with which the world has yet never swarmed) we may discover no small symptoms of pride, and the humblest man alive must confess, that the reward of a virtuous action, which is the satisfaction that ensues upon it, consists in a certain pleasure he procures to himself by contemplating on his own worth: which pleasure, together with the occasion of it, are as certain signs of pride, as looking pale and trembling at any imminent danger, are the symptoms of fear.

If the too scrupulous reader should at first view condemn these notions concerning the origin of moral virtue, and think them perhaps offensive to Christianity, I hope he will forbear his censures, when he shall consider, that nothing can render the unsearchable depth of the Divine Wisdom more conspicuous, than that man, whom Providence had designed for society, should not only by his own frailties and imperfections, be led into the road to temporal happiness, but likewise receive, from a seeming necessity of natural causes, a tincture of that knowledge, in which he was afterwards to be made perfect by the true religion, to his eternal welfare.

A Search into the Nature of Society

The generality of moralists and philosophers have hitherto agreed that there could be no virtue without self-denial; but a late author, who is now much read by men of sense, is of a contrary opinion, and imagines that men, without any trouble, or violence upon themselves, may be naturally virtuous. He seems to require and expect goodness in his species, as we do a sweet taste in grapes and China oranges, of which, if any of them are sour, we boldly pronounce that they are not come to that perfection their nature is capable of. This noble writer (for it is the Lord Shaftesbury I mean in his *Characteristics*) fancies, that as a man is made for society, so he ought to be born with a kind affection to the whole, of which he is a part, and a propensity to seek the welfare of it. In pursuance of this supposition, he calls every action performed with regard to the public good, Virtuous; and all selfishness, wholly excluding such a regard, Vice. In respect to our species, he looks upon virtue and vice as permanent realities, that must ever be the same in all countries and all ages, and imagines that a man of sound understanding, by following the rules of good sense, may not only find out that pulchrum et honestum both in morality and the works of art and nature, but likewise govern himself, by his reason, with as much ease and readiness as a good rider manages a well-taught horse by the bridle.

The attentive reader, who perused the foregoing part of this book, will soon perceive that two systems cannot be more opposite than his Lordship's and mine. His notions I confess, are generous and refined: they are a high compliment to humankind, and capable, by a little enthusiasm, of inspiring us with the most noble sentiments concerning the dignity of our exalted nature. What pity it is that they are not true. I would not advance thus much if I had not already demonstrated, in almost ever page of this treatise, that the solidity of them is inconsistent with our daily experience. But, to leave not the least shadow of an objection that might be made unanswered, I design to expatiate on some things which hitherto I have but slightly touched upon, in order to convince the reader, not only that the good and amiable qualities of men are not those that make him beyond other animals a sociable creature; but, moreover, that it would be utterly impossible, either to raise any multitudes into a populous, rich, and flourishing nation, or, when so raised, to keep and maintain them in that condition, without the assistance of what we call Evil, both natural and moral.

The better to perform what I have undertaken, I shall previously examine into the reality of the pulchrum et honestum, the to kalon that the ancients have talked of so much: the meaning of this is to discuss, whether there be a real worth and excellency in things, a preeminence of one above another; which every body will always agree to that well understands them; or, that there are few things, if any, that have the same esteem paid them, and which the same judgment is passed upon in all countries and all ages. When we first set out in quest of this intrinsic worth, and find one thing better than another, and a third better than that, and so on, we begin to entertain great hopes of success; but when we meet with several things that are all very good or all very bad, we are puzzled, and agree not always with ourselves, much less with others.

There are different faults as well as beauties, that as modes and fashions alter and men vary in their tastes and humours, will be differently admired or disapproved of.

Judges of painting will never disagree in opinion, when a fine picture is compared to the daubing of a novice; but how strangely have they differed as to the works of eminent masters! There are parties among connoisseurs; and few of them agree in their esteem as to ages and countries; and the best pictures bear not always the best prices: a noted original will be ever worth more than any copy that can be made of it by an unknown hand, though it should be better. The value that is set on paintings depends not only on the name of the master, and the time of his age he drew them in, but likewise in a great measure on the scarcity of his works; but, what is still more unreasonable, the quality of the persons in whose possession they are, as well as the length of time they have been in great families; and if the Cartons, now at Hampton-Court, were done by a less famous hand than that of Raphael, and had a private person for their owner, who would be forced to sell them, they would never yield the tenth part of the money which, with all their gross faults, they are now esteemed to be worth.

Notwithstanding all this, I will readily own, that the judgment to be made of painting might become of universal certainty, or at least less alterable and precarious than almost any thing else. The reason is plain; there is a standard to go by that always remains the same. Painting is an imitation of nature, a copying of things which men have every where before them. My good humoured reader I hope will forgive me, if, thinking on this glorious invention, I make a reflection a little out of season, though very much conducive to my main design; which is, that valuable as the art is I speak of, we are beholden to an imperfection in the chief of our senses for all the pleasures and ravishing delight we receive from this happy deceit. I shall explain myself. Air and space are no objects of sight, but as soon as we can see with the least attention, we observe that the bulk of the things we see is lessened by degrees, as they are further remote from us, and nothing but experience, gained from these observations, can teach us to make any tolerable guesses at the distance of things. If one born blind should remain so till twenty, and then be suddenly blessed with sight, he would be strangely puzzled as to the difference of distances, and hardly able, immediately, by his eyes alone, to determine which was nearest to him, a post almost within the reach of his stick, or a steeple that should be half a mile off. Let us look as narrowly as we can upon a hole in a wall that has nothing but the open air behind it, and we shall not be able to see otherwise, but that the sky fills up the vacuity, and is as near us as the back part of the stones that circumscribe the space where they are wanting. This circumstance, not to call it a defect, in our sense of seeing, makes us liable to be imposed upon, and every thing, but motion, may, by art, be represented to us on a flat, in the same manner as we see them in life and nature. If a man had never seen this art put into practice, a looking-glass might soon convince him that such a thing was possible, and I cannot help thinking, but that the reflections from very smooth and well-polished bodies made upon our eyes, must have given the first handle to the inventions of drawings and painting.

In the works of nature, worth, and excellency, are as uncertain: and even in human creatures, what is beautiful in one country, is not so in another. How whimsical is the florist in his choice! Sometimes the tulip, sometimes the auricula, and at other times the carnation shall engross his esteem, and every year a new flower, in his judgment, beats all the old ones, though it is much inferior to them both in colour and shape. Three hundred years ago men were shaved as closely as they are now: since that they have wore beards, and cut them in vast variety of forms, that were all as becoming, when fashionable, as now they would be ridiculous. How mean and comically a man looks, that is otherwise well dressed, in a narrow brimmed hat, when every body wears broad ones; and again, how monstrous is a very great hat, when the other extreme has been in fashion for a considerable time? Experience has taught us, that these modes seldom last above ten or twelve years, and a man of threescore must have observed five or six revolutions of them at least; yet the beginnings of these changes, though we have seen several, seem always uncouth, and are offensive afresh whenever they return. What mortal can decide which is the handsomest, abstract from the mode in being, to wear great buttons or small ones? The many ways of laying out a garden judiciously are almost innumerable; and what is called beautiful in them, varies according to the different tastes of nations and ages. In grass plats, knots and parterres, a great diversity of forms is generally agreeable; but a round may be as pleasing to the eye as a square: an oval cannot be more suitable to one place, than it is possible for a triangle to be to another; and the preeminence an octogon has over an hexagon is no greater in figures, than at hazard eight has above six among the chances.

Churches, ever since Christians have been able to build them, resemble the form of a cross, with the upper end pointing toward the east; and an architect, where there is room, and it can be conveniently done, who should neglect it, would be thought to have committed an unpardonable fault; but it would be foolish to expect this of a Turkish mosque or a Pagan temple. Among the many beneficial laws that have been made these hundred years, it is not easy to name one of greater utility, and, at the same time, more exempt from all inconveniences, than that which regulated the dresses of the dead. Those who were old enough to take notice of things when that act was made, and are yet alive, must remember the general clamour that was made against it. At first, nothing could be more shocking to thousands of people than that they were to be buried in woollen, and the only thing that made that law supportable was, that there was room left for people of some fashion to indulge their weakness without extravagancy; considering the other expences of funerals where mourning is given to several, and rings to a great many. The benefit that accrues to the nation from it is so visible, that nothing ever could be said in reason to condemn it, which, in few years, made the horror conceived against it lessen every day. I observed then that young people, who had seen but few in their coffins, did the soonest strike in with the innovation; but that those who, when the act was made, had buried many friends and relations, remained averse to it the longest, and I remember many that never could be reconciled to it to their dying day. By this time, burying in linen being almost forgot, it is the general opinion that nothing could be more decent than woollen, and the present manner of dressing a corps; which shows that our liking or disliking of things chiefly depends on mode and custom, and the precept and example of our betters, and such whom one way or other we think to be superior to us.

In morals there is no greater certainty. Plurality of wives is odious among Christians, and all the wit and learning of a great genius in defence of it, has been rejected with contempt: but polygamy is not shocking to a Mahometan. What men have learned from their infancy enslaves them, and the force of custom warps nature, and, at the same time, imitates her in such a manner, that it is often difficult to know which of the two we are influenced by. In the east, formerly sisters married brothers, and it was meritorious for a man to marry his mother. Such alliances are abominable; but it is certain that, whatever horror we conceive at the thoughts of them, there is nothing in nature repugnant against them, but what is built upon mode and custom. A religious Mahometan that has never tasted any spirituous liquor, and has often seen people drunk, may receive as great an aversion against wine, as another with us of the least morality and education may have against lying with his sister, and both imagine that their antipathy proceeds from nature. Which is the best religion? It is a question that has caused more mischief than all other questions together. Ask it at Pekin, at Constantinople, and at Rome, and you will receive three distinct answers extremely different from one another, yet all of them equally positive and peremptory. Christians are well assured of the falsity of the Pagan and Mahometan superstitions: as to this point, there is a perfect union and concord among them; but inquire of the several sects they are divided into, which is the true church of Christ? And all of them will tell you it is theirs, and to convince you, go together by the ears.

It is manifest, then, that the hunting after this pulchrum & honestum, is not much better than a wild-goose-chase that is but little to be depended on: but this is not the greatest fault I find with it. The imaginary notions that men may be virtuous without self-denial, are a vast inlet to hypocrisy; which being once made habitual, we must not only deceive others, but likewise become altogether unknown to ourselves; and in an instance I am going to give, it will appear, how, for want of duly examining himself, this might happen to a person of quality, of parts, and erudition, one every way resembling the author of the *Characteristics* himself.

A man that has been brought up in ease and affluence, if he is of a quiet indolent nature, learns to shun every thing that is troublesome, and chooses to curb his passions, more because of the inconveniences that arise from the eager pursuit after pleasure, and the yielding to all the demands of our inclinations, than any dislike he has to sensual enjoyments; and it is possible, that a person educated under a great philosopher, who was a mild and good-natured, as well as able tutor, may, in such happy circumstances, have a better opinion of his inward state than it really deserves, and believe himself virtuous, because his passions lie dormant. He may form fine notions of the social virtues, and the contempt of death, write well of them in his closet, and talk eloquently of them in company, but you shall never catch him fighting for his country, or labouring to retrieve any national losses. A man that deals in metaphysics may easily throw himself into an enthusiasm, and really believe that he does not fear death while it remains out of sight. But should he be asked, why, having this intrepidity either from nature, or acquired by philosophy, he did not follow arms when his country was involved in war; or when he saw the nation daily robbed by those at the helm, and the affairs of the exchequer perplexed, why he did not go to court, and make use of all his friends and interest to be a lord treasurer, that by his integrity and wise management, he might restore the public credit: it is probable he would answer that he loved retirement, had no other ambition than to be a good man, and never aspired to have any share in the government; or that he hated all flattery and slavish attendance, the insincerity of courts and bustle of the world. I am willing to believe him: but may not a man of an indolent temper and unactive spirit, say, and be sincere in all this, and, at the same time, indulge his appetites without being able to subdue them, though his duty summons him to it. Virtue consists in action, and whoever is possessed of this social love and kind affection to his species, and by his birth or quality can claim any post in the public management, ought not to sit still when he can be serviceable, but exert himself to the utmost for the good of his fellow subjects. Had this noble person been of a warlike genius, or a boisterous temper, he would have chose another part in the drama of life, and preached a quite contrary doctrine: for we are ever pushing our reason which way soever we feel passion to draw it, and self-love pleads to all human creatures for their different views, still furnishing every individual with arguments to justify their inclinations.

That boasted middle way, and the calm virtues recommended in the *Characteristics*, are good for nothing but to breed drones, and might qualify a man for the stupid enjoyments of a monastic life, or at best a country justice of peace, but they would never fit him for labour and assiduity, or stir him up to great achievements and perilous undertakings. Man's natural love of ease and idleness, and proneness to indulge his sensual pleasures, are not to be cured by precept: his strong habits and inclinations can only be subdued by passions of greater violence. Preach and demonstrate to a coward the unreasonableness of his fears, and you will not make him valiant, more than you can make him taller, by bidding him to be ten foot high, whereas the secret to raise courage, as I have made it public in Remark on l.321, is almost infallible.

The fear of death is the strongest when we are in our greatest vigour, and our appetite is keen; when we are sharp-sighted, quick of hearing, and every part performs its office. The reason is plain, because then life is most delicious, and ourselves most capable of enjoying it. How comes it, then, that a man of honour should so easily accept of a challenge, though at thirty and in perfect health? It is his pride that conquers his fear: for, when his pride is not concerned, this fear will appear most glaringly. If he is not used to the sea, let him but be in a storm, or, if he never was ill before, have but a sore throat, or a slight fever, and he will show a thousand anxieties, and in them the inestimable value he sets on life. Had man been naturally humble and proof against flattery, the politician could never have had his ends, or known what to have made of him. Without vices, the excellency of the species would have ever remained undiscovered, and every worthy that has made himself famous in the world, is a strong evidence against this amiable system.

If the courage of the great Macedonian came up to distraction, when he fought alone against a whole garrison, his madness was not less when he fancied himself to be a god, or at least doubted whether he was or not; and as soon as we make this reflection, we discover both the passion and the extravagancy of it, that buoyed up his spirits in the most imminent dangers, and carried him through all the difficulties and fatigues he underwent.

There never was in the world a brighter example of an able and complete magistrate than Cicero: when I think on his care and vigilance, the real hazards he slighted, and the pains he took for the safety of Rome; his wisdom and sagacity in detecting and disappointing the stratagems of the boldest and most subtle conspirators, and, at the same time, on his love to literature, arts, and sciences, his capacity in metaphysics, the justness of his reasonings, the force of his eloquence, the politeness of his style, and the genteel spirit that runs through his writings; when I think, I say, on all these things together, I am struck with amazement, and the least I can say of him is, that he was a prodigious man. But when I have set the many good qualities he had in the best light, it is as evident to me on the other side, that had his vanity been inferior to his greatest excellency, the good sense and knowledge of the world he was so eminently possessed of, could never have let him be such a fulsome as well as noisy trumpeter as he was of his own praises, or suffered him rather than not proclaim his own merit, to make a verse that a school boy would have been laughed at for. *O! Fortunatam*, &c.

How strict and severe was the morality of rigid Cato, how steady and unaffected the virtue of that grand asserter of Roman liberty! But though the equivalent this stoic enjoyed, for all the self-denial and austerity he practised, remained long concealed, and his peculiar modesty hid from the world, and perhaps himself a vast while, the frailty of his heart, that forced him into heroism, yet it was brought to light in the last scene of his life, and by his suicide it plainly appeared that he was governed by a tyrannical power, superior to the love of his country, and that the implacable hatred and superlative envy he bore to the glory, the real greatness and personal merit of Caesar, had for a long time swayed all his actions under the most noble pretences. Had not this violent motive over-ruled his consummate prudence, he might not only have saved himself, but likewise most of his friends that were ruined by the loss of him, and would in all probability, if he could have stooped to it, been the second man in Rome. But he knew the boundless mind and unlimited generosity of the victor: it was his clemency he feared, and therefore chose death because it was less terrible to his pride, than the thoughts of giving his mortal foe so tempting an opportunity of showing the magnanimity of his soul, as Caesar would have found in forgiving such an inveterate enemy as Cato, and offering him his friendship; and which, it is thought by the judicious, that penetrating as well as ambitious conqueror would not have slipped, if the other had dared to live.

Another argument to prove the kind disposition, and real affection we naturally have for our species, is our love of company, and the aversion men that are in their senses generally have to solitude, beyond other creatures. This bears a fine gloss in the *Characteristics*, and is set off in very good language to the best advantage: the next day after I read it first, I heard abundance of people cry fresh herrings, which, with the reflexion on the vast shoals of that and other fish that are caught together, made me very merry, though I was alone; but as I was entertaining myself with this contemplation, came an impertinent idle fellow, whom I had the misfortune to be known by, and asked me how I did, though I was, and dare say, looked as healthy and as well as ever I was or did in my life. What I answered him I forgot, but remember that I could not get rid of him in a good while, and felt all the uneasiness my friend Horace complains of, from a persecution of the like nature.

I would have no sagacious critic pronounce me a man-hater from this short story; whoever does is very much mistaken. I am a great lover of company, and if the reader is not quite tired with mine, before I show the weakness and ridicule of that piece of flattery made to our species, and which I was just now speaking of, I will give him a description of the man I would choose for conversation, with a promise that before he has finished, what at first he might only take for a digression foreign to my purpose, he shall find the use of it.

By early and artful instruction, he should be thoroughly imbued with the notions of honour and shame, and have contracted an habitual aversion to every thing that has the least tendency to impudence, rudeness, or inhumanity. He should be well versed in the Latin tongue, and not ignorant of the Greek, and moreover understand one or two of the modern languages besides his own. He should be acquainted with the fashions and customs of the ancients, but thoroughly skilled in the history of his own country, and the manners of the age he lives in. He should besides literature, have studied some useful science or other, seen some foreign courts and universities, and made the true use of travelling. He should at times take delight in dancing, fencing, riding the great horse, and knowing something of hunting and other country sports, without being attached to any, and he should treat them all as either exercises for health, or diversions that should never interfere with business, or the attaining to more valuable qualifications. He should have a smatch of geometry and astronomy, as well as anatomy, and the economy of human bodies; to understand music so as to perform, is an accomplishment: but there is abundance to be said against it; and instead of it, I would have him know so much of drawing as is required to take a landskip, or explain ones meaning of any form or model we would describe, but never to touch a pencil. He should be very early used to the company of modest women, and never be a fortnight without conversing with the ladies.

Gross vices, as irreligion, whoring, gaming, drinking and quarrelling, I will not mention: even the meanest education guards us against them; I would always recommend to him the practice of virtue, but I am for no voluntary ignorance, in a gentleman, of any thing that is done in court or city. It is impossible a man should be perfect, and therefore there are faults I would connive at, if I could not prevent them; and if between the years of nineteen and three-and-twenty, youthful heat should sometimes get the better of his chastity, so it was done with caution; should he on some extraordinary occasion, overcome by the pressing solicitations of jovial friends, drink more than was consistent with strict sobriety, so he did it very seldom and found it not to interfere with his health or temper; or if by the height of his mettle, and great provocation in a just cause, he had been drawn into a quarrel, which true wisdom and a less strict adherence to the rules of honour, might have declined or prevented, so it never befel him above once: if I say he should have happened to be guilty of these things, and he would never speak, much less brag of them himself, they might be pardoned, or at least overlooked at the age I named, if he left off then and continued discreet forever after. The very disasters of youth, have sometimes frightened gentlemen into a more steady prudence, than in all probability they would ever have been masters of without them. To keep him from turpitude and things that are openly scandalous, there is nothing better than to procure him free access in one or two noble families, where his frequent attendance is counted a duty: and while by that means you preserve his pride, he is kept in a continual dread of shame.

A man of a tolerable fortune, pretty near accomplished as I have required him to be, that still improves himself and sees the world till he is thirty, cannot be disagreeable to converse with, at least while he continues in health and prosperity, and has nothing to spoil his temper. When such a one, either by chance or appointment, meets with three or four of our equals, and all agree to pass away a few hours together, the whole is what I call good company. There is nothing said in it that is not either instructive or diverting to a man of sense. It is possible they may not always be of the same opinion, but there can be no contest between any, but who shall yield first to the other he differs from. One only speaks at a time, and no louder than to be plainly understood by him who sits the farthest off. The greatest pleasure aimed at by every one of them, is to have the satisfaction of pleasing others, which they all practically know may as effectually be done, by hearkening with attention and an approving countenance, as we said very good things ourselves.

Most people of any taste would like such a conversation, and justly prefer it to being alone, when they knew not how to spend their time; but if they could employ themselves in something from which they expected, either a more solid or a more lasting satisfaction, they would deny themselves this pleasure, and follow what was of greater consequence to them. But would not a man, though he had seen no mortal in a fortnight, remain alone as much longer, rather than get into company of noisy fellows, that take delight in contradiction, and place a glory in picking a quarrel? Would not one that has books read for ever, or set himself to write upon some subject or other, rather than be every night with party-men who count the island to be good for nothing, while their adversaries are suffered to live upon it? Would not a man be by himself a month, and go to bed before seven a clock, rather than mix with fox-hunters, who having all day long tried in vain to break their necks, join at night in a second attempt upon their lives by drinking, and to express their mirth, are louder in senseless sounds within doors, than their barking and less troublesome companions are only without? I have no great value for a man who would not rather tire himself with walking; or if he was shut up scatter pins about the room in order to pick them up again, than keep company for six hours with half a score common sailors the day their ship was paid off.

I will grant, nevertheless, that the greatest part of mankind, rather than be alone any considerable time, would submit to the things I named: but I cannot see, why this love of company, this strong desire after society, should be construed so much in our favour, and alleged as a mark of some intrinsic worth in man, not to be found in other animals. For to prove from it the goodness of our nature, and a generous love in man, extended beyond himself on the rest of his species, by virtue of which he was a sociable creature, this eagerness after company and aversion of being alone, ought to have been most conspicuous, and most violent in the best of their kind; the men of the greatest genius, parts and accomplishments, and those who are the least subject to vice; the contrary of which is true. The weakest minds, who can the least govern their passions, guilty consciences that abhor reflexion, and the worthless, who are incapable of producing any thing of their own that is useful, are the greatest enemies to solitude, and will take up with any company rather than be without; whereas, the men of sense and of knowledge, that can think and contemplate on things, and such as are but little disturbed by their passions, can bear to be by themselves the longest without reluctancy; and, to avoid noise, folly, and impertinence, will run away from twenty companies; and, rather than meet with any thing disagreeable to their good taste, will prefer their closet or a garden, nay, a common or a desert to the society of some men.

But let us suppose the love of company so inseparable from our species, that no man could endure to be alone one moment, what conclusions could be drawn from this? Does not man love company, as he does every thing else, for his own sake? No friendships or civilities are lasting that are not reciprocal. In all your weekly and daily meetings for diversion, as well as annual feasts, and the most solemn carousels, every member that assists at them has his own ends, and some frequent a club which they would never go to unless they were the top of it. I have known a man who was the oracle of the company, be very constant, and as uneasy at any thing that hindered him from coming at the hour, leave his society altogether, as soon as another was added that could match, and disputed superiority with him. There are people who are incapable of holding an argument, and yet malicious enough to take delight in hearing others wrangle; and though they never concern themselves in the controversy, would think a company insipid where they could not have that diversion. A good house, rich furniture, a fine garden, horses, dogs, ancestors, relations, beauty, strength, excellency in any thing whatever; vices as well as virtue, may all be accessary to make men long for society, in hopes that what they value themselves upon will at one time or other become the theme of the discourse, and give an inward satisfaction to them. Even the most polite people in the world, and such as I spoke of at first, give no pleasure to others that is not repaid to their self-love, and does not at last centre in themselves, let them wind it and turn it as they will. But the plainest demonstration that in all clubs and societies of conversable people, every body has the greatest consideration for himself, is, that the disinterested, who rather over-pays than wrangles; the good humoured, that is never waspish nor soon offended; the easy and indolent, that hates disputes and never talks for triumph, is every where the darling of the company: whereas, the man of sense and knowledge, that will not be imposed upon or talked out of his reason; the man of genius and spirit, that can say sharp and witty things, though he never lashes but what deserves it; the man of honour, who neither gives nor takes an affront, may be esteemed, but is seldom so well beloved as a weaker man less accomplished.

As in these instances, the friendly qualities arise from our contriving perpetually our own satisfaction, so, on other occasions, they proceed from the natural timidity of man, and the solicitous care he takes of himself. Two Londoners, whose business oblige them not to have any commerce together, may know, see, and pass by one another every day upon the Exchange, with not much greater civility than bulls would: let them meet at Bristol they will pull off their hats, and on the least opportunity enter into conversation, and be glad of one another's company. When French, English, and Dutch, meet in China, or any other Pagan country, being all Europeans, they look upon one another as countrymen, and if no passion interferes, will feel a natural propensity to love one another. Nay, two men that are at enmity, if they are forced to travel together, will often lay by their animosities, be affable, and converse in a friendly manner, especially if the road be unsafe, and they are both strangers in the place they are to go to. These things by superficial judges, are attributed to mans sociableness, his natural propensity to friendship and love of company; but whoever will duly examine things, and look into man more narrowly, will find, that on all these occasions we only endeavour to strengthen our interest, and are moved by the causes already alleged.

What I have endeavoured hitherto, has been to prove, that the pulchrum et honestum, excellency and real worth of things are most commonly precarious and alterable as modes and customs vary; that consequently the inferences drawn from their certainty are insignificant, and that the generous notions concerning the natural goodness of man are hurtful, as they tend to mislead, and are merely chimerical: the truth of this latter I have illustrated by the most obvious examples in history. I have spoke of our love of company and aversion to solitude, examined thoroughly the various motives of them, and made it appear that they all centre in self-love. I intend now to investigate into the nature of society, and diving into the very rise of it, make it evident, that not the good and amiable, but the bad and hateful qualities of man, his imperfections and the want of excellencies, which other creatures are endued with, are the first causes that made man sociable beyond other animals, the moment after he lost Paradise; and that if he had remained in his primitive innocence, and continued to enjoy the blessings that attended it, there is no shadow of probability that he ever would have become that sociable creature he is now.

How necessary our appetites and passions are for the welfare of all trades and handicrafts, has been sufficiently proved throughout the book, and that they are our bad qualities, or at least produce them, nobody denies. It remains then, that I should set forth the variety of obstacles that hinder and perplex man in the labour he is constantly employed in, the procuring of what he wants; and which in other words is called the business of self-preservation: while, at the same time, I demonstrate that the sociableness of man arises only from these two things, viz. the multiplicity of his desires, and the continual opposition he meets with in his endeavours to gratify them.

The obstacles I speak of, relate either to our own frame,

or the globe we inhabit, I mean the condition of it, since it has been cursed. I have often endeavoured to contemplate separately on the two things I named last, but could never keep them asunder; they always interfere and mix with one another; and at last make up together a frightful chaos of evil. All the elements are our enemies, water drowns and fire consumes those who unskilfully approach them. The earth in a thousand places produces plants, and other vegetables that are hurtful to man, while she feeds and cherishes a variety of creatures that are noxious to him; and suffers a legion of poisons to dwell within her: but the most unkind of all the elements is that which we cannot live one moment without: it is impossible to repeat all the injuries we receive from the wind and weather; and though the greatest part of mankind, have ever been employed in defending their species from the inclemency of the air, yet no art or labour have hitherto been able to find a security against the wild rage of some meteors.

Hurricanes, it is true, happen but seldom, and few men are swallowed up by earthquakes, or devoured by lions; but while we escape those gigantic mischiefs, we are persecuted by trifles. What a vast variety of insects are tormenting to us;

what multitudes of them insult and make game of us with impunity! The most despicable scruple not to trample and graze upon us as cattle do upon a field: which yet is often born with, if moderately they use their fortune; but here again our clemency becomes a vice, and so encroaching are their cruelty and contempt of us on our pity, that they make laystalls of our hands, and devour our young ones if we are not daily vigilant in pursuing and destroying them.

There is nothing good in all the universe to the best-designing man, if either through mistake or ignorance he commits the least failing in the use of it; there is no innocence or integrity, that can protect a man from a thousand mischiefs that surround him: on the contrary, every thing is evil, which art and experience have not taught us to turn into a blessing. Therefore how diligent in harvest time is the husbandman, in getting in his crop and sheltering it from rain, without which he could never have enjoyed it! As seasons differ with the climates, experience has taught us differently to make use of them, and in one part of the globe we may see the farmer sow while he is reaping in the other; from all which we may learn how vastly this earth must have been altered since the fall of our first parents. For should we trace man from his beautiful, his divine original, not proud of wisdom acquired by haughty precept or tedious experience, but endued with consummate knowledge the moment he was formed; I mean the state of innocence, in which no animal nor vegetable upon earth, nor mineral under ground was noxious to him, and himself secured from the injuries of the air as well as all other harms, was contented with the necessaries of life, which the globe he inhabited furnished him with, without his assistance. When yet not conscious of guilt, he found himself in every place to be the well obeyed unrivalled lord of all, and unaffected with his greatness, was wholly wrapped up in sublime meditations on the infinity of his Creator, who daily did vouchsafe intelligibly to speak to him, and visit without mischief.

In such a golden age, no reason or probability can be alleged, why mankind ever should have raised themselves into such large societies as there have been in the world, as long as we can give any tolerable account of it. Where a man has every thing he desires, and nothing to vex or disturb him, there is nothing can be added to his happiness; and it is impossible to name a trade, art, science, dignity, or employment, that would not be superfluous in such a blessed state. If we pursue this thought, we shall easily perceive that no societies could have sprung from the amiable virtues and loving qualities of man; but, on the contrary, that all of them must have had the origin from his wants, his imperfections, and the variety of his appetites: we shall find likewise, that the more their pride and vanity are displayed, and all their desires enlarged, the more capable they must be of being raised into large and vastly numerous societies.

Was the air always as inoffensive to our naked bodies, and as pleasant as to our thinking it is to the generality of birds in fair weather, and man had not been affected with pride, luxury and hypocrisy, as well as lust, I cannot see what could have put us upon the invention of clothes and houses. I shall say nothing of jewels, of plate, painting, sculpture, fine furniture, and all that rigid moralists have called unnecessary and superfluous: but if we were not soon tired with walking a-foot, and were as nimble as some other animals; if men were naturally laborious, and none unreasonable in seeking and indulging their ease, and likewise free from other vices, and the ground was every where even, solid and clean, who would have thought of coaches or ventured on a horse's back? What occasion has the dolphin for a ship, or what carriage would an eagle ask to travel in?

I hope the reader knows, that by society I understand a body politic, in which man either subdued by superior force, or by persuasion drawn from his savage state, is become a disciplined creature, that can find his own ends in labouring for others, and where under one head or other form of government, each member is rendered subservient to the whole, and all of them by cunning management are made to act as one. For if by society we only mean a number of people, that without rule or government, should keep together, out of a natural affection to their species, or love of company, as a herd of cows or a flock of sheep, then there is not in the world a more unfit creature for society than man; an hundred of them that should be all equals, under no subjection, or fear of any superior upon earth, could never live together awake two hours without quarrelling, and the more knowledge, strength, wit, courage and resolution there was among them, the worse it would be.

It is probable, that in the wild state of nature, parents would keep a superiority over their children, at least while they were in strength, and that even afterwards, the remembrance of what the others had experienced, might produce in them something between love and fear, which we call reverence: it is probable, likewise, that the second generation following the example of the first; a man with a little cunning would always be able, as long as he lived and had his senses, to maintain a superior sway over all his own offspring and descendants, how numerous soever they might grow. But the old stock once dead, the sons would quarrel, and there could be no peace long before there had been war. Eldership in brothers is of no great force, and the pre-eminence that is given to it, only invented as a shift to live in peace. Man, as he is a fearful animal, naturally not rapacious, loves peace and quiet, and he would never fight, if nobody offended him, and he could have what he fights for without it. To this fearful disposition, and the aversion he has to his being disturbed, are owing all the various projects and forms of government. Monarchy, without doubt, was the first. Aristocracy and democracy were two different methods of mending the inconveniencies of the first, and a mixture of these three an improvement on all the rest.

But be we savages or politicians, it is impossible that man, mere fallen man, should act with any other view but to please himself while he has the use of his organs, and the greatest extravagancy either of love or despair can have no other centre. There is no difference between will and pleasure in one sense, and every motion made in spite of them must be unnatural and convulsive. Since, then, action is so confined, and we are always forced to do what we please, and at the same time our thoughts are free and uncontrouled, it is impossible we could be sociable creatures without hypocrisy. The proof of this is plain, since we cannot prevent the ideas that are continually arising within us, all civil commerce would be lost, if, by art and prudent dissimulation we had not learned to hide and stifle them; and if all we think was to be laid open to others, in the same manner as it is to ourselves, it is impossible that, endued with speech, we could be sufferable to one another. I am persuaded that every reader feels the truth of what I say; and I tell my antagonist that his conscience flies in his face, while his tongue is preparing to refute me. In all civil societies men are taught insensibly to be hypocrites from their cradle; nobody dares to own that he gets by public calamities, or even by the loss of private persons. The sexton would be stoned should he wish openly for the death of the parishioners, though every body knew that he had nothing else to live upon.

To me it is a great pleasure, when I look on the affairs of human life, to behold into what various, and often strangely opposite forms, the hope of gain and thoughts of lucre shape men, according to the different employments they are of, and stations they are in. How gay and merry does every face appear at a well ordered ball, and what a solemn sadness is observed at the masquerade of a funeral! But the undertaker is as much pleased with his gains as the dancing-master: both are equally tired in their occupations, and the mirth of the one is as much forced as the gravity of the other is affected. Those who have never minded the conversation of a spruce mercer, and a young lady his customer that comes to his shop, have neglected a scene of life that is very entertaining. I beg of my serious reader, that he would, for a while, abate a little of his gravity, and suffer me to examine these people separately, as to their inside, and the different motives they act from.

His business is to sell as much silk as he can at a price by which he shall get what he proposes to be reasonable, according to the customary profits of the trade. As to the lady, what she would be at is to please her fancy, and buy cheaper by a groat or sixpence per yard than the things she wants are commonly sold at. From the impression the gallantry of our sex has made upon her, she imagines (if she be not very deformed) that she has a fine mien and easy behaviour, and a peculiar sweetness of voice; that she is handsome, and if not beautiful, at least more agreeable than most young women she knows. As she has no pretensions to purchase the same things with less money than other people, but what are built on her good qualities, so she sets herself off to the best advantage her wit and discretion will let her. The thoughts of love are here out of the case; so on the one hand, she has no room for playing the tyrant, and giving herself angry and peevish airs, and, on the other, more liberty of speaking kindly, and being affable than she can have almost on any other occasion. She knows that abundance of well-bred people come to his shop, and endeavours to render herself as amiable as virtue and the rules of decency allow of. Coming with such a resolution of behaviour, she cannot meet with any thing to ruffle her temper.

Before her coach is yet quite stopped, she is approached by a gentleman-like man, that has every thing clean and fashionable about him, who in low obeisance pays her homage, and as soon as her pleasure is known that she has a mind to come in, hands her into the shop, where immediately he slips from her, and through a by-way that remains visible only for half a moment, with great address entrenches himself behind the counter: here facing her, with a profound reverence and modish phrase, he begs the favour of knowing her commands. Let her say and dislike what she pleases, she can never be directly contradicted: she deals with a man in whom consummate patience is one of the mysteries of his trade, and whatever trouble she creates she is sure to hear nothing but the most obliging language, and has always before her a cheerful countenance, where joy and respect seem to be blended with good humour, and altogether make up an artificial serenity more engaging than untaught nature is able to produce.

When two persons are so well met, the conversation must be very agreeable, as well as extremely mannerly, though they talk about trifles. While she remains irresolute what to take, he seems to be the same in advising her; and is very cautious how to direct her choice; but when once she has made it and is fixed, he immediately becomes positive, that it is the best of the sort, extols her fancy, and the more he looks upon it, the more he wonders he should not before have discovered the preeminence of it over any thing he has in his shop. By precept, example, and great application, he has learned unobserved to slide into the inmost recesses of the soul, sound the capacity of his customers, and find out their blind side unknown to them: by all which he is instructed in fifty other stratagems to make her over-value her own judgment as well as the commodity she would purchase. The greatest advantage he has over her, lies in the most material part of the commerce between them, the debate about the price, which he knows to a farthing, and she is wholly ignorant of: therefore he no where more egregiously imposes on her understanding; and though here he has the liberty of telling what lies he pleases, as to the prime cost, and the money he has refused, yet he trusts not to them only; but, attacking her vanity, makes her believe the most incredible things in the world, concerning his own weakness and her superior abilities; he had taken a resolution, he says, never to part with that piece under such a price, but she has the power of talking him out of his goods beyond any body he ever sold to: he protests that he loses by his silk, but seeing that she has a fancy for it, and is resolved to give no more, rather than disoblige a lady he has such an uncommon value for, he will let her have it, and only begs that another time she will not stand so hard with him. In the mean time, the buyer, who knows that she is no fool, and has a voluble tongue, is easily persuaded that she has a very winning way of talking, and thinking it sufficient, for the sake of good-breeding, to disown her merit, and in some witty repartee retort the compliment, he makes her swallow very contentedly, the substance of every thing he tells her. The upshot is, that, with the satisfaction of having saved ninepence per yard, she has bought her silk exactly at the same price as any body else might have done, and often gives sixpence more than, rather than not have sold it, he would have taken.

It is possible that this lady, for want of being sufficiently flattered, for a fault she is pleased to find in his behaviour, or perhaps the tying of his neckcloth, or some other dislike as substantial, may be lost, and her custom bestowed on some other of the fraternity. But where many of them live in a cluster, it is not always easily determined which shop to go to, and the reasons some of he fair sex have for their choice, are often very whimsical, and kept as great a secret. We never follow our inclinations with more freedom, than where they cannot be traced, and it is unreasonable for others to suspect them. A virtuous woman has preferred one house to all the rest, because she had seen a handsome fellow in it, and another of no bad character for having received greater civility before it, than had been paid her any where else, when she had no thoughts of buying, and was going to Paul's church: for among the fashionable mercers, the fair dealer must keep before his own door, and to draw in random customers, make use of no other freedom or importunities than an obsequious air, with a submissive posture, and perhaps a bow to every well dressed female that offers to look towards his shop.

What I have said last, makes me think on another way of inviting customers, the most distant in the world from what I have been speaking of, I mean that which is practised by the watermen, especially on those whom, by their mien and garb, they know to be peasants. It is not unpleasant to see half a dozen people surround a man they never saw in their lives before, and two of them that can get the nearest, clapping each an arm over his neck, hug him in as loving and familiar a manner, as if he was their brother newly come home from an

East India voyage; a third lays hold of his hand, another of his sleeve, his coat, the buttons of it, or any thing he can come at, while a fifth or a sixth, who has scampered twice round him already, without being able to get at him, plants himself directly before the man in hold, and within three inches of his nose, contradicting his rivals with an open mouthed cry, shows him a dreadful set of large teeth, and a small remainder of chewed bread and cheese, which the countryman's arrival had hindered from being swallowed.

At all this no offence is taken, and the peasant justly thinks they are making much of him; therefore, far from opposing them, he patiently suffers himself to be pushed or pulled which way the strength that surrounds him shall direct. He has not the delicacy to find fault with a man's breath, who has just blown out his pipe, or a greasy head of hair that is rubbing against his chops: dirt and sweat he has been used to from his cradle, and it is no disturbance to him to hear half a score people, some of them at his ear, and the furthest not five foot from him, bawl out as if he was hundred yards off: he is conscious that he makes no less noise when he is merry himself, and is secretly pleased with their boisterous usages. The hawling and pulling him about he construes the way it is intended; it is a courtship he can feel and understand: he cannot help wishing them well for the esteem they seem to have for him: he loves to be taken notice of, and admires the Londoners for being so pressing in the offers of their service to him, for the value of threepence or less; whereas, in the country at the shop he uses, he can have nothing but he must first tell them what he wants, and, though he lays out three or four shillings at a time, has hardly a word spoke to him unless it be in answer to a question himself is forced to ask first. This alacrity in his behalf moves his gratitude, and, unwilling to disoblige any, from his heart he knows not whom to choose. I have seen a man think all this, or something like it, as plainly as I could see the nose in his face; and, at the same time, move along very contentedly under a load of watermen, and with a smiling countenance carry seven or eight stone more than his own weight to the water side.

If the little mirth I have shown, in the drawing of these two images from low life, misbecomes me, I am sorry for it, but I promise not to be guilty of that fault any more, and will now, without loss of time, proceed with my argument in artless dull simplicity, and demonstrate the gross error of those, who imagine that the social virtues, and the amiable qualities that are praise-worthy in us, are equally beneficial to the public as they are to the individual persons that are possessed of them, and that the means of thriving, and whatever conduces to the welfare and real happiness of private families, must have the same effect upon the whole society. This, I confess, I have laboured for all along, and I flatter myself not unsuccessfully: But I hope nobody will like a problem the worse for seeing the truth of it proved more ways than one.

It is certain, that the fewer desires a man has, and the less he covets, the more easy he is to himself; the more active he is to supply his own wants, and the less he requires to be waited upon, the more he will be beloved, and the less trouble he is in a family; the more he loves peace and concord, the more charity he has for his neighbour, and the more he shines in real virtue, there is no doubt but that in proportion he is acceptable to God and man. But let us be just, what benefit can these things be of, or what earthly good can they do, to promote the wealth, the glory, and worldly greatness of nations? It is the sensual courtier that sets no limits to his luxury; the fickle strumpet that invents new fashions every week; the haughty duchess that in equipage, entertainments, and all her behaviour, would imitate a princess; the profuse rake and lavish heir, that scatter about their money without wit or judgment, buy every thing they see, and either destroy or give it away the next day; the covetous and perjured villain that squeezed an immense treasure from the tears of widows and orphans, and left the prodigals the money to spend: it is these that are the prey and proper food of a full grown Leviathan; or, in other words, such is the calamitous condition of human affairs, that we stand in need of the plagues and monsters I named, to have all the variety of labour performed, which the skill of men is capable of inventing in order to procure an honest livelihood to the vast multitudes of working poor, that are required to make a large society: and it is folly to imagine, that great and wealthy nations can subsist, and be at once powerful and polite without.

I protest against Popery as much as ever Luther and Calvin did, or Queen Elizabeth herself; but I believe from my heart, that the Reformation has scarce been more instrumental in rendering the kingdoms and states that have embraced it, flourishing beyond other nations, than the silly and capricious invention of hooped and quilted petticoats. But if this should be denied me by the enemies of priestly power, at least I am sure that, bar the great men who have fought for and against that layman's blessing, it has, from its beginning to this day, not employed so many hands, honest, industrious, labouring hands, as the abominable improvement on female luxury, I named, has done in few years. Religion is one thing, and trade is another. He that gives most trouble to thousands of his neighbours, and invents the most operose manufactures, is, right or wrong, the greatest friend to the society.

What a bustle is there to be made in several parts of the world, before a fine scarlet or crimson cloth can be produced; what multiplicity of trades and artificers must be employed! Not only such as are obvious, as woolcombers, spinners, the weaver, the cloth worker, the scourer, the dyer, the setter, the drawer, and the packer; but others that are more remote, and might seem foreign to it; as the mill-wright, the pewterer, and the chemist, which yet are all necessary, as well as a great number of other handicrafts, to have the tools, utensils, and other implements belonging to the trades already named: But all these things are done at home, and may be performed without extraordinary fatigue or danger; the most frightful prospect is left behind, when we reflect on the toil and hazard that are to be undergone abroad, the vast seas we are to go over, the different climates we are to endure, and the several nations we must be obliged to for their assistance. Spain alone, it is true, might furnish us with wool to make the finest cloth; but what skill and pains, what experience and ingenuity, are required to dye it of those beautiful colours! How widely are the drugs, and other ingredients, dispersed through the universe that are to meet in one kettle! Allum, indeed, we have of our own; argol we might have from the Rhine, and vitriol from Hungary; all this is in Europe; but then for saltpetre in quantity, we are forced to go as far as the East Indies. Cocheneal, unknown to the ancients, is not much nearer to us, though in a quite different part of the earth: we buy it, it is true, from the Spaniards; but not being their product, they are forced to fetch it for us from the remotest corner of the new world in the East Indies. While so many sailors are broiling in the sun, and sweltered with heat in the east and west of us, another set of them are freezing in the north, to fetch potashes from Russia.

When we are thoroughly acquainted with all the variety of toil and labour, the hardships and calamities that must be undergone to compass the end I speak of, and we consider the vast risks and perils that are run in those voyages, and that few of them are ever made but at the expence, not only of the health and welfare, but even the lives of many: when we are acquainted with, I say, and duly consider the things I named, it is scarce possible to conceive a tyrant so inhuman, and void of shame, that, beholding things in the same view, he should exact such terrible services from his innocent slaves; and, at the same time, dare to own, that he did it for no other reason, than the satisfaction a man receives from having a garment made of scarlet or crimson cloth. But to what height of luxury must a nation be arrived, where not only the king's officers, but likewise the guards, even the private soldiers, should have such impudent desires!

But if we turn the prospect, and look on all those labours as so many voluntary actions, belonging to different callings and occupations, that men are brought up to for a livelihood, and in which every one works for himself, how much soever he may seem to labour for others: if we consider, that even the sailors who undergo the greatest hardships, as soon as one voyage is ended, even after shipwreck, are looking out, and soliciting for employment in another: if we consider, I say, and look on these things in another view, we shall find, that the labour of the poor is so far from being a burden and an imposition upon them, that to have employment is a blessing, which, in their addresses to Heaven, they pray for, and to procure it for the generality of them, is the greatest care of every legislature.

As children, and even infants, are the apes of others, so all youth have an ardent desire of being men and women, and become often ridiculous by their impatient endeavours to appear what every body sees they are not; all large societies are not a little indebted to this folly for the perpetuity, or at least long continuance, of trades once established. What pains will young people take, and what violence will they not commit upon themselves, to attain to insignificant, and often blameable qualifications, which, for want of judgment and experience, they admire in others, that are superior to them in age! This fondness of imitation makes them accustom themselves, by degrees, to the use of things that were irksome, if not intolerable to them at first, till they know not how to leave them, and are often very sorry for having inconsiderately increased the necessaries of life without any necessity. What estates have been got by tea and coffee! What a vast traffic is drove, what a variety of labour is performed in the world, to the maintenance of thousands of families that altogether depend on two silly, if not odious customs; the taking of snuff, and smoking of tobacco; both which, it is certain, do infinitely more hurt than good to those that are addicted to them! I shall go further, and demonstrate the usefulness of private losses and misfortunes to the public, and the folly of our wishes, when we pretend to be most wise and serious. The fire of London was a great calamity; but if the carpenters, bricklayers, smiths, and all, not only that are employed in building, but likewise those that made and dealt in the same manufactures, and other merchandises that were burnt, and other trades again that got by them when they were in full employ, were to vote against those who lost by the fire, the rejoicings would equal, if not exceed the complaints. In recruiting what is lost and destroyed by fire, storms, sea-fights, sieges, battles, a considerable part of trade consists; the truth of which, and whatever I have said of the nature of society, will plainly appear from what follows.

It would be a difficult task to enumerate all the advantages and different benefits, that accrue to a nation, on account of shipping and navigation; but if we only take into consideration the ships themselves, and every vessel great and small that is made use of for water-carriage, from the least wherry to a first rate man of war; the timber and hands that are employed in the building of them; and consider the pitch, tar, rosin, grease; the masts, yards, sails and riggings; the variety of smiths work; the cables, oars, and every thing else belonging to them; we shall find, that to furnish only such a nation as ours with all the necessaries, make up a considerable part of the traffic of Europe, without speaking of the stores and ammunition of all sorts, that are consumed in them, or the mariners, waterman and others, with their families, that are maintained by them.

But should we, on the other hand, take a view of the manifold mischiefs and variety of evils, moral as well as natural, that befal nations on the score of seafaring, and their commerce with strangers, the prospect would be very frightful; and could we suppose a large populous island, that should be wholly unacquainted with ships and sea affairs, but otherwise a wise and well-governed people; and that some angel, or their genius, should lay before them a scheme or draught, where they might see on the one side, all the riches and real advantages that would be acquired by navigation in a thousand years; and on the other, the wealth and lives that would be lost, and all the other calamities, that would be unavoidably sustained on account of it during the same time, I am confident, they would look upon ships with horror and detestation, and that their prudent rulers would severely forbid the making and inventing all buildings or machines to go to sea with, of what shape or denomination soever, and prohibit all such abominable contrivances on great penalties, if not the pain of death.

But to let alone the necessary consequence of foreign trade, the corruption of manners, as well as plagues, poxes, and other diseases, that are brought to us by shipping, should we only cast our eyes on what is either to be imputed to the wind and weather, the treachery of the seas, the ice of the north, the vermin of the south, the darkness of nights, and unwholesomeness of climates, or else occasioned by the want of good provisions, and the faults of mariners, and unskilfulness of some, and the neglect and drunkenness of others; and should we consider the losses of men and treasure swallowed up in the deep, the tears and necessities of widows and orphans made by the sea, the ruin of merchants and the consequences, the continual anxieties that parents and wives are in for the safety of their children and husbands, and not forget the many pangs and heartaches that are felt throughout a trading nation, by owners and insurers, at every blast of wind; should we cast our eyes, I say, on these things, consider with due attention and give them the weight they deserve, would it not be amazing, how a nation of thinking people should talk of their ships and navigation as a peculiar blessing to them, and placing an uncommon felicity in having an infinity of vessels dispersed through the wide world, and always some going to and others coming from every part of the universe?

But let us once, in our consideration on these things, confine ourselves to what the ships suffer only, the vessels themselves, with their rigging and appurtenances, without thinking on the freight they carry, or the hands that work them, and we shall find that the damage sustained that way only, is very considerable, and must one year with another amount to vast sums; the ships that are foundered at sea, split against rocks and swallowed up by sands, some by the fierceness of tempests altogether, others by that and the want of pilots, experience, and knowledge of the coasts: the masts that are blown down, or forced to be cut and thrown overboard, the yards, sails, and cordage of different sizes that are destroyed by storms, and the anchors that are lost: add to these the necessary repairs of leaks sprung, and other hurts received from the rage of winds, and the violence of the waves: many ships are set on fire by carelessness, and the effects of strong liquors, which none are more addicted to than sailors: sometimes unhealthy climates, at others the badness of provision breed fatal distempers, that sweep away the greatest part of the crew, and not a few ships are lost for want of hands.

These are all calamities inseparable from navigation, and seem to be great impediments that clog the wheels of foreign commerce. How happy would a merchant think himself, if his ships should always have fine weather, and the wind he wished for, and every mariner he employed, from the highest to the lowest, be a knowing experienced sailor, and a careful, sober, good man! Was such a felicity to be had for prayers, what owner of ships is there, or dealer in Europe, nay, the whole world, who would not be all day long teazing Heaven to obtain such a blessing for himself, without regard to what detriment it would do to others? Such a petition would certainly be a very unconscionable one; yet where is the man who imagines not that he has a right to make it? And therefore, as every one pretends to an equal claim to those favours, let us, without reflecting on the impossibility of its being true, suppose all their prayers effectual and their wishes answered, and afterwards examine into the result of such a happiness.

Ships would last as long as timber houses to the full, because they are as strongly built, and the latter are liable to suffer by high winds and other storms, which the first, by our supposition, are not to be: so that, before there would be any real occasion for new ships, the master builders now in being, and every body under them, that is set to work about them, would all die a natural death, if they were not starved or come to some untimely end: for, in the first place, all ships having prosperous gales, and never waiting for the wind, they would make very quick voyages both out and home: secondly, no merchandises would be damaged by the sea, or by stress of weather thrown overboard, but the entire lading would always come safe ashore; and hence it would follow, that three parts in four of the merchantmen already made, would be superfluous for the present, and the stock of ships that are now in the world, serve a vast many years. Masts and yards would last as long as the vessels themselves, and we should not need to trouble Norway on that score a great while yet. The sails and rigging, indeed, of the few ships made use of would wear out, but not a quarter part so fast as now they do, for they often suffer more in one hour's storm, than in ten days fair weather.

Anchors and cables there would be seldom any occasion for, and one of each would last a ship time out of mind: this article alone, would yield many a tedious holiday to the anchor-smiths and the rope-yards. This general want of consumption would have such an influence on the timber-merchants, and all that import iron, sail-cloth, hemp, pitch, tar, &c. that four parts in five of what, in the beginning of this reflection on sea-affairs, I said, made a considerable branch of the traffic of Europe, would be entirely lost.

I have only touched hitherto on the consequences of this blessing in relation to shipping, but it would be detrimental to all other branches of trade besides, and destructive to the poor of every country, that exports any thing of their own growth or manufacture. The goods and merchandises that every year go to the deep, that are spoiled at sea by salt water, by heat, by vermine, destroyed by fire, or lost to the merchant by other accidents, all owing to storms or tedious voyages, or else the neglect or rapacity of sailors; such goods, I say, and merchandises are a considerable part of what every year is sent abroad throughout the world, and must have employed great multitudes of poor, before they could come on board. A hundred bales of cloth that are burnt or sunk in the Mediterranean, are as beneficial to the poor in England, as if they had safely arrived at Smyrna or Aleppo, and every yard of them had been retailed on the grand Signior's dominions.

The merchant may break, and by him the clothier, the dyer, the packer, and other tradesmen, the middling people, may suffer; but the poor that were set to work about them can never lose. Day-labourers commonly receive their earnings once a-week, and all the working people that were employed, either in any of the various branches of the manufacture itself, or the several land and water carriages it requires to be brought to perfection, from the sheep's back, to the vessel it was entered in, were paid, at least much the greatest part of them, before the parcel came on board. Should any of my readers draw conclusions in infinitum, from my assertions, that goods sunk or burnt are as beneficial to the poor, as if they had been well sold and put to their proper uses, I would count him a caviller and not worth answering: should it always rain and the sun never shine, the fruits of the earth would soon be rotten and destroyed; and yet it is no paradox to affirm, that, to have grass or corn, rain is as necessary as the sunshine.

In what manner this blessing of fair winds and fine weather, would affect the mariners themselves, and the breed of sailors, may be easily conjectured from what has been said already. As there would hardly one ship in four be made use of, so the vessels themselves being always exempt from storms, fewer hands would be required to work them, and consequently five in six of the seamen we have might be spared, which in this nation, most employments of the poor being overstocked, would be but an untoward article. As soon as those superfluous seamen should be extinct, it would be impossible to man such large fleets as we could at present: but I do not look upon this as a detriment, or the least inconveniency: for the reduction of mariners, as to numbers being general throughout the world, all the consequence would be, that in case of war, the maritime powers would be obliged to fight with fewer ships, which would be an happiness instead of an evil: and would you carry this felicity to the highest pitch of perfection, it is but to add one desirable blessing more, and no nation shall ever fight at all: the blessing I hint at is, what all good Christians are bound to pray for, viz. that all princes and states would be true to their oaths and promises, and just to one another, as well as their own subjects; that they might have a greater regard for the dictates of conscience and religion, than those of state politics and worldly wisdom, and prefer the spiritual welfare of others to their own carnal desires, and the honesty, the safety, the peace and tranquillity of the nations they govern, to their own love of glory, spirit of revenge, avarice, and ambition.

The last paragraph will to many seem a digression, that makes little for my purpose; but what I mean by it, is to demonstrate that goodness, integrity, and a peaceful disposition in rulers and governors of nations, are not the proper qualifications to aggrandize them, and increase their numbers; any more than the uninterrupted series of success that every private person would be blest with, if he could, and which I have shown would be injurious and destructive to a large society, that should place a felicity in worldly greatness, and being envied by their neighbours, and value themselves upon their honour and their strength.

No man needs to guard himself against blessings, but calamities require hands to avert them. The amiable qualities of man put none of the species upon stirring: his honesty, his love of company, his goodness, content and frugality, are so many comforts to an indolent society, and the more real and unaffected they are, the more they keep every thing at rest and peace, and the more they will every where prevent trouble and motion itself. The same almost may be said of the gifts and munificence of Heaven, and all the bounties and benefits of nature: this is certain, that the more extensive they are, and the greater plenty we have of them, the more we save our labour. But the necessities, the vices, and imperfections of man, together with the various inclemencies of the air and other elements, contain in them the seeds of all arts, industry and labours: it is the extremities of heat and cold, the inconstancy and badness of seasons, the violence and uncertainty of winds, the vast power and treachery of water, the rage and untractableness of fire, and the stubbornness and sterility of the earth, that rack our invention, how we shall either avoid the mischiefs they may produce, or correct the malignity of them, and turn their several forces to our own advantage a thousand different ways; while we are employed in supplying the infinite variety of our wants, which will ever be multiplied as our knowledge is enlarged, and our desires increase. Hunger, thirst, and nakedness, are the first tyrants that force us to stir: afterwards, our pride, sloth, sensuality, and fickleness, are the great patrons that promote all arts and sciences, trades, handicrafts and callings; while the great task-masters, necessity, avarice, envy, and ambition, each in the class that belongs to him, keep the members of the society to their labour, and make them all submit, most of them cheerfully, to the drudgery of their station; kings and princes not excepted.

The greater the variety of trades and manufactures the more operose they are, and the more they are divided in many branches, the greater numbers may be contained in a society without being in one another's way, and the more easily they may be rendered a rich, potent, and flourishing people. Few virtues employ any hands, and therefore they may render a small nation good, but they can never make a great one. To be strong and laborious, patient in difficulties, and assiduous in all business, are commendable qualities; but as they do their own work, so they are their own reward, and neither art nor industry have ever paid their compliments to them; whereas the excellency of human thought and contrivance, has been, and is yet no where more conspicuous than in the variety of tools and instruments of workmen and artificers, and the multiplicity of engines, that were all invented either to assist the weakness of man, to correct his many imperfections, to gratify his laziness, or obviate his impatience.

It is in morality as it is in nature, there is nothing so perfectly good in creatures, that it cannot be hurtful to any one of the society, nor any thing so entirely evil, but it may prove beneficial to some part or other of the creation: so that things are only good and evil in reference to something else, and according to the light and position they are placed in. What pleases us is good in that regard, and by this rule every man wishes well for himself to the best of his capacity, with little respect to his neighbour. There never was any rain yet, though in a very dry season when public prayers had been made for it, but somebody or other who wanted to go abroad, wished it might be fair weather only for that day. When the corn stands thick in the spring, and the generality of the country rejoice at the pleasing object, the rich farmer who kept his last year's crop for a better market, pines at the sight, and inwardly grieves at the prospect of a plentiful harvest. Nay, we shall often hear your idle people openly wish for the possessions of others, and not to be injurious forsooth add this wise proviso, that it should be without detriment to the owners: but I am afraid they often do it without any such restriction in their hearts.

It is a happiness that the prayers as well as wishes of most people, are insignificant and good for nothing; or else the only thing that could keep mankind fit for society, and the world from falling into confusion, would be the impossibility that all the petitions made to Heaven should be granted. A dutiful pretty young gentleman newly come from his travels, lies at the Briel waiting with impatience for an easterly wind, to waft him over to England, where a dying father, who wants to embrace and give him his blessing before he yields his breath, lies hoaning after him, melted with grief and tenderness: in the mean while a British minister, who is to take care of the Protestant interest in Germany, is riding post to Harwich, and in violent haste to be at Ratisbone before the diet breaks up. At the same time a rich fleet lies ready for the Mediterranean, and a fine squadron is bound for the Baltic. All these things may probably happen at once, at least there is no difficulty in supposing they should. If these people are not atheists, or very great reprobates, they will all have some good thoughts before they go to sleep, and consequently about bedtime, they must all differently pray for a fair wind and a prosperous voyage. I do not say but it is their duty, and it is possible they may be all heard, but I am sure they cannot be all served at the same time.

After this, I flatter myself to have demonstrated that, neither the friendly qualities and kind affections that are natural to man, nor the real virtues he is capable of acquiring by reason and self-denial, are the foundation of society; but that what we call evil in this world, moral as well as natural, is the grand principle that makes us sociable creatures, the solid basis, the life and support of all trades and employments without exception: that there we must look for the true origin of all arts and sciences, and that the moment evil ceases, the society must be spoiled, if not totally dissolved.

I could add a thousand things to enforce, and further illustrate this truth, with abundance of pleasure; but for fear of being troublesome, I shall make an end, though I confess that I have not been half so solicitous to gain the approbation of others, as I have studied to please myself in this amusement: yet if ever I hear, that by following this diversion I have given any to the intelligent reader, it will always add to the satisfaction I have received in the performance. In the hope my vanity forms of this, I leave him with regret, and conclude with repeating the seeming paradox, the substance of which is advanced in the title page; that private vices, by the dexterous management of a skilful politician, may be turned into public benefits.

WHAT IS SEEN
AND WHAT IS NOT SEEN

02

看得见的与看不见的

[法]弗雷德里克·巴斯夏(Frédéric Bastiat) 著
谌紫灵 译

中信出版集团 | 北京

图书在版编目（CIP）数据

看得见的与看不见的：汉、英 /（法）弗雷德里克·巴斯夏著；谌紫灵译. -- 北京：中信出版社，2020.8

（迷人的经济学：影响世界的五大经济学思维）

书名原文：What Is Seen and What Is Not Seen

ISBN 978-7-5217-1849-2

Ⅰ.①看… Ⅱ.①弗… ②谌… Ⅲ.①经济学－通俗读物－汉、英 Ⅳ.① F0-49

中国版本图书馆 CIP 数据核字（2020）第 073817 号

迷人的经济学——影响世界的五大经济学思维

看得见的与看不见的

著　　者：[法] 弗雷德里克·巴斯夏
译　　者：谌紫灵
出版发行：中信出版集团股份有限公司
　　　　　（北京市朝阳区惠新东街甲 4 号富盛大厦 2 座　邮编　100029）
承 印 者：北京诚信伟业印刷有限公司

开　　本：787mm×1230mm　1/32　　印　　张：5.75　　字　　数：95 千字
版　　次：2020 年 8 月第 1 版　　印　　次：2020 年 8 月第 1 次印刷
书　　号：ISBN 978-7-5217-1849-2
定　　价：179.00 元（全五册）

目 录

引　言

在经济领域，每一个行动、每一种习惯、每一项制度或每一条法律所产生的不仅仅是一种影响，而是一连串的影响。其中，第一时间出现的影响与其原因同时显现，这种影响是转瞬即现并且能为我们所见的，其他影响则只能慢慢地呈现在我们面前。如果这些看不见的影响能被我们预见，那么我们真是三生有幸。

杰出经济学家和糟糕经济学家之间的区别是显而易见的。糟糕经济学家只能看到那些看得见的影响，而杰出经济学家能同时考虑到那些看得见的和必须预见的影响。

然而，两者之间却有着天壤之别，因为几乎总是会发生这样的情况：当直接的结果是有利的时候，后续的结果则是灾难性的，反之亦然。由此可见，一个糟糕经济学家追求的是当前的一点好处，而这在未来会造成巨大的损害。一个真正的经济学家追求的是未来的巨大好处，而在当下遭受少量损失。

此外，卫生和道德规范领域也存在着类似的区别。通常情况下，某种习惯在开始时越让人感觉舒适，到后来就会越让人觉得痛苦。放荡、懒惰和挥霍就是这样的例子。所以，当一个人对某种看得见的影响感激涕零，却没有学会看清那些看不见的影响时，他就会沉浸在这种灾难性的习惯之中，这不仅仅是其天性所致，而且是其经过再三考虑的选择。

这就解释了人类那不可逆转的痛苦的演化过程。当人还在摇篮中时，无知就包围了他。因此，这种无知使人根据那种近在眼前的后果，即他最初所能看得见的后果，来决定自己的行动。只有在经历长时间的磨砺后，他才能学会考虑那看不见的后果。将这个教训传授给他的，正是经验和远见这两位截然不同的老师。经验是有效的，但也是残酷的。经验通过让我们感受某个行动的所有影响来教导我们，就像我们只有让火燃烧自己，才有可能知道火在燃烧一样。对于这位粗暴的老师，我想尽我所能地用一位温和的老师（远见）来代替它。因此，通过对比看得见的后果与看不见的后果，我将探讨某些经济现象的后果。

1
破碎的窗

当善良的店主人雅克先生（Jacques Bonhomme）[①]那调皮捣蛋的儿子打破了一扇窗户时，你可曾见到雅克先生发怒的样子？如果你目睹了这一场景，那么你一定会注意到，所有的围观者（甚至达到了30个人）似乎都在异口同声地安慰这个不幸的人："万事万物总有好的一面，这种倒霉的事情还能促进生产呢！你看，每个人都得有活干啊。如果玻璃没破，那么玻璃匠要怎么活啊？"

好吧，这个令人宽慰的准则中蕴含了某种完整的理论。在这个非常简单的例子中，如果你觉得其中的理论不可思议，那么这是一件好事情。因为不幸的是，它与那个指导我们大多数经济制度的理论是完全相同的。

如果你认为有必要花6法郎去更换一块玻璃，如果你

① Jacques Bonhomme，相当于英语中的Jack Goodfellow，又被称作Guillaume Cale（英语中对应的是William Kale或Guillaume Caillet）。这个名字最初（原本）所指的具体人物的身世背景不甚明了，但确定的是，他是一位富裕的农民。对应汉语世界，这个名字就相当于"张三""李四"这样的专名，以指代任何一个具体的人。——译者注

的意思是，这件倒霉的事情为玻璃行业提供了6法郎，并刺激这个行业增加了6法郎的产业规模，那么我对此表示赞同。对于这种精确的推理，我无可置疑。玻璃匠来了，安装了玻璃，得到了6法郎。他擦了擦手，从心底里感谢这个熊孩子。这就是我们看得见的。

但如果你就此判断打破窗户是一件好事（它能使货币流通，从而刺激了工业），那么我不得不大喊一声“就此打住吧！”。

你的理论只看到了看得见的东西，而完全没有注意到看不见的东西。

那看不见的东西是：我们的店主人由于在一件事情上花了6法郎，因而就不能拿这6法郎去干别的事了。如果他没有用这6法郎换一块玻璃，那么他可能会换掉他的破鞋，或者为他的书架添置一本书。简而言之，他本来可以用这6法郎做其他事，而在换了玻璃后，他的愿望落空了。

因此，让我们考察一下这对整体工业造成的影响。由于窗户被打破了，所以玻璃行业有了6法郎的刺激，这就是我们看得见的。

要是窗户没被打破，那么制鞋业（或其他行业）就会受到6法郎的刺激，这是我们看不见的。

如果我们既考虑那看得见的东西（积极影响），又考虑那看不见的东西（消极影响），我们就会明白：从整体上看，不管玻璃有没有破，它对国民产出和就业都没有影响。

现在，让我们考虑一下这对雅克先生造成的影响。在第一种情况下，他从那扇让他花了6法郎的破窗那里得到的利益享受与之前分毫不差。在第二种情况下，如果没有发生玻璃被打碎的意外，那么他可以花6法郎买双鞋，于是他便可以享有一双鞋和一扇窗的利益。由于雅克先生是社会的一员，我们必须得出这样的结论：在对雅克先生所做之事和所获之利进行比较后，社会已经失去了那扇破窗的价值。

由此，总的来说，我们得出了一个出人意料的结论："那些遭到毫无意义毁坏的物品的价值就这么从社会上消失了。"同时它也引出了一句令保护主义者不寒而栗的格言，即"破坏、损害和浪费不会刺激全国就业"，或者更简洁的说法是，"破坏是无利可图的"。

《工业观察报》（*Le Moniteur industriel*）会对此说些什么呢？可敬的圣－查曼斯（Saint-Chamans）[①]先生的追随者们会有什么看法呢？圣－查曼斯先生曾如此准确地计算出

① 圣－查曼斯，复辟时期的议员和国务委员，是一位贸易保护主义者和贸易平衡鼓吹者。——译者注

被焚毁的巴黎会带来多少生产活动，就因为那些房子会被新建起来。①

很遗憾，我击破了他这种独具匠心的计算，尤其是他已经把他们这种精神引入了我们的立法中。但我请求他重新计算一下，希望他在计算了看得见的东西之后，也能把看不见的东西纳入计算范畴。

读者必须清楚地注意到，摆在你们面前的这个小故事并不仅仅涉及两个角色，而是涉及三个角色。第一个是雅克先生，他代表了消费者，由于别人的破窗行为，他本可以享受的两种利益减少到了一种。第二个是玻璃匠，他代表了生产者，他向我们展示了由破窗事件引起的生产活动。第三个是鞋匠（或任何其他生产者），他的产量也因为同样的情况遭受到了同等数额的损失。其中，第三类人总站在一个我们视线所不及的地方。通过把这些看不见的东西拟人化，这类人变成了这个问题的关键因素。正是这类人让我们明白，破坏行动能获利的想法是多么荒唐可笑。正是这类人在短时间内就教会我们，贸易限制政策能获利的想法也同样是荒唐可笑的。毕竟，这种破坏性行动除了是不公正的体现之外，什么也不是。因此，在深入研究所有支

① 英文版编者指出，巴斯夏在这里记错了地名，当时的大火发生在伦敦，而不是巴黎。——译者注

持贸易限制政策的论据细节后，你会发现，这一切都只源于这句俗语："如果窗户从未被打破，那么玻璃匠要怎么活啊？"

2
解散军队

那些适用于个人的规则也同样适用于国家。如果一个国家希望获得一些经济利益或其他利益，那么这取决于这个国家觉得自己为此付出的代价是否值得。对于一个国家来说，安全便是其最大的财富。如果为了获得安全，国家必须征召10万人，并且花费1亿法郎，那么我无话可说。这种做法还是有用的，尽管代价巨大。

总之，我希望大家不要对我文章的主旨有什么误解。

想象一下，一位议员提议让10万人退伍，以减轻纳税人的负担，他们曾因此承担了1亿法郎的税收。如果我们只回答他“这10万军人和这1亿法郎是国家安全所必需的，虽然这是一种巨大的代价，但没有这种代价，法国将会因内敌外患而分崩离析”，那么在这一点上，我没有反驳这个论点的理由。虽然我不知道这个论点对错与否，但在理论上，它并不包含任何经济学上的奇葩学说。当你因为觉得代价对某人有利，而希望将代价本身看作一种优势时，奇葩学说就出现了。

好吧，如果我没弄错，那么在这个议案的提出者从讲台上走下来后，另一个人会跳到讲台上说：

解散10万人！你是认真的吗？他们会怎么样呢？他们要靠什么生活？工作吗？但是，你不知道到处都有人找不到工作吗？有哪个行业在招人吗？你想把他们扔到大街，引起竞争，降低工资吗？就在人们连吃饱饭都成问题的时候，国家却在为这数十万人提供面包，这难道不是一件幸事吗？更重要的是，军队会消费葡萄酒、衣服和武器，这便为工厂和驻军城镇提供了生产活动。实际上，这拯救了无数的供应商啊。你想废除这个能带来数不胜数的工业活动的大引擎？想想吧，你自己不觉得可怕吗？

正如我们所发现的，这场演讲的结论是：应该保留这10万人。这不是因为此一服务对国家来说必不可少，而是出于经济上的考虑。我不得不驳斥的恰恰就是这些想法。

10万人靠着纳税人提供的1亿法郎生活，并因此让他们的供应商衣食无忧，这就是1亿法郎所能达到的效果，这就是我们看得见的。

但是，从纳税人口袋里掏出来的1亿法郎，却干扰了这些纳税人及其供应商的经济活动，这1亿法郎本来可以让这些人自己支配，从而实现1亿法郎本有的效果。这是看不见的。计算一下吧，考虑一下吧，然后你告诉我，广大民众从哪里得到了好处？

回到正题，我会告诉你损失在什么地方。我们把问题简化一下，不谈10万人和1亿法郎，只谈1人和1 000法郎。

我们假设，现在有一个A村。征兵员正在四处转悠，已有1人参军了。税务员忙个不停，拿到了1 000法郎。这个人和这笔钱被带到了梅茨（Metz）[①]。这个人什么也不用干，只需要在这里过一年跟以前截然不同的生活就行。如果你只考虑梅茨，那么你确实无比正确，因为这个措施是非常有用的。然而，如果你把视线转向A村，你就会有不同的想法，因为只要你不是盲人，你便会看到，这个村庄损失了1个工人和可以作为他薪水的1 000法郎，以及他在生活中花费这1 000法郎时所带来的种种生意。

乍一看，这里的影响似乎是相互补偿的。发生在这个村庄的现象现在也发生在梅茨，就是这样的。但这正是损失所在。在村子里，这个人在埋头耕作，他是一位劳动者；在梅茨，这个人在练军姿，他是一名军人。在这两种情况下，货币与其流通情况是一样的。但前一种情况却包含了

① 梅茨，法国东北部城市。——译者注

300天的生产性劳动；在后一种情况下，如果我们假定，军队对公共安全来说并不是必不可少的一部分，这就包含了300天徒劳无益的劳动。

现在，这些军队要被解散了。你向我指出，市场上增加了10万个工人，这刺激了竞争，并抑制了工资水平。这就是你看得见的。

但以下是你看不见的。你看不见裁减10万士兵不是要让1亿法郎凭空消失，而是要把这一笔钱还给纳税人。你看不见将10万个劳动力投入市场的同时，也将可用于支付这10万人薪水的1亿法郎投入了同一市场。因此，这种同时性的投入既增加了劳动力供应，又增加了劳动力需求。因此，我可以得出结论：你所说的工资减少只是你的一种幻觉而已。在这之前，你看不见在军队被解散的前后，1亿法郎与10万人是同时存在的，而这其中的全部区别就在于：在军队被解散以前，国家付给10万人1亿法郎，这些人却什么都不干；在军队被解散以后，这1亿法郎是他们工作的薪水。最后，你看不见的是：无论一个纳税人是把他的钱无偿地交给一个士兵，还是有偿地交给一个劳动者，这些钱流通的所有后续结果都是一样的。唯一不同的是：在第二种情况下，纳税人得到了一些东西；而在第一种情况下，纳税人什么也没有得到。其结果是，国家遭遇了净损失。

我在这里所批判的诡辩，经不起极端情况的检验，而极端情况是所有基本原则的试金石。如果所有付出的代价和获取的利益都已被考虑在内，如果扩大军队规模对国家是有好处的，那么为什么我们不把全国的男人都征召入伍呢？

3
税　收

你有没有听过下面这段话？

> 税收是最好的投资，它们是滋养生命的甘露。看看有多少家庭以此为生吧！算算它们对工业的直接或间接影响吧！简直无法估量！税收就是生活啊！

为了与这一学说战斗，我不得不重复前面的辩驳。我们很清楚地看到，政治经济学的论点不够妙趣横生，因此人们只能对它闭口不谈。重复是一种安慰剂，它是令人愉快的。因此，跟巴西莱（Basile）[①]一样，政治经济学也为自己准备了谚语，而且确信自己会被人们反复说起。这就是重复式教学。

政府官员通过花费其工资所享受的好处是我们看得见

① 巴西莱，歌剧《塞维利亚的理发师》中的一位音乐家，在第二幕中，他说："我已经准备了好几个不同的谚语。"——译者注

的，而且这个过程给政府官员的供应商带来的好处也是我们的眼睛可以很清楚地看得见的。

然而，你却看不见纳税人在渴望减轻自己的纳税负担时所承受的挫败感，也看不见因此对他们的供应商造成的损害。其实，只要你用心去看，你就会很清楚地看见这一切。

如果一个政府官员为了自己的利益多花了100苏①，这就意味着一个纳税人为了自己的利益少花了100苏。然而，政府官员的支出之所以看得见，是因为钱已经花掉了，而纳税人的支出却是看不见的。唉，纳税人的钱已经给了政府，他花不了这笔钱了啊。

你把国家比作贫瘠的土地，把税收比作丰沛的雨水。真是绝妙的比喻啊！但你也应该问问自己，这些雨水来自哪里呢？税收自己吸收了大地的湿气，有没有使大地变得干涸呢？

你也应该问问自己，和那些因为蒸发而流失的宝贵之水相比，大地从雨水那里吸收的宝贵之水有多少呢？

很明显，当雅克先生给收税员100苏时，他并没有得到什么回报。后来，一个政府官员在花费这100 苏时，又把钱还给了雅克先生，以换取同等价值的小麦或劳动。结果则是，雅克先生损失了5法郎。

① 100苏=5法郎。——译者注

的确，通常或者在大多数情况下，如果你愿意，那么政府官员是能够向雅克先生提供对等服务的。在这种情况下，双方都没有损失，这只是一种交换。由于这个情况，我的论点并不针对那些有用的项目。我所指的是，如果你想创建任何这样有用的项目，那么请证明它的效用吧，请证明政府官员为雅克先生提供的服务是物有所值的。但是，请把税收这种本来就有的效用放在一边，不要把它给政府官员及其家人和供应商带来的好处作为论据，不要声称它刺激了就业。

当雅克先生把100苏给一个政府官员并换取了真正有用的服务时，这和他把100苏给一个鞋匠换一双鞋是一模一样的，都是买与卖的交易关系。但是，当雅克先生把100苏交给一名政府官员，却没有得到任何服务，甚至遭受了损失时，这无异于他把这些钱交给了一个小偷。政府官员花费这100苏是为了国民生产这样的大众利益吗？这显然不妥当，因为小偷也会拿这些钱做同样的事。如果雅克先生没有在半途碰到这非法或合法的寄生虫，那么他也会拿这些钱做同样的好事。

所以，我们不但要习惯于依靠看得见的东西来做出判断，还要习惯于凭借看不见的东西来做出评判。

去年，我还是财政委员会（Finance Committee）的一名委员，因为在制宪国民大会（Constituent Assembly）之下，当时的反对党成员并没有被组织从委员会开除。在这个方面，制宪国民大会当时还采取了明智的行动。我们曾听到蒂尔斯（Thiers）[①]先生说："我一生都在同保皇党人和教会党人做斗争。但自从共同的危险把我们聚集在一起以来，我开始了解他们的很多理念，并注意到，他们并不是我想象中的怪物。"

是的，互不相容的政党之间产生了仇恨，彼此之间的不信任也在升级。如果多数党能允许少数党的一些成员成为委员会的委员，那么也许双方都会承认，他们的想法并没有那么大的分歧，尤其是他们的意图并不像人们想象的那样荒谬。

尽管如此，去年我还是财政委员会的一名委员。每当我们的一位同事谈到将共和国总统、各个部长或众大使的薪酬定在中等水平时，有人就会对他说：

为了有更好的服务，担任某些职位的人必须享受至高无上的荣耀和尊贵，只有这样才能吸引人才。许多穷困的人都向共和国总统求助。如果总统不得不一直拒绝这些人，

① 蒂尔斯，全名为路易斯·阿道夫·蒂尔斯（Louis Adolphe Thiers），他是法国政治家和历史学家，曾担任议员和首相（1836年和1840年），之后因镇压巴黎公社而知名，并在1871年至1873年担任法兰西第三共和国总统。——译者注

他就会使自己陷入痛苦。宪政政府能够运转的部分动力源于其相当体面的部委大楼和外交公寓……

虽然这类观点的正确性尚不可知，但它们肯定值得仔细研究。不管这些观点有没有被正确理解，它们都是建立在公众利益的基础上的。就我而言，我比那些人数众多的反对者更关注它们，而那些反对者的行动总是受到自己那吝啬而又嫉妒的狭隘情感影响。

然而，作为一名经济学家，我既觉得良心不安，又为祖国的学术声誉感到羞愧，因为当这种观点被简化为以下这种荒谬的陈词滥调时（这种情况经常发生），人们却总是对此大加赞扬。

此外，政府高官的奢侈生活在整体上促进了艺术、工业和劳动力市场的发展。国家总统和他的部长们如果不能举行豪华宴会，不能组织盛大节日，就不能让自己的生活融入社会的方方面面。因此，降低他们的薪水就是要断送巴黎乃至全国的生产活动。

先生们，请至少尊重一下算术，不要站在法国国民议会（National Assembly of France）面前说，“做加法运算时，把数字调换顺序所得出来的结果是不一样的”。你害怕的正是，如果自己不这么说，议员们就不会支持你的提案。这样的话，你会觉得自己无地自容。

还没听明白吗！我现在假设自己和一个工人达成了一项协议，我让他在我的田里挖一条沟，而我则向他支付100苏。正当协议要谈成的时候，征税员拿走了我的那100苏，并将这100苏交给了内政部部长。我的协议泡汤了，但部长可以为他的晚餐多添一道菜。在这种情况下，你敢说这种官方支出是国家产出的增加吗？难道你不明白，这只是一种简单的效用和劳动转移吗？的确，部长的餐桌上有了更多的食物，但农民田地的排水情况可不容乐观，这就是事实。我承认，巴黎的一个宴会承办商已经赚了100苏，但你得承认，外省的一个工人连5法郎也赚不到。我能说的是：官员的餐桌和宴会承办商的心满意足是看得见的，被淹没的田地和失去工作的挖沟工人是看不见的。

我的上帝啊！在政治经济学中，要证明二加二等于四是多么困难啊！而且，如果你成功地做到了这一点，那么肯定会有人嗤之以鼻：“这么简单，谁不知道啊，这个人真是太无聊了。”然后，等到他们投票的时候，就好像你什么都没证明过一样。

4
剧院和高雅艺术

国家应该资助艺术吗？

对此表示支持和反对的理由当然数不胜数。

认为国家应该资助艺术的人说，艺术可以扩展人们的视野，可以提升一个国家的精神文明，并使这个国家更加富有诗情画意。艺术使一个国家的人民能从物欲中解脱出来，使他们能欣赏美，从而对这个国家的风俗、习惯甚至工业都产生有益的影响。这些人可能会问，如果没有意大利剧院和音乐学院，那么法国的音乐将是什么样子呢？如果没有法兰西剧院，那么戏剧艺术将是什么样子呢？如果没有我们的展会和博物馆，那么绘画和雕塑将是什么样子呢？我们甚至可以进一步躬身自问，如果没有对高雅艺术的集中管理和随之而来的补贴，那么是否还会发展出这种高雅艺术呢？高雅艺术那独一无二的精致品味是法国艺术的显著特征，它使法国的艺术作品成为全世界的关注焦点。在这些成就面前，竟然让法国公民不要再对此做出什么贡献，这难道不是一种轻率之举吗？毕竟他们已经在欧洲成功地建立了至高无上的艺术地位，并享受了无尽的荣耀。

我承认，这些理由或者其他理由是极具说服力的，但在其他同样强有力的理由面前，这些理由可能会不堪一击。首先，这里面存在着分配的正义问题。难道立法者的权利已经达到了可以通过侵犯工匠的利益而补贴艺术家这样的程度吗？拉马丁（Lamartine）[①]先生说："如果你取消了对剧院的补贴，那么你还会想取消什么呢？照这样下去，你会不会进而关闭你们的大学、博物馆、研究所和图书馆呢？"我可以这样回答这个问题："如果你希望补贴一切能发挥作用的正义事业，那么你还会想补贴什么呢？照这样下去，你会不会进而想用补贴去建立一连串农业、工业、商业、公益和教育方面的事业呢？"然后，补贴肯定会促进艺术的进步吗？这个问题还有待考证。我们发现，那些生意繁荣的剧院正是那些靠自己注入活力的剧院。最后，让我们考虑得更深远些吧，我们可以指出，人们的需求和欲望是源源不断地产生的，并且随着公共财富越来越能使人们感到满足，他们对精致东西的追求也变得越来越强烈。

① 拉马丁，一位诗人（著有《沉思集》等）出身的政治家，于1848年6月成为临时政府的一员，并担任外交部部长。——译者注

政府没有必要卷入这种连锁效应，因为在当前这种财富状态一定的情况下，如果政府要通过税收去刺激奢侈品产业，那么那些基础产业势必会受到影响，进而扰乱文明的自发演化进程。可以指出的是，对需求、品位、生产和人口之间固有关系的人为干预和扰乱，会使国家处于一种大厦将倒般的风雨飘摇的危险境地。

那些反对国家就公民的优先事项进行干预的人，就这么把这几个理由摆在了我们面前。这些公民相信，他们应该由自己满足自己的需要和欲望，进而由自己决定各自的行动。我必须承认，我就是那种认为必须由下层而不是上层，由公民而不是立法者来进行决策和行动的人。在我看来，如果本末倒置，这就会导致人类丧失自由和尊严。

然而，通过摆出那种既错误又不公正的推论，你知道经济学家被人们指责成什么吗？当我们反对补贴的时候，我们就会被指责成是在反对接受补贴的东西本身，我们就成了所有这些活动的敌人，而我们的本意其实是希望这些活动自由发展、自负盈亏。因此，如果我们要求国家不要通过征税来干涉宗教事务，我们就成了无神论者；如果我们要求国家不要通过税收来干预教育，我们就成了启蒙事业的反对者；如果我们说国家不应该通过税收来给土地或某一特定的经济产业进行人为定价，我们就成了财产和劳动的敌人；如果我们认为国家不应该资助艺术家，我们就成了认为艺术无用的野蛮人。

我在这里极力反对这些推论。我们的想法与那种要废除宗教、教育、财产、生产和艺术的荒谬想法隔着十万八千里。与这种想法相反，当我们要求国家保护所有这些人类活动的自由发展，而不是让公民共同付费来资助这些活动时，我们所相信的是在自由的环境下，社会上所有这些充满生机的活动会和谐地发展，而不会像我们今天看到的那样，成为动荡、虐待、暴政和混乱的源泉。

我们的反对者认为，如果某种活动既没有得到国家资助，又不接受国家监管，那么这种活动便已经遭到了灭顶之灾。我们的看法恰恰相反。这些人相信的是立法者，而不是人性；我们相信的是人性，而不是立法者。

因此，拉马丁先生说："本着这一原则，我们就应该废除那些给我们国家带来荣誉和财富的公共博览会。"

对此，我可以这样回复拉马丁先生："你的观点是，不给予补贴就等于要废除。按照这种观念，除了国家的意志外，没有任何东西是存在的。因此，你的结论是，如果没有税收支撑一切，我们就会一无所有。但我要转而以你所举的例子为例对你的观点表示反对，我要向你指出，迄今最宏伟壮观的展览正是这次在伦敦筹备的博览会，这个博览会以自由为基本理念，我甚至可以用‘人道主义’这个词来形容它，当考虑到这个盛大博览会是唯一一个没有政府参与，也没有税收资助的博览会时，我觉得这个词对它来说没有丝毫抬举之嫌。”①

回到高雅艺术上，我再说一遍，人们都可以提出支持和反对补贴制度的有力理由。读者将会明白，我的写作目的既不是列出这些理由，也不是在它们之间做出选择。

但是，对于拉马丁先生提出的一个论点，我不能不加以评论，因为这个论点正属于我经济研究的范围。他说：“关于剧院的经济问题可以用一个简单的词来概括，即生产。这种生产的性质是无关紧要的。与一个国家的任何其他类型的项目一样，这种生产也是一种丰富、多元和能产生效益的活动。你知道，在法国，剧院养活了至少8万名工人，给他们支付工资，这些人涉及各种各样的职业——画家、泥瓦匠、装饰师、服装制造商、建筑师等，这些人是首都好几个区的命脉和活力所在。因此，这些人值得你

---

① 这里是指1851年5月至10月在伦敦海德公园举行的国际工业博览会（The Great Exhibition of the Works of Industry of all Nations）。经济学家们对这次展览非常兴奋，因为它不仅展示了工业革命的成就，也展示了国际自由贸易所带来的无限可能。这次展览是由皇家艺术、制造业和商业鼓励协会的成员在维多利亚女王的丈夫阿尔伯特亲王的赞助下自行策划和组织的，旨在鼓励艺术、制造业和商业的发展。法国从1798年开始首次举办国际工业博览会，之后，1819年、1823年、1827年、1834年、1839年和1844年又相继举办。1844年在巴黎举办的该博览会可能是1851年伦敦博览会的灵感来源。——译者注

们付出同情心。”

你们的同情心？哈！大白话一点就是“你们的补贴”。

拉马丁先生进一步说：“巴黎人民的幸福生活体现在各部门的生产和消费上。富人的奢侈生活为20万名各类工人提供了收入，从而解决了他们的温饱问题。这些工人在遍布全国的剧院的各个行业中谋生，从这些让法国声名显赫的高贵乐趣中获得维持生命的食物，获得自己家人和孩子生活的必需品。这些正是你给剧院6万法郎的结果。”（听听！听听！掌声如雷！）

对我来说，我不得不说：“错！错！错！”当然，我的评判仅限于我们正在讨论的经济问题。

在我们所说的这6万法郎中，至少有一部分是给剧院里的工人的。一笔小钱很可能在半路失踪。如果你仔细观察这件事，那么实际上，你可能会发现完全不是这么回事。所以，如果那些工人能得到一些残羹剩饭的话，他们就太幸运了！但是，如果所有的补贴真能送到油漆工、装饰工、服装制造商、美发师等人手中，那么我对这个结果还是相当满意的。这就是我们看得见的。

然而，这些补贴来自哪里呢？这就像硬币的反面，但这一面和它的正面一样重要。这6万法郎来自哪里呢？如果议会投票没有首先把这些钱送到瑞弗里大道（the rue de Rivoli），再经由瑞弗里大道送到格兰爱尔路（the rue de Grenelle），[①]那么这些钱又会去哪里呢？这是我们看不见的。

当然，没有人敢说，这6万法郎是议会投票活动在投票箱中开出的花朵，是纯粹增加的国家财富；也没有人敢说，如果没有这次神奇的投票，我们就永远看不见、摸不着这6万法郎。我们必须承认，议会中的多数派所能做的决策只是让某个地方拿出这些钱，然后把这些钱发到某个地方。也就是说，只有这些钱从某个地方转移出来，它们才能被送到某个目的地。

既然事情是这样的，那么很明显，一个纳税人只要上交了1法郎，他将永远不能使用这1法郎。很明显，那价值1法郎的钱所能带给他的满足感就这么被剥夺了。同样，那个本来因接受他这1法郎而感到心满意足的工人——不管这个工人是谁——也不会再得到这1法郎了。

因此，让我们不要抱有那种幼稚的幻想，认为5月16日的投票对国家的福祉和就业有任何好处。它只是干扰了人们的偏好，并重新分配了工资财富，如此而已。

人们会不会说，比起一般的生产行业，那种受到补贴的生产行业更需要大力发展，而且也是更高尚和更符合发

① 财政部设在瑞弗里大道，教育部和美术部设在格兰爱尔路。——译者注

展规律的呢？我可能要对此表示反对。我会说："你从纳税人那里抢了6万法郎，你就减少了农夫、工人、木匠和铁匠的收入，而增加了歌手、美发师、装饰师和服装制造商的收入。没有什么能证明第二类人比第一类人更有价值。拉马丁先生并没有这样说。他自己说过，剧院的工作和其他任何工作一样，是一种丰富、多元和能产生效益的活动。那这样的话，拉马丁先生的说法本身就是有争议的，因为证明第二类人的活动不如第一类人那样能产生效益的最佳证据是，第一类人被要求资助第二类人。"

但是，这种对不同形式的生产活动的价值和内在价值的比较并不是我现在这篇文章的主题的一部分。我在这里所要做的就是向大家证明，拉马丁先生和那些赞同他的论点的人，如果在一方面看到演员的供应商获得了收入，那么也应该在另一方面看到纳税人的供应商没有了收入。如果不这样做，他们就把自己暴露在以假乱真的胡言乱语中。如果他们知行合一，他们就会要求无穷无尽的补贴。因为在相同的情况下，如果补贴1法郎和6万法郎是正确的方案，那么基于同样的道理，补贴10亿法郎的方案也会行之有效。

当涉及税收问题时，先生们，让我们用那些基于基本原理的理由来证明税收的效用，但永远不要诉诸"公共支出为工薪阶层提供了生计”这一可悲的论点。这个论点错误地掩盖了一个重要的事实，即公共开支总是在替代私人开支，其结果是它通过剥夺一个工人的生计为另一个工人提供了生计，但没有提高工薪阶层整体的生活水平。你们的论点很时髦，但太荒谬了，因为其中涉及的推理实在是糟糕透顶。

5
公共工程

对于一个国家来说，它在确定某项大型事业对社会发展有促进作用之后，便开始通过使用大笔税收来动用大量资源扶持这项事业，这难道不是一件很正常的事情吗？但是，我不得不承认，当我听到有人用以下这种显而易见的经济谬误来声称支持这样的提案时，我确实怒不可遏，他们说："更重要的是，这是为工人创造就业的一种手段。"

国家在开辟道路、建造宫殿、修筑街道和开凿运河的过程中为某些工人提供了工作，这是看得见的；但在这个过程中，它也剥夺了某些其他工人的就业机会，这是看不见的。

假设政府现在正修建一条道路，每天有1 000名工人在这里从早到晚地工作，那么他们将拿到工资，这是毋庸置疑的。如果政府没有修建这条道路的提案，议会没有投票为修建这条道路拨款，这些善良的人就不会在这里找到工作或得到报酬，这也是毫无疑问的。

但这就是全部事实吗？在这整个过程中，我们遗漏了其他什么东西吗？当迪潘（Dupin）[①]先生庄严地宣布“议会通过了……”的时候，那数百万法郎会不会奇迹般地就顺着一束月光滑入富尔德（Fould）[②]先生和比诺（Bineau）[③]先生的金库呢？正如他们所说，为了达到这个目的，国家除了做出这项预算，难道不需要通过税收来筹集这笔资金吗？难道它不需要把各个税务员派到各地，让纳税人缴税吗？

让我们全面地考察一下这个问题。在注意到国家打算用通过投票而来的数百万法郎提供什么服务的同时，我们也必须注意到纳税人本来同样可以用这些钱来提供一些服务，但现在却不能。那时你就会明白，公共事业是一枚硬币。一面是一位受雇的工人，他代表的是“这就是看得见的”；另一面是一个失业的工人，他代表的是“这就是看不见的”。

如果把我在本文所反对的这种诡辩运用到公共工程中，以证明那些胆大包天的冒险行为或过分行为是正当的，这就更危险了。铁路或桥梁确实是有用处的，想想它们实实在在的用处就足够了。但如果你做不到这一点，那么你会做什么呢？你会说：“必须为工人找到工作啊！”你可真会

---

① 迪潘，法国著名工程师、数学家和经济学家，艺术和工艺学院教授，众议员，参议员。他对政治经济学的最大贡献是在经济统计领域。——译者注

② 富尔德，第二共和国财政部部长，第二帝国国务大臣。他是拿破仑三世的私人理财顾问，在皇室中扮演了重要的角色。——译者注

③ 比诺，工程师和政治家。在第二帝国时期，他于1850年担任公共工程部长，于1852年担任财政部部长。——译者注

蛊惑人心。

既然如此，那为什么不把战神广场（the Champ de Mars）[①]先建后拆呢？我们都知道，伟大的拿破仑认为自己乐善好施，他自认为把挖了的沟渠再填上是在做一件大好事。他还说："结果重要吗？你只要看到财富在各个工人之间流动就行了！"

让我们讨论一下这件事的重点吧。金钱使我们目眩神迷。要求全体公民为一项他们共同关心的工程捐款，实际上就是要求他们以实物捐赠，因为他们每个人通过踏踏实实的工作才能缴纳那些税款。现在，如果所有的公民都被召集到一起，以便让他们投身于一些对每个人都有用的工程，那么作为他们公民义务的一部分，这是情有可原的，他们的报酬来自工程本身所发挥的作用。但是，如果在他们被召集到一起之后，他们却被迫去修筑一条没有人走的道路，或者被迫去修一栋没有人住的豪宅，而给出的理由则是为他们争取工作，这就是一件荒谬透顶的事。因此，他们当然有理由表示反对："我们不需要这样的工作，我们更愿意为自己工作。"

这种让公民捐出金钱而不付出劳动的提案，一般都不会对结果产生一丝一毫的影响。这里唯一的问题是：如果

① 战神广场，一座位于埃菲尔铁塔和军事学院之间的公园。——译者注

公民付出劳动，那么损失由所有人分担；如果公民捐出金钱，那些被国家雇用的人就不用承担任何损失，而那些本来就因缴纳税款蒙受损失的人，却因为没有得到这份由国家分配的工作而增加了损失。

《宪法》中有一条是这么写的：

> 社会要……通过整个国家、各个部委、各个市政局所建立的适合雇用失业者的公共工程，来支持和鼓励就业市场的发展。

作为某些危机时期或严峻时期的临时性措施，这种对纳税人进行的干预可能会产生良好的效果，其作用和保险类似。它既不增加劳动力，也不增加工资，而是把繁荣时期的劳动力和工资转移到了困难时期，这当然也会造成一些损失。

而如果把这种临时性措施作为一种具有长期性、普遍性和系统性的政策，这简直就是一种贻害无穷的哄人把戏，这种把戏根本不可能长期实行，它是自相矛盾的。表面上，它似乎创造了一点点就业，这是看得见的；但它掩盖了大量被排挤掉的就业机会，这是看不见的。

6
中间商

社会是人们相互提供一系列服务的场所，这些服务分为强制的公共服务和自愿的私人服务。

公共服务是按照法律规定强制实行的，当需要随着社会变化有所变化的时候，它往往不容易被改变。但由于有法律撑腰，即使在公共服务失去任何服务作用甚至成为公共危害之后，这种不再具有任何实际作用的东西仍然保留着“公共服务”这个名称。私人服务所依托的是自愿行动和个人责任。在面对面讨论后，每个人都在给出自己所拥有的东西的同时，获得自己想要的东西。他们总是假定这些东西具有真正的效用，并通过比较其相对价值对其进行精确的测量。

这就是为什么公共服务经常都如死水般一成不变，私营服务则因遵循着进步法则而变幻无穷。

通过耗费大量的资源，过度发展的公共服务在社会内部造就了一群病态的寄生虫。特别值得注意的是，一些现代思想流派把这种现象归咎于自由的私人服务，试图转而让国家管理所有工作岗位。

这些思想家野蛮地攻击他们所描述的中间商。他们热衷于消灭资本家、银行家、投机者、企业家、商人和贸易商，指责这些人在生产和消费之间游荡，并在其中捞取好处却不给其中任何一方增加价值。或者更确切地说，如果他们不能废除这些工作，那么他们倒很希望把这些人所做的工作移交给国家。

在这一点上，这些人的诡辩之处体现在：他们一方面向公众大肆宣扬公众自己为获得服务向中间商支付了什么，另一方面却对公众隐瞒公众自己将会向国家支付什么。这是一场旷日持久的拉锯战，一边是一目了然的东西，另一边是只有经过冥思苦想才能感知的东西；一边是看得见的东西，另一边是看不见的东西。

最重要的是，在1847年和随后的大饥荒时期，社会学派找到并成功地推广了它们那灾难性的理论。他们很清楚，即使是最荒谬绝伦的宣传，也能在受苦的人们那里引发共鸣，因为饥饿是魔鬼的引路人。

因此，通过创造“人对人的剥削、饥荒中的投机行为、垄断”这些脍炙人口的词语，他们开始诋毁贸易，抹杀贸易的益处。

他们说："为什么要让商人从美国和克里米亚进口生活必需品呢？为什么国家、部委和市政局不能建立一套采购系统和修建一些仓库呢？国家将按成本价出售这些东西，而人民（特别是那些穷人）将不必为那些自私自利而且目无政府的自由贸易商做一点点贡献。"

人们为贸易商做出的贡献是看得见的，而人们为国家或其代理人做出的贡献是看不见的。

人们为贸易商做出的所谓贡献是什么呢？贡献就是：两个人在竞争的压力下，以商定的价格，完全自由地为彼此提供服务。

当一个巴黎人饥饿难耐时，那些能够让他填饱肚子的小麦还远在敖德萨（Odessa）[①]，而只有当小麦被送到胃里时，他的饥饿感才会消失。有三种方法可以实现这一点：第一，这些饥饿的人可以自己去寻找小麦；第二，他们可以把这项任务委派给专门从事这项工作的人；第三，他们可以自行纳税，并将这项业务委托给政府官员。

在这三种选择中，最具优势的是哪一种呢？

不管生活在哪个时代或者哪个国家（特别是那些人们更自由、更开明和更见多识广的地方），人们都会更乐意接

---

① 敖德萨，乌克兰共和国第二大城市，敖德萨州首府。在巴斯夏那个时代，敖德萨就发展成了一个在欧洲具有重要意义的贸易、工业和科技中心。——译者注

受第二种选择。我必须承认，在我看来，这足以使我认为这种选择是有益的。我绝不承认，在这样一个对人类有着直接影响的问题上，人类会犯错误。

无论如何，让我们来研究一下这个问题吧。

让3 600万居民跑到敖德萨去寻找他们需要的小麦显然是行不通的。第一种选择毫无价值。消费者不能在每件事情上都亲力亲为，他们不得不求助于中间人、政府官员或商人。

然而，我们应该注意到，第一种选择应是最自然的选择。一般来说，饥饿的人就应该自己去寻找小麦，因为这是一项关乎他自己生死的任务，理所应当该由自己完成。如果另一个人（无论出于什么原因）为他提供这项服务并代表他执行这项任务，这个人就有权获得补偿。我之所以在这里谈论这些，是因为要强调：中间商提供的服务是符合报酬原理的。

不管怎样，既然有必要求助于被社会学者称为“寄生虫”的人，那么对于商人和政府官员来说，谁才是需求更少的“寄生虫”呢？

我得假设贸易是自由的，否则我怎么能推理下去呢？正如我所说的，为了能进行贸易，人们出于自身利益，往往要研究季节变化，要每天注意农作物的生长情况，要从世界各地搜集信息，还要预测消费者的需求，并预先采取必要的预防措施。在贸易过程中，人们要有随时启航的轮船，要有无处不在的合伙人。他们要获得的直接利益就是以最好的价格买进相关东西，并在每个细节上节省开支，从而用最低的代价获得最好的结果。不仅是法国的贸易商，全世界的贸易商都会在法国有需要的时候参与进来。如果利己之心总是驱使他们以最少的成本完成他们的任务，那么他们之间的竞争总会让消费者从节省下来的钱中受益。一旦小麦到了法国，为了实现贸易利益，贸易商就应该尽快卖出小麦，以将风险降到最低，使得资金变现，并在必要时开始新一轮贸易。在对价格进行比较后，他们将小麦分发到全国，并总是最先运送至小麦价格最昂贵的地方，因为那里的需求最为迫切。因此，不可能再存在这样一个比贸易商更符合饥民利益的组织。社会学者没有注意到之所以这样一个完美的组织存在，正是因为这一组织是自由的这一事实。实际上，消费者有义务偿还贸易中的运输、转运、储存和佣金等费用，但存在什么制度能使吃了小麦的人不必为那些付出的代价做出补偿吗？此外，虽然人们必须付费享有他们所提供的这些服务，但由于竞争，其涉及的价格已被降至最低限度。如果巴黎的工人不为马赛的贸易商工作，而马赛的贸易商却在为巴黎的工人工作，这就奇怪了，这公平吗？

如果国家取代个人掌管了贸易，那么国家会发生什么呢？有没有人能告诉我，那些为公众节约的成本到哪里去了呢？物价会降低吗？想象一下，在需要小麦的时候，4万个国家代表人在某一天抵达敖德萨，这对价格会造成什么影响呢？成本会降低吗？无论如何，难道我们不希望动用更少的船只和雇用更少的水手吗？难道我们不希望转运次数更少、仓储费用更低吗？或者难道代表们就不用支付这些费用了吗？难道这些费用对贸易商的利润就没有影响吗？难道你们的代表和政府官员会毫无所求地去敖德萨吗？他们不辞劳苦地出差工作是出于兄弟般的友爱吗？难道他们就不需要生活，他们的时间就不值钱吗？你认为，这些成本加起来的数字不会达到商人准备赚到的2%或3%这样的利润率的上千倍吗？

然后，想想筹集如此多税收和分配这么多食物有多么困难吧，想想这样的事业必定会带来的不公正和残酷吧，想想政府是否承受得了压在它身上的巨大责任吧。

社会学者制造了这些愚蠢的东西。在悲惨的日子里，他们把这些东西灌输到群众的头脑里，大大方方地授予自己“进步人士”这一称号。这种语言暴政般的风气是贻害无穷的，它为其语言表达及其蕴含的观点赋予了正当性。

进步！这意味着这些优秀的人比普通人更有远见，他们唯一的错误就是太超前于他们的时代。如果现在那些被称为寄生的自由服务还没有被废除，公众就要承担责任，因为他们的观念还没有跟上这些社会学者啊。对我来说，不管是出于情感还是理智，我认为事实恰恰相反，我不知道人们要回到哪个野蛮时代才能达到目前他们在这方面的理解水平。

现代宗派主义者（sectarians）对当前这种自由的社会形态不遗余力地表示反对。他们没有意识到，只有在一个自由的政体下，社会才是一个真正的合作团体，这远比由他们那丰富想象力创造的所有形式的合作团体要好得多。

让我们来举个例子说明吧。

为了使一个人从床上爬起来时就能够有衣服可穿，人们必须在一块被圈起来的土地上除草、排水、犁地，并种下某一种特定类型的植物。人们必须让羊群在这块土地上吃草，才能得到羊毛。这些羊毛又必须在经过纺织、染色后才能被制成布料，这些布料则必须经过裁剪、缝制才能被制成衣服。这一系列的生产过程还需要其他许多人参与进来，因为它还涉及农机、羊圈、工厂、煤炭、机器、车辆等的运用。

如果社会不是一个真正的合作团体，那么想要一套衣服的人便会沦落到一个人完成所有工作的地步。也就是说，他必须亲自完成这个生产过程的许多任务，从第一次挥动镐铲挖地开始，到完成服装缝制的最后一针，这个生产过程才算结束。

然而，由于人类特有的交际能力，这些工作被分配给了数以万计的工人。为了共同的利益，人类对这些工作的划分也越来越精细，精细到其中的每一个特定任务都可以随着消费需求的增长成为一个全新的行业。然后，每个人都因对整个生产活动做出了贡献而获得相应的收入。如果这还不是合作的话，那么我真不知道要把它叫作什么。

请注意，没有一个工人能够从虚无中获得哪怕是最微小的实实在在的东西，他们只是在为彼此提供相互需要的服务，他们为了一个共同的目标相互帮助，所有人都可以被看作彼此的中间商。举个例子，如果在某个过程中，运输变得相当重要，以至从事这项工作的人是最重要的，然后是纺纱工人，接着是织布工人，那么为什么要认为第一类人比其他两类人更像寄生虫呢？难道运输不是必要的吗？做运输服务的人难道就没有耗费时间并解决麻烦吗？他们没有与合作者共同承担时间成本和共同解决麻烦吗？

是合作者干得比他们多，还是仅仅因为合作者能干别的工作呢？他们的工资，也就是他们在生产过程中所做的贡献，不都平等地受到自由谈判价格的法则约束吗？难道劳动分工这样的安排不是基于完全自由和为了共同利益做出的吗？为什么我们需要一个社会学者来破坏我们自主的安排，停止劳动分工，用单打独斗来代替携手共进，从而使文明倒退呢？

我在上文描述的合作难道就不是合作吗？在这样的情况下，每个人都能自由地选择合作或不合作，可以在合作中选择自己的位置，对自己的判断与承诺负责，并且正是自身的利益刺激了他勇往直前，并成为他获得成功的保障。为了使合作能真正名副其实，难道就有必要让一个想要成为改革家的人来把他的准则和意志强加给我们，让所有人都围着他打转吗？那么，这还叫“合作”吗？

我们越是研究这些进步学派，就越是坚信，他们的思想归根结底是建立在愚昧无知的基础上的，他们宣称自己是绝对正确的，并以这种绝对正确的名义要求获得绝对的统治权。

请读者原谅我有些文不对题了。但是，当圣西门主义者（Saint-Simonians）、法朗吉信奉者（phalansterians）和伊卡利亚崇拜者（icarians）对中间商的指控从他们的书本走向实践，以及这些指控开始侵占新闻行业和公共平台，因而对工作自由和交换自由造成严重威胁时，这些离题话也许还是有些用处的。

7
贸易管制

贸易保护先生（这个名字可不是我起的，而是迪潘先生……）把他的时间和资本用于将土地上的矿石变成铁。由于大自然对比利时人更慷慨，因而比利时人向法国人提供的铁比贸易保护先生提供的更便宜，这意味着所有法国人或法国自己只需要更少的劳动便能从老实可靠的佛拉芒人（Flemings）那里获得一定数量的铁。在自身利益的驱使下，他们不可能让自己错过这等好事。每天你都可以看到大量的制钉工、铁匠、修车工、技工、蹄铁匠和犁匠要么自己跑到比利时，要么通过中间商获得来自比利时的铁。贸易保护先生为了这件事不禁火冒三丈。

一开始，他想自己赤手空拳来阻止这种陋习。他能做的事也莫过于此了，毕竟只有他一个人受到这种陋习的伤害。“我要带上我的长枪，”他对自己说，“我要在我的腰带上插上四把手枪，我要在弹夹中塞满子弹，我要在枪上装上刺刀，就这样全副武装跑到边境线上。在那里，我要杀死第一个来和他们做生意而不是和我做生意的铁匠、制钉工、蹄铁匠、技工或锁匠，让他长点教训。”

当他要出发的时候，贸易保护先生又冒出了另一种想法，这种想法稍稍缓和了他的焦躁之心。他自言自语地说：“首先，那些跑去购买铁的人，我的同胞，我的敌人，也有可能大肆反击，他们不会让自己送命，而会先杀了我。其次，即使我召集我所有的仆人，我们也不能守卫所有的边界哨所。最后，这个行动会让我付出巨大的代价，而这个代价远远超过我能从中得到的好处。”

贸易保护先生卸下装备，想到要让他们这么为所欲为，不禁仰天长叹。就在此时，他脑子里又闪现出一个好主意。

他记得巴黎有一家举世瞩目的法律工厂。“什么是法律？”他问自己，“这是一种一旦颁布，所有人就得遵守的措施，不管这种措施是好还是坏。为了确保上述法律的执行，国家建立了公共部队，并拨出人员和资金来维持该部队的运转。”

“因此，我得成功地让那家法律工厂颁布一条很小的法律，上面写着‘禁止比利时铁’这样的话，我就能看到以下结果：那些我想派往边境的为数不多的仆人，不用再背井离乡了，替换他们的人是由政府派遣的两万人，他们正是那些冥顽不灵的铁匠、锁匠、制钉工、蹄铁匠、工匠、技工和犁匠等类似的人。然后，为了使这两万名海关官员保持身心健康，政府将把从这些铁匠、制钉工、工匠和犁匠那里得来的2 500万法郎分发出去。没有比这更保险的策略了，而我也什么都不用做。我不必成为商人们的眼中钉，我可以随意定价出售铁。看到我们伟大的国家被如此毫无脸面地愚弄，我感到无比快乐。虽然这个国家不断宣称自己是欧洲所有进步事物的先驱和推动者，但这件事对这个国家来说简直就是当头棒喝。哈哈！这真是明智之举，我一定要试一试。”

因此，贸易保护先生去了那家法律工厂。也许，以后我会将他故事中的暗箱操作告诉你们，但现在我只想谈谈那些大家都看得很清楚的行为。在尊敬的议员先生面前，他提出了以下想法：

比利时的铁在法国的售价是100千克10法郎，这使我不得不以同样的价格卖我的铁。我更想以每100千克15法郎卖掉它，但因为这该死的比利时铁，我不能这样做。请制定一条法律：“比利时的铁不能再进入法国。”这样，我就能马上把价格提高5法郎，随之而来的便是：

我不是以10法郎卖给公众100千克铁，而是15法郎。

这样，我会更快地富裕起来，我将扩大我的生意规模，将雇用更多的工人，我和我的员工将会花更多的钱为我们的不少供应商争取更多的利益。由于这些供应商将有更多的市场，它们将为各种其他生产商提供更多的订单。就这样，从一个经济部门到另一个经济部门，整个国家的生产活动会如雨后春笋般欣欣向荣。你们把这枚幸运的100苏硬币投入我的金库，就如同把一块石子扔进湖里，其水波会向外形成无数个同心圆，并扩散到这个国家的各个遥远之地。

立法者们被这番话弄得神魂颠倒，一得知这项法律可以很容易地增加一个国家的财富，便投票赞成管制。他们说："一项法律就能够增加国家财富了啊，人们是不是都不需要工作了呢？是不是也不需要勤俭节约了呢？那么，这些让人受苦的方法是不是没什么用了？"

的确，这项法律产生了所有由贸易保护先生预测的后果。问题是，这也产生了另外一些后果。说句公道话，他的推理不是错误的，而是不全面的。他在为一种特权请愿时，曾指出那些看得见的影响，却隐藏了那些看不见的影响。他只介绍了两类人物，而那幅场景里还有第三类人。我们有责任指出这一无意识或可能是有预谋的疏忽。

是的，因为那项法律而落入贸易保护先生口袋的5法郎，对其本人和那些受他激励获得工作的人是一件好事。如果这项法律引起的结果是这5法郎来自月球，那么这些有益的影响不会被任何与其相反的不良影响抵消。不幸的是，这奇迹般的100苏硬币并不是从月亮上掉下来的，而是来自铁匠、制钉工、修车工、蹄铁匠、犁匠或建筑工人的口袋，简而言之就是来自雅克先生的口袋。现在，他虽然付了这笔钱，但不会比当初付10法郎时多得到一毫克铁。乍一看，你会觉得这个问题发生了很大的变化，因为很明显，贸易保护先生的利润被雅克先生的损失抵消了。但是，贸易保护先生利用5法郎所能做的一切鼓励国民生产的事，雅克先生也可以做到。石子之所以被投到湖里一个特定的地方，只是因为法律禁止它被投到另一个地方。

因此，看不见的抵消了看得见的。到目前为止，整个过程留下的是某种不公正的后果，而令人遗憾的是，这种不公正的后果是由法律造成的。

这还不是全部。我曾说，第三类人总是被遗弃在阴影里，我得把他们带出阴影，让大家看到还有5法郎的损失。这样，我们将看到整个过程的所有后果。

雅克先生拥有15法郎，这15法郎是他辛勤劳动的成果。我们假设他还处在自己可自由处置这15法郎的时期，那么他用这15法郎干了什么呢？他花10法郎买了一件时髦东西，然后用这件时髦东西换了（或者由某位中间商代他换取）100千克比利时矿。那么，雅克先生还有5法郎。他没有把这5法郎扔进河里，而是把它给了某个生产部门的商人，以换取他想要的某种东西（这是看不见的）。例如，他把5法郎给了一个书商，以换取一本波舒哀（Bossuet）①写的《通史》（*Discourse on Universal History*）。

因此，在增加国民生产方面，他这15法郎发挥了如下作用：

巴黎的时髦东西：10法郎。

图书：5法郎。

至于雅克先生自己，他这15法郎可以买到如下两件他喜欢的东西：

一是100千克铁。

二是一本书。

现在，那条禁令生效了。

① 波舒哀，历史学家，也是路易十四儿子的家庭教师。在政治上，他是一个顽固的法国天主教徒，反对新教，支持君权神授的思想。——译者注

那么，雅克先生的情况会怎样呢？国民生产又会发生什么变化呢？

当雅克先生把他那15法郎一分不剩地交给了贸易保护先生以换取100千克铁时，他所得到的经济上的满足仅限于这100千克铁。他失去了一本书或任何其他对等商品所能带来的好处，他损失了5法郎。对于这一点，我们不容置疑。我们必须承认这一点，我们不能不同意，如果贸易限制政策提高了商品的价格，消费者就会失去这5法郎。

但是，你会说，国民生产中包含了这5法郎。

不，不是这样的。因为在那条禁令生效后，这笔钱（都是15法郎）所起到的作用和以前是一样的。

唯一的问题是，在禁令颁布以后，雅克先生的15法郎到了炼铁厂；而在禁令颁布以前，这15法郎是由时髦商品店和书店平分的。

从道德层面来看，人们可能会认为，贸易保护先生本人在边境上实施的暴力与他通过法律实施的暴力，是完全不同的。有些人认为，当掠夺变得合法时，掠夺里包含的所有不道德就会烟消云散。就我而言，我想不出比这更糟的情况。无论如何，我们可以肯定的是，其经济后果是一样的。

不管你从什么角度来看这件事，只要你保持眼光敏锐，你就会发现，不管掠夺是合法的还是非法的，它都不会带来任何好处。我们并不否认，贸易保护先生或他的企业（如果你愿意，那么你也可以将其称作国民生产）获得了5法郎的利润。但是，我们可以肯定地说，禁令造成的还有两种损失：一种是雅克先生的损失，他花了15法郎买以前用10法郎就能买到的东西；另一种是国民生产的损失，那损失的5法郎再也找不回了。做个选择题吧，我们所说的那种利润能够补偿哪种损失呢？你没有选择的那种就是净损失。

言外之意是：暴力并不促进生产，而是破坏生产。天啊！如果暴力可以促进生产，那么我们法国现在该有多么富裕啊！

8
机 器

该死的机器！它那日益增长的力量使数百万工人陷入贫困，使他们失去了工作，使他们没有了工资，使他们没有了食物。该死的机器！

这是来自带有偏见的大众的呼声，这种呼声不断出现在各类报纸上。

但是，诅咒机器就是诅咒人类的智慧。

然而，令我大惊失色的是，对于这样的理论，竟然有人拍手叫好。

说到底，如果确有其事，那么按这种逻辑，这个世界会怎样呢？那就是，只有那些愚笨的人或者完全不思考的人才能从事各种活动，这些人可以拥有幸福安康的富裕生活，因为上帝没有赐予他们思考、观察、组合、发明或用最少手段获得最大成果的灾难性天赋。相反，对于那些在铁、火、风、电、磁力、化学和力学定律等大自然力量中为自己补充能量，并因而进行探索和发现新事物的国家来说，破衣烂衫、家徒四壁、穷困潦倒和食不果腹是它们不可避免的命运。因此，这正应了卢梭的那句话："任何思考者都是堕落了的动物。"

这还不是全部。如果这一学说是正确的，那么因为所有的人都在思考和创造，所有的人自始至终（实际上是每时每刻）都在竭尽全力利用自然力量以小博大，以减少自己的劳动或他们所雇用的劳动，尽可能用最少的劳动获得最大程度的经济满足，所以这些人面临的不可避免的结果便是：他们虽然通过利用这些聪明才智取得了进步，却使自己饱受折磨，走向毁灭的深渊。

既然如此，我们就应该用统计数字来证实，兰卡斯特（Lancaster）[①]的居民正在逃离这片机器之乡，到爱尔兰去找工作，因为在那里，机器还不为人所知。那么，历史就是这样的：文明时代被野蛮的黑暗笼罩，无知和野蛮时代散发着文明之光。

显然，在这一大堆矛盾中，有一些耀眼的东西警告我们：这个问题掩盖了那些可以解决该问题的要素，而这一点并没有被完全清楚地呈现出来。

这就是全部的秘密：看得见的东西背后藏着看不见的

---

① 兰卡斯特，位于英国西北部。——译者注

东西。我将竭力把那些看不见的东西公布于众。我的论证只能是对前面内容的重复，因为其所涉及的问题是相同的。

如果人们被强行阻止，那么他们自然倾向于寻求低价格。也就是说，如果商品带来的满足感是一样的，那么他们会倾向于选择那种节省他们劳动的东西，不管这些东西的低价格是来自一个熟练的外国生产者还是一个高效的机械制造商。在这两种情况下，人们对这一偏好理论的反驳是一样的。不管是熟练的外国生产者，还是高效的机械制造商，人们都一致认为他们可能会让劳动市场陷入瘫痪。实际上，这种偏好低价的自然倾向正是源于这样一个事实：人们并不是无所事事的，而是会寻求更多样的工作。

这就是为什么在这两种情况下，都存在着同样的实际障碍，即暴力。立法者既禁止外国竞争，也禁止机器竞争。因为除了剥夺人们的自由之外，还有什么办法能禁止人们的自然偏好呢？实际上，在许多国家，立法者只针对其中一种竞争立法限制，对于另一种则是抱怨几句。这说明，这些国家的立法者是前后矛盾的。

对此，我们不应感到惊讶。在犯错误的时候，人总是前后矛盾的，不能将错误贯彻到底，否则人早就灭绝了。我们过去从未看见也希望永远不要看见人们按照一个错误的原则走到最后。我在其他地方说过，前后矛盾是谬误的极限。我现在可以补充：前后矛盾也是谬误的证据。

让我们继续我们的论点吧，你们很快就能看到结果。

雅克先生有2法郎，这是他要支付给他两个雇工的钱。

然而，他仅仅通过设计一套带有绳索和砝码的滑轮装置就使工作量减少了一半。

因此，既然获得的工作成果都是一样的，他还节省了1法郎，于是他便解雇了一个工人。

他解雇了一个工人，这就是我们看得见的。

既然如此，人们便嚷嚷道："看看！这就是文明后面跟随着贫穷的体现啊！这就是为什么对于平等来说，自由是致命的威胁。人的思想有了进步，工人就会立即堕入贫困的深渊。不然呢？雅克先生可能会继续雇用这两个工人，但现在却只付给他们每个人10苏，因为他们彼此将互相竞争，最后便只能答应用更低的工资继续保有这份工作。看吧，富人越来越富，穷人越来越穷。我们必须改革社会。"

真是了不起！这个结论完美地契合了它的前提！

幸运的是，前提和结论都是完全错误的，因为看得见的一半现象的背后，是看不见的另一半现象。

这看不见的另一半现象是被雅克先生节省的1法郎以及必然会随之发生的影响。

现在，由于雅克先生用他的发明完成了工作，而这只支付了1法郎工资，所以他还有1法郎。

因此，如果这个世界的某个地方有一个无事可做的工人想找工作，那么某个地方也会有一个资本家愿意用他的闲置法郎支付工资。这两个要素结合在一起就会使他们彼此的需求得到满足。

很明显，在工作的供给和需求之间，以及在工资的供给和需求之间，两者的关系一点也没有改变。

现在，这个新发明和那个获得了第一个法郎的工人就完成了以前两个工人所做的工作。

第二个工人则有另一个人用第二个法郎向他支付工资，这是一份新工作。

那么，世界发生了什么变化呢？现在全国范围内又增加了一份工作。换句话说，这种发明对人类来说就是一种免费的进步和免费的利润来源。

从我做出的上述论证中，有人可能会因此得出这样的结论："正是那些资本家收获了机器带来的所有好处。辛苦工作的劳动阶层不但经历了突如其来的痛苦，而且从未从中受益，因为根据你上面论证的前提，机器取代了部分国民生产。的确如此，但机器既没有因此减少国民生产，也没有因此增加国民生产啊。"

在这篇短文里，我不会回答所有的反对意见。我写这篇短文的唯一目的是与人们普遍持有的偏见做斗争，这种偏见贻害无穷却流传甚广。我想证明的是，新机器不仅能使大量工人获得工作，自然而然也能使这些工人获得所需的工资。这些得到工资的工人生产了在发明之前不可能生产的东西。其最终的结果是，在投入的劳动力相等的情况下，人们的满意度提高了。

谁能从这种额外的经济满足感中获益呢？

首先获益的是资本家、发明家和第一个成功使用机器的人，这是对他们的天资卓越和胆识超群的奖励。在这种情况下，正如我们刚才所看到的，他节省了生产成本。但是，不管他如何花费这些节省下来的钱（他总会把这些钱花掉），他所雇用的劳动人数与机器造成的下岗人数都是一样多的。

然而，竞争很快就迫使他降低销售价格，直到新的价格与他节省的成本相当。

当这种情况发生时，受益的不再仅仅是发明者，而是产品的购买者、消费者、普通大众，其中也包括工人。总之，受益的是全人类。

人们看不见的是，那些节省下来的成本转变成了为消费者服务的基金，而这些基金又会成为那些因为机器而失业的工人的工资。

好了，回到上面的例子上，雅克先生通过为工人支付2法郎制成一件产品。

现在，多亏了他的发明，他雇用工人只需要花费1法郎。

只要以同样的价格出售产品，他就会少雇用一个工人来制造这种特定的产品。这就是看得见的。然而，雅克先生用节省下来的法郎又多雇了一个工人。这是看不见的。

随着事情自然而然地发展，当雅克先生把产品价格降低1法郎时，他就不能再因那节省的钱获得任何利润。到那时，他将不再有法郎来满足国民生产的新需求。然而，这个时候，购买雅克先生产品的人取代了他的位置，而购买者就是人类。不管是谁少花1法郎购买这件产品，他省下的这1法郎都必然会转变成支付工资的基金。这也是看不见的。

基于这些事实，人们对机器问题提出了另一种看法。

有人说：机器降低了生产成本和产品价格。产品价格的降低引起了消费的增加，这就需要生产的增加，最终在发明出现之后，需要雇用的工人数量又和之前一样，甚至更多。为了佐证这一点，他们提到了印刷业、纺织业、印刷机等。

但这个论点是不科学的。

如果这个论点是科学的，那么我们会得出这样的结论：

如果人们对某种特定产品的消费保持不变或基本不变，机器就会使雇主对劳动力的需求降低。但事实并非如此。

让我们假设在某个国家，所有人都戴帽子。在使用机器生产后，帽子的价格降低了一半，但结果是，人们买的帽子数量不可能是以前的两倍。

那么，在这种情况下，是否可以说部分国民生产已经停止了呢？根据现在那些时髦观点，答案是肯定的。但我不是这么认为的。因为在这个国家，虽然没有人会因此多买一顶帽子，但是用于工资支付的资金数量却依然不会有什么变化。虽然流向制帽业的资金将减少，但这些资金会重新出现在所有消费者的储蓄中。从此，这些资金将继续为那些因机器而失业的所有劳动者提供工资，并推动所有行业取得新发展。

事实就是如此。我见过某类报纸，它以前的售价是80法郎，现在是48法郎。这为订阅它的用户节省了32法郎。这32法郎是否会继续用于新闻事业呢？这是不确定的，至少不是必然的。但有一点是肯定的，那就是：这32法郎如果不流向这个行业，就一定会流向其他行业。有些人会用这些钱买更多的杂志，有些人会用这些钱买更多美食，还有些人会用这些钱买更多衣服，也有些人会用这些钱买更好的家具。

在这种情况下，各行各业都是相互依存的。它们通过各种看得见的与看不见的方式构成了一个巨型网络，其中的每个点都保持着紧密联系。一个行业节约了成本，受益的是整个行业。其中，最重要的是，我们要完完全全地理解“永远不要以就业和工资为代价来节省开支”这句话的内涵。

9
信　贷

古往今来，尤其是最近几年，人们都想通过普遍提供信贷来实现财富的普及。

我敢说，自从二月革命（February Revolution）以来，巴黎已经印制了一万多本包含这类内容的小册子来介绍这种解决社会问题的方法，我并不觉得自己有任何夸大其词的成分。

唉，如果海市蜃楼真的存在，这种解决办法就是建立在纯粹的海市蜃楼之上的。

人们一开始是混淆货币和产品，紧接着是混淆纸币和现金。在这两种混淆形式中，他们声称自己找到了真相。

关于这个问题，我们绝对有必要忘记货币、硬币、纸币和其他那些被人们用于交换产品的媒介工具，因为只有这样，我们才能看到产品本身，看到贷款的真正基础。

当一个犁匠借了50法郎去买犁的时候，他实际上并不是借了50法郎，而是借了犁。

当一个商人借2万法郎买房子时，他所欠的不是2万法郎，而是房子。

在这里，货币只是使几个当事人达成协议的东西。

假如皮埃尔（Pierre）不愿意借给纪尧姆（Guillaume）犁，雅克则愿意借给纪尧姆钱，那么纪尧姆会怎么做呢？于是，纪尧姆向雅克借了钱，然后用这些钱从皮埃尔那里买了犁。

但实际上，没有人是为了借钱而借钱。一个人借钱是为了得到产品。

现在，没有哪个国家的产品转手数量能超过可用产品的数量。

不管流通中的硬币和纸币的总数是多少，所有借方得到的犁、房子、工具、食品或原材料都不能超过所有贷方能提供的东西。

因此，我们应该牢牢记住，每存在一个借方都意味着有一个贷方，任何一笔借款都对应着一笔贷款。

话虽如此，信贷机构又有什么用呢？它们可以帮助借款人和贷款人找到对方并促成协议，但它们不能做的是立即使那些可用于借贷的东西的数量增加。

然而，如果要实现改革者的目标，那么增加那些东西的数量便是必要的，因为他们的目标无非就是把犁、房子、工具、食品和原材料送到所有需要它们的人手中。

那么，他们到底想怎么办呢？

他们建议国家为贷款提供担保。

让我们更深入地探讨这个问题吧！因为其中有些东西是看得见的，有些东西是看不见的。我们要努力看见这些看得见的与看不见的东西。

让我们假设世界上只有一个犁，而有两个犁匠想得到它。

皮埃尔拥有法国唯一一个可用的犁。让（Jean）和雅克想借用一下。让的正直品格、丰厚财产和良好声誉是他借得犁的担保。人们相信他，他有信用。雅克则没有得到这种信任，或者别人对他的信任感更少一些。毫无疑问，皮埃尔会把他的犁借给让。

但现在，在社会学者的鼓舞下，国家介入了，并告诉皮埃尔："把你的犁借给雅克吧，我会为犁提供担保物。我这个担保物比让的更有价值，因为他只能代表他自己。虽然我确实什么都没有，但是我管理着所有纳税人的财富。如果你需要的话，我会用他们的钱付给你本金和利息。"

因此，皮埃尔把他的犁借给了雅克。这是看得见的。

对此，社会学者鼓掌欢庆，他们说："看看我们的计划是如何成功的吧。由于国家的干预，可怜的雅克有了犁。

他不再被迫用锄头翻地，他现在正踏上财富之路。这是他的资产，也是整个国家的利益。”

不，先生们！这对国家没有好处，因为这里还有看不见的东西。这看不见的东西就是，犁之所以被分给了雅克，只是因为它没有被分给让。

人们看不见的是，如果雅克可以用犁而不需要用锄头翻地，让就不能用犁而得用锄头翻地。

其结果是，人们所期望的贷款增长只不过是贷款转移。

更重要的是，人们看不见的是，这种转移意味着两种严重不公：对让的不公，他通过自己的正直和行动获得了应得的信用，却眼睁睁看着自己一无所有；对纳税人的不公，他们承担着与他们无关的债务风险。

那么，政府可不可以给让和雅克提供一样的设施呢？但由于只有一个可用的犁，那就不可能把犁借给两个人。争论的焦点又转回来了：由于国家的干预，借出的东西将会多于可借的东西，因为犁在这里就代表了大量的可用资本。

的确，我已将整个过程简化到了最容易让人理解的形式，但当用同样的标准来测试最复杂的政府信贷机构时，你就会相信，它们能够制造的唯一结果正是转移信贷，而不是增加信贷。在某个国家的特定时间里，只存在一定数量的可用于投资的资本。通过给那些资不抵债的银行提供担保，国家很可能会增加借方数量，因此便会提高利率（总是对纳税人不利），但它做不到的是增加贷方数量和贷款总额。

然而，愿上帝保佑我，不要让人们断章取义。我虽然说法律不应该人为地偏袒借款，但并没有说它应该人为地阻碍借款。如果我们的抵押贷款体系或其他什么制度阻碍了信用的传播和应用，我们就应该把这些阻碍因素连根拔起，这是一件完美无缺的公正之事。但如果社会改革家们想自己名副其实，他们就该运用法律让改革与自由同行。

10
阿尔及利亚

看吧！演讲台上站着四名激情澎湃的演讲者。他们一开始一起大喊，然后便轮流发言。他们说了些什么呢？毫无疑问，都是些特别美好的东西：繁荣昌盛的强大法国，法国美好的明天必须建立在今天的耕耘之上，我们这个巨大殖民地的辉煌未来，以及把我们的过剩人口送往遥远地方的好处，等等。这些洋溢着雄辩之术的演讲现场，总会伴随着下面的结语：

请投票支持拨款5 000万法郎（有的说要多一点，有的则说不要这么多）在阿尔及利亚（Algeria）建设港口和道路吧。这样，我们的移居者就能在那里定居。这样，我们就能在那里为他们建造房屋，为他们开辟土地。这样，法国工人就能得到救济，非洲的工作机会也会增加，而且马赛的贸易也能兴盛起来。这是一笔稳赚的生意啊。

如果在国家花费这5 000万法郎的时候，你只关注这些钱的去向，而不考虑这些钱来自哪里，如果你只考虑这些钱在离开征税员金库时所带来的好处，而不考虑这些钱在离开这些金库时所造成的危害，也不考虑这些钱在不进入这些金库时所带来的好处，那么这的确是一笔好生意。是的，仅仅考虑这一点的话，对大家都有好处。在巴巴里海岸（Barbary coast）建造的房子是看得见的，在巴巴里海岸挖的港口是看得见的，巴巴里海岸带来的就业是看得见的，在法国工作的工人越来越少是看得见的，一大批商品流向马赛也是看得见的。

但还有一件事是看不见的。看不见的是，国家花费的这5 000万法郎不能像过去那样由纳税人来花费了。在由实施公共支出所带来的一切好处中，我们必须扣除由阻止私人支出造成的所有损害，除非我们进一步认为，雅克先生拿着自己所赚的100 苏只会一事无成，于是这100苏就不得不被税务员拿走。这是一个荒谬的论断，因为他之所以不辞辛苦地赚这些钱，就是因为他希望把这些钱花出去而获得满足。他本可以在他的花园周围重建篱笆，但他再也不能这样做了，这是看不见的。他本想在他的小屋里再加一块地板，但他现在不能这样做了，这是看不见的。他本可以买更多的工具，但他现在也不能这样做了，这是看不见的。他本可以吃得更好，穿得更好，让儿子们受到更好的教育，为女儿们多添置一些嫁妆，但他也不能这样做了，这是看不见的。一方面，他本可以获得的各种各样的满足被夺走了，做那些事情所需要的东西也被摧毁了，他什么也干不了；另一方面，他本可以为工人、木匠、铁匠、裁缝或乡村教师提供工作，但他现在也只是白日做梦罢了。所有这些都是看不见的。

人们对阿尔及利亚未来的繁荣翘首以盼，这无可厚非。但人们也应该考虑萧条，因为与此同时，法国将不可避免地陷入萧条。在我面前的是马赛的繁华贸易，但如果这是在征税的基础上实现的，那么我总是能看到，这个国家的其他地方有相同数量的贸易已处在水深火热之中。有人说："每一位被派往巴巴里海岸的居民，都减轻了留在法国的居民的生活压力。"我的回答是："如果你把这个居民送到阿尔及利亚，那么他在那里的生活成本是原先法国的两三倍啊，难道你也要把相应的资本运过去吗？这怎么可能呢？"

我唯一的目的是让读者明白，在任何公共支出中，其表面的好处背后都有难以察觉的坏处。在我力所能及的范围内，我想让他养成看到并考虑这两个方面的习惯。

当有人提出一项公共支出提案时，人们必须仔细审视它的优点，必须把由此对生产产生的刺激放在一边，因为这种刺激是一种幻觉。对于公共支出在这方面产生的作用，私人支出也可以做到。因此，所谓的生产利益总是无关紧要的。

对向阿尔及利亚提供的公共支出那本来就有的优点表示赞赏，并不属于本文的讨论范畴。

然而，我还是忍不住提出一般的看法。对于利用税收来实行集体支出计划，我的推论总是表示反对的。为什么呢？我的理由是：

首先，这会使正义受损。既然雅克先生辛辛苦苦地赚了100苏，心里还想着要做点什么来满足自己，但税务机关却把这100苏从雅克先生那里拿走交给别人，不管怎么说，这都是一种不幸。当然，税务机关或让税务机关这么做的人总能对此给出一些不错的理由。看吧，国家就给出了这样一个可憎的理由，这个理由是：“有了这100苏，我就可以让工人们有活可干了。”为此，只要雅克先生心明眼亮，他就会斩钉截铁地回答：“天哪！我就是要用这100苏让他们给我干活啊！”

除了这个理由，国家还提出了其他一些没有经过深思熟虑的理由，这些理由极度地简化了税务机关和可怜的雅克先生之间的争论。如果国家对他说“我要从你这里拿走

100苏，然后把这100苏交给宪兵，他会救你脱离危险，还会修筑一条你每天都要穿越的道路；或者把这100苏交给地方官员，他会保障你的财产和自由；或者交给士兵，他会为我们驻守边疆”，那么，要是我的估计没错的话，雅克先生可能会无言以对。但如果国家这样告诉他“我要拿走你的100苏，但如果你耕种得好，或者让你儿子去学习你不想教他的东西，或者让某位内阁大臣餐桌上的100道菜能再增加一道，我就奖给你1苏；我要用这100苏在阿尔及利亚建造一个小屋，只要从你这里多拿100苏，就能多供养一个今后在那里生活的移居者，甚至还能供养守护这一居民的士兵，以及带领这一士兵的将军；等等”，那么这时，我觉得可怜的雅克先生恐怕会哭喊着说：“这是什么法律制度啊，这未免和邦迪森林（Forest of Bondy）里盛行的强盗法则太相似了吧！”如果国家预见到这种反对意见，那么它会怎么做呢？它会把所有东西都混在一起，提出一些无关紧要的惹人生厌的论点。它会谈到这几百苏对生产的影响，会提及这5法郎保障了部长的厨师和供应商，以及移民、士兵和将军的生活。总而言之，它向我们展示了那些看得见的东西。只要雅克先生还没有学会考虑那些看不见的东西，他就会上当受骗。因此，我就这么一而再再而三地通过不断地重复来教他这样思考。

由于公共支出只是转移了生产，没有增加生产，所以我上面那第二个严谨的推论便对此做出了批驳。转移生产不仅仅是转移劳动力，也破坏了支配全国人口分布的自然法则。当国家把5 000万法郎留给纳税人时，由于纳税人无处不在，所以这笔钱就可以为法国4万个社区带来就业。这些钱就像把全国各地联系在一起的纽带，它渗入了每一个工人的生活中，渗入了每一种可以想象得到的生产形式中。如果国家把这5 000万法郎拿出来，将其集中用于一个特定目的，那么这确实会吸引大量的流离失所者、背井离乡者和居无定所的流动人士。但我也敢说，一旦这些资金用完，危险便会产生。但现在还是让我们回归主题吧，事情是这样的：这种集中力量办大事的狂热计划使一切生产活动都发生在某一特定的地点，从某种意义上来说，这确实让人眼前一亮，这就是看得见的。人们为这一目了然的壮观和简单而惊叹，为其延续和扩张而欢呼。可人们看不见的则是：在法国其他地方，那些被闲置的同样数量的生产活动却可能是更符合实际的活动。

11
节俭与奢侈

看得见的东西使看不见的东西黯然失色，这不仅仅发生在公共支出方面，而且由于那一半笼罩在阴影里的经济体系被人们忽视了，这种现象也为人们树立了一种错误的道德准则。它导致各国认为它们的道德利益和物质利益是彼此对立的。还有比这更令人沮丧和悲伤的事情吗？让我们看看吧。

一家之主无不认为，他们的职责是教育孩子遵守秩序，使家里井然有序，让孩子养成料理有道、勤俭节约和适度消费的生活习惯。

普天之下，所有的宗教无不反对炫耀和奢侈，这些都很好。但另一方面，下面这些格言却也在大众口中广为流传：

囤积居奇吸光了人民的血液。

奢侈的大人物造就了生活富足的小人物。

挥霍无度的人自毁了前程，却造就了国家的富裕。

穷人的粮食在富人的奢侈中生根发芽。

在这一点上，道德观念和社会观念之间当然存在着绝不相容的矛盾。多少杰出人物在注意到这场斗争后，竟然可以表现得如此云淡风轻！对此，我一直百思不得其解。因为在我看来，察觉到人类有这两种相反的倾向是一件令人悲痛欲绝的事。天哪！让人类堕落的正是这两种极端情况啊！如果节俭，人类就会陷入贫困；如果挥霍无度，人类就会陷入道德沦丧的深渊。

幸运的是，这些广为流行的格言显示出的对节俭和奢侈的理解是错误的，因为这些格言只考虑了那看得见的直接后果，而没有考虑那看不见的后续影响。让我们设法纠正对这个问题的狭隘看法吧。

一个叫蒙多（Mondor）的人和他的兄弟阿里斯特（Ariste）继承了父亲的遗产，每人每年有5万法郎。蒙多从事的是当下流行的“慈善事业”。他被公认为是一位名副其实的暴发户。他每年买几次新家具，每个月买一个新衣柜。他竭尽所能想出各种花钱方法以最快的速度挥霍遗产，闹得满城风雨。简而言之，即使是巴尔扎克（Balzac）和大仲马（Alexandre Dumas）书中的骄奢主人公，在他面前也会黯然失色。

既然如此，你就应该听听围绕在他身边的赞美声："给我们讲讲蒙多吧！蒙多万岁！他是工人的恩人，是人民的上帝。的确，他狂欢无度，他的马车每次在路上疾驰都会给行人溅一身烂泥。这对他自己和全人类的高贵品格确实有所损害。但这又有什么关系！虽然他自己没发挥多少用处，但是他的财富却造福于民啊。他使货币转起来了，他的院子里总是挤满了供应商，他们都会满载而归。这不正应了人们所说的'既然金片是圆的，那它就会滚动'嘛。"

阿里斯特过着一种截然不同的生活。虽然他算不上自私，但至少是个个人主义者，因为他靠自己的理智管理开支，只追求适度而合理的快乐，时刻考虑着孩子们的未来。用夸张一点的话说，他很节俭。

同样，你应该听听民众是怎么说他的！"这个卑鄙的富翁，这个放高利贷的坏蛋，他真是毫无用处！毫无疑问，他那简朴的生活方式确实多多少少令人印象深刻，甚至有些让人热泪盈眶。此外，他心地善良、温柔敦厚、慷慨大度，但他精打细算。他没有把所有的收入都花光。他的别墅并不总是富丽堂皇、熠熠生辉。装潢商、马车制造商、马匹经销商和糖果制造商，对他并没有什么感激之情。"

这些评估对道德准则来说是有害的，它们基于这样一个事实：一件事引起了人们的注意，即挥霍无度的兄弟在消费；而另一件事并没有引起人们的注意，即节俭的兄弟的支出与之相等，甚至更多。

然而，社会秩序的神圣缔造者将一切都组织得如此美妙。因此，政治经济学与道德跟世间的万事万物一样，非但没有冲突，反而是和谐一致的。这样一来，阿里斯特的智慧不仅比蒙多的愚蠢更高贵，而且更有利可图。

当我使用“有利可图”这个词时，我不仅仅是指它对阿里斯特本人甚至整个社会都是有利的，更是指它对当下的工人和生产活动也有好处。

为了证明这一点，你需要把你的理智之眼投射到你肉眼看不到的人类行动的隐藏后果上。

蒙多的挥霍所带来的影响是显而易见的。每个人都能看到他那各式各样的豪华马车和天花板上那精美的绘画，以及名贵的地毯和富丽堂皇的别墅。每个人都知道他的纯种赛马。他在他那位于巴黎的别墅举办晚宴，路上的行人驻足围观，议论纷纷：“这是个好人，他并没有留下一丁点儿收入，反而可能在不断消耗自己的资本。”这就是看得见的。

从工人利益的角度来看，阿里斯特的收入发生什么变化是不容易被察觉的。然而，经过仔细考察，我们将会看到，他的所有收入（直至最后一个子儿）都会被用来雇用工人，这和蒙多的收入一样。其中只有一个区别：蒙多的大手大脚最终会让他的钱越来越少，最后则是一个子儿也不会剩下，而阿里斯特那理智的花钱方式会让他的收入逐年增加。

如果是这样的话，那么公共利益必然与道德殊途同归。

阿里斯特每年花2万法郎在自己和家人身上。如果这还不足以使他快乐，他就不配做一名智者。他不忍心看到穷人遭受苦难，觉得自己出于道德应该给他们一些救济，于是，他把1万法郎捐给了慈善机构。他有一些暂时处于困难时期的贸易商、制造商和农民朋友，他了解了他们的情况。为了向他们提供恰到好处的帮助，他谨小慎微，并在这方面花费了1万法郎。最后，他并没有忘记，他的女儿需要嫁妆，他的儿子需要一个有保障的未来。因此，他的责任心让自己定下了每年都要存下或投资1万法郎的目标。

下面就是他的收入使用情况：

1. 个人支出：2万法郎。
2. 慈善机构：1万法郎。
3. 帮助朋友：1万法郎。
4. 储蓄：1万法郎。

让我们把这些项目一一列举出来，我们就会发现，他的每一笔钱都用在了国民生产上。

1. 个人支出。对于工人和供应商来说，这些支出产生的影响与蒙多的支出产生的影响完全相同。这是不言而喻的，我们无须赘言。

2. 慈善机构。花在这方面的1万法郎也被用来刺激生产活动。人们会到面包店、肉店、服装店和家具店消费。然而，重点是，面包、肉和衣服不是直接给阿里斯特使用的，而是由那些获得其捐赠的人代替他使用的。这种一个消费者代替另一个消费者的简单模式，对一般生产没有任何影响。无论是阿里斯特花100 苏，还是一个穷人代替他花，所产生的结果都是一样的。

3. 帮助朋友。阿里斯特借给或送给朋友1万法郎，这并没有让这些钱消失，否则这将与整件事情格格不入。他的朋友们会用这笔钱买东西或还债。首先，生产活动会受到刺激。有人敢说，蒙多花1万法郎买一匹纯种马，比阿里斯特或他的朋友花1万法郎买一匹纯种马，能得到更多的好处吗？或者，如果这笔钱是用来还债的，唯一的结果就是另外一个人（也就是那个收了1万法郎的债主）出现了。他一定会把这笔钱用在他的生意、工厂或经营上。他是阿里斯特和工人之间的中间商。花钱的人变了，但支出不变，对生产的刺激也不变。

4. 储蓄。还有1万法郎被存下来了。从鼓励艺术、工业、就业和劳动市场的角度来看，蒙多似乎比阿里斯特慷慨得多，虽然从道德的角度看，阿里斯特比蒙多要高尚一点。

在我看来，在神圣的自然法则中，总是会出现类似这样的矛盾，即身体上的不舒服总是让人痛苦至极。如果人类被迫在两个极端中做出选择，一端会损害自己的利益，另一端则会损害自己的道德，那么我们面临的将是对未来的绝望。幸运的是，事实并非如此。而且，为了看到阿里斯特重新获得他的经济优势和道德优势，你只需明白“储蓄就是消费”这个能带给人安慰的公理，它表面上看起来虽然充满了矛盾，但实际上却反映了坚不可摧的事实。

阿里斯特每年储蓄1万法郎的目的是什么？难道他是要在他花园的某个隐蔽处把这20万苏埋起来吗？肯定不是。他打算增加资本和收入。因此，他不是用这些钱来购买那些让自己得到暂时满足的东西，而是用这些钱来购买土地、房子、国家债券和工业股票，或者也会和市场交易员与银行家一起投资。如果这些钱都以各种方式花出去了，那么你将看到，在各个销售员或贷款人的办公室中，人们会得到各种各样的工作，就像阿里斯特以他的兄弟为榜样，用钱购买家具、珠宝和马匹一样。

重点是，阿里斯特之所以花1万法郎购买土地或债券，是因为他自己觉得没有必要把这些钱花在消费品上，这正是你批评他的原因。

但是，同样地，卖给他土地或债券的人肯定也会以某种方式花掉这1万法郎。

这意味着，无论如何，这笔钱都会被花出去，不管是由阿里斯特本人还是由那些代替他的人花这笔钱。

因此，从工薪阶层或刺激就业的角度来看，阿里斯特的行动与蒙多的行动只有一个区别。蒙多的支出是直接由他和他周围的人来承担的，这是看得见的；而阿里斯特的支出是通过中间商进行的，而且不在人们的视线范围内，这是看不见的。然而，事实上，对于任何了解因果关系的人来说，看不见的原因和看得见的原因都是显而易见的。能够证明这一点的是，在这两种情况下，货币都是流通的，而且留在聪明人保险箱里的钱并不会比挥霍无度者保险箱里的钱更多。

因此，认为节俭在当下对工业造成损害是错误的。从这个角度来看，节俭和奢侈是一样有益的。

但是，对于花钱产生的影响来说，如果你不是放眼当下那看得见的效益，而是极目远眺未来那看不见的好处，那么你会发现节俭要优越得多。

弹指一挥就是10年。蒙多的财富和声望都到哪里去了呢？所有这一切都已烟消云散，蒙多已声名不再。他非但不能每年在社会中花费5万法郎，反而可能成为社会的负担。无论如何，他的供应商已不能从他这里得到任何满足，他不再被认为是艺术和工业的推动者，不再给工人带来任何好处，就像他不再给他的家庭带来任何好处一样。

同样也是10年，阿里斯特不仅继续将他的全部收入注入社会，而且随着时间的推移，他能投入社会的收入也水涨船高。他增加了国家的资本，也就是说，增加了支付工资的资金。由于他对劳动力的需求基于这笔资金的规模，所以他会继续提高工薪阶层的报酬。等他去世的时候，他留给他孩子们的是让他们能继续为这项进步和文明事业奋斗的能力。

从道德的观点来看，节俭优于奢侈是显而易见的。令人欣慰的是，从经济学的角度来看，这也是正确的，至少对于那些不满足于现象的直接影响而能够追根究底并直达最终影响的人来说，确实如此。

12
就业权和获利权

“兄弟们，拿点钱出来吧，让我干点活吧。”这就是就业权，是初级水平的社会主义，或者说是社会主义的第一阶段。

“兄弟们，拿点钱出来吧，让我赚点钱吧。”这就是获利权，是中级水平的社会主义，或者说是社会主义的第二阶段。

就业权和获利权都是由于那些看得见的影响而存活下来的，它们也会因为那些看不见的影响而死亡。

向社会征税可以产生就业和利润，这是看得见的。

如果把这笔钱交给纳税人，那么它将会产生同样的就业和利润，这是看不见的。

1848年，就业权在这段时间展现出双重面孔，这足以使它在公众舆论中颜面扫地。

一个面孔被称为国家工厂，另一个面孔就是45分税

（the tax of Forty-five centimes）[①]。

每天都有数百万人从瑞弗里大道搬到国家工厂。这是有利的一面。

但也有不利的一面。为了从金库中拿出数百万法郎，首先必须要有这么多法郎被投入金库。这就是为什么就业权的组织者会求助于纳税人。

乡下的农民说："我不得不交45分税。但我因此失去了一件衣服，我既不能为田地施肥，也不能修理房屋了。"

乡下的工人接着说："既然我们的金主不能再添置衣服，裁缝的工作也就少了。由于他不能给土地施肥，工人的工作也减少了。由于他不能修理房屋，木匠和石匠的工作也减少了。"

然后，你发现自己不能从同一笔交易中获得两次利润，而且政府掏钱创造就业的代价就是，纳税人不能再自己创造就业了。这样，就业权就被终结了。这似乎既是一种难以置信的错觉，又是一种不公正。

然而，获利权只是对就业权的夸大，它仍然存在，而且大行其道。

保护主义者让社会扮演这样的角色，难道不觉得可

① 1848年3月16日，"二月革命"刚刚结束，政府就出台了一项新的"临时"税法，对土地、动产、门窗和营业许可等直接提高了45%的税收。这通常被称为"45分税"。——译者注

耻吗？

保护主义者是这么说的：

你得给我个工作，更重要的是，给我个赚钱的工作。我真傻，进入了一种会让我损失10%的行业。

如果你让我的同胞们给我捐20法郎，我的损失就会变成利润。看吧，获利是一种权利，你把这个权利给我吧。

人们听了这个诡辩家的话，为了使他感到满意，国家实行了征税；但人们没有注意到，某个产业遭受损失就等于整个社会遭受损失，因为其他行业不得不补偿这个行业，正如我所说的，这个社会应该承担它所承受的一切负担。

因此，在我谈过的许多问题中，我们都可以看到：不了解政治经济学，就是让自己被某种现象的当前影响蒙蔽双眼；而了解政治经济学，就是要考虑所有的影响，包括当前的影响和未来的影响。

我本来还可以提出一大堆其他的问题来证明这一点。然而，对于这种无休止的单调的重复论证，我觉得可以适可而止了。最后，我将把夏多布里昂（Chateaubriand）对历史的评论应用到政治经济学中，并以此作为结语：

历史上有两种结果：一种结果产生于当下，它立竿见影；另一种结果产生于更遥远的未来，它姗姗来迟。这两种结果往往是相互矛盾的，前者来自我们的直接感觉，后者则来自长期积累的智慧。幸运事件总是合乎人性的。人的后面总是站着上帝。你可以尽可能地否认这种至高智慧，对它所证明的一切充耳不闻，对它的展现方式表示怀疑，并将它错误地看成事物或理性的力量，普通人会把它称为天意，而你怎么称呼它都行。但是，当你完完全全地目睹了整件事情时，你会发现，如果这件事最初没有建立在道德和正义的基础上，那么这件事的结局总会与人们所期望的大相径庭。

——夏多布里昂，《墓畔回忆录》

（*Memoirs from Beyond the Grave*）

What Is Seen and What Is Not Seen

Frédéric Bastiat

CONTENTS

Introduction

In the sphere of economics an action, a habit, an institution, or a law engenders not just one effect but a series of effects. Of these effects only the first is immediate; it is revealed simultaneously with its cause; it is seen. The others merely occur successively; they are not seen; we are lucky if we foresee them.

The entire difference between a bad and a good Economist is apparent here. A bad one relies on the visible effect, while the good one takes account both of the effect one can see and of those one must foresee.

However, the difference between these is huge, for it almost always happens that when the immediate consequence is favorable, the later consequences are disastrous and vice versa. From which it follows that a bad Economist will pursue a small current benefit that is followed by a large disadvantage in the future, while a true Economist will pursue a large benefit in the future at the risk of suffering a small disadvantage immediately.

This distinction is also true, moreover, for hygiene and the moral code. Often, the sweeter the first fruit of a habit, the more bitter are those that follow. Examples of this are debauchery, laziness, and prodigality. So when a man, touched by some effect that can be seen, has not yet learned to discern those that are not seen, he gives way to disastrous habits, not just through inclination but deliberately.

This explains the inexorably painful evolution of the human race. Ignorance surrounds its cradle; it therefore makes up its mind with regard to its acts according to their initial consequences, the only ones it is able to see originally. It is only in the long run that it learns to take account of the others. Two masters, very different from one another, teach it this lesson: experience and foresight. Experience governs effectively but brutally. It teaches us all the effects of an action by having us feel them, and we cannot fail to end up learning that fire burns, by burning ourselves. For this rough teacher, I would like, as far as possible, to substitute a gentler one: foresight. This is why I will be seeking the consequences of certain economic phenomena by opposing those that are not seen to those that are seen.

- I -
The Broken Window

Have you ever witnessed the fury of the good bourgeois Jacques Bonhomme when his dreadful son succeeded in breaking a window? If you have witnessed this sight, you will certainly have noted that all the onlookers, even they were thirty in number, appeared to have agreed mutually to offer the unfortunate owner this uniform piece of consolation: “Good comes out of everything. Accidents like this keep production moving. Everyone has to live. What would happen to glaziers if no window panes were ever broken?”

Well, there is an entire theory in this consoling formula, which it is good to surprise in flagrante delicto in this very simple example, since it is exactly the same as the one that unfortunately governs the majority of our economic institutions.

If you suppose that it is necessary to spend six francs to repair the damage, if you mean that the accident provides six francs to the glazing industry and stimulates the said industry to the tune of six francs, I agree, and I do not query in any way that the reasoning is accurate. The glazier will come, do his job, be paid six francs, rub his hands, and in his heart bless the dreadful child. This is what is seen.

But if, by way of deduction, as is often the case, the conclusion is reached that it is a good thing to break windows, that this causes money to circulate and therefore industry in general is stimulated, I am obliged to cry: "Stop!"

Your theory has stopped at what is seen and takes no account of what is not seen.

What is not seen is that since our bourgeois has spent six francs on one thing, he can no longer spend them on another. What is not seen is that if he had not had a window to replace, he might have replaced his down-at-the-heels shoes or added a book to his library. In short, he would have used his six francs for a purpose that he will no longer be able to.

Let us therefore draw up the accounts of industry in general. As the window was broken, the glazing industry is stimulated to the tune of six francs; this is what is seen.

If the window had not been broken, the shoe making industry

(or any other) would have been stimulated to the tune of six francs; this is what is not seen.

And if we took into consideration what is not seen, because it is a negative fact, as well as what is seen, because it is a positive fact, we would understand that it makes no difference to national output and employment, taken as a whole, whether window panes are broken or not.

Let us now draw up Jacques Bonhomme's account. In the first case, that of the broken window, he spends six francs and enjoys the benefit of a window neither more nor less than he did before. In the second, in which the accident had not happened, he would have spent six francs on shoes and would have had the benefit of both a pair of shoes and a window. Well, since Jacques Bonhomme is a member of society, it has to be concluded that, taken as a whole and comparing what he has to do with his benefits, society has lost the value of the broken window.

From which, as a generalization, we reach the unexpected conclusion: "Society loses the value of objects destroyed to no purpose" and the aphorism that will raise the hackles of protectionists: "Breaking, shattering, and dissipating does not stimulate the national employment," or more succinctly: "Destruction is not profitable."

What will *Le Moniteur industriel* say, and what will the opinion be of the followers of the worthy M. de Saint-Chamans, who has so accurately calculated what productive activity would gain from the burning of Paris because of the houses that would have to be rebuilt?

It grieves me to upset his ingenious calculations, especially since he has introduced their spirit into our legislation. But I beg him to redo them, introducing into the account what is not seen next to what is seen.

The reader must take care to note clearly that there are not just two characters, but three, in the little drama that I have put before him. One, Jacques Bonhomme, represents the Consumer, reduced by the breakage to enjoying one good instead of two. The second is the Glazier, who shows us the Producer whose activity is stimulated by the accident. The third is the Shoemaker (or any other producer) whose output is reduced to the same extent for the same reason. It is this third character that is always kept in the background and who, by personifying what is not seen, is an essential element of the problem. He is the one who makes us understand how absurd it is to see profit in destruction. He is the one who will be teaching us shortly that it is no less absurd to see profit in a policy of trade restriction, which is, after all, nothing other than partial destruction. Therefore, go into the detail of all the arguments brought out to support it and you will merely find a paraphrase of that common saying: "What would happen to glaziers if windows were never broken?"

- II -
Dismissing Members of the Armed Forces

The same rules apply to a nation as to a single man. When a nation wishes to acquire some economic benefit or other, it is up to that nation to see whether it is worth what it costs. For a nation, Security is the greatest asset. If, in order to acquire it, one hundred thousand men have to be drafted and one hundred million spent, I have nothing to say. It is a benefit purchased at the price of a sacrifice.

Let no one therefore make any mistake about the significance of my thesis.

Imagine that a deputy proposes to discharge a hundred thousand men from the army to lessen the burden on taxpayers to the tune of a hundred million. If we limit ourselves to giving him the reply that "These hundred thousand men and this hundred million francs are essential to national security;

they are a sacrifice, but without this sacrifice France would be torn apart by factions or invaded by foreigners," then I have no rebuttal to make at this point to this argument, which may be true or false, but theoretically does not encompass any economic heresy. The heresy begins when you wish to represent the sacrifice itself as an advantage because it benefits someone.

Well, unless I am much mistaken, the author of the proposal will no sooner have come down from the rostrum than another speaker will leap onto it to say:

> "Dismiss a hundred thousand men! Do you really mean this? What will become of them? What will they live on? Work? But do you not know that there is a shortage of work everywhere? That there are no vacancies in any trade? Do you wish to cast them into the street to increase competition and depress earnings? Just when it is so difficult to eke out a meager livelihood, is it not fortunate that the State is providing bread to these hundred thousand people? What is more, consider that the army consumes wine, clothing, and weapons, and thus provides activity for factories and in

garrison towns, and that in fact it is the very salvation of its countless numbers of suppliers. Do you not tremble at the thought of abolishing this huge engine of industrial activity?"

As we can see, this speech concludes that the hundred thousand men should be retained, taking no account of the indispensability of the service, on economic grounds. It is these considerations alone that I have to refute.

One hundred thousand men who cost the taxpayer one hundred million, live and provide a living for their suppliers to the extent that one hundred million can be spread: that is what is seen.

But one hundred million, extracted from the pockets of taxpayers, interferes with the economic lives of these taxpayers and their suppliers to the tune of that one hundred million: that is what is not seen. Do the calculation, cost it, and tell me where the profit lies for the mass of the people?

As for me, I will tell you where the loss lies, and to keep it simple, instead of talking about one hundred thousand men and one hundred million francs, let us base our reasoning on one man and a thousand francs.

Here we are, in the village of "A" . Recruiters are doing the rounds and have carried off one man. The tax collectors are doing their rounds and have carried off one thousand francs. The man and the money are taken to Metz, one intended to provide a living for the other for a year without doing anything. If you take only Metz into consideration, you are right indeed a hundredfold; the measure is very beneficial. However, if your eyes turn to the village of A, you would think otherwise, for unless you are blind you will see that this village has lost one worker and the thousand francs that rewarded his work as well as the activity which, through the expenditure of these thousand francs, he spread around him.

At first sight it would appear that there is compensation for this. The phenomenon that occurred in the village now occurs in Metz, that is all. But this is where the loss lies. In the village, one man dug and ploughed: he was a worker. At Metz, he turns his head left and right: he is a soldier. The money and its circulation are the same in both cases, but on one, there were three hundred days of productive work; in the other there are three hundred days of unproductive work, always supposing that part of the army is not essential to public security.

Now, discharge comes. You point out to me a glut of one hundred thousand workers, stimulated competition, and the pressure that it exerts on rates of pay. This is what you see.

But here is what you do not see. You do not see that discharging one hundred thousand soldiers is not to annihilate one hundred million, it is to return this sum to the taxpayers. You do not see that casting one hundred thousand workers onto the market is at the same time to cast the one hundred million intended to pay for their work onto the same market. As a result, the same measure that increases the supply of labor also increases the demand, from which it follows that your decrease in earnings is an illusion. You do not see that before, as after the discharge of the soldiers, there are in the country one hundred million francs that correspond to one hundred thousand men, and that the entire difference lies in this: before, the country paid one hundred thousand men one hundred million to do nothing; after, it pays them this sum to work. Finally, you do not see that when a taxpayer hands over his money, either to a soldier in return for nothing or to a worker in return for something, all the subsequent consequences of the circulation of this money are the same in both cases, with the sole difference that in the second case, the taxpayer receives something while in the first he receives nothing. The result: a net loss for the nation.

The sophism that I am combating here does not stand up to the test of progressive application, which is the touchstone of principles. If, everything paid for, and all interests considered, there is a benefit to the nation in increasing the army, why do we not enroll under the flag the entire male population of the country?

- III -
Taxes

Have you ever happened to hear the following?

> "Taxes are the best investment; they are a life-giving dew. See how many families gain a livelihood from them; work out their ricochet or flow-on effects on industry; this is beyond measure, it is life."

To combat this doctrine, I am obliged to repeat the preceding refutation. Political economy knows full well that its arguments are not amusing enough for people to say of them: Repetita placent. Repetitions are pleasing. For this reason, like Basile, it has arranged the proverb to suit itself, fully convinced that in its mouth Repetita docent.Repetitions teach.

The advantages that civil servants find in drawing their salaries are what is seen. The benefit that results for their suppliers is again what is seen. It is blindingly obvious to the eyes.

However, the disadvantage felt by taxpayers in trying to free themselves is what is not seen, and the damage that results for their suppliers is what is not seen either, although it is blindingly obvious to the mind.

When a civil servant spends one hundred sous too much for his own benefit, this implies that a taxpayer spends one hundred sous too little for his own benefit. However, the expenditure of the civil servant is seen because it is carried out, whereas that of the taxpayer is not seen as, alas! he is prevented from carrying it out.

You compare the nation to an arid land and tax to bountiful rain. So be it. But you should also ask yourself where the sources of this rain are, and if it is not taxes themselves that absorb the humidity from the earth and dry it out.

You ought to ask yourself as well if it is possible for the earth to receive as much of this precious water through rain as it loses through evaporation.

What is obvious is that, when Jacques Bonhomme counts out one hundred sous to the tax collector, he receives nothing in return. When, subsequently, a civil servant, in spending these hundred sous, gives them back to Jacques Bonhomme, it is in return for an equal value in wheat or labor. The end result is a loss of five francs for Jacques Bonhomme.

It is very true that often, or in the majority of cases, if you prefer, the civil servant renders an equivalent service to Jacques Bonhomme. In this case, there is no loss on either side; there is merely an exchange. For this reason, my line of argument is not directed against useful activity. What I say is this: if you wish to create any such activity, prove its utility. Demonstrate that the services rendered to Jacques Bonhomme are worth what they cost him. But putting on one side this intrinsic utility, do not use as an argument the advantage it gives to the civil servant, his family, and his suppliers; do not claim that it stimulates employment.

When Jacques Bonhomme gives one hundred sous to a civil servant in return for a genuinely useful service, it is exactly the same as when he gives one hundred sous to a shoemaker for a pair of shoes. Give and take, tit for tat. But when Jacques Bonhomme hands over one hundred sous to a civil servant and then receives no services or even suffers aggravation in return, it is as though he is handing this money to a thief. It is no good saying that the civil servant will spend these hundred sous for the general benefit of national output; the thief would have done the same with them. So would Jacques Bonhomme if he had not met on his way either the extralegal parasite or the legal one.

Let us therefore acquire the habit of not judging things merely by what is seen, but also by what is not seen.

Last year I was a member of the Finance Committee, for under the Constituent Assembly, members of the opposition were not systematically excluded from all Committees; in this the Constituent Assembly acted wisely. We heard M. Thiers say: "I have spent my life combating the men of the Legitimist Party and the Priests' Party. Since the time that a common danger brought us together, since I began seeing a lot of them and became have noticed that they are not the monsters I took them to be."

Yes, mistrust is compounded and hatred aroused between parties that do not mix, and if the majority allowed a few members of the minority to become Committee members, perhaps it would be acknowledged on both sides that their ideas are not as far apart and, in particular, their intentions not as perverse as people suppose.

Be that as it may, last year I was a member of the Finance Committee. Each time that one of our colleagues spoke of setting at a moderate level the remuneration of the President of the Republic, ministers, or ambassadors, he was told:

> "For the very good of the service, certain roles have to be surrounded by an aura of brilliance and dignity. It is a means of attracting men of worth. Very many men who are short of funds seek the ear of the President of the Republic, and it would place him in an uncomfortable position if he were obliged always to refuse them. A certain presence in ministerial and diplomatic salons is part of the wheels of constitutional government, etc., etc."

Although arguments like this can be debated, they certainly warrant close examination. They are based on public interest, whether this is correctly or incorrectly appreciated, and for my part, I take more notice of them than many of our Catos, who are moved by a narrow spirit of stinginess or jealousy.

However, what revolts my conscience as an economist and makes me blush for the intellectual reputation of my country is when the argument is reduced (and this invariably happens) to the following absurd banality, which is always favorably received:

> "Besides, the luxurious living of high government officials encourages the arts, industry, and labor in general. The Head of State and his ministers cannot give feasts and gala evenings without making life circulate in every vein of the social body. Reducing their remuneration is to starve productive activity in Paris, and by extension throughout the nation."

Please, Sirs, show some respect at least to arithmetic, and do not stand before the National Assembly of France to say that addition produces a different sum depending on whether one adds the figures from top to bottom or from bottom to top, because you fear that this shameful Chamber will not support your measure unless you do.

What! I am going to reach an agreement with a laborer to

have a ditch dug in my field at a cost of one hundred sous. Just when the agreement is about to be finalized, the tax collector takes my hundred sous and passes them on to the Minister of the Interior. My agreement falls apart, but the Minister will have an extra dish for his dinner. On which basis, you dare to claim that this official expenditure is an addition to national output! Do you not understand that this is just a simple displacement of utility and labor? A minister has a better-laden table, it is true, but a farmer has a field that is less well drained, and this is just as true. A caterer in Paris has earned one hundred sous, I grant you, but you should grant me that a laborer in the provinces has failed to earn five francs. All that can be said is that the official dish and a satisfied caterer is what is seen; the flooded field and the laborer with no work is what is not seen.

Good God! What a lot of trouble to prove that, in political economy, two and two are four and if you succeed in doing this, the cry is heard: "This is so obvious, it is boring." And then they vote as though you had proved nothing at all.

- IV -
Theaters and the Fine Arts

Should the State subsidize the arts?

There is certainly much to say both For and Against.

In favor of the system of subsidies, it might be said that the arts expand and elevate the soul of a nation and make it more poetic, that they tear it away from material preoccupations, give it an appreciation of Beauty and thus have a beneficial effect on its manners, customs, habits, and even its industry. The question might be asked where music would be in France without the Théâtre-Italien and the Conservatoire, dramatic art without the Théâtre-Français, and painting and sculpture without our collections and museums. We may go even further and ask ourselves whether, without the centralization and consequent subsidization of the fine arts, that exquisite taste that is the imposing mark of French work and makes its products attractive around the world, would have developed.

Faced with these results, would it not be extremely rash to abandon this modest contribution from all of its citizens who, in the end, have succeeded in establishing their superiority and shining reputation in Europe?

These reasons and many others whose validity I do not question may be countered by others that are just as powerful. First of all, it may be said, there is the question of distributive justice. Does the right of the legislator go so far as to make inroads into the earnings of artisans to supply extra income to artists? M. Lamartine said: "If you remove the subsidy from a theater, how far will you go down this road, and would you not logically be led to abolishing your Universities, Museums, Institutes, and Libraries?" The answer to this might be: "If you wish to subsidize everything that is good and useful, how far will you go down this road, and would you not logically be led to establishing a civil list for farming, industry, trade, benevolent activities, and education?" Moreover, is it certain that subsidies encourage the progress of art? This is a question that is far from being answered, and we can see with our own eyes that the theaters that prosper are those that generate their own life. Finally, raising our considerations to a higher level, we can point out that needs and desires are born one from another, and rise to levels that are increasingly refined as public wealth makes it possible to satisfy them; that the government has no need to become involved in this interaction, since in a given state of current wealth it would be unable to stimulate luxurious lines of production through taxes without upsetting essential ones, thus turning upside down the natural progress of civilization. It might be pointed out that these artificial displacements of needs, taste, production, and populations put nations in a precarious and dangerous situation whose foundation is no longer solid.

These are just a few reasons put forward by those who oppose State intervention with respect to the priorities according to which citizens believe that they ought to satisfy their needs and desires and consequently direct their activity. I must admit that I am one of those who think that choice and impulse have to come from below, not above, from citizens, not the legislators, and a doctrine to the contrary seems to me to lead to the abolition of human freedom and dignity.

However, through a deduction that is as false as it is unjust, do you know what economists are accused of ? It is that when we reject subsidies, we are rejecting the very thing that is to be subsidized and are the enemies of all these types of activity since we want these activities to be free and at the same time pay their own way. Thus, if we demand that the State not intervene in religious matters through taxation, we are atheists; if we demand that the State not intervene in education through taxation, we are against enlightenment. If we say that the State ought not to give an artificial value to land or a particular sector of the economy through taxation, we are enemies of property and labor. If we think that the State ought not to subsidize artists, we are barbarians who think that art is of no use.

I protest here as forcefully as I can against these deductions. Far from entertaining the absurd notion of abolishing religion, education, property, production, and the arts, when we demand that the State protect the free development of all these kinds of human activity without having them in its pay at the citizens' mutual expense, we believe on the contrary that all these life-giving forces in society would develop harmoniously under the influence of freedom, that none of them would become, as we see today, a source of unrest, abuse, tyranny, and disorder.

Our adversaries believe that an activity that is neither in

the pay of the State nor regulated is an activity that has been destroyed. We believe the contrary. Their faith lies in the legislator, not in humanity; ours lies in humanity, not in the legislator.

Thus, M. Lamartine said: "In the name of this principle, we should abolish the public exhibitions that constitute the honor and wealth of this country."

My reply to M. Lamartine is: "Your point of view is that failing to subsidize is to abolish, since, according to this notion that nothing exists other than through the will of the State, you conclude that nothing lives outside the things kept alive through taxes. But I am turning against you the example you have chosen and point out to you that the greatest and most noble of exhibitions, the one conceived in the most liberal and universal, and I might even use the word humanitarian, thought, which is no exaggeration in this context, is the exhibition being prepared in London, the only one in which no government is involved and where no tax is being used to pay for it."

To return to the Fine Arts, it is possible, I repeat, to put forward powerful reasons for and against the system of subsidies. The reader will understand that, in accordance with the particular aim of this article, my job is neither to set out these reasons nor decide between them.

But M. Lamartine has put forward an argument that I cannot allow to pass without comment, as it comes precisely within the sphere of this economic study. He has said: "The economic question with regard to theaters can be summed up in a single word: it is production. The nature of this production matters little; it is an activity that is as fecund and productive as any other type of project in a nation. As you know, in France theaters feed and pay no fewer than eighty thousand workers of all types, painters, masons, decorators, costume makers, architects, etc., who are the very lifeblood and dynamism of several districts of this capital city and, for this reason, should be given your sympathy."

Your sympathy! In translation, your subsidy.

And further on: "The pleasures of Paris lie in the output and consumption taking place in its departments, and the luxury of the wealthy constitutes the earnings and bread of two hundred thousand workers of all sorts who earn a living from the various industries of the theaters over the entire surface of the Republic and who receive from these noble pleasures that make France illustrious, the food to keep them alive and the necessities required by their families and children. It is to them that you are giving these sixty thousand francs. (Hear! Hear! A host of approving gestures.)"

For my part, I am obliged to say: No! No! Restricting, of course, the scope of this judgment to the economic argument we are dealing with here.

Yes, it is to the workers in the theaters that these sixty thousand francs in question will go, at least in part. A few trifling sums may well be lost in transit. If you give the matter close scrutiny, actually, you may discover that things work out quite differently, such that fortunate are those workers if a few scraps are left to them! However, I am willing to accept that the entire subsidy will go to the painters, decorators, costume makers, hairdressers, etc. This is what is seen.

But where has it come from? This is the other side of the question that is just as important to examine as its face. Where is the source of these sixty thousand francs? And where would they go if a legislative vote did not initially send them to the rue de Rivoli and from there to the rue de Grenelle? That is what is not seen.

Certainly no one will dare to claim that the legislative vote has caused this sum to blossom in the voters' urn, that it is a pure addition to national wealth, and that without this miraculous vote these sixty thousand francs would have remained forever invisible and intangible. It has to be admitted that all that the majority has been able to do is to decide that they will be taken from somewhere to be sent somewhere else, and that they are given one destination only by being taken from another.

Since things are like this, it is clear that the taxpayer who has been taxed one franc will no longer have this franc available to him. It is clear that he will be deprived of satisfaction to the value of one franc and that the worker, whoever he may be, who would have provided it to him will be deprived of pay to the same extent.

Let us therefore not harbor this puerile illusion of believing that the vote on 16 May adds anything at all to national well-being and work. It displaces enjoyment and displaces pay; that is all.

Will people say that for one type of expenditure and one type of production, more urgent, more moral, and more reasonable expenditure and production have been substituted? I might make a stand here. I might say: "By snatching sixty thousand francs from taxpayers, you are reducing the earnings of ploughmen, laborers, carpenters, and blacksmiths, and you are increasing the earnings of singers, hairdressers, decorators, and costume makers by the same amount. Nothing proves that this latter class is more worthy than the other. M. Lamartine does not claim this. He himself says that the work of theaters is (just as fertile, just as productive and not more) than any other, which might itself still be contested, since the best proof that the second category is not as fertile as the first is that the first is called upon to subsidize the second.

But this comparison between the value and intrinsic merit of the diverse forms of production is not part of my present subject. All that I have to do here is to show that M. Lamartine and the people who applauded his line of argument saw with one eye the earnings of the suppliers of actors and ought to have seen with the other the earnings lost by the suppliers of taxpayers.By not doing so, they exposed themselves to the nonsense of taking a displacement for a gain. If they were consistent with their doctrine, they would demand an infinite number of subsidies, for what is true for one franc and sixty thousand francs is true in identical circumstances for a billion francs.

When it is a question of taxes, gentlemen, let us prove their utility using reasons based on fundamentals, but never resort to the wretched argument that "Public expenditure provides a livelihood for the working class." This makes the mistake of concealing an essential fact, that is to say, that public expenditure always takes the place of private expenditure and that, consequently, it provides a livelihood for one workman instead of another, but adds nothing to the lot of the working class taken as a whole. Your line of argument is very fashionable, but it is too absurd for reason not to get the better of it.

- V -
Public Works

That a nation, after having ascertained that a great enterprise will be of benefit to the community, has it carried out using resources raised by general subscription, is perfectly normal. But I have to admit that I lose patience when I hear the following glaring economic error claimed in support of a resolution of this nature: "What is more, it is a means of creating employment for the workers."

The state opens a road, constructs a palace, repairs a street, or digs a canal; in doing this it provides work for certain workmen, that is what is seen, but it deprives certain other workmen of employment, and that is what is not seen.

Here is the road in the process of being built. A thousand workmen come every morning and go home every evening, taking their pay; that is certain. If the road had not been decided upon, if the funds had not been voted for, these good people would not have found either work or pay at this place; that is also certain.

But is this all? Does the overall operation not involve something else? At the time when M. Dupin pronounces the sacramental words: "Passed by the Assembly," do the millions miraculously slide down a moonbeam into the coffers of MM. Fould and Bineau? In order for the change to be complete, as they say, does the State not need to organize the collection of taxes as well as their expenditure? Does it not need to send its tax collectors into the field and make the taxpayers pay their taxes?

Let us then examine both sides of the question. While noting the purpose intended by the State for the millions voted, let us not fail to note also the uses to which taxpayers would have put and can no longer put these same millions. You will then understand that a public enterprise is a two-sided coin. On one side, there is an employed worker with the motto "This is what is seen"; on the other, a worker out of work with the motto "This is what is not seen."

The sophism that I am combating in this article is all the more dangerous when applied to public works if it serves to justify the wildest enterprises or excesses. When a railway or a bridge is genuinely useful, invoking this utility is enough. But if you cannot do this, what do you do? You resort to the following grossly misleading statement: "Work has to be found for the workers."

Once this is said, why not construct and demolish the terraces on the Champ de Mars? As we know, the great Napoléon considered he was performing a philanthropic act by digging and filling in ditches. He also said: "What does the result matter? All you have to see is the wealth spread around the working classes."

Let us go to the heart of things. Money deludes us. Requesting a contribution in the form of money from all citizens for a work of common interest is in fact asking them for a contribution in kind, for each of them through work obtains for himself the sum on which he is taxed. Now, if all the citizens were brought together in order to carry out some work useful to everybody, as part of their compulsory community obligation, this would be understandable; their compensation would be the results of the work itself. But if, after they have been brought together, they are subjected to making roads where no one will go and palaces in which no one will live on the pretext of procuring work for them, this would be absurd, and they would certainly have reason to object: "We have no need of work like this; we would prefer to work on our own behalf."

The procedure that consists in making citizens contribute money and not work does not alter these general results one jot. The only thing is that using the second procedure the loss is shared by all, whereas using the first, those employed by the State escape their share of the loss, adding it to the loss their fellow citizens have already had to bear.

There is an article of the Constitution which says:

> "Society favors and encourages the development of labor… through the establishment by the State, the départements and communes of public works suitable for employing idle hands."

As a temporary measure in times of crisis, or during a severe winter, this intervention by the taxpayers may have good results. It acts in the same way as insurance. It adds nothing either to labor or to pay, but it takes the labor and wages earned in good times and pays them out in difficult times, admittedly with some loss.

As a permanent, general, and systematic measure, this is nothing less than a ruinous deception, an impossibility, a contradiction that gives the appearance of a little labor which has been stimulated, that is seen, and hides a great deal of labor which has been prevented, that is not seen.

- VI -
The Middlemen

Society is the set of services that men render each other, either by force or voluntarily, i.e., public services and private services.

Public services, imposed and regulated by law, which is not always easy to change when it would be advisable, may, with the help of that law, far outlive their real usefulness and retain the name of public services, even when they are no longer services at all or even when they are nothing more than public vexations. Private services lie in the field of voluntary action and individual responsibility. Each person renders and receives what he wants or what he can, following face-to-face discussion. They are always characterized by the presumption of genuine utility, accurately measured by their comparative value.

This is why public services are so often characterized by immobility, while private services conform to the law of progress.

While the excessive development of public services tends to constitute within society, through the wastage of energy that it entails, a disastrous form of parasitism, it is singularly notable that several modern schools of thought, attributing this tendency to free and private services, seek to transform all jobs into state functions.

These thinkers savagely attack what they describe as middlemen. They would happily abolish capitalists, bankers, speculators, entrepreneurs, merchants, and traders, accusing them of coming between production and consumption and holding both for ransom without adding value to either. Or rather, they would like to transfer to the State the work they do, given that this work cannot be abolished.

The sophism of the socialists on this point consists in showing the public what they are paying middlemen in return for their services and hiding from them what they would have to pay the State. It is a constant struggle between what is obvious at a glance and what can be perceived only by the mind, between what is seen and what is not seen.

It was above all in 1847 and during the subsequent famine

that the socialist schools sought and succeeded in popularizing their disastrous theory. They knew full well that the most absurd propaganda always has some chance of success with men who are suffering; malesuada fames.

Therefore, with the aid of high-sounding words: the exploitation of man by man, speculation on hunger, monopolies, they set about denigrating trade and casting a veil over its benefits.

"Why," they said, "leave traders the task of importing the necessities of life from the United States and the Crimea? Why do the State, the départements and districts not organize a system of procurement and some storage warehouses? They would sell at cost price, and the people, the poor people, would be free of the tribute they pay to free trade, that is to say, trade that is selfish, individualistic, and anarchic."

The tribute that the people pay to trade is what is seen. The tribute that the people would pay to the State or its agents is what is not seen.

In what does the alleged tribute that the people pay to trade consist? In this: two men render each other mutual service in total freedom under the pressure of competition and at an agreed price.

When a stomach that is hungry is in Paris and the wheat that is able to satisfy it is in Odessa, suffering will cease only when the wheat is brought to the stomach. There are three ways of bringing about this coming together: 1. The starving men can go to seek the wheat themselves; 2. They can delegate this task to those who have specialized in it; 3. They can have themselves taxed and entrust this operation to civil servants.

Of these three alternatives, which is the most advantageous?

In every age and in all countries, especially where they enjoyed greater freedom and were more enlightened and experienced, men have voluntarily chosen the second alternative, which I must admit is enough in my view to attribute the benefit of doubt to this choice. My mind refuses to admit that humanity in the mass would make a mistake on a point that has such a direct effect on it.

Nevertheless, let us examine the question.

That thirty-six million citizens leave to go to Odessa to look for the wheat they need is obviously impracticable. The first alternative is valueless. Consumers cannot act on their own behalf; they have to resort to intermediaries, civil servants or traders.

However, we should note that this first alternative would be the most natural. Basically, it is up to the person who is hungry to go to find his wheat. This is a task that concerns him; a service that he owes himself. If another person, for whatever reason, renders him this service and undertakes this task on his behalf, this person is entitled to compensation. What I am saying here serves to emphasize that the services of middlemen involve a principle of remuneration.

Be that as it may, since it is necessary to resort to someone the socialists call a parasite, which one, a trader or a civil servant, is the less demanding parasite?

Trade (I assume it to be free, otherwise how could I reason?), as I say, out of its own interest tends to examine the seasons and note on a daily basis the state of the harvest, gather information from all corners of the globe, anticipate need and take the necessary precautions beforehand. It has ships ready, correspondents everywhere, and its immediate interest is to buy at the best possible price, make savings on each detail of the operation, and achieve the best results with the least effort. It is not only French traders, but traders the world over who are involved in procurement for France against her day of need, and if self-interest drives them invariably to fulfill their task at the least cost, the competition they wage with each other leads them no less invariably to allow consumers to benefit from all the savings achieved. Once the wheat arrives, it is in the interest of trade to sell it as soon as it can to minimize its risks, realize its funds, and start again if necessary. Driven by a comparison of prices, it distributes foodstuffs around the whole country, always starting with the most expensive point, i.e., where the need is most pressing. It is therefore not possible to imagine an organization more in line with the interests of those who are hungry, and the beauty of such an organization, not noticed by the socialists, results precisely from the fact that it is free. In truth, consumers are obliged to reimburse trade with the cost of its transport, its transshipments, its storage and commissions, etc., but under what system does he who eats the wheat not have to reimburse the expenditure required to bring it to him? In addition, the service rendered has to be paid for, but with regard to its proportion, this is reduced to the minimum possible by competition, and, as for its justice, it would be strange for the artisans in Paris not to work for the traders in

Marseilles when the traders in Marseilles work for the artisans in Paris.

What would happen if the State took the place of trade ? Would someone please tell me where the saving would be for the public? Would it be in the purchase price? Just picture to yourself the delegates of forty thousand communes arriving in Odessa on a given day and at a time of need; just imagine the effect on prices. Would the saving lie in the costs? Would we need, however, fewer ships, fewer sailors, less transshipment, less warehousing, or would we be relieved of having to pay for all of these things? Would it lie in the profits of the traders? Would your delegates and civil servants go to Odessa for nothing? Would they travel and work in accordance with the principle of fraternity? Do they not have to live? Does their time not need to be paid for? And do you think that this will not exceed a thousand times the 2 or 3 percent that the trader earns, a rate he is ready to work for?

And then, think of the difficulty of raising so many taxes and distributing so much food. Think of the injustice and abuse that is inseparable from an enterprise of this nature. Think of the responsibility that would weigh on the government.

The socialists, who have invented such follies and who, on days of misfortune, instill them into the minds of the masses, freely award themselves the accolade of progressive men, and it is not without danger that custom, that tyrant of languages, endorses the expression and the opinion it implies.Progressive! This implies that these fine fellows are more farsighted than the common man, that their sole error is to be too far ahead of their century, and that if the time has not yet come to abolish certain free services that are alleged to be parasitic, the fault lies with the public, which lags behind these socialists. For me, both in soul and conscience, it is the contrary that is true, and I do not know to which barbaric century you would have to return to find the present level of they understanding in this respect.

Modern sectarians constantly contrast association with the current form of society. They do not appreciate that under a regime of liberty, society is a genuine association far better than all those that their fertile imagination engenders.

Let us illustrate this by an example:

In order for a man, when he gets out of bed, to be able to put on a suit of clothes, a piece of land has to have been fenced, cleared, drained, ploughed, and sown with a specific type of plant. Flocks have to have grazed there and given their wool, this wool has to have been spun, woven, dyed, and made into cloth, and this cloth has to have been cut, sewn, and made into a garment. And this series of operations implies a host of others, for it requires the use of farming machinery, sheepfolds, factories, coal, machines, vehicles, etc.

If society were not a genuine association, the man who wanted a suit of clothes would be reduced to working in isolation, that is to say, he would have to carry out himself the many tasks in this series, from the first blow of the pick that initiates it to the final stitch of the needle that completes it.

However, thanks to the sociability that is the distinctive characteristic of our species, these operations are shared out among a host of workers, and they are increasingly subdivided for the common good, until a point is reached where a single specialized task can support an entirely new industry as consumption becomes more intense. Then comes the distribution of the income generated according to whatever value each person has contributed to the total operation. If this is not association, I do not know what is.

Note that none of the workers having been able to draw even the minutest thing of substance from nothing, they have limited themselves to providing each other with mutual services, helping each other in line with a common goal, and that all may be considered as middlemen with regard to one another. If, for example, during an operation, transport became important enough to occupy one person, spinning another, and weaving a third, why would the first be regarded as more parasitic than the two others? Is transport not necessary? Does he who carries it out not devote time and trouble to it? Does he not spare his associates this time and trouble? Do his associates do more than him or simply other things? Are they not all equally subject to the law of a freely negotiated price with regard to their pay, that is to say, for their share of the product? Is it not in total freedom and for the common good that this separation of tasks is carried out and these arrangements made? Why then do we need a socialist to come to destroy our voluntary arrangements on the pretext of organization, stop the division of labor, substitute isolated effort for joint effort, and cause civilization to take a backward step?

Is association, as I describe it here, any less an association because each person enters into it and leaves it of his own volition, chooses his own place in it, is responsible for his own judgments and stipulations, and brings to it the stimulus and guarantee of personal interest? For it to merit this name, is it necessary for a would-be reformer to come and impose on us his formula and will and concentrate humanity, so to speak, in himself?

The more we examine these progressive schools, the more we are convinced that there is just one thing at their root: ignorance proclaiming itself infallible and laying claim to despotism in the name of this infallibility.

I beg the reader to excuse this digression. It is perhaps not without point at a time when declarations against Middlemen have escaped from books by the Saint- Simonians, phalansterians, and icarians, and invaded journalism and the public platform, causing a serious threat to freedom of work and exchange.

- VII -
Trade Restrictions

M. Prohibant (it is not I who have given him this name, it is M. Charles Dupin who since the,…but then…) devoted his time and his capital to transforming the ore on his land into iron. As nature had been more prodigal toward the Belgians, they supplied iron to the French cheaper than M. Prohibant, which means that all Frenchmen or France herself were able to obtain a given quantity of iron with less labor by buying it from the honest Flemings. Driven by their self-interest, they did not fail to do so, and every day you could see a host of nail makers, blacksmiths, wheelwrights, mechanics, farriers, and ploughmen going on their own account or through middlemen to obtain supplies from Belgium. This did not please M. Prohibant at all.

First of all, the idea came to him to stop this abuse using his own forces. This was certainly the least he could do, since he alone was harmed by the abuse. "I will take my rifle," he said to himself; "I will put four pistols in my belt, I will fill my cartridge pouch, I will buckle on my sword and, thus equipped, I will go to the border. There, I will kill the first blacksmith, nail maker, farrier, mechanic, or locksmith who comes to do business with them and not with me. That will teach him how to conduct himself properly."

When he was about to leave, M. Prohibant had second thoughts, which mellowed his bellicose ardor somewhat. He said to himself: "First of all, it is not totally out of the question that my fellow citizens and enemies, the purchasers of iron, will take this action badly, and instead of letting themselves be killed they will kill me first. Next, even if I marshal all my servants, we cannot guard all the border posts. Finally, this action will cost me a great deal, more than the result is worth."

M. Prohibant was about to resign himself sadly to being merely as free as anyone else when a flash of inspiration shone in his brain.

He remembered that in Paris there was a great law factory. "What is a law?" he asked himself. "It is a measure with which everyone is required to comply once it has been decreed, whether it is good or bad. To ensure the execution of the aforesaid, a public force is organized, and in order to constitute the said public force, men and money are drawn from the nation."

"If, therefore, I succeeded in obtaining from the great law factory a tiny little law that said: 'Iron from Belgium is prohibited,' I would achieve the following results: the government would replace the few servants I wanted to send to the border by twenty thousand sons of my recalcitrant blacksmiths, locksmiths, nail makers, farriers, artisans, mechanics, and ploughmen. Then, in order to keep these twenty thousand customs officers in good heart and health, it would distribute twenty-five million francs taken from these same blacksmiths, nail makers, artisans, and ploughmen. The security would be better done, it would cost me nothing, I would not be exposed to the brutality of the dealers, I would sell iron at my price, and I would enjoy the sweet recreation of seeing our great nation shamefully bamboozled. That would teach it to claim incessantly to be the precursor and promoter of all progress in Europe. Oh! That would be a smart move and is worth trying."

Therefore, M. Prohibant went to the law factory. Perhaps

on another occasion I will tell you the story of his underhand dealings; right now I merely want to talk about his very visible actions. He put the following consideration to the venerable legislators:

"Belgian iron is being sold in France for ten francs, which obliges me to sell mine at the same price. I would prefer to sell it at fifteen and cannot do so because of this God-damned Belgian iron. Please manufacture a law that says: 'Belgian iron will no longer come into France.' I will immediately raise my price by five francs, and the result will be:

"For each quintal of iron I deliver to the public, instead of receiving ten francs, I will receive fifteen. I will become richer faster and will expand my operation, giving work to more workmen. My workers and I will spend more money to the great benefit of our suppliers for several leagues around. As these suppliers will have more markets, they will give more orders to various other producers, and from one sector to another the entire country will increase its activity. This fortunate hundred-sou coin that you drop into my coffer will radiate outward to the far corners of the country an infinite number of concentric circles, just like a stone thrown into a lake."

Pleased to hear this speech and delighted to learn that it is so easy to increase the wealth of a nation by means of the law, the lawmakers voted for the restriction. "What do people say about work and economics?" they said. "What use are these painful means of increasing national wealth where one Decree suffices?"

And in fact, the law produced all the consequences forecast by M. Prohibant. The trouble was that it also produced others for, to do him justice, he had not reasoned falsely but incompletely. Petitioning for a privilege, he had pointed out those of its effects that are seen, leaving those that are not seen in the shadows. He presented two people only, when there are three in the cast. It is up to us to put right this involuntary or perhaps premeditated oversight.

Yes, the écu thus diverted by law to the coffers of M. Prohibant constitutes a benefit for him and for those whose work he is bound to stimulate. And if the decree had caused this écu to come down from the moon, these beneficial effects would not be counterbalanced by any compensating bad effects. Unfortunately, it is not from the moon that the mysterious hundred-sou coin comes, but rather from the pockets of a blacksmith, nail maker, wheelwright, farrier, ploughman, or builder, in short, from the pocket of Jacques Bonhomme, who will now pay it without receiving one milligram more of iron than he did at the time when he paid ten francs. At first sight you have to see that this changes the question considerably, since very clearly the Profit made by M. Prohibant is offset by the Loss made by Jacques Bonhomme, and everything that M. Prohibant is able to do with this écu to encourage national production, Jacques Bonhomme could also have done. The stone is merely cast into a particular point on the lake because it has been prevented by law from being cast into another.

Therefore, what is not seen offsets what is seen, and up to now in the remainder of the operation there remains an injustice, and what is deplorable is that it is an injustice perpetrated by the law.

Nor is this all. I have said that a third person is always left in the shadow. I must bring him forward here so that he can show us a second loss of five francs. Then we will have the result of the entire operation.

Jacques Bonhomme is the possessor of fifteen francs, the fruit of his labors. We are still in the period in which he is free. What does he do with his fifteen francs? He buys a fashionable article for ten francs, and with this fashionable article he pays (or the middleman pays on his behalf) for the quintal of Belgian iron. Jacques Bonhomme still has five francs left. He does not throw them into the river but (and this is what is not seen) gives them to a businessman in one productive sector or another in exchange for a particular purchase he desires, for example, to a bookseller for the *Discourse on Universal History* by Bossuet.

Thus, with regard to national output, it is stimulated to the extent of fifteen francs, as follows:

10 francs for the Parisian article;
5 francs for the book.

As for Jacques Bonhomme, for his fifteen francs, he obtains two objects of his preference, as follows:

1. One quintal of iron;

2. A book.

Now the decree comes into force.

What happens to Jacques Bonhomme's situation? What happens to national production?

When Jacques Bonhomme hands over his fifteen francs down to the last centime to Mr. Prohibant for one quintal of iron, he is limited to whatever economic satisfaction is provided by this quintal of iron. He loses the benefit provided by a book or any other equivalent object. He loses five francs. We agree on this; we cannot fail to agree on this, we cannot fail to agree that, where a policy of trade restriction raises the price of things, consumers lose the difference.

But, you will say, national production gains this difference.

No, it does not, for, following the decree, it is merely stimulated as it was before, to the extent of fifteen francs.

The only thing is that, following the decree, Jacques Bonhomme's fifteen francs go to the iron industry, whereas before the decree they were shared between the fashionable article and the bookshop.

The violence exercised at the border by M. Prohibant himself or that which he has exercised through the law may be considered to be very different from the moral point of view. Some people think that plunder loses all its immorality when it is legal. For my part, I cannot imagine a circumstance that is worse. Be that as it may, what is certain is that the economic results are the same.

View the matter from whatever angle you wish, but keep a sagacious eye and you will see that nothing good ever comes from plunder, whether legal or illegal. We do not deny that a profit of five francs results for M. Prohibant or his industry or, if you wish, for national production. But we do claim that two losses also result, one for Jacques Bonhomme, who pays fifteen francs for what he had for ten and the other for national production, which no longer receives the balance. Choose whichever of these two losses you please to set against the profit that we acknowledge. The other will be no less of a dead loss.

The Moral: The use of violence is not to produce but to destroy. Oh! If the use of violence were to produce, our France would be much richer than she is.

- VIII -
Machines

"May machines be cursed! Every year their increasing power consigns to Poverty millions of workers by taking away their work, and with work their pay and with their pay their Bread! May machines be cursed!"

This is the cry of the popularly held Prejudice whose echo resounds around the journals.

But to curse machines is to curse the human mind.

What staggers me, though, is that there can be a single man who feels at ease with a doctrine like this.

For in the end, if it is true, what is the logical consequence of this? It is that there is no activity, well-being, wealth, or happiness possible other than for people who are stupid or afflicted with mental immobility, to whom God has not given the disastrous gift of thinking, observing, putting things together, inventing, or obtaining the greatest results using the least means. On the contrary, rags, dreadful hovels, poverty, and starvation are the inevitable fate of any nation that seeks and finds in iron, fire, wind, electricity, magnetism, the laws of chemistry and mechanics, in a word, in the forces of nature, a complement to its own strength, and it is therefore appropriate to say with Rousseau: "Any man who thinks is a depraved animal."

That is not all. If this doctrine is true, since all men think and invent, since they all in fact from the first to the last and at every moment of their existence seek the co-operation of the forces of nature, to do more with less, to reduce either their labor or the labor for which they are paying, to achieve the greatest amount of economic satisfaction possible with the least amount of work, it has to be concluded that the entire human race is being drawn toward its downfall, precisely through this intelligent aspiration to progress that torments each of its members.

This being so, it ought to be verified by statistics, that the inhabitants of Lancaster are fleeing from this land of machines and are going to seek work in Ireland where machines are unknown; and by history, that barbarism darkened the eras of civilization and that civilization shines in times of ignorance and savagery.

Obviously, in this heap of contradictions there is something that stands out and warns us that the problem hides the element of a solution that has not been sufficiently clarified.

This is the entire secret: behind what is seen lies what is not seen. I will endeavor to shed light on it. My case can be only a repetition of the preceding one, since the problem involved is identical.

Men are naturally inclined, if they are not forcibly prevented from this, to seek low prices, that is to say, to seek that which, for an equal amount of satisfaction, saves them work, whether these low prices result from a skillful foreign producer or an efficient mechanical producer. The theoretical objection made to this preference is the same in both cases. In both of them it is blamed for seeming to paralyze labor. In fact, what determines this preference for low prices is precisely the fact that labor is not made idle but more readily available.

And this is why in both cases the same practical obstacle is put in its way, namely violence. Legislators prohibit foreign competition and forbid mechanical competition. For what other means can there be to stop a natural preference in all men other than to deprive them of their liberty? It is true that in many countries legislators strike just one of these two forms of competition and limit themselves to complaining about the other. This proves one single thing, which is that in these countries legislators are inconsistent.

We should not be surprised at this. When taking the wrong road, people are always inconsistent; otherwise the human race would be annihilated. An erroneous principle has never been seen and will never be seen to be taken to its logical conclusion. I have said elsewhere that inconsistency is the limit of absurdity. I might have added that it is at the same time proof of it.

Let us proceed with our argument; it will not take much time.

Jacques Bonhomme had two francs, which he paid two workers he had hired.

What does he do, however, but devise a system of ropes and weights that reduces the work by half.

He therefore obtains the same satisfaction, saves one franc, and dismisses one worker.

He dismisses one worker; that is what is seen.

And if this is all that is seen, it is said: “This is how poverty follows civilization, this is why freedom is fatal to equality. The human mind has made an advance and a worker immediately falls into the abyss of poverty. Alternatively, it may happen that Jacques Bonhomme continues to employ the two workers but now pays them just ten sous each, for they will compete with each other and offer their services at a discount. This is how the rich grow ever richer and the poor ever poorer. We must reform society.”

What a fine conclusion and one worthy of its introduction!

Fortunately, both introduction and conclusion are entirely wrong, since behind the half of the phenomenon that is seen there is the other half that is not seen.

What is not seen is the franc saved by Jacques Bonhomme and the necessary effects of this saving.

Since Jacques Bonhomme now spends just one franc on labor in order to achieve a given level of satisfaction as a result of his invention, he still has one more franc.

If therefore there is a worker anywhere in the world who offers his idle hands, there is also somewhere in the world a capitalist who offers his unused franc. These two elements come together and join forces.

And it is as clear as daylight that between the supply and demand for work, between the supply and demand for pay, the relationship has changed not one whit.

The invention and one worker, paid for with the first franc, now carry out the work that two workers did before.

The second worker, paid with the second franc, brings into existence a new job.

What has changed in the world, then? There is now an additional nationwide satisfaction, in other words, the invention, which is a free advance and a free source of profit for the human race.

From the structure I have given my argument, this conclusion could be drawn: "It is the capitalist who gathers all the benefits of machines. The wage earning class, while experiencing momentary suffering, never benefits from them, since according to your own premises machines displace part of the national output, without reducing it, it is true, but also without increasing it."

It is not in the scope of this short article to reply to all the objections. Its sole aim is to combat a popularly held prejudice, one that is highly dangerous and very widespread. I wanted to prove that a new machine makes not only a certain number of workers available but also, and inevitably, the money needed to pay for them. These workers and this pay come together to produce what it was impossible to produce before the invention, from which it follows that the final result it produces is an increase in the amount of satisfaction for an equal input of labor.

Who benefits from this extra economic satisfaction?

Who? First of all, the capitalist, the inventor, the first person who successfully uses the machine which is the reward for his genius and audacity. In this case, as we have just seen, he achieves a saving on the production costs which, however it is spent (and it is always spent), makes use of as much labor as the machine has caused to be laid off.

However, competition soon obliges him to lower his sales price to the extent of this saving itself.

And when this happens, it is no longer the inventor who benefits from the invention, but the purchaser of the product, the consumer, the general public, including the workers, in a word, the human race.

And what is not seen is that the Saving procured for all consumers forms a fund from which wages are paid, replacing those eliminated by the machine.

Thus, using the above example, Jacques Bonhomme obtains a product by spending two francs on workers' wages.

Thanks to his invention, labor now costs him only one franc.

As long as he sells the product at the same price, there is one less worker employed in making this particular product; that is what is seen. However, there is one worker more employed using the franc that Jacques Bonhomme has saved; that is what is not seen.

When, in the natural progress of things, Jacques Bonhomme is reduced to lowering the price of the product by one franc, he will no longer be making any saving; he will then no longer have a franc with which to make some new demand upon national output. However, in this respect, the purchaser of Jacques's product takes his place, and this purchaser is the human race.Whoever buys the product pays one franc less for it, saves one franc, and of necessity makes this saving available to the fund which finances wages; that is also what is not seen.

This problem concerning machines has been given another solution based on facts.

It has been said: Machines reduce production costs and the price of the product. The reduced price of the product triggers an increase in consumption, which requires an increase in production, and in the end the employment of as many workers or more, after the invention, as were needed before. In support of this, mention is made of the printing industry, spinning, the press, etc.

This argument is not scientific.

We would need to conclude that if the consumption of a particular product remains static or nearly so, machines would damage the demand for labor. This is not so.

Let us suppose that in a particular country all men wear hats. If, using a machine, people succeeded in reducing their price by half, it would not necessarily result that men would buy twice as many.

Would it then be said in this instance that part of national production had been rendered inert? Yes, according to the popular argument. No, according to mine; for while in this country no one would buy a single extra hat, the entire fund for wages would remain no less safe. The reduction in the flow of funds to the hat-making industry would reappear in the Savings made by all consumers, and from there would go on to finance all the labor that the machine had made redundant, and stimulate new development across all industries.

And this is what happens. I have seen journals that used to cost 80 francs, which now cost 48. This is a saving of 32 francs for subscribers. It is not certain, or at any rate, not inevitable, that these 32 francs continue to go into journalism. What is certain and essential is that, if they do not go in this direction, they go in another. One person will use them to buy more journals, another to eat better, a third to clothe himself better, and a fourth to buy better furniture.

In this way, industries are interdependent. They form a huge entity in which every part communicates with every other part through hidden channels. What is saved in one benefits all. What is important is to understand fully that never, ever, are savings made at the expense of labor and pay.

- IX -
Credit

In all ages, but especially in the last few years, people have thought of making wealth universal by making credit universally available.

I do not think I am exaggerating when I say that, since the February Revolution, presses in Paris have vomited out more than ten thousand brochures recommending this solution to the Social Problem.

Alas, this solution is based on a pure optical illusion, if an illusion can be said to constitute a base.

People start by confusing money with products and then they confuse paper money with cash, and then from these two forms of confusion they claim to be plucking out something real.

With respect to this question, it is absolutely essential to forget money, coins, notes, and other instruments by means of which products are passed from hand to hand, in order to see just the products themselves, which are the true basis of lending.

For when a ploughman borrows fifty francs to buy a plough, he is not really being lent fifty francs but a plough.

And when a merchant borrows twenty thousand francs to buy a house, it is not twenty thousand francs that he owes; it is the house.

Money is there only to facilitate the agreement among several parties.

Pierre may not be willing to lend his plough and Jacques may be willing to lend his money. What does Guillaume do then? He borrows Jacques's money, and with this money he buys the plough from Pierre.

But in fact, no one borrows money for its own sake. One borrows money to obtain products.

Now, in no country can more products change hands than there are products available.

Whatever the sum of specie and paper in circulation, the total number of borrowers cannot receive more ploughs, houses, tools, provisions, or raw materials than the entire group of lenders is able to supply.

So we should get it firmly into our heads that any borrower implies a lender and any borrowing a loan.

This having been said, what good can institutions of credit do? They can facilitate the means for borrowers and lenders to locate each other and enter into agreement. But what they cannot do is to increase instantly the quantity of objects borrowed and lent.

This is what would be necessary, however, if the aims of the Reformers were to be achieved, since they aspire to nothing less than putting ploughs, houses, tools, provisions, and raw materials into the hands of all those who want them.

And what have they dreamt up to do this?

They propose the provision of a State guarantee for loans.

Let us go deeper into the question, for there is something in it that is seen and something that is not seen. Let us endeavor to see both of these.

Let us suppose that there is just one plough in the world and that two ploughmen would like to have it.

Pierre owns the only plough available in France. Jean and Jacques want to borrow it. Jean, through his probity, property, and good reputation, offers guarantees for it. He is believed in;

he has credit. Jacques does not inspire confidence, or inspires less confidence. Naturally, Pierre will lend his plough to Jean.

But now, under socialist inspiration, the State intervenes and tells Pierre: "Lend your plough to Jacques and I will guarantee its repayment; this guarantee is worth more than Jean's, for he has only himself to speak for himself while I, I have nothing it is true, but I control the wealth of all the taxpayers, and it is with their money that I will pay you the principal and interest if need be."

Consequently, Pierre lends his plough to Jacques: that is what is seen.

And the socialists rub their hands together, saying: "See how our plan has succeeded. Through the intervention of the State, poor Jacques has a plough. He will no longer be forced to dig the earth; he is now on the road to wealth. It is an asset for him and a benefit for the nation taken as a whole."

No, Sirs! It is not a benefit for the nation, for here is what is not seen. What is not seen is that the plough has been allocated to Jacques only because it has not been allocated to Jean.

What is not seen is that if Jacques ploughs instead of digging, Jean will be reduced to digging instead of ploughing.

As a result, what was desired as an increase in lending is merely a displacement of lending.

What is more, what is not seen is that this displacement implies two profound forms of injustice: an injustice to Jean who, after deserving and acquiring credit through his probity and activity, sees himself dispossessed; and an injustice to taxpayers who risk paying a debt that does not concern them.

Will it be said that the government offers Jean the same facilities as Jacques? But since there is just one plough available, two cannot be lent. The argument always returns to the claim that, thanks to the intervention of the State, more borrowing will occur than there are loans available, for the plough represents here the mass of capital available.

It is true that I have reduced the operation to its simplest level, but use the same touchstone to test the most complicated governmental institutions of credit, and you will be convinced that this is the only result they can produce: displacing credit and not increasing it. In a given country and time there is just a certain sum of capital available, and all of it is invested. By guaranteeing those that are insolvent, the State may well increase the number of borrowers, thus raising the rate of interest (always to the disadvantage of the taxpayer), but what it cannot do is to increase the number of lenders and the total amount of lending.

Let no one attribute to me, however, a conclusion from which may God preserve me. I say that the Law should not artificially favor borrowings, but I do not say that it should artificially hinder them. If, in our mortgage system or elsewhere, there are obstacles to the dissemination and application of credit, let them be removed; nothing would be better or more just. But this is all, with freedom, that should be demanded of the Law by Reformers worthy of the name.

- X -
Algeria

But here are four speakers who struggle to control the rostrum. First of all, they all speak at the same time, then one after the other. What have they said? Certainly some very fine things on the power and grandeur of France, on the necessity of sowing in order to reap, on the brilliant future of our gigantic colony, on the advantage of sending off to distant places our surplus population, etc., etc. Magnificent examples of oratory which are always adorned with the following peroration:

> "Vote in favor of fifty million (more or less) to build ports and roads in Algeria, in order to take settlers there, build them houses, and clear fields for them. In doing this you will bring relief to French workers, stimulate work in Africa, and expand trade in Marseilles. It is pure profit."

Yes, that is true, if you consider the said fifty million only from the time that the state spends it; if you look at where this money is going, not where it came from; if you take account only of the good it will do on leaving the coffers of the tax collectors and not of the harm that has been done nor of the good that has been prevented when it entered these coffers. Yes, from this limited point of view, it is pure profit. The house built on the Barbary coast, that is what is seen; the port dug on the Barbary coast, that is what is seen; the work stimulated on the Barbary coast, that is what is seen; fewer workers in France, that is what is seen; a major flow of goods to Marseilles, that is also what is seen.

But there is another thing that is not seen. It is that the fifty million spent by the state cannot be spent, as it might have been, by taxpayers. From all the good attributed to public expenditure carried out, we must deduct all the harm done by preventing private expenditure, unless we go so far as to say that Jacques Bonhomme would have done nothing with the hundred sous he had earned and that taxes had taken from him. This is an absurd assertion, for if he took the trouble to earn them, it is because he hoped to have the satisfaction of spending them. He would have rebuilt the fence around his garden and can no longer do so, that is what is not seen. He would have had his field marled and can no longer do so, that is what is not seen. He would have added a floor to his cottage and can no longer do so, that is what is not seen. He would have bought more tools and can no longer do so, that is what is not seen. He would have fed himself better, clothed himself better, educated his sons better, increased his daughter's dowry and can no longer do so, that is what is not seen. He would have joined the mutual aid society and can no longer do so, that is what is not seen. On the one hand, various satisfactions are taken from him and the means of action destroyed in his very hands, and on the other, the work by the laborer, carpenter, blacksmith, tailor, or his village schoolmaster that he might have encouraged and that is now wiped out: all this too is what is not seen.

People count a great deal on the future prosperity of Algeria; so be it. But they should also take account of the doldrums into which, in the meantime, France is inevitably being sunk. I am being shown the trade in Marseilles, but if it is being achieved on the basis of taxes, I will always be able to show an equal volume of trade that has been destroyed in the rest of the country.It is being said: “Here is a settler who is being sent to the Barbary coast; this provides relief for the population remaining in the country.” My reply is: “How can this be so if, by transporting this settler to Algiers, you are also transporting there two or three times the amount of capital which would have afforded him a living in France?”

My sole aim is to make the reader understand that, in any public expenditure, behind the apparent good there is a harm that is more difficult to perceive. As far as I am able, I would like to instill in him the habit of seeing both of these and taking account of both of them.

When an item of public expenditure is put forward, it must be examined on its own merits, setting aside the resulting stimulus claimed for production, for this stimulus is an illusion. What public expenditure does in this respect, private expenditure would also have done. Therefore the alleged interests of production are always irrelevant.

An appreciation for the intrinsic merit of public expenditure made for Algeria is not part of the aim of this article.

However, I cannot refrain from making a general observation. Presumption is always unfavorable to collective expenditure carried out through taxes. Why? This is why:

First of all, justice always suffers because of it. Since Jacques Bonhomme had sweated to earn his hundred-sou piece with some kind of satisfaction in mind, it is at least unfortunate that the tax authorities intervene to remove this satisfaction from Jacques Bonhomme to give it to someone else. Certainly, it is then up to the tax authorities or those who direct them to give good reasons for this. We have seen that the State gives a detestable reason when it says: "With these hundred sous I will give work to workers," since Jacques Bonhomme (as soon as he no longer entertains any blindness in this regard) will not fail to reply: "Good heavens! With one hundred sous, I will give them work myself !"

Setting aside this reason, other reasons are put forward in all their nakedness, making the argument between the tax authorities and poor Jacques Bonhomme extremely simple. If the State says to him: "I am taking one hundred sous from you to pay the gendarme who saves you from having to look after your own security, to pave the road you cross every day, to pay the magistrate who ensures respect for your property and freedom, or to pay the soldier who defends our borders," Jacques Bonhomme would pay without a word, unless I am much mistaken. But if the State tells him: "I am taking your hundred sous to give you a subsidy of one sou if you farm your field well, or in order to teach your son what you do not want him to learn, or for the cabinet minister to add the hundred and first dish to his dinner; I am taking them to build a cottage in Algeria subject to taking one hundred sous more from you each year to keep a settler there, in addition to a further hundred to keep a soldier to guard the settler and yet another hundred to keep a general to guard the soldier, etc., etc.," I can almost hear poor Jacques cry: "This legal regime bears a strong resemblance to the legal regime which prevails in the Forest of Bondy!" and as the State has foreseen the objection, what does it do? It mixes up everything; it produces this detestable argument, which should not have any influence on the matter; it talks about the effect the many hundred sous have on production; it refers to the minister's cook and supplier, a settler, a soldier, and a general all living off these five-franc coins.

It shows, in a word, what is seen, and as long as Jacques Bonhomme has not learned to bring to the forefront what is not seen, he will be duped. This is why I am endeavoring to teach him to do this by means of frequent repetition.

Because public expenditure displaces production without increasing it, a second and serious presumption weighs against it. To displace production is to displace workers and upset the laws of nature that govern the distribution of the population across the country. When 50 million is left to taxpayers, since taxpayers are everywhere, this sum stimulates work in the forty thousand communes in France. This money acts as a link to keep each person in his native area; it is spread to every possible worker and over all the forms of production imaginable. If the state withdraws this 50 million, gathers it together, and spends it for a specific purpose, it attracts to this purpose a proportional quantity of displaced output, a corresponding number of uprooted workers, a floating population that has lost its position in society and is, I dare to say, dangerous once funds have run out! But the following happens (and here I return to my subject): this fevered activity, blown into a restricted space, in a manner of speaking, leaps to the eye, that is what is seen.The people applaud and marvel at the beauty and ease of the procedure and clamor for its continuation and extension. What is not seen is that an equal quantity of productive activity that is probably of a more sensible kind has been consigned to idleness throughout the rest of France.

- XI -
Thrift and Luxury

It is not only with reference to public expenditure that what is seen eclipses what is not seen. Leaving half the economic system in shadow as it does, this phenomenon ushers in a false moral code. It leads nations to consider their moral and material interests as antagonistic. Can anything be more demoralizing and sad? Let us see.

There can be no head of a household who does not see it as his duty to teach his children order, neatness, a sense of looking after things, and economy and moderation in expenditure.

There is no religion that does not inveigh against ostentation and luxury. That is all very good, but on the other hand, what can be more popularly accepted than the following axioms:

"Hoarding dries up the veins of the people."

"The luxury of the great leads to the prosperity of the humble."

"Those who are prodigal ruin themselves but enrich the State."

"It is on the excess of the rich that the bread of the poor is sown."

Here, certainly, there is a flagrant contradiction between moral and social ideas. How many eminent minds rest in peace after having noted the conflict! This is what I have never been able to understand, as it seems to me that there is nothing more painful than to perceive two opposing tendencies in the human race. What! It is led to degradation by either of the two extremes! If it is thrifty, it falls into destitution; if it is prodigal, it ends up in the abyss of moral decay.

Fortunately, popularly accepted maxims show Thrift and Luxury in a false light as they take account only of their immediate consequences that are seen and not of the later effects that are not seen. Let us attempt to rectify this limited view of the matter.

One Mondor and his brother Ariste,1 having shared their father's inheritance, each have an income of fifty thousand francs. Mondor exercises the fashionable kind of philanthropy. He is what is known as a veritable executioner of money. He buys new furniture several times a year and a new wardrobe every month. The ingenious ways he comes up with to get through his inheritance sooner are the talk of the town: in short, he eclipses the highlivers of Balzac and Alexandre Dumas.

This being so, you ought to hear the chorus of praise which always surrounds him! “Tell us about Mondor! Long live Mondor! He is the benefactor of the workers and the Providence of the people. It is true that he wallows in orgies and splashes mud all over passers-by; his dignity and human dignity in general are somewhat diminished. But what does it matter! If he is not useful himself, he makes himself useful by his wealth. He keeps money in circulation; his courtyard is always full of suppliers who always go away satisfied. Is it not said that if a gold piece is round it is so that it rolls?”

Ariste has adopted a very different lifestyle. While he is not selfish, he is at least an individualist, since he uses reason to govern his expenditure, seeks only moderate and reasonable pleasures, thinks of the future of his children and, to use the dreaded word, he is thrifty.

And you ought to hear what is said of him by the populace! “What use is this mean rich man, this evil usurer! Doubtless there is something imposing and touching in the simplicity of his lifestyle; besides, he is humane, benevolent, and generous, but he calculates. He does not consume all his income. His townhouse is not constantly splendid and buzzing with life. What gratitude does he generate among upholsterers, coach builders, horse dealers, and confectioners?"

These assessments that are damaging to the moral code are based on the fact that there is one thing that catches the eye: the expenditure of the prodigal brother, and another that escapes it: the equal and even greater expenditure of the brother who saves.

However, things are so admirably organized by the divine inventor of social order that in this as in everything, Political Economy and Morality, far from being in conflict, are in agreement with one another, and Ariste's wisdom is not only more dignified but also more profitable than Mondor's folly.

And when I use the term profitable, I do not just mean that it is profitable to Ariste or even to society in general, but more beneficial to the workers of today and current productive activity.

To prove this, you need cast only your mind's eye on the

hidden consequences of human action that your physical eye does not see.

Yes, Mondor's prodigality has effects that are visible to all. Everyone can see his carriages, landaus, phaetons, the dainty paintings on his ceilings, his rich carpets, and the splendor that radiates from his townhouse. Everyone knows that his thoroughbreds run in races. The dinners he gives at his townhouse in Paris draw crowds on the pavement, and people say: "Here is a good man who, far from keeping back some of his income, probably is eating into his capital." This is what is seen.

From the point of view of the workers' interests, it is not as easy to see what happens to Ariste's income. Let us follow it closely, however, and we will see that all of it, right down to the last obole, will provide work to workers, as certainly as Mondor's income does. There is just one difference: Mondor's wild expenditure is condemned to decrease constantly and come to an inevitable end, while Ariste's wise expenditure will increase from year to year.

And if this is so, the public interest will certainly be in line with the morality.

Ariste spends twenty thousand francs a year on himself and his household. If this were not enough to make him happy, he would not deserve to be called a wise man. He is touched by the misfortunes that weigh on the poor classes; he believes that in all conscience he is called upon to contribute some relief to them, and he devotes ten thousand francs to charity. Among the traders, manufacturers, and farmers, he has friends who are temporarily on hard times. He finds out about their situation in order to be able to help them prudently and effectively and allocates another ten thousand francs to this work. Finally, he does not forget that he has daughters to provide a dowry for and sons whose future he has to ensure, and consequently he sets himself the duty to save and invest ten thousand francs each year.

Here then is the way his income is used:

1. Personal expenditure 20,000 francs;
2. Charity 10,000 francs;
3. Help to Friends 10,000 francs;
4. Savings 10,000 francs.

Let us take each of these headings and we will see that not one single obole escapes the national output.

1. Personal expenditure. With regard to workers and suppliers, this has effects that are absolutely identical to an equal level of expenditure made by Mondor. This is self-evident; we will say no more about it.

2. Charity. The ten thousand francs devoted to this heading also go to stimulating productive activity: they go to the baker, the butcher, and shops that sell clothes and furniture. The point is, however, that the bread, meat, and clothing are not directly of use to Ariste, but to those he has substituted for himself. Well, this simple substitution of one consumer for another has not the slightest effect on general production. Whether Ariste spends one hundred sous or asks an unfortunate person to spend them in his stead is just the same.

3. Help to Friends. The friend to whom Ariste lends or gives ten thousand francs does not receive them in order to bury them; this would be repugnant to the whole conception. He uses this money to pay for goods or settle debts.In the first instance, productive activity is stimulated. Would people dare to say that such activity has more to gain from the purchase by Mondor of

a thoroughbred for ten thousand francs than from the purchase by Ariste or his friend of ten thousand francs' worth of fabrics? Or if this sum is used to pay a debt, the only thing that results is that a third person, the creditor who receives the ten thousand francs, appears on the scene; he will certainly use this money for some purpose in his trade, his factory, or his operation. It is one middleman more between Ariste and the workers. The names change but the expenditure remains, as does the stimulus given to production.

4. Savings. There remains the ten thousand francs that is saved, and this is where, from the point of view of encouraging the arts, industry, work, and the labor force, Mondor appears to be vastly better than Ariste, although from the moral point of view Ariste shows himself to be somewhat better than Mondor.

It is never without physical unease that borders on pain that I see the appearance of contradictions like this among the great laws of nature. If the human race was reduced to choosing between two parties, one of which injures its interests and the other its conscience, all that would be left to us would be to despair of its future. Fortunately, this is not so. And, in order to see Ariste regain his economic as well as his moral superiority, you just have to understand this consoling axiom that is no less true for appearing to be paradoxical: To save is to spend.

What is Ariste's aim in saving ten thousand francs? Is it to bury two thousand hundred-sou pieces in a hiding place in his garden? Certainly not; he means to increase his capital and income. Consequently, this money, which he is not using to purchase personal forms of satisfaction, he uses to buy land, a house, state bonds and shares in industry, or else he invests it with a trader or a banker. If you follow the écus in all these alternative uses, you will ascertain that, through the offices of salesmen or lenders, they will go to provide work as surely as if Ariste, following the example of his brother, had traded them for furniture, jewelry, and horses.

The whole point is that when Ariste buys land or bonds for ten thousand francs, his choice is determined by the consideration that he has no need to spend these funds on consumption goods, this being what you are criticizing him for.

But, likewise, the person who sells him the land or the bond is guided by the belief that he needs to spend the ten thousand francs in some way or another.

This means that the expenditure is made come what may,

whether by Ariste or those who take his place.

From the point of view of the working classes or the stimulation of employment, there is therefore just one difference between Ariste's action and that of Mondor. As Mondor's expenditure was made directly by him and around him, it is seen. As Ariste's action is carried out in part by middlemen and at a distance, it is not seen. However, in fact, and for anyone capable of relating cause to effect, the cause that is not seen is just as certain as that which is seen. The proof of this is that in both cases the écus circulate and do not remain in the wise man's strongbox any more than in that of the spendthrift.

It is therefore erroneous to say that Thrift is currently causing harm to industry. Seen from this angle, it is just as beneficial as Luxury.

But how much superior it is to the latter if the train of thought, instead of limiting itself to the hour that passes, encompasses a longer period!

Ten years have gone by. What has become of Mondor, his fortune, and his great popularity? All of this has vanished; Mondor is ruined. Far from spreading sixty thousand francs each year around the social body, he is perhaps a burden on it. In any case, he no longer gives joy to his suppliers; he is no longer counted as a promoter of the arts and industry; he is no longer any use to workers any more than he is to his family, which he has left in poverty.

At the end of this same ten-year period, not only has Ariste continued to put his entire income into circulation, but he puts an increasing level of income into it as the years go by. He increases the capital of the nation, that is to say, the fund out of which wages are paid, and as the demand for labor is based on the size of this fund, he continues to increase the remuneration of the working class. Should he die, he will leave children whom he has made capable of carrying on this work of progress and civilization.

From a moral point of view, the Superiority of Thrift over Luxury is obvious. It is consoling to think that this is true from the economic point of view as well, at least for anyone who does not stop at the immediate effects of phenomena but is capable of extending his investigations right up to their final effects.

- XII -
The Right to Work and the Right to Profit

"Brothers, tax yourselves in order to provide me with work at your price." That is the Right to Work, Elementary Socialism, or the first stage of socialism.

"Brothers, tax yourselves in order to supply me with work at my price." That is the Right to Profit, Refined Socialism, or the second stage of socialism.

Both live as a result of effects that are seen. They will die as a result of the effects that are not seen.

What is seen is the work and profit generated by taxes levied on society.

What is not seen are the work and profits that would be generated by this same amount if it were left in the hands of the taxpayers.

In 1848, the Right to Work was displayed for a time under both its aspects.

This was enough to cause its downfall in public opinion.

One of these aspects was called the National Workshop. The other, the tax of Forty-five centimes.

Millions every day moved from the rue de Rivoli to the National Workshops. This was the good side of the coin.

But here is the reverse side. In order for millions to leave the coffers, they have first to enter them. This is why the organizers of the Right to Work turned to the taxpayers.

Well, peasants in the countryside said: "I have to pay forty-five centimes. I will therefore do without an item of clothing, I will not marl my field nor repair my house."

And the laborers in the countryside said: "Since our bourgeois class is depriving itself of items of clothing, there will be less work for tailors; since it is not marling its fields, there will be less work for laborers; since it is not repairing its houses, there will be less work for carpenters and masons."

It was then proved that you cannot profit twice from the same transaction and that work paid for by the government is carried out at the expense of work paid for by taxpayers. This was the death of the Right to Work, which appeared to be just as much of an illusion as it was an injustice.

And yet, the Right to a Profit, which is just an exaggeration of the Right to Work, is still alive and is doing marvelously.

Is there not something shameful in the role that protectionists make society adopt?

Protectionists say to it:

> "You have to give me work, and what is more, lucrative work. I was silly enough to choose a form of industry that leaves me with a loss of 10 percent.
>
> If you inflict a contribution of twenty francs on my fellow citizens and hand it over to me, my loss will be converted into a profit. Well, Profit is a Right, and you owe it to me."

The society that listens to this sophist, which saddles itself with taxes to satisfy him and which does not notice that the loss made by an industry is no less of a loss because others are obliged to compensate it, this society, as I say, deserves the burden inflicted on it.

Thus, this is seen in the many subjects I have dealt with: not to know Political Economy is to let oneself be blinded by the immediate effect of a phenomenon; to know Political Economy is to take into consideration all the effects, both immediate and future.

I might at this point submit a host of other questions to the same proof. However, I draw back from the monotony of an endlessly repetitive argument and will close by applying to Political Economy what Chateaubriand said about History:

> There are [he said] two consequences in history; one that is immediate and known right away, the other more distant and not obvious at first sight. These consequences are often contradictory; some come from our recently acquired wisdom, the others from wisdom of long standing. A providential event appears after a human one. God arises behind men. You may deny as much as you like the supreme counsel, refuse to accept what it has done, query its choice of words and dismiss as the mere force of things or reason, what the common folk call Providence, as much as you like. But look to the end of an accomplished deed and you will see that it has always produced the opposite of what was expected of it, when it has not initially been based on morality and justice.
>
> (Chateaubriand, *Memoirs from Beyond the Grave*)

ROOFS OR CEILINGS

03

消失的屋顶

[美] 米尔顿 · 弗里德曼（Milton Friedman）
[美] 乔治 · 施蒂格勒（George J. Stigler） 著
谌紫灵 译

中信出版集团 | 北京

图书在版编目（CIP）数据

消失的屋顶：汉、英 /（美）米尔顿·弗里德曼，（美）乔治·施蒂格勒著；谌紫灵译. -- 北京：中信出版社，2020.8

（迷人的经济学：影响世界的五大经济学思维）

书名原文：Roofs or Ceilings

ISBN 978-7-5217-1849-2

Ⅰ.①消… Ⅱ.①米… ②乔… ③谌… Ⅲ.①经济学－通俗读物－汉、英 Ⅳ.① F0-49

中国版本图书馆 CIP 数据核字（2020）第 073813 号

迷人的经济学——影响世界的五大经济学思维

消失的屋顶

著　　者：[美] 米尔顿·弗里德曼　[美] 乔治·施蒂格勒
译　　者：谌紫灵
出版发行：中信出版集团股份有限公司
　　　　　（北京市朝阳区惠新东街甲 4 号富盛大厦 2 座　邮编　100029）
承 印 者：北京诚信伟业印刷有限公司

开　　本：787mm×1230mm　1/32　　印　　张：4.25　　字　　数：69 千字
版　　次：2020 年 8 月第 1 版　　印　　次：2020 年 8 月第 1 次印刷
书　　号：ISBN 978-7-5217-1849-2
定　　价：179.00 元（全五册）

服务热线：400-600-8099
投稿邮箱：author@citicpub.com

目 录

前　言

如果国会在1946年7月的政策使物价管理局（OPA）的权力有所收敛，那么政府的价格管制政策会就此终结吗？也就是说，这些管制政策会被州政府、地方政府和新的联邦法规重新启用吗？

至少在租金管制方面，答案是明确的。1946年7月，在联邦政府放松管制期间，一个又一个的州和地区相继设立了或打算设立相应的机构来维持租金天花板（ceilings）。[①]

为什么呢？

因为很多公民和政府官员认为，出于这样或那样的原因，这些管制要么是必不可少的，要么是可以让人觉得称心如意的。甚至在那些反对继续实行其他形式的价格和工资管制的人当中，也有许多人破天荒地赞成租金管制。他们说，他们起码应该保留租金管制。

然而，租金管制，也包括那种保护租户不被驱赶的法律，都是业主房产权遭到不公平剥夺的体现。它限制了业

① 在经济学中，ceilings一般被翻译为“上限”。本书采用的是其最初的表面意思“天花板”，以与“屋顶”对照理解。——译者注

主的使用权和业主从其房产的使用中获得利润的权利。同时，面对那些由政府管制的房产，一些人会希望通过竞价方式获得该房产的使用权，但是租金管制却使这部分人失去了这个良机。

这种在和平时期剥夺财产权和使人们错失良机的特殊方法，在美国可以称得上是奇观了。这种方法一般会持续多久呢？另外，它对美国人看待个人企业和私有财产的态度也会产生严重的不良影响，那么这种影响通常又会蔓延到什么程度呢？

“军事必要性”在战争期间被用来作为在美国经济中引入大量强制和限制性措施的理由。大多数支持租金管制的人仍然认为，继续实行这一政策只是一种暂时的“紧急”措施。他们的推测是，战争限制了住宅楼房的建设，而人口则继续增长，从而导致了暂时的“住房短缺”。

但事实是什么呢？人口或家庭数量的增长真的超过了住宅楼房数量的增长吗？

政府的租金管制政策是否符合其支持者所宣称的目的呢？这个政策帮助退伍军人、战前工人、新婚夫妇和低收入家庭以“合理”的价钱找到了住房吗？

什么是“合理”的租金呢？所支付的租金仅仅是给土地“主人”的一笔收入吗，还是说租赁市场发挥了什么其他作用呢？长期以来，这些作用被人们认为是理所当然的，久而久之，便被人们抛到九霄云外了。

为了能够恰如其分地处理这类问题，弗里德曼教授和施蒂格勒教授进行了长年累月的学习和研究。他们的答案可能会让你大吃一惊。

伦纳德·E. 里德

1
屋顶或天花板？当前的住房问题

1906年4月18日，旧金山发生了地震。紧接着，大火在这座城市蔓延了三天，摧毁了市中心3 400英亩[①]的楼房。

该地的联邦部队指挥官格里利少将（Maj. Gen. Greely）对当时的境况是这样描述的：

> 曾经那些远近闻名且具有举足轻重地位的酒店，一家也没有留下；高大雄伟的公寓楼也已灰飞烟灭……22.5万人……无家可归。

此外，在地震中，许多房屋不是受到了损坏就是遭到了毁灭性的破坏。

就这样，仅三天时间，一个约40万人口的城市失去了一半以上的住房设施。

各种因素缓解了住房的严重短缺问题。许多人——估

① 1英亩=4 046.864 798平方米。——译者注

计多达7.5万人——暂时离开了这座城市。人们搭建了临时营地和避难所，到1906年夏天的建筑高峰期，大约有3万人因此受惠。新建工程日新月异。

然而，在灾难发生后的好几个月里，曾经在这座城市里生活的大概五分之一的人需要享有在地震中保留下来的少于一半的住房设施。也就是说，每一栋在地震中保留下来的房子平均要比平时多容纳40%的人。

然而，当翻到《旧金山纪事报》（*San Francisco Chronicle*）1906年5月24日那一期——地震后发行的第一期报纸——时，我们却发现上面没有一篇文章提到住房短缺！在与公寓和房子相关的分类广告中，64个广告是关于可出租的（其中有些公寓和房子可供多人居住），19个广告是关于可出售的，而关于求租或欲购买的广告则只有5个。此后，除酒店房间外，还有相当多的各种类型的住房可供出租。

1946年的住房问题

40年后，旧金山再次出现住房短缺问题。这次短缺现象是全国性的。旧金山的情况并不是全国最糟糕的，但由于人口向西迁徙，[1]它的情况又比全国的平均情况更为糟

[1] 指美国始于19世纪的西进运动，旧金山是美国西部的重要城市，这座城市是在西进运动中崛起的。——译者注

糕。1940年，拥有63.5万人口的旧金山并不缺乏住房，因为在当时，只有93%的房子有人居住。1946年，旧金山的人口数量最多增加了三分之一——大约20万。与此同时，旧金山的住房数量也至少增加了五分之一。

因此，这个城市的每套住房需要比战前多安置10%的人口。有人可能会说，1946年的住房短缺严峻程度是1906年的四分之一，那时（1906年），每套在地震前保留下来的住房都要比地震前多容纳40%的人口。

然而，1946年的住房短缺问题并没有被《旧金山纪事报》或其他媒体忽视。1946年1月8日，加利福尼亚州议会召开会议，州长将住房短缺列为"加利福尼亚州面临的最严峻问题"。在这一年的头5天里，总共只有4个关于房屋或公寓可供出租的广告。与此对应的是，在1906年5月的某一天就有64个这方面的广告，另外还有9个广告是关于旧金山与其他地方换房资讯的。但在1946年，人们每天发布的求租广告有30个；1906年，这一数字是5。在1946年的同一时期，每天大约有60个出售房屋的广告，而1906年则只有19个这样的广告。

不管是1906年，还是1946年，旧金山都面临着这个国家当下所面临的问题：在新的建筑填补住房缺口之前，如何把相对固定数量的住房分配给那些希望有更多住房的人

（定量配给）呢？1906年，旧金山是通过提高租金来实现的。1946年，由于有了租金天花板这个政策，即用更高的租金来实现住房的定量配给这种行为已经被视作非法行为，加上配给本身又具有随意性和偏袒性，那么第三种可能的方法便是让物价管理局实行配给了。

这三种方法分别有什么优点呢？

2
1906 年的方法：价格配给

战争经验使许多人认为配给等同于物价管理局的表格、票券和订单。

但这却是目光短浅的表现。从某种意义上说，只要不是像空气或阳光那种丰盈充足的东西，它们都必须被配给。也就是说，无论什么时候，人们想要的东西总会比他们所能得到的更多。无论是面包、电影票、毯子，还是理发这种服务，都必须靠人们通过某种方式来决定这些东西要如何分配给那些想要获得它们的人。

我们平时所实行的配给制的基础是竞价拍卖这种方式。如果商品需求增加，那么购买者之间的竞争往往会使商品价格上涨。价格的上涨则使购买者更加保守、谨慎并有效率地使用商品，从而减少了人们对供给的消耗。与此同时，价格上涨也会鼓励生产商扩大生产。同样，如果人们对某种商品的需求下降，那么其价格往往会下降，消费则会扩张到供应的水平，从而使产出下降。

1906年，旧金山用这种自由市场的方法解决了住房问题，随之而来的则是租金上涨。然而，尽管房租比地震前要高，但还是要引用1906年灾后的一则广告——虽然对如今的购房者来说是残酷的——来说明当时的情况，“带浴室的6居室，两间带壁炉的房间（地下室），精装修，配有精美的钢琴……45美元”。

从我们的例子中，我们可以清楚地看到通过提高租金实行配给的好处：

1. 在自由市场中，不论住房的租金水平如何，总有一些人能立即租到住房。
2. 租金的疯涨迫使一些人更加节省住房空间。在有足够的新建住房之前，这种上涨是唯一的解决方案。
3. 高租金对修建新住房起到了强有力的刺激作用。
4. 不需要不断增加复杂而又昂贵的机械，因为这种配给是通过价格体系不偏不倚地悄悄实现的。

当我们考虑到其他方法时，这些好处的全部意义将会更加显而易见。

反对价格配给

这些优点在战前的美国几乎没有受到质疑，而现在，人们却提出了三种截然不同的反对意见。第一种反对意见通常是这样的："富人将得到所有的住房，而穷人什么也得不到。"

这种反对意见是错误的：在1906年的住房严重短缺期间，始终有廉价公寓和住房供应。实际情况是，在自由市场条件下，更好的房屋将属于那些出价更高的人。之所以出现这种结果，要么是因为这些出价更高的人有更高的收入或更多的财富，要么是因为他们喜欢更好的住房，而不是更好的汽车。

但是，与1940年的住房问题相比，这一事实与目前发生的住房问题可以说毫无关系。实际上，在当下，如果个人收入和财富的不平等证明管制租金是合理的，它就为1940年的租金管制提供了更加强有力的理由。如果真有危险，那么富人在1940年得到所有住房的危险比现在还要大。

现在，每个人或每个家庭平均使用的住房空间至少与战前一样多（见后文表4–1）。此外，与战前相比，全国家庭收入的分配在当下是更加平等的。因此，如果把租金从法律管制中解放出来，让其自然变动，那么现在，与战前一样多的住房将会实现比那时更加公平的分配。

在自由市场条件下，更好的住房是会被收入更高或财富更多的人占有的。如果这一事实有什么意义的话，那就是为了减少收入和财富不平等的情况，这一事实也是采取长期措施的一个理由。对于那些像我们一样，希望不仅仅在住房也包括所有产品方面，能有比现在更多公平选择机会的人来说，直接解决收入和财富来源上现存的不平等问题，肯定要比对那些与我们生活息息相关的数百种商品和服务进行逐一配给要好。允许个人获得不平等的货币收入，然后采取既繁杂又代价高昂的措施限制他们使用自己的收入，这是极其愚蠢的。①

对于取消租金管制来说，人们经常提出的第二个反对

① 两位作者没有说明他们将采取的“长期措施”是否超越了特权，例如是否超越了现在由政府保护的“垄断”这种特权。然而，无论如何，他们对于这一点的意见的重要性是值得引起我们特别重视的。这意味着，即使从那些把平等置于正义和自由之上的人的观点来看，租金管制也是“愚蠢至极”的。——原编者注

值得一提的是，FEE（美国经济教育基金会）在出版这本小册子时，其创始人伦纳德·里德及助手奥瓦尔·沃茨（Orval Watts）强烈反对这段话，并要求删除，认为这段话会被人认为“本基金会支持某一集体主义理念，而我们实际上非常厌恶集体主义理念”。弗里德曼和施蒂格勒拒绝删除，而且表示宁可退回微薄的稿酬，并收回原稿，也不删除。最后，这段文字未被删除，但在此段文字之后，加上了这段注解。他俩都认为这一注解实际上是在控告他们将平等置于正义与自由之上，因而他俩认为该注解是不可原谅的。因此，他俩就决定以后绝不与该基金会或里德来往。不过，1947年，弗里德曼在出席朝圣山学社（Mont Pelerin Society）会议之后，被困在巴黎的欧里机场，巧遇里德也在等候同一班机，经由几个小时的共处，彼此化解了争执，言归于好。后来，弗里德曼和里德一直保持着深厚的友谊关系。——译者注

意见是：房东将从中受益。租金肯定会上涨（除了在那种被称为“黑市”的地方），房东的收入也会上涨。但这是反对意见吗？不管是什么配给制度，总会有一些群体受益。而拥有城市住房的房东从战争扩张中获得的好处，无疑比几乎任何其他大型群体都要少。

住房短缺最终必须通过新建房屋来解决，而且其中的大部分新建房屋都将用于业主自住。但许多人更喜欢或必须住在出租的房子里。增加住房或改善这些人的住房条件在很大程度上取决于这些新修建的出租房。以某种有吸引力的回报来鼓励进取心一般的建筑商修建新的出租房（也就是说，让他们成为房东），实在是一种奇怪的方式。

目前，反对住房自由市场的第三个理由是：租金上涨要么意味着通货膨胀，要么会导致通货膨胀。

但价格膨胀是许多个体价格的纷纷上涨，而且从根源上制止这种威胁要简单得多，那就是要提高家庭收入，并使那些为几乎所有增加的支出提供资金的流动资源也得到增加。课征重税、管制经济和控制货币存量是对抗通货膨胀的基本武器。对于通货膨胀来说，这种对数百万种个体价格——旧金山的房子租金A、芝加哥的牛排价格B、纽约的西装价格C——修修补补的方法是治标不治本的，这种愚不可及的方法毫无效果。

然而，有人会说，我们没有在财政和货币上实行管制，我们也不太可能这么做，因此取消租金天花板实际上会刺激工资上涨，接着就是物价上涨——这就是我们熟悉的恶性通货膨胀。我们不否认这一立场是站得住脚的，但它令人信服吗？要回答这个问题，我们必须一方面评估继续租金管制的成本，另一方面评估取消租金管制可能会对通货膨胀做出的额外贡献。接下来，我们将讨论现行制度的成本，并在结论中简要评估更高租金带来的通货膨胀威胁。

目前对售房实行的配给

没有住房销售价格的天花板意味着，目前由业主拥有的房屋正按照1906年的方法实行配给——价高者得。随着大量不断增长的需求遇到相对固定的供给，房屋销售价格会不断上涨。因此，许多房东认为，以虚高的市场价格出售房产比以固定的天花板价格租房要好。

因此，租金天花板意味着，越来越多的住房被投放到市场上供业主自住，而且几乎不可能存在新的租金价格，至少在法定租金水平上是这样的。1906年，当租金和售价都可以自由上涨时，《旧金山纪事报》列出的“可出售房屋”与“可出租房屋或公寓”之比约为3∶10。1946年，在租金管制下，这一比例变为730∶10。

因此，出售房屋的自由市场允许一个人有足够的资金支付房屋的首付款，他通过购买来解决他的问题。这通常意味着他必须背上沉重的债务，而且他必须把他曾经想用在其他方面的钱作为首付款。

无论如何，有钱的人会找到大量的房子，而且是很有吸引力的房子。房价将会很高，但这正是房价上涨的真正原因。他很可能最终会得到不那么理想的住房、家具和其他东西，这既不是他想要的，也不是战前记忆给他留下的他自己希望能得到的东西，但至少，他们一家人会有一个栖身之所。

因此，对于这个针对提高租金实行配给而提出的主要批评——富人在满足住房需求方面会获利更多，1946年采用的租金管制方法并没有使这种批评之声消失。实际上，1946年的方法反而使这种声音越来越大。目前的方法通过鼓励现有的租房者自由使用空间，并迫使许多更愿意租房的人借贷买房，使得可出售房屋的价格涨幅高于没有租金管制时期的情况。

为了让那些已经拥有了一套房产的人不能得到更多住房，有一种方法是：对房屋销售价格设置天花板。这将进一步缩小价格配给的范围，并随之扩大在当下实行的这种对出租财产实行配给的租金管制方法的范围。如果当前的租房配给办法令人满意，那么这可能会是一个明智的行动。

但是，那些想租房子的人面临的是什么情况呢？

3

1946年的方法：配给的随意性和偏袒性

潜在租客所面临的情况与愿意买房的人截然不同。如果潜在租客能找到住处，那么他可能会支付“合理”的租金，即战前租金。但是，除非他愿意支付一笔可观的额外费用——购买“家具”或使用其他一些间接手段，否则他不太可能找到可以出租的房子。法定的租金天花板是可供出租的住房如此之少的原因。国民的货币收入翻了一番，因此大多数个人和家庭的货币收入都比战前高得多。他们可以支付比战前高得多的租金，但从法律上讲，他们不需要支付更多。因此，他们竭尽所能获得更多更好的住房。

但是，自1940年以来，那些为了房子东奔西走的数以百万计的个人和家庭，并不都能心想事成。因为住房供应的增长速度仅与人口增长速度相当。那些美梦成真的人不得不让其他人的梦想破灭。那些不那么幸运的人和刚进入房地产市场的人——从战场回家的士兵、新婚的夫妇和换住处的人——都千方百计地想获得比战前更多的住房空间，这导致了一个熟悉的景象：每一间空房都有一大群申请人。

《旧金山纪事报》的广告再次证明了租金天花板的影响。在1906年的地震后，当租金自由上涨时，“求租房屋”与“可出租房屋或公寓”之比为1∶10；1946年，这一比例变为375∶10。

退伍军人找房

1946年1月28日的《纽约时报》（*The New York Times*）报道了查尔斯·施瓦茨曼（Charles Schwartzman）的经历，他“30岁出头，精神矍铄”，最近刚刚退伍。施瓦茨曼先生千辛万苦地搜寻了3个月，开着车四处寻找住处……穿越了这座城市及其周边地区，从牙买加区（Jamaica）、皇后区（Queens）到拉赫蒙特区（Larchmont），他几乎在每家房地产经纪公司都登记过。他在报纸上登过广告，也回应过广告。他拜访了位于帕克大街500号（500 Park Avenue）的纽约市退伍军人中心（New York City Veterans Center）和美国退伍军人委员会住房小组委员会（American Veterans Committee housing sub-committee）；他和朋友们谈过，向亲戚们恳求过；他甚至给州长杜威写过信。结果呢?

一套位于中央公园西（Central Park West）和101街（101 Street）之间的4居室冷水公寓的月租金是300美元。与此同时，他还需要为这套公寓的家具支付3 000美元。在中央公园西外的第八十八街（ Eighty-eighth Street），一名年轻女子（她当时正要去哈瓦那）愿意以每月80美元的租金让他租下一栋褐砂石老房子，这栋老房子有经过重新粉刷，但并没有翻修，要获得这套“公寓”的另一个条件是他还需要以1 300美元的价格买下这栋房子的家具，并需要支付这位女房东付给中介的100美元。

本来，西城酒店（West Side hotel）的宽敞两居室的租金是每月75美元，但酒店老板已经把这种有两间房的套房从月租广告上移走了，并把它们单独以一间房的形式放在了以（更高的）日租金标示的临时出租广告上。

谁得到住房

如今，出租房屋的配额是由各种各样的机会和偏好习惯决定的。首先获得好处的是那些在住房短缺之前租房的家庭，这些家庭愿意继续住在原来的房子里。

然后就是新到者中的两类人：第一类是那些愿意并能够通过某种法律手段或通过向物价管理局负责租金天花板的官员支付现金补贴的人，第二类则是房东或者其他负责租房事宜的人的亲友。

不属于这些受欢迎阶层的潜在租户会争夺剩下的住房。成功属于那些幸运的人，他们只有很少的家人，而且能花大把的时间到处去打听，并设计出别具匠心的方案来寻找可能的空房，这些人是最理想的租户。

最后才可能是那些必须靠工作来养家糊口而且其妻子必须照顾小孩的男人。他和他的妻子几乎没有时间去找房子，那无异于大海捞针。如果他想找个地方住，那么他很可能会被拒绝，因为有孩子的家庭比没有孩子的家庭更不受欢迎。

现有方法的社会成本

实际上，没有成功买到房子或租到房子或公寓的每个人都有地方可以居住。一些人住在紧急住所——移动住宅停放地、预制紧急住房或改装军营。大多数人则与亲戚朋友合住，但这种解决办法有着严重的社会弊端。

虽然亲戚朋友愿意并能够提供住房，但是其房子的地点与自己所期望的地点要么关系不大，要么毫无关系。为了和家人住在一起，丈夫不能再到处奔走，他必须接受任何在当地可能得到的工作职位。如果当地没有工作或者只有非常差的工作，那么为了在其他地方获得工作机会，他可能不得不与家人分开，过着与家人连见面都遥遥无期的生活。然而，在当下，社会尤其需要流动性。战后人口的最佳分布当然不同于战时的人口分布，而人口的迅速再分配也要求人们愿意并能够随时转移到另外一个地方。

当前的这种合住方式简直就是一个噩梦，它既限制了那些合住者的流动，又使那些没有住在一起的人难以迁徙。那些有幸拥有一套房子或公寓的人在搬到另一个城市之前，会三思而后行，因为在另一个城市，他会成为新到者中不受欢迎的人。迁徙最显而易见的成本可能就是与家人长期分居，他自己则还得找房子；而其家人要么待在原来的地方，要么搬到亲戚家去住。

在降低当前那些没有合住在一起的人的住房使用率方面，租金天花板也发挥了重要作用（租金天花板还使那些独自居住的人大大降低了住房使用面积）。与战前相比，很少有人会产生有效利用住房空间的想法，因为现在的租金相对于平均货币收入而言是比较低的。在战前，如果搬到更小的地方住或者找个室友合住都不那么可取的话，那么现在除了爱国主义和人道主义的冲动——或者可能担心亲戚们会空降这个额外住房空间，也没有其他理由要有效地利用住房空间。

实际上，租金天花板导致的稀缺性给有效利用住房带来了新的障碍：租户往往不会放弃他的超大公寓而开始那种寻找更合适住所的无聊之旅。而且，每当出现空房的时候，房东很可能会优先考虑把房子租给那些人口数更少的家庭或单身人士。

由取消租金天花板引起的合住现象是截然不同的。在自由租赁市场中，那些认为要靠牺牲自己的居住空间来获得租金回报的人会让出自己的一部分居住空间。合住将出现在那些有多余的居住空间和想要额外收入的人身上，而不是像现在这样出现在那些出于家庭责任或有义务的人身上，他们不管是否有多余的居住空间或其他情况。那些从别人那里租房子的人面对的是严格意义上的商业交易，他们不会觉得自己是侵入者或者背上了个人义务，也不会让那些提供住处的人承受那种不应该有或不受欢迎的负担。他们更能在与工作机会相关的地方找到可供出租的住房。工人们将重新流动起来，出租房屋的业主也将重新有动力接纳更多的人。

4
公共配给的方法

我们现行的这种房东配给制存在着明显的缺陷和严重的问题。这些房东被期待的是能够在私下实行个人配给。当然，这就是为什么物价管理局在战争期间承担了分配肉类、脂肪、罐头食品和糖的任务，而不是交给杂货商店去处理配给事宜。物价管理局是否应承担住房设施的配给任务呢？那些提倡由公共机构对住房设施实行配给的人认为，这将消除对新来者和有孩子的家庭的歧视，并对那些拥有体面朋友的家庭也有好处。

然而，为了公平对待业主和租户，物价管理局必须能够告诉业主，如果业主有多余的居住空间，那么他们需要让出这一部分空间，否则就得搬到更小的地方。从政治的角度来看，命令一个拥有自己房子的美国家庭要么接纳一个陌生的家庭（因为自由选择将使配给目的不能达成），要么搬出去，这是完全行不通的。

即使这个基本困难是可以克服的，那么如何确定某个特定的家庭应该有多大的空间呢？男孩和女孩在多大年龄需要单独的房间呢？残疾人要不要住在一楼呢？哪些人是残疾人呢？那些在自己家里工作的人（医生、作家、音乐家）需要更多的空间吗？从事哪些工作的人需要住在更方便的地方呢？哪些家庭需要大院子呢？婆婆必须与一家人同住吗，或者婆婆有权单独居住吗？

物价管理局董事会需要多长时间来回答这些问题，并决定哪些租户或业主必须“搬迁”，以便为那些在董事会看来应该搬迁的人腾出空间呢？

住房短缺这种现象所持续的时间也会受到影响。公平地说，对租户和现有房东来说，新建的住房也将实行配给，并接受租金管制。一方面，如果把新住房的租金定得比同类现有住房的租金高得多，以刺激新住房建设，它就会牺牲租金管制和配给的一个主要目标——所有人都享受平等的待遇。另一方面，如果新住房的租金与现有住房的租金保持不变，私人建造的出租房就会很少或根本不存在。

我们可以得出这样的结论：由公共机构做出的配给不太可能被完全接受。它即使只应用于租房，也会引发巨大的行政和道德问题。

目前出现住房短缺现象的原因和可能持续的时间

从1940年以来人口的适度增长和住房设施的实际增长情况来看，目前的住房短缺问题显得如此严重，以至大多数人都不知道该如何解释。相反，这种短缺代表的是一些城市的快速发展（但所有城市都存在严重的住房短缺），也可能是结婚率和出生率的上升（但其测量数据是非常少的，或者与住房情况相比，其测量数据更少）。

实际上，住房供应与民间非农业人口的增长大致同步，我们根据政府数据做出了如表4-1所示的估计。

表4-1 住房供应与民间非农业人口的增长情况

时间	非农业		
	住房数（百万）	人口数（百万）	每单位住房的人口数
1940年6月30日	27.9	101	3.6
1944年6月30日	30.6	101	3.3
1946年春天	>31.3	≈111	<3.6

在物理意义上，某些地区会比1940年更拥挤，某些地区甚至还不如1940年拥挤。但众所周知的事实是，需要房子的人的数量和家庭数量增加了10%，而住房的数量也增加了约10%。

有两个事实可以解释为什么现在的住房短缺问题看起

来比1940年更加令人绝望，尽管人均住房量或家庭住房量大致相同。

第一个事实是，自1940年以来，美国公众的总货币收入翻了一番。因此，即使租金大幅上涨，普通家庭也能负担得起更大且更好的住房。

第二个事实是，租金几乎没有上涨。从1940年6月到1945年9月，租金上涨了不到4%，而其他生活费用上涨了33%。

因此，价格结构和收入的增加都鼓励普通家庭获得比战前更好的住房。因此，物价管理局在调控租金方面的成功极大地促进了住房需求，从而导致了短缺，因为住房相对于其他东西来说是便宜的。

未来的住房问题

对于缓解住房短缺问题，租金天花板毫无用处。事实上，它们更有可能将这种短缺延续下去：租金天花板会对新建住房产生不利影响。租金是生活成本中唯一没有大幅上涨的重要项目。除非出现严重的通货紧缩，否则租金与其他所有重要的价格和成本（包括建筑成本）都是不匹配的。因此，除非工业革命大大降低了建造住房的成本，或者政府补贴建筑业，否则新建住房的数量必定少得令人失望。

人们对在建筑方法方面的产业革命满怀期待。但如果愿望能实现，那么租金上涨会使愿望实现得更快；如果愿望不能实现，那么现有的建筑方法将在很大程度上只向那些有能力并希望拥有自己住房的人提供房屋——租房形势会日益严峻。

在我们拥有高货币收入和对住房拥有迫切需求的情况下，国家对建筑行业进行补贴只是多此一举。现在，没有这种补贴，人们也可以负担得起他们的住房。

如果补贴成功地激发了修建热潮，那么几年后，租金天花板可以在不提高租金的情况下被取消。但建筑成本却仍高于没有补贴情况下的水平，即住房建设将降至较低水平，并在很长一段时间内保持这一水平。渐渐地，住房供应将大幅度下降，人口实现充分增长，从而将租金提高到有利可图的水平。因此，补贴将导致建筑行业出现前所未有的萧条，而在这个庞大的行业陷入困境之际，指望经济繁荣只会是不负责任的乐观主义表现。

好吧，除非我们幸运（革命性地降低了建造公寓和房屋的成本），或者不幸（发生了严重通缩），抑或特别不明智（使用了补贴），否则只要租金受到法律管制而被压低，“住房短缺”现象就会继续存在。但只要租金天花板造成的供应短缺现象依然存在，就会有人呼吁继续管制租金。这或许是租金天花板带给他们的最大的惩罚。这种惩罚以及与其同时出现的可出租房屋的短缺现象，使他们自己和他们后代的影响力甚至都不如他们的父母。

在很大程度上，对这一令人心烦意乱的困境的不完整认识解释了，对于新建住房，为什么经常会有人提议不设租金天花板，或者租金天花板要更宽松些。这种提议包括部分放弃租金天花板。总之，要部分保留租金天花板，他们只能用以下这个理由来解释：对于现在的住房来说，这种具有随意性和偏袒性的住房分配方法比通过提高租金分配更公平；但对于未来的住房来说，通过提高租金来分配未来的住房供应要比用目前的方法来分配更公平。

结　论

因此，租金天花板会导致住房空间的胡乱分配和低效利用、新建住房的滞后以及这一政策的无限期延长，或者导致国家因为新建住房发放补贴而使未来住房市场萧条。公共部门实行的专门配给政策十有八九就是在火上浇油。

因此，对于通货膨胀，只有取消租金天花板才可以使经济获得新的动力，否则根本就没有什么重要的防御措施。实际上，租金上涨对其他商品和服务的通货膨胀压力几乎没有直接影响。房东获得的额外收入与租户在购买其他商品和服务时减少的资金是相等的。

更高的租金会间接导致额外的通货膨胀压力加大，与此同时，更高的租金也提高了生活成本，从而促使工资上升。在政府直接用固定工资政策干预工资的时代，这可能会导致一些原本不会上涨的工资上涨，从而在一定程度上导致价格进一步上涨。

这种间接影响有多重要呢？

在取消租金天花板之后，新租户和一些还没有新租约的现有租户的租金将会大幅上涨。大多数现有租户将经历适度的租金上涨，或者，如果租户能受到租约的保护，其租金根本就不会上涨。由于住房进入租赁市场的速度很慢，所以所有住宅的平均租金涨幅将远远低于向新租户收取的租金，生活成本的涨幅将更小。

随着越来越多的住房进入租赁市场，在没有普遍通货膨胀的情况下，新租户最初承受的租金上涨速度将是适中的，尽管所有住房的平均租金将继续上涨。

大约一年后，平均租金可能会上涨30%。但即便如此，这也意味着生活成本只会上涨5%左右，因为租金在总生活成本中所占的比例不到五分之一。这样子的增长——每个月的生活总成本上涨率还不到0.5%——是不太可能引发普遍的通货膨胀的。

为了解决通货膨胀这个问题，我们应该采取直面迎击的策略。通过在特定领域实施某些特殊管制，我们也许可以在一段时间内压制一些基础的通货膨胀压力，但无法消除通货膨胀，因而这种特殊管制是不得其法的。因此，我们认为，即使租金天花板只承担一丁点儿社会成本，它也不是一种对抗通货膨胀的有效方法。

没有一个解决住房问题的方法可以使每个人都受益，总会有人受到伤害。实际情况是，在现有的法定租金下，有些人一定是被迫或被说服住进某些面积相对狭小的房子，因为这些人原本只要支付自己乐意支付的租金便可以住进面积更大的房子。在现有的住房配给方法下，首当其冲的正是这一小部分人——主要是退伍军人和移动的战争工作者，以及他们的家人、朋友和亲戚。

通过提高租金来实行配给将促使其他许多人减少使用其住房面积，从而帮助以上提及的那群人。因此，这样做的好处是能使所有人更平均地承担压力。虽然这也会马上使更多的人遭受损失，但是比起在现有的配给方法下遭受的损失，每一个人在那时受到的损失要小得多。这既是用高租金来配给住房的理由，也是取消租金天花板的主要政治障碍。

最后，读者一定要切记——我们要尽可能大声地强调，我们的目标与你们的目标是一样的，即尽可能以最公平的方式分配现有的住房，尽可能以最迅速的行动开始新住房的建设。取消租金管制后所发生的租金上涨本身并不是什么好事。我们不想支付更高的租金，不想看到别人被迫支付租金，也不想看到房东暴利。然而，取消租金天花板是我们的强烈诉求，因为在我们看来，其他那些解决住房问题的方法无论如何都包含着更严重的弊端。

附　录[①]

作为社会性事业的毒品运动

1972年，也就是大约20年前，尼克松（Nixon）总统发动了一场禁毒运动，这是美国政府自《哈里森法案》（Harrison Act）颁布以来第一次加大禁毒力度。为了准备今天的演讲，我重读了我曾在《新闻周刊》（*Newsweek*）上发表的批评他此举的专栏文章。对于今天要发表的演讲内容来说，那篇文章里没有什么需要修改的文字。当时的问题主要是海洛因，而海洛因的主要来源地是马赛。今天的问题则是来自拉丁美洲的可卡因。除此之外，没有什么需要修改的。

现在差不多是20年后了。那时的预测在今天变成了显而易见的结果。当时，根据我们在禁毒方面的经验，我在专栏中做了某些预测，果不其然，禁毒并没有使吸毒者的

① 附录部分选自*Friedman & Szasz on Liberty and Drugs*, edited and with a Preface by Arnold S. Trebach and Kevin B. Zeese. Washington, D.C.: The Drug Policy Foundation。弗里德曼教授于1991年11月16日在华盛顿特区举行的第五届药物政策改革国际会议（the Fifth International Conference on Drug Policy Reform）上进行了相关的主题演讲，并接受了采访。——编者注

人数显著减少，甚至根本没有减少，反而加剧了犯罪和腐败问题。

当对某政策的预测成为现实时，为什么我们唯一可以观察到的后果是政府给自己挖了一个越来越大的洞，它自己越钻越深，把你我的钱也花得越来越多呢？为什么会造成这样的损失呢？这究竟是为什么呢？人生在世，最心灰意冷的事和最让人魂牵梦绕的智力谜题都莫过于此。在日常生活中，如果我们在开始做某件事后，发现结果不如人意，那么我们便不会继续做下去，更不会火上浇油做得越来越大。我们可能会持续一段时间，但我们终究会停下来并做出改变。为什么同样的事情不会发生在政府政策上呢？

在这个小组面前详细讨论毒品合法化的问题是一件毫无意义的事情。在座的各位都对此轻车熟路。你们有很多研讨会，参与讨论的人比我更了解其中细节。我更想研究一下我提出的难题。在此过程中，我将引用一句可追溯到公元前325年的来自巴代特（Bardett）的谚语："鞋匠，做好自己的分内之事吧。"（Cobbler, stick to your last.）[①]

---

① 这句谚语被用来形容做好自己专业内的事就行，而不要对自己知之甚少或一无所知的事情说三道四、指手画脚。简要故事如下：有一天，一个鞋匠看到了一位画家的一幅画，就对画家说他画中的鞋画错了，画家回家便做出了修改。第二天，鞋匠又说画中的腿也不对，于是画家便说了这句话。——译者注

经济学就是我的分内之事，我研究的是社会如何处理它那有限的资源，以满足其各个成员不计其数的多样需求。从根本上说，对社会资源的处理只能是以下两种方式的任意一种，或者是两种方式的某种混合形式。

一种是自下而上的市场机制，另一种是自上而下的指令。市场是一种机制，指令则是某种权威机制——军队就是一个明显的例子。将军下达命令，上校将命令传达给上尉，照此类推。在市场上，这种命令传递是反向的。消费者走进商店下单，订单就传达给了上一层。这两种机制的特点是截然不同的，它们处理的是迥然相异的问题。

对于这两种机制的某些要素，任何社会都必不可少，都两者兼而有之。我们知道威权主义占主导地位的极端情况，也知道在那些极端情况下会发生什么，尤其是在柏林墙倒塌之后。但在我们自己的社会中，我们拥有这两种机制的很多要素。

多年来，我一直在间接地参与讨论毒品问题——我应该强调，我对这方面并不精通，我只是对此很感兴趣。有两件事让我印象深刻。首先，我读过的大多数关于毒品的文献都想当然地认为，毒品问题是一个特例，我们应该讨论的是与药物（毒品实际上是一种药物）有关的具体问题，而不应该将其当作一个更普遍现象中的具体例子来讨论。

人们理所当然地认为，必须根据毒品问题本身的特点来讨论这个问题，并需要对其中的细节有广泛的了解。

而我认为，这种说法就好像一个人在讨论盗窃问题时是从被盗物品角度来讨论的一样。所以，汽车盗窃案是一个问题，手袋盗窃案却是另一个问题。同样地，人们认为禁毒是一个具有自身特点的特殊问题。

其次，这种解决毒品问题的方法的一个后果是，许多反对禁毒运动的人提出了同样糟糕的替代方案。他们认为，问题不在于所依据的基本机制，而在于政府没有正确地实现基本机制。这些大多数的替代方案都无异于抱薪救火（from the frying pan to the fire）[①]。

这些改革者认为，如果他们能够制定法律，人们就能以他们制定的方式执行这项法律。这只是天方夜谭罢了。一般来说，法律的执行后果与制定者的意图几乎是没有关系的。制定毒品法的人并不想在此实施过程中葬送成千上万人的性命，他们不打算建立一个到处是监狱和其囚犯像

① “from the frying pan to the fire”又写作“out of the frying pan to the fire”，用来形容为了消除灾祸，结果却使灾祸扩大。最初这是一句希腊谚语，后来被诸多作家引用并以不同的故事诠释，最后收入《伊索寓言》。——译者注

托普西一样长大（grow like Topsy）[①]的制度。一般来说，任何法律的实际效果常常与制定法律的人的意图南辕北辙（虽然并不总是如此）。国会议员理查德·安西（Richard Anncy，得克萨斯州共和党人）在早些时候是个普通教授，他将这种现象称为“政府那看不见的脚”（invisible foot of government）。

让我引用一些我收到的信件来进行举例说明。第一个例子是：“让我们的政府为每一个吸毒者免费提供毒品，而不是仅仅将毒品合法化。”这显然会减少企业利润。这个观点是，我们应该以某种方式把毒品当作免费商品来对待。但是，没有什么东西是免费的，天下没有免费的午餐。这也不是免费的，总有人要为此付出代价。所以，我们必然会用向纳税人征税的方法来补贴吸毒的人！更重要的是，很明显，如果这些“免费”毒品真能唾手可得，那么这些毒品将被分发到欧洲和其他有付费市场的地方。

如何确定免费毒品的需求量呢？要做到这一点，唯一的办法就是制定严格的分配规则。这就会使某个权威机制

① 最初用来被形容某人身世不明，即某人是在没有计划和没有明确意图的混乱环境中成长的，后来被用于形容政府臃肿的官僚体制、庞大的预算支出、不断膨胀的权力以及毫无效率的执政效果。这句话来自美国作家斯托夫人（Harriet Beecher Stowe）的《汤姆叔叔的小屋》（*Uncle Tom's Cabin*），托普西是一个不知来自何方的“衣衫褴褛”的奴隶女孩。当被问到是谁造了她时，她既不认为是上帝，也不认为是她的母亲，“我觉得，我是自己长出来的，我不相信有谁造了我”。——译者注

应运而生，而它将决定谁得到毒品以及其得到的毒品是多少——这个机制就像我们现在的机制一样，容易滋生毒品滥用和腐败。

我向天发誓，我引用的第二个例子也确确实实出自我收到的信件，我并没有胡编乱造。第二个例子是："让所有现在不能在州立商店买到的非法毒品合法化。"在酒类领域，我们对州立商店问题的处理是相当游刃有余的。废除《禁酒令修正案》的《21号修正案》只重申了联邦禁酒令，而各州可以任意实行任何管制酒精的措施。事实上，《21号修正案》规定，将普通酒或烈性酒从干燥州（禁酒州）运输到湿润州（非禁酒州）应被视为联邦犯罪，联邦政府应予以阻止。至少有一段时间，一些州是一直禁酒的，一些州设立了州立售酒商店，还有一些州则仍然能销售酒类产品。

那些认为毒品只应该在州立商店销售的人认为，这将有助于对未成年人的酒类销售情况予以管制，可以确保毒品不被滥用，等等。这是州立售酒商店发挥的作用吗？它们基本上起不到这样的作用。我非常了解新罕布什尔州的情况，因为那里曾是我们的第二个家。一些新罕布什尔州的商店就坐落在马萨诸塞州的边界上，以吸引尽可能多的马萨诸塞州顾客。这表明，州立商店鼓励政府去刺激而不是阻止人们买酒。此外，直至今日，许多州发现自己的州立商店运营得不是很好，它们正在酝酿一场将这些商店出售并将其私有化的运动。这又是一个愚蠢的想法。

第三个例子是："不再将使用毒品的行为视作犯罪；建立一个联邦垄断机构来销售毒品。"也就是说，要让邮政署（Post Office）这样的公司来处理毒品分发事宜。

这些解决方案有什么共同点呢？它们都在建议用更多的社会主义方法来解决问题。这是酗酒者的标准求助方式：既然我已经喝醉了，那我就再喝另一杯酒来缓解一下吧。

我们面临的根本问题不是与毒品的战争——尽管我们中的一些人对这个问题最感兴趣。禁毒运动和它所造成的危害表现的只不过是一个更普遍的问题，这个问题就是：在各个领域，用政治机制取代市场机制。

为了说明这一点，我想超越禁毒运动本身这个问题。我们都意识到禁毒运动正在摧毁我们的内城区（inner cities）[①]。但是，如果我问你们当中的任何一个人，摧毁我们内城区的第二个最重要因素是什么，那么我想很多人会同意我的观点，这个最重要的因素是我们那有缺陷的教育系统——我们内城区那些糟糕的学校。这些学校不是一个

① 内城区不是指地理意义上的商业区，而是指市中心或城区中的低收入住宅区。——译者注

好好教学的地方，实际上是一个不让孩子们每天花几个小时在街头闲逛的地方。

这两种失败都有相同的根源。禁毒运动是失败的，因为它是一项社会性事业。我们的学校教育正在恶化，因为它是一项社会性事业。除了军队，教育是美国最大的社会性事业。教育系统的一些漏洞是：如果父母有能力支付学费，那么他们可以送孩子去私立学校；如果父母有一定的宗教信仰，那么他们也可以送孩子去教区学校。然而，90%的孩子上的是公立学校。这个社会性制度和大多数其他社会性制度的表现是一样的。

社会性事业有它的一般特点，不管是邮政署、学校，还是禁毒运动。这些事业是低效且昂贵的，对一小部分人非常有利，但对很多人却是有害的。俄罗斯是这样的，波兰是这样的，美国也是这样的。

你们都知道亚当·斯密著名的“看不见的手”——那些想要促进自身利益的人，在“看不见的手”的带领下促进了公共利益，但这并不是他们的本意。多年来，我一直认为，这句格言反过来也是正确的：那些只打算追求公共利益的人，被一只“看不见的手”引导促进了私人利益，而这并不是他们所追求的目的的一部分。毒品的情况正是如此。

毒品运动符合谁的利益呢？美国政府建立了一个贩毒集团。禁毒的主要受益者是毒枭，他们维持着一个卡特尔组织。如果没有现行的政府政策，这个卡特尔组织就会土崩瓦解。

在教育方面，社会化教育制度的主要受益者是生活在富裕郊区的高收入人群，他们能够拥有杰出的公立学校。那些公立学校为他们提供了避税的场所。如果他们把孩子送到私立学校，那么他们支付的学费在计算联邦所得税时是不可扣除的，但是在计算地方税时是可以扣除的。另一群受益者是教育机构，包括教师工会的官员和雇员，以及能够将教育系统作为选票来源的政治家。

另外，许多人因为我们教育系统那持续恶化的低质量遭受损失。损失最大的是那些住在内城区的人。对此，他们自己心知肚明。在关于给家长可自由选择的学券来私有化教育系统的民意调查中，黑人是最支持学券制度的群体，他们中有三分之二或更多的人对此表示欢迎。然而，除了威斯康星州的波莉·威廉姆斯（Polly Williams），没有一位重要的黑人政治领袖站出来支持学券制度！

这些例子其实数不胜数。让我们再来看看我们国家关注的主要问题。由禁毒导致的犯罪和违法行为，以及糟糕的教育表现肯定都被包含在内。另外，我们在医疗服务方面也面临重大问题。40年来，医疗总费用占国民收入的比例从4%上升到13%。为什么呢？无独有偶，因为政府已经把医疗服务日益社会化，而且一场非常强烈的运动——要求医疗服务完全社会化——也正在酝酿之中。在剔除通货膨胀以后，每个病人在1989年每天的住院费用之所以达到了1946年的26倍，在很大程度上是因为政府的大力干预。

另一个例子是住房。为什么纽约的布朗克斯区看起来就像刚被轰炸过的战区呢？主要是因为租金管制。这也是政府把住房行业社会化的一次尝试。我们有全面且昂贵的公共住房计划。在这些公共住房项目中，被摧毁的住房数量比建造的住房数量还要多。

我想让你们试着挑战一下，请在美国找出不是因为政治制度的滥用而是市场机制造成的重大问题吧。不管我们采用什么样的合理标准，当下的美国在很大程度上就是一个社会化国家。也就是说，在全国所有资源，即总投入中，有一半以上的资源是由包括联邦政府、州政府和地方政府在内的各级政府机构直接或间接控制的。然而，我们美国人的生活水平是世界上最高的，我们的国家既富强又繁荣。市场机制用了不到50%的资源就造就了我们现在的生活水平和如此繁荣富强的社会，这是市场机制对生产力做出的非凡贡献。

你从1月1日工作到6月30日，或者工作到6月30日之后的某个时间，并在这段时间里，直接或间接地向政府支付相关费用。你的幸福感有多少是来自那些由政府管制的支出呢？有50%吗？在你们之中，有很多人会回答“是”吗？我对此表示怀疑。

我的疑问是：为什么私营企业成功而政府企业失败？一个常见的答案是，其不同之处在于激励，因为利润激励总是莫名其妙地强于公共服务的激励。从某种意义上说，这里有合理之处，但在另一方面，这是错误的。

我们私营企业的经营者和政府企业的经营者有着完全相同的动机。在这两种情况下，他们都想促进自己的私人利益。那些进入我们政府并管理我们政府的人和那些在私营部门工作的人是一样的。一般来说，他们的智力和品德别无二致，他们也有利他的无私精神。在这些方面，他们没有区别。但正如加州大学洛杉矶分校（UCLA）经济学家阿尔曼·阿尔钦（Armen Alchian）说过的那样：“一个人一定会做的一件事是什么呢？毋庸置疑，他最看重的一定是自己的利益，而不是你的。”这是一句很有见地的话。在内地的中国人和在香港的中国人没有什么不同。然而，中国内地与香港的富裕程度是不同的。在西德和东德合并以前，这两个地方的人有着相同的背景和相同的文化。他们是同样的人，但面对的结果却截然不同。

问题不在于管理我们政府机构的人与管理我们私人机构的人之间有区别。正如马克思主义者常说的那样，问题在于机制。这个机制是有问题的。

不同之处在于，在私人领域和政府领域，人们的私人利益对应的是不同的服务。想想他们各自是如何面对关键问题的吧！

首先，私人部门的人或政府领域的人会各自提出一个方案，而且这两个方案看起来都是同样的前途大好。然而，所有好的想法都是猜想，这些想法只是一个实验，大多数想法都将面临失败。事情会如何发展呢？假设制定这个方案的是一个私人小组，这个方案在开始时就亏损了，而这些人能继续将这个方案执行下去的唯一办法就是自掏腰包。他们不得不承担这些费用。然而，这项事业并不会持续下去，人们会终止这个方案，转而去做别的事情。

假设政府制定了同样的方案，它最初面临的情况是一样的：亏损。事情会如何发展呢？政府官员可以终止这个方案，但他们有一个非常不同的选择。怀着最好的愿望，他们相信，这个方案执行得不好的唯一原因是：他们所做的还不够大。为了扩大规模，他们不需要通过自掏腰包来融资，他们可以把视线转向纳税人的腰包。

实际上，融资扩张将使他们保住收入丰厚的工作。他们所需要做的就是使纳税人或控制财政的立法者相信他们的计划是完善的。通常，他们都能梦想成真，因为反过来，那些投票支持扩张的人并不需要自己掏钱，他们在花别人的钱。当一个人花的钱是别人的时，他当然不会小心翼翼。

最终的结果是，当私营企业失败时，它就倒闭了；当一个政府企业失败时，它就会扩张。毒品行业不正是这样吗？还有教育行业和医疗服务行业不也正是如此吗？

我们都意识到教育行业的恶化。但你是否意识到，在剔除通货膨胀后，我们今天在每个学生身上的平均开支是30年前的3倍呢？政府和官僚企业中存在着一条颠扑不破的准则：你投入的越多，得到的就越少。

随着这些社会性事业所涉及的范围越来越大，公众越来越难以控制它们。这是我们在毒品方面面临的基本问题。如何使政府的既得利益者改变他们的政策呢？

我们已经意识到这是一项难如登天的任务。负责毒品项目的人拥有比我们多得多的资源。他们可以控制媒体舆论，使改革或废除禁毒看起来既不道德又不合理。毕竟，他们会一遍又一遍地说，那些呼吁毒品合法化的人只不过是愚昧无知、天真幼稚罢了，那些人根本就是一群一无所知的人。他们会说自己是这方面的专家，知道什么方法有效，什么方法无效。

消除或减少不良政府项目的有效方法便是私人竞争。邮政署过去递送包裹和特快邮件的效率都是很低的，但由于邮政法规只让其在特快邮件上实行垄断，于是联合包裹（UPS）抢走了它们的业务。后来，联邦快递（Federal Express）和相关的其他企业夺走了它们大部分的特快邮件业务，而且传真等这样的邮件替代品也出现了。

同样的情况也发生在毒品问题上。然而，不幸的是，只要政府完全禁止某些毒品，私人竞争就不能成为一个有效的解决方案——就像特快邮件仍然是由政府垄断的一样，因为私营企业提供类似的一般承运人服务是非法的。在这些领域，我们确实需要改变法律。

我要表达的观点主要有两个，说完这两点，我就结束了我的演讲。这两个观点能够回答你们的问题。第一点是，我们不要自欺欺人地认为，只要改变政治机制的运行方式，解决方案就会在实际的运行过程中奏效。无论在什么地方运行某种政治机制，其共同的缺陷都不会消失。

我要强调的是，我是一个支持有限政府的自由意志论者，而不是无政府主义的自由意志论者，尽管我和无政府主义的自由意志论者（包括我的儿子，他正是一位无政府主义的自由意志论者）有很多共鸣。然而，我赋予政府的职责仅限于保卫国家、制定法律、维护秩序、帮助我们确定运作规则以及裁决纠纷——它的责任范围是非常有限的。

在政府扩大了活动范围后，政府连那些我相信只有它才能有效处理的事情也做不好了，这就是扩大政府活动范围的一个主要代价。当人们谈论禁毒运动的无辜受害者时，他们往往会忘记那些遭受抢劫、盗窃和谋杀的人——这并不是因为他们身陷禁毒运动的战火之中，也不是因为他们是那些竭力对自己的习惯表示支持的瘾君子的受害者，只是因为大部分执法资源都被用于毒品管制事业，以至没有足够的资源来制止社区中的偷窃、抢劫和其他行为。

我认为，我们应该学习的第二点可能是更重要的一点。第二点是，如果我们认识到废除禁毒法是缩小政府的范围和权力，以及恢复人民权力这一更广泛问题的一部分，我们就有可能在禁毒运动方面取得更大的进展。如果我们把禁毒作为一个单独的例子，那么我们废除禁毒政策的努力也许会取得进展，就像20世纪20年代在废除禁酒令方面付出努力而有所成效一样。但我相信，如果我们认识到禁毒运动的失败是一个更广泛问题的一部分，即认识到结束禁毒运动的道理和结束医药社会化、学校社会化等的道理是一样的，那么我们成功的机会会更大。

访 谈

阿诺德：我有两个问题，第一个问题的灵感就来自这个会议，第二个问题则是我自己的理解。第一个问题是：每一种产品都应该进入自由市场吗？第二个问题是：如果我回顾一下亚当·斯密——有一次，我确实满怀期待地读了他的书，那么正如你所说，我认为亚当·斯密接受了"小政府"这个理念，即便在司法管理（administration of justice）上，它发挥的作用也应该是有限的，他的措辞是"共同防御"（the common defense）。许多毒品斗士会声称，由于毒品的特殊性，它们完全符合司法管理和共同防御。

弗里德曼：关于第一个问题，我认为某些东西确实不能进入市场。如果原子弹也进入市场，那么我认为这是不可取的。但是，我们能判定的违禁物的数量和适用范围是非常有限的，而且其唯一的正当理由总是存在无辜的受害者，而不是家长式的关心。

禁毒的主要影响是使无辜受害者的人数增加，而不是减少。因此，我认为有一些产品不适合所有的一般规则。你们可能已经看到，我们不能在市场上交易一些产品，如原子弹、氢弹和一些类似的东西。但是，毒品问题并不是这样的。

关于第二个问题，我认为如果亚当·斯密今天还在这里，那么他不会同意你对他的批评所做的解释。为什么禁毒不是一个司法管理的问题呢？这是因为，不管吸毒者是聪明还是愚蠢，他所伤害的主要还是他自己。当吸毒者伤害他人时，我们有理由做点什么。酒精的例子很简单。那个酒后驾车的人显然应该为此受到起诉。他应该被起诉的是他酒后驾车的行为，而不是喝酒的行为。同样，如果人们在毒品的影响下做了类似的事情，那么他应该因为做了这种类似的事被起诉，而不是因为吸毒。

我一直有两个理由反对禁毒。一个是原则问题：人们应该对自己负责，而政府没有义务告诉我该吃什么东西。我相信这是你们从萨斯博士（Dr. Szasz）那里听到的一个非常有力的论点。

另一个是权宜之计的问题。我们可以先暂时放弃那个原则问题。你们所做的事的坏处大于好处吗？在我看来，你们所做的事就是一个非常具有压倒性的证据，以至那些在原则问题上不愿赞同你们的人都被吸引了。我给你们举几个例子。

我对禁毒的基本态度最初源于原则问题。我的好朋友比尔·巴克利（Bill Buckley）最初是赞成禁毒的。事实上，我的儿子大卫曾经写过一篇文章——《比尔·巴克利是传染源吗？》。比尔曾为禁毒辩护，其理由是吸毒者会把他的毒瘾传染给他人，从而影响他人。大卫在他的文章中说，比尔的想法会影响其他人。我再举个极端的例子，我认为大卫不会举这样的例子——一些举世闻名的著作最终导致的死亡人数肯定超过了酒精、烟草和所谓非法毒品所导致的总死亡人数。但是，我们的言论自由原则是，人们应该有读这些书的自由。这也是大卫的文章《比尔·巴克利是传染源吗？》所要表达的意思。

实际情况是，比尔已经改变了立场，他现在是毒品合法化的坚定支持者，不是基于原则而是基于权宜之计，基于禁毒法的影响已经消失了，我们需要终止它。

我认为，不管怎样，都不会有什么理由让你觉得禁止毒品是在执行正义。对谁是正义的呢？如果我们说，我们由于不能执行自己的法律而使哥伦比亚人民被谋杀了，那么对于哥伦比亚人民来说，这是正义吗？这显然不是正义。

阿诺德：我不是这个意思。我在想亚当·斯密会不会这么认为。我知道你觉得……

弗里德曼：（与阿诺德同时）我知道。我认为亚当·斯密不会这么认为。亚当·斯密是一个非常伟大的人，一个非常聪明的人。

阿诺德：也就是说，你支持皮诺切特（Pinochet），你给过他一些建议。

弗里德曼：我从未给皮诺切特提过建议。我从来没有支持过皮诺切特。

阿诺德：嗯，那我们就不说这个话题了。

弗里德曼：稍等，那还是继续吧。好吧，我不想回避这个问题。

阿诺德：好。

弗里德曼：智利是一个例子，在皮诺切特的领导下，一个军事政权愿意将经济组织的运行方式从自上而下转变为自下而上。在这个过程中，一群在芝加哥大学经济系受过训练的人（后来被称为“芝加哥小子”）在设计和实施经济改革中发挥了重要作用。智利真正的奇迹不在于这些经济改革效果是如此之好，因为亚当·斯密说过人们会怎么做。智利无疑是当今拉丁美洲中经济最发达的国家。

真正的奇迹是军政府愿意让人们这么做。正如我开始所说的，军队原则是自上而下的，市场原则是自下而上的。这是一个真正的奇迹，一个军事组织愿意被一个自下而上的组织接管。我的确去过智利，并在智利做过演讲。事实上，我确实见过皮诺切特先生，但我从来都不是他的顾问，我也从来没有从智利政府那里拿到过一分钱。但我要说的是，这个过程产生了这样一种局面，即你能够通过选举结束军政府。现在，智利有了一个民主政府。放眼望去，在纯粹是社会主义国家的世界里，还没有类似的例子。

所以，我不是皮诺切特的顾问，不是智利政府的顾问，但我们的学生在那里所做的非凡工作是值得赞赏的，我对此非常高兴。

阿诺德：我相信你是罗纳德·里根的支持者。

弗里德曼：我一直是他的支持者，但这并不代表我支持他所做的每件事。

阿诺德：嗯，就像我说过的，我要把这些东西放在一起讨论。真正的问题是：你对他的毒品运动有什么看法？

我觉得我知道答案，或者说我们知道答案。

弗里德曼：答案是很明显的。我认为毒品运动是个错误。我认为，里根政府在两个方面表现得非常糟糕。一个是毒品运动，另一个是对外贸易。不幸的是，在对外贸易方面，他同意对日本汽车实行所谓的自愿进口配额，为一场保护主义运动奠定了基础。那是一个巨大的错误，违反了他所宣称的所有原则。

正如我曾对斯坦福大学的一个共和党学生俱乐部所说的那样，我既是一个用小写字母“l”表示的自由意志主义者，也是一个用大写字母“R”表示的共和党人。成为一个由大写字母“R”表示的共和党人只是权宜之计，而不是基于原则。我相信，与加入自由意志党（Libertarian Party）相比，我对共和党施加的影响能带来更多好处，尽管我与自由意志党有非常多的共鸣。我认为，它们做的那些好事是非常可取的。

罗纳德·里根是个有原则的人。他之所以当选总统，是因为人们在后来转而同意他的观点，而不是因为他关注民意调查，说人们想听的话。在我一生中，这是我第一次碰上这样的事。他在1980年被提名时说的话，与他在1964年支持戈德华特（Goldwater）时说的话，是完全一样的。

他说的话没有丝毫改变，发生改变的是公众开始相信他。他的基本原则（政府太大，政府是一个问题）是正确的。不幸的是，毒品运动不符合这一基本原则，他不应该因为支持毒品运动而背离这一原则。

我也可以对你们说，我会毫不犹豫地对罗纳德·里根说这句话。你知道，人们对里根先生有很大的误解。他们认为他只听他想听的，但这并不是事实。

阿诺德：这方面有几个问题。由于美国的客观标准要低于欧共体（EEC）的任何标准，欧洲国家衡量的是生活质量，而且实际情况是，每个欧共体国家都是社会化的，你怎么能支持自由放任的资本主义，或者说你怎么能支持这些强盗一样的贵族呢？怎么能把自由市场的资本主义当作一条美国人通往更美好生活的道路呢？

弗里德曼：我明白。我很高兴这个组织里有一些社会主义者。

阿诺德：是有一些。

弗里德曼：当我和你谈论毒品合法化时，我是在和转变信念的人交谈。但是，当我和你们谈论社会主义的时候，我并不是在和那些转变信念的人交谈，所以我体现的用处就变得更大了。

首先，我不同意那句话中陈述的所谓事实。我认为，欧共体国家的总体生活质量并没有比美国好。欧共体国家和美国之间的典型区别是：美国是一个更加多样化的国家，而大多数欧共体国家的人是相对单一的。在几乎所有的情况下，它们所拥有的少数移民都是造成麻烦的一大原因。你在德国找不到土耳其人，在法国找不到摩洛哥人。土耳其人和摩洛哥人不会同意欧共体国家的生活水平比美国更高的观点。在美国，我们的文化要丰富得多，我们也更开明，对人们也更友好。

第二，当你说到社会性的程度时，这些国家和我们国家的社会性程度相差无几。主要的区别是，在这些国家中，其中一些有更多的国有企业。这是主要的区别。我们唯一的国有企业是邮政署。而另一方面，美国政府主要是通过规章制度和限制性措施在相当大的程度上扩大了其影响。在这种情况下，其产生的影响要比大多数欧洲国家大得多。

在一个与毒品问题密切相关的问题上，我们的食品和药物管理局（Food and Drug Administration）从事的是比英国和其他国家的同行更加严格的社会性事业，这一点可以从药物滞后中得到证明。一般来说，在美国获得批准使用一种药物的时间要比在英国、加拿大或德国长得多。事实上，这是“本来要挽救人们的生命，结果害死的人却比获救的人要多得多”的另一案例。也就是说，我赞成废除我们的食品和药物管理局。

所以，我认为这些国家并没有比我们更加具有社会性。我考虑的是截然不同的东西，为此，我要引用亚当·斯密的一则逸事。

阿诺德：是这样的。

弗里德曼：在独立战争中，当康沃利斯（Cornwallis）在约克镇被打败时，一个年轻人来找亚当·斯密，说这将是英国的毁灭。亚当·斯密回答说：“小伙子，有很多原因会导致一个国家毁灭。”

这是什么意思呢？我的意思是，实际上，我们的生活水平是世界上最高的。

观众：少数人。

弗里德曼：不是少数人，而是大多数人。请再说一遍。总体来说，我们的收入分配比你们说的大多数国家都要公平。收入分配……（听众席中有人窃窃私语）抱歉，我听不清你说了些什么。

阿诺德：你好，你可以提出你的问题吗？拿上话筒，好好说一下。

弗里德曼：观众席中有人喊“少数人，而不是多数人”。的确，有少部分人的收入非常高，高到不可思议。但事实是，当我谈到生活水平时，我指的是这个国家绝大多数人的生活水平。每个国家的收入都不平等。在某些社会主义国家，这种不平等比在资本主义国家严重得多。如果你比较一下社会顶层和底层的生活水平，你就会发现差别要更大。比如，在解体前的苏联，这种差别要比在美国的差别大得多。

收入分配问题是一个值得严肃对待的重要问题，值得我们探讨。我不否认这个问题的重要性。但是，我认为，对于大多数美国人来说，我所说的都是正确的。

证据很简单。人们最好的投票方式是什么？离开是最好的方式。那么，人们想要移民到哪里呢？有些人确实试图进入欧洲国家。前社会主义国家的人就特别想进入西欧那些社会性程度较低的国家。但就美国而言，世界各地的人都想移民到这里。他们不是来这里受罪的，也不是来这里接受剥削的。你不能说他们都是傻瓜，他们知道自己会遇到什么。因此，我反对这样一种观点，即美国是一个少数人踩在多数人背上的国家。嗯，我很高兴看到这里也有一些非社会主义者。

阿诺德：很明显，仅仅从掌声中就可以看出，毒品政策基金会广泛吸引了来自各个群体的意见。

弗里德曼：这也是你们应该做的。

阿诺德：谢谢你。这可能是最后一个问题了，先生。展望下未来吧，在零售市场中，在毒品再次合法化的市场中，你如何看待那些关于建立改革示范的建议呢？例如，我们的董事会成员之一——哈佛大学的莱斯特·格林斯彭（Lester Grinspoon）——建议根据毒品的相对危害性征收有害税；纽约州参议院的参议员加利伯（Galiber）提出了一项法案，该法案将使所有的非法毒品合法化，但会像管制酒一样采取管制措施。这项法案仔细地参考了酒类案例，例如，成年人可以买到这种毒品，但不能在学校附近开零售店，等等。你觉得，未来会怎么样呢?

弗里德曼：无论在不久的未来还是在遥远的未来，我都不可能得到我真正想要的东西——自由市场。“千里之行，始于足下”，我认为正确的做法是，在对待毒品的问题上，目前是在对待非法毒品的问题上，我们要把它看成和烟酒一样的问题。不是因为这是最好的方法，也不是因为这是一种理想的安排，而是因为这是一种大家都知道的已经存在的方法。从某种意义上说，它包含了一种最小的改变。所以，在我看来，你所说的由参议员加利伯提出的法案是一个正确的方向。在这个意义上，它是一种实际的妥协，而不是最终的原则。

Roofs or Ceilings

Milton Friedman
George J. Stigler

CONTENTS

Foreword

If parliamentary maneuvering had prevented renewal of OPA powers in July 1946, would government price controls have ended? Or would they have been revived by state and local governments and by new Federal statutes?

In the case of rent control, at least, the answer is clear. During the lapse of Federal controls in July, one state and locality after another set up or planned to set up its own agencies for maintaining ceilings on rents.

Why?

Because so many citizens and government officials consider these controls to be necessary or desirable, for one reason or another. Even among those who oppose continuance of other forms of price and wage control, a large number make an exception in favor of rent control. It, at least, they say, should be retained.

Yet rent control, along with laws protecting tenants against eviction, involve partial expropriation of property rights. It limits the owner's right to use and to profit from the use of his property. It also restricts the opportunity of everyone else who would like to bid for the use of the properties thus controlled by government.

This particular method of expropriating property rights and restricting opportunity in peace time is something new in the United States. How long will it continue and how far will its corrosive influence spread in American attitudes toward individual enterprise and private property in general?

"Military necessity" was used during the war as a reason for introducing numerous compulsions and restrictions into the American economy. Most supporters of rent control still justify its continuance merely as a temporary "emergency" measure. The war supposedly restricted residential building, while population continued to increase, with a consequent temporary "housing shortage."

But what are the facts of the matter? Did the increase in population or number of families actually outstrip residential building?

And is government rent control serving the avowed purposes of its supporters? Is it helping veterans, former war workers, newlyweds, and lower income families to find housing at "reasonable" cost?

What is a "reasonable" rent? What are rents paid for–merely to give the land "lord" an income? Or does the rental market serve some other purpose which has been taken for granted so long that it has been forgotten?

Professors Friedman and Stigler have spent years in study and training so that they might be able better to deal with just such questions. Their answers may surprise you.

Leonard E. Read

- I -
Roofs or Ceilings? The Current Housing Problem

The San Francisco earthquake of April 18, 1906 was followed by great fires which in 3 days utterly destroyed 3,400 acres of buildings in the heart of the city.

Maj. Gen. Greely, commander of the Federal troops in the area, described the situation in these terms:

> "Not a hotel of note or importance was left standing. The great apartment houses had vanished...Two hundred and twenty-five thousand people were...homeless."

In addition, the earthquake damaged or destroyed many other homes.

Thus a city of about 400,000 lost more than half of its housing facilities in three days.

Various factors mitigated the acute shortage of housing. Many people temporarily left the city–one estimate is as high as 75,000. Temporary camps and shelters were established and at their peak, in the summer of 1906, cared for about 30,000 people. New construction proceeded rapidly.

However, after the disaster, it was necessary for many months for perhaps one-fifth of the city's former population to be absorbed into the remaining less than half of the housing facilities. In other words, each remaining house on the average had to shelter 40 percent more people.

Yet when one turns to the *San Francisco Chronicle* of May 24,1906–the first available issue after the earthquake–there is not a single mention of a housing shortage! The classified advertisements listed 64 offers (some for more than one dwelling) of flats and houses for rent, and 19 of houses for sale, against 5 advertisements of flats or houses wanted. Then and thereafter a considerable number of all types of accommodation except hotel rooms were offered for rent.

The Housing Problem in 1946

Forty years later another housing shortage descended on

San Francisco. This time the shortage was nation-wide. The situation in San Francisco was not the worst in the nation, but because of the migration westward it was worse than average. In 1940, the population of 635,000 had no shortage of housing, in the sense that only 93 percent of the dwelling units were occupied. By 1946 the population had increased by at most a third–about 200,000. Meanwhile the number of dwelling units had increased by at least a fifth.

Therefore, the city was being asked to shelter 10 percent more people in each dwelling unit than before the war. One might say that the shortage in 1946 was one-quarter as acute as in 1906, when each remaining dwelling unit had to shelter 40 percent more people than before the earthquake.

In 1946, however, the housing shortage did not pass unnoticed by the Chronicle or by others. On January 8 the California state legislature was convened and the Governor listed the housing shortage as “the most critical problem facing California.” During the first five days of the year there were altogether only 4 advertisements offering houses or apartments for rent, as compared with 64 in one day in May 1906, and 9 advertisements offering to exchange quarters in San Francisco for quarters elsewhere. But in 1946 there were 30 advertisements per day by persons wanting to rent houses or apartments, against only 5 in 1906 after the great disaster. During this same period in 1946, there were about 60 advertisements per day of houses for sale, as against 19 in 1906.

In both 1906 and 1946, San Francisco was faced with the problem that now confronts the entire nation: how can a relatively fixed amount of housing be divided (that is, rationed) among people who wish much more until new construction can fill the gap? In 1906 the rationing was done by higher rents. In 1946, the use of higher rents to ration housing has been made illegal by the imposition of rent ceilings, and the rationing is by chance and favoritism. A third possibility would be for OPA to undertake the rationing.

What are the comparative merits of these three methods?

- II -
The 1906 Method: Price Rationing

War experience has led many people to think of rationing as equivalent to OPA forms, coupons, and orders.

But this is a superficial view; everything that is not as abundant as air or sunlight must, in a sense, be rationed. That is, whenever people want more of something than can be had for the asking, whether bread, theater tickets, blankets, or haircuts, there must be some way of determining how it shall be distributed among those who want it.

Our normal peace-time basis of rationing has been the method of the auction sale. If demand for anything increases, competition among buyers tends to raise its price. This rise in price causes buyers to use the article more sparingly, carefully, and economically, and thereby reduces consumption to the supply. At the same time, the rise in price encourages producers to expand output. Similarly, if the demand for any article decreases, the price tends to fall, expanding consumption to the supply and discouraging output.

In 1906 San Francisco used this free market method to deal with its housing problems, with a consequent rise of rents. Yet, although rents were higher than before the earthquake, it is cruel to present-day house seekers to quote a 1906 post-disaster advertisement: "Six-room house and bath, with 2 additional rooms in basement having fire-places, nicely furnished; fine piano; ...$45."

The advantages of rationing by higher rents are clear from our example:

1. In a free market, there is always some housing immediately available for rent–at all rent levels.
2. The bidding up of rents forces some people to economize on space. Until there is sufficient new construction, this doubling up is the only solution.
3. The high rents act as a strong stimulus to new construction.
4. No complex, expensive, and expansive machinery is necessary. The rationing is conducted quietly and impersonally through the price system.

The full significance of these advantages will be clearer when we have considered the alternatives.

Objections to Price Rationing

Against these merits, which before the war were scarcely questioned in the United States, three offsetting objections are now raised. The first objection is usually stated in this form: "The rich will get all the housing, and the poor none."

This objection is false: At all times during the acute shortage in 1906 inexpensive flats and houses were available. What is true is that, under free market conditions, the better quarters will go to those who pay more, either because they have larger incomes or more wealth, or because they prefer better housing to, say, better automobiles.

But this fact has no more relation to the housing problem of today than to that of 1940. In fact, if inequality of income and wealth among individuals justifies rent controls now, it provided an even stronger reason for such controls in 1940. The danger, if any, that the rich would get all the housing was even greater then than now.

Each person or family is now using at least as much housing

space, on the average, as before the war (see below p. 86). Furthermore, the total income of the nation is now distributed more equally among the nation's families than before the war. Therefore, if rents were freed from legal control and left to seek their own levels, as much housing as was occupied before the war would be distributed more equally than it was then.

The fact that, under free market conditions, better quarters go to those who have larger incomes or more wealth is, if anything, simply a reason for taking long-term measures to reduce the inequality of income and wealth. For those, like us, who would like even more equality than there is at present, not alone for housing but for all products, it is surely better to attack directly existing inequalities in income and wealth at their source than to ration each of the hundreds of commodities and services that compose our standard of living. It is the height of folly to permit individuals to receive unequal money incomes and then to take elaborate and costly measures to prevent them from using their incomes.

The second objection often raised to removing rent controls is that landlords would benefit. Rents would certainly rise, except in the so-called black market; and so would the incomes of landlords. But is this an objection? Some groups will gain under any system of rationing, and it is certainly true that urban residential landlords have benefited less than almost any other large group from the war expansion.

The ultimate solution of the housing shortage must come through new construction. Much of this new construction will be for owner-occupancy. But many persons prefer to or must live in rental properties. Increase or improvement of housing for such persons depends in large part on the construction of new properties to rent. It is an odd way to encourage new rental construction (that is, becoming a landlord) by grudging enterprising builders an attractive return!

The third current objection to a free market in housing is that a rise in rents means an inflation, or leads to one.

But price inflation is a rise of many individual prices, and it is much simpler to attack the threat at its source, which is the increased family income and liquid resources that finance the increased spending on almost everything. Heavy taxation, governmental economies, and control of the stock of money are the fundamental weapons to fight inflation. Tinkering with millions of individual prices—the rent of house A in San

Francisco, the price of steak B in Chicago, the price of suit C in New York–means dealing clumsily and ineffectively with the symptoms and results of inflation instead of its real causes.

Yet, it will be said, we are not invoking fiscal and monetary controls, and are not likely to do so, so the removal of rent ceilings will, in fact, incite wage increases and then price increases–the familiar inflation spiral.We do not dispute that this position is tenable, but is it convincing? To answer, we must, on the one hand, appraise the costs of continued rent control, and, on the other hand, the probable additional contribution to inflation from a removal of rent controls. We shall discuss the costs of the present system next, and in the conclusion briefly appraise the inflationary threat of higher rents.

The Present Rationing of Houses for Sale

The absence of a ceiling on the selling price of housing means that at present homes occupied by their owners are being rationed by the 1906 method–to the highest bidder. The selling prices of houses is rising as the large and increasing demand encounters the relatively fixed supply. Consequently, many a landlord is deciding that it is better to sell at the inflated market price than to rent at a fixed ceiling price.

The ceiling on rents, therefore, means that an increasing fraction of all housing is being put on the market for owner-occupancy, and that rentals are becoming almost impossible to find, at least at the legal rents. In 1906, when both rents and selling prices were free to rise, the San Francisco Chronicle listed about 3 "houses for sale" for every 10 "houses or apartments for rent." In 1946, under rent controls, about 730 "houses for sale" were listed for every 10 "houses or apartments for rent."

The free market in houses for sale therefore permits a man who has enough capital to make the down payment on a house to solve his problem by purchase. Often this means that he must go heavily in debt, and that he puts into the down payment what he would have preferred to spend in other ways.

Nevertheless, the man who has money will find plenty of houses–and attractive ones at that–to purchase. The prices will be high–but that is the precise reason houses are available. He is likely to end up with less desirable housing, furnishings, and other things than he would like, or than his memories of prewar prices had led him to hope he might get, but at least he will have a roof over his family.

The methods of rent control used in 1946, therefore, do not avoid one of the chief criticisms directed against rationing by higher rents−that the rich have an advantage in satisfying their housing needs. Indeed, the 1946 methods make this condition worse. By encouraging existing renters to use space freely and compelling many to borrow and buy who would prefer to rent, present methods make the price rise in houses-for-sale larger than it would be if there were no rent controls.

One way to avoid giving persons with capital first claim to an increasing share of housing would be to impose a ceiling on the selling price of houses. This would reduce still further the area of price rationing and correspondingly extend present rent-control methods of rationing rental property. This might be a wise move if the present method of rationing rented dwellings were satisfactory.

But what is the situation of the man who wishes to rent?

- Ⅲ -
The 1946 Method: Rationing by Chance and Favoritism

The prospective renter is in a position very different from that of the man who is willing to buy. If he can find accommodations, he may pay a "reasonable," that is, pre-war rent. But unless he is willing to pay a considerable sum on the side–for "furniture" or in some other devious manner–he is not likely to find anything to rent. The legal ceilings on rents are the reason there are so few places for rent. National money income has doubled, so that most individuals and families are receiving far higher money incomes than before the war. They can afford to pay substantially higher rents than before the war, yet legally they need pay no more; they are therefore trying to get more and better housing.

But not all the millions of persons and families who have thus been trying to spread out since 1940 can succeed, since the supply of housing has increased only about as fast as population. Those who do succeed force others to go without housing. The attempt by the less fortunate and the newcomers to the housing market–returning service men, newlyweds, and persons changing residences–to get more housing space than is available and more than they used before the war, leads to the familiar spectacle of a horde of applicants for each vacancy.

Advertisements in the *San Francisco Chronicle* again document the effect of rent ceilings. In 1906, after the earthquake, when rents were free to rise, there was 1 "wanted to rent" for every 10 "houses or apartments for rent"; in 1946, there were 375 "wanted for rent" for every 10 "for rent."

A Veteran Looks for a House

The New York Times for January 28, 1946 reports the experience of Charles Schwartzman, "a brisk young man in his early thirties," recently released from the army. Mr. Schwartzman hunted strenuously for three months, riding around in his car looking for a place to live...He had covered the city and its environs from Jamaica, Queens, to Larchmont and had registered with virtually every real estate agency.

He had advertised in the newspapers and he had answered advertisements. He had visited the New York City Veterans Center at 500 Park Avenue and the American Veterans Committee housing sub-committee; he had spoken to friends, he had pleaded with relatives; he had written to Governor Dewey. The results?

An offer of a substandard cold-water flat An offer of four rooms at Central Park West and 101st Street at a rental of $300 a month provided he was prepared to pay $3,000 for the furniture in the apartment. An offer of one room in an old brownstone house, repainted but not renovated, at Eighty-eighth Street off Central Park West by a young woman (who was going to Havana) at a rental of $80 a month, provided he buy the furniture for $1,300 and reimburse her for the $100 she had to pay an agent to obtain the "apartment."

And a sublet offer of two commodious rooms in a West Side hotel at a rental of $75 a month only to find that the hotel owner had taken the suite off the monthly rental list and placed it on the transient list with daily (and higher) rates for each of the rooms.

Who Gets the Housing

Rental property is now rationed by various forms of chance and favoritism. First priority goes to the family that rented before the housing shortage and is willing to remain in the same dwelling.

Second priority goes to two classes among recent arrivals: first, persons willing and able to evade or avoid rent ceilings, either by some legal device or by paying a cash supplement to the OPA ceiling rent; second, friends or relatives of landlords or other persons in charge of renting dwellings.

Prospective tenants not in these favored classes scramble for any remaining places. Success goes to those who are lucky, have the smallest families, can spend the most time in hunting, are most ingenious in devising schemes to find out about possible vacancies, and are the most desirable tenants.

Last priority is likely to go to the man who must work to support his family and whose wife must care for small children. He and his wife can spend little time looking for the needle in the haystack. And if he should find a place, it may well be refused him because a family with small children is a less desirable tenant than a childless family.

Social Costs of Present Methods

Practically everyone who does not succeed in buying a house or renting a house or apartment is housed somehow. A few are housed in emergency dwellings–trailer camps, prefabricated emergency housing units, reconverted army camps. Most are housed by doubling-up with relatives or friends, a solution that has serious social disadvantages.

The location of relatives or friends willing and able to provide housing may bear little or no relation to the desired location. In order to live with his family, the husband must sacrifice mobility and take whatever position is available in the locality. If no position or only a very inferior position is available in that locality, he may have to be separated from his family for an unpredictable period to take advantage of job opportunities elsewhere. Yet there is a great social need for mobility, especially at present. The best distribution of population after the war certainly differs from the wartime distribution, and rapid reconversion requires that men be willing and able to change their location.

The spectre of current methods of doubling-up restricts the movement not only of those who double up but also of those who do not. The man who is fortunate enough to have a house or apartment will think twice before moving to another city where he will be one of the disfavored recent arrivals. One of the most easily predictable costs of moving is likely to be an extended separation from his family while he hunts for housing and they stay where they were or move in on relatives.

The rent ceilings also have important effects in reducing the efficiency with which housing is now being used by those who do not double up. The incentives to economize space are much weaker than before the war, because rents are now lower relatively to average money incomes. If it did not seem desirable to move to smaller quarters before the war, or to take in a roomer, there is no added reason to do so now, except patriotic and humanitarian impulses—or possibly the fear of relatives descending on the extra space.

Indeed, the scarcity resulting from rent ceilings imposes new impediments to efficient use of housing: a tenant will not often abandon his overly-large apartment to begin the dreary search for more appropriate quarters. And every time a vacancy does occur the landlord is likely to give preference in renting to smaller families or to single persons.

The removal of rent ceilings would bring about doubling-up in an entirely different manner. In a free rental market those persons would yield up space who considered the sacrifice of space repaid by the rent received. Doubling-up would be by those who had space to spare and wanted extra income, not, as now, by those who act from a sense of family duty or obligation, regardless of space available or other circumstances. Those who rented space from others would be engaging in a strictly business transaction, and would not feel that they were intruding, accumulating personal obligations, or imposing unfair or unwelcome burdens on benefactors. They would be better able to find rentals in places related to their job opportunities. Workers would regain their mobility, and owners of rental properties, their incentive to take in more persons.

- IV -
The Method of Public Rationing

The defects in our present method of rationing by landlords are obvious and weighty. They are to be expected under private, personal rationing, which is, of course, why OPA assumed the task of rationing meats, fats, canned goods, and sugar during the war instead of letting grocers ration them. Should OPA undertake the task of rationing housing facilities? Those who advocate the rationing of housing facilities by a public agency argue that this would eliminate the discrimination against new arrivals, against families with children, and in favor of families with well-placed friends.

To be fair between owners and renters, however, OPA would have to be able to tell owners that they had excessive space and must either yield up a portion or shift to smaller quarters. One's ear need not be close to the ground to know that it is utterly impracticable from a political viewpoint to order an American family owning its home either to take in a strange family (for free choice would defeat the purpose of rationing) or to move out.

Even if this basic difficulty were surmountable, how could the amount of space that a particular family deserves be determined? At what age do children of different sex require separate rooms? Do invalids need ground floor dwellings, and who is an invalid? Do persons who work in their own homes (physicians, writers, musicians) require more space? What occupations should be favored by handy locations, and what families by large yards? Must a mother-in-law live with the family, or is she entitled to a separate dwelling?

How long would it take an OPA board to answer these questions and to decide what tenants or owners must "move over" to make room for those who, in the board's opinion, should have it?

The duration of the housing shortage would also be affected. In all fairness to both tenants and existing landlords, new construction would also be rationed and subject to rent control. If rents on new dwellings were set considerably higher than on comparable existing dwellings, in order to stimulate new construction, one of the main objectives of rent control and rationing–equal treatment of all–would be sacrificed. On the other hand, if rents on new dwellings were kept the same as rents on existing dwellings, private construction of rental properties would be small or non-existent.

We may conclude that rationing by a public agency is unlikely to be accepted on a thorough-going basis. Even if applied only to rented dwellings, it would raise stupendous administrative and ethical problems.

Sources and Probable Duration of the Present Shortage

The present housing shortage appears so acute, in the light of the moderate increase in population and the actual increase in housing facilities since 1940, that most people are at a loss for a general explanation. Rather they refer to the rapid growth of some cities–but all cities have serious shortages. Or they refer to many marriages and the rise of the birth rates–but these numbers are rarely measured, or compared with housing facilities.

Actually, the supply of housing has about kept pace with the growth of civilian non-farm population, as the following estimates based on government data show:

Date	Non-farm		
	Occupied Dwelling Units	Civilian Population	Persons per Occupied Dwelling Unit
June 30, 1940	27.9 million	101 million	3.6
June 30, 1944	30.6 million	101 million	3.3
Spring, 1946	More than 31.3 million	About 111 million	Less than 3.6

Certain areas will be more crowded in a physical sense than in 1940, and others less crowded, but the broad fact stands out that the number of people to be housed and the number of families have increased by about 10 per cent, and the number of dwelling units has also increased by about 10 per cent.

Two facts explain why the housing shortage seems so much more desperate now than in 1940, even though the amount of housing per person or family is about the same.

The first fact is that aggregate money income of the American public has doubled since 1940, so that the average family could afford larger and better living quarters even if rents had risen substantially.

The second fact is that rents have risen very little. They rose by less than 4 percent from June 1940 to September 1945, while all other items in the cost of living rose by 33 percent.

Thus, both the price structure and the increase in income encourage the average family to secure better living quarters than before the war. The very success of OPA in regulating rents has therefore contributed greatly to the demand for housing and hence to the shortage, for housing is cheap relative to other things.

Future Housing Problems

Rent ceilings do nothing to alleviate this shortage. Indeed, they are far more likely to perpetuate it: the implications of the rent ceilings for new construction are ominous. Rent is the only important item in the cost of living that has not risen greatly. Unless there is a violent deflation, which no one wants and no administration can permit, rents are out of line with all other important prices and costs, including building costs. New construction must therefore be disappointingly small in volume unless (1) an industrial revolution reduces greatly the cost of building housing, or (2) the government subsidizes the construction industry.

The industrial revolution in methods of building is devoutly wished for. But if it comes, it will come much faster if rents are higher. If it does not come, the existing construction methods will, for the most part, deliver houses only to those who can afford and wish to own their own homes. Rentals will become harder and harder to find.

The use of a building subsidy, in the midst of our high money incomes and urgent demand for housing, would be an unnecessary paradox. Now, if ever, people can afford to pay for their housing.

If the subsidy were successful in stimulating building, after some years rent ceilings could be removed without a rise of rents. But building cost would still be high–higher than if there had been no subsidy–so, housing construction would slump to low levels and remain there for a long period. Gradually, the supply of housing would fall sufficiently and the population rise sufficiently to raise rents to remunerative levels. A subsidy thus promises a depression of unprecedented severity in residential construction, and it would be irresponsible optimism to hope for a prosperous economy when this great industry was sick.

Unless, then, we are lucky (a revolutionary reduction in the cost of building apartments and houses), or unlucky (a violent deflation), or especially unwise (the use of subsidies), the "housing shortage" will remain as long as rents are held down by legal controls. As long as the shortage created by rent ceilings remains, there will be a clamor for continued rent controls. This is perhaps the strongest indictment of ceilings on rents. They, and the accompanying shortage of dwellings to rent, perpetuate themselves, and the progeny are even less attractive than the parents.

An incomplete and largely subconscious realization of this uncomfortable dilemma explains the frequent proposal that no rent ceilings or that more generous ceilings be imposed on new construction. This proposal involves a partial abandonment of rent ceilings. The retention of the rest can then be defended only on the grounds that the present method of rationing existing housing by chance and favoritism is more equitable than rationing by higher rents, but that rationing the future supply of housing by higher rents is more equitable than rationing by present methods.

Conclusion

Rent ceilings, therefore, cause haphazard and arbitrary allocation of space, inefficient use of space, retardation of new construction and indefinite continuance of rent ceilings, or subsidization of new construction and a future depression in residential building. Formal rationing by public authority would probably make matters still worse.

Unless removal of rent ceilings would be a powerful new stimulus to inflation, therefore, there is no important defense for them. Actually, higher rents would have little direct effect on inflationary pressure on other goods and services. The extra income received by landlords would be offset by the decrease in the funds available to tenants for the purchase of other goods and services.

The additional inflationary pressure from higher rents would arise indirectly; the higher rents would raise the cost of living and thereby provide an excuse for wage rises. In an era of direct governmental intervention in wage-fixing, the existence of this excuse might lead to some wage rises that would not otherwise occur and therefore to some further price rises.

How important would this indirect effect be?

Immediately on the removal of ceilings, rents charged new tenants and some existing tenants without leases would rise substantially. Most existing tenants would experience moderate rises, or, if protected by leases, none at all. Since dwellings enter the rental market only slowly, average rents on all dwellings would rise far less than rents charged new tenants and the cost of living would rise even less.

As more dwellings entered the rental market, the initial rise in rents charged new tenants would, in the absence of general inflation, be moderated, although average rents on all dwellings would continue to rise.

After a year or so, average rents might be up by as much as 30 percent. But even this would mean a rise of only about 5 percent in the cost of living, since rents account for less than one-fifth of the total cost of living. A rise of this magnitude—less than one-half of one percent per month in the total cost of living–is hardly likely to start a general inflation.

The problem of preventing general inflation should be attacked directly; it cannot be solved by special controls in special areas which may for a time bottle up the basic inflationary pressures but do not remove them. We do not believe, therefore, that rent ceilings are a sufficient defense against inflation to merit even a fraction of the great social costs they entail.

No solution of the housing problem can benefit everyone; some must be hurt. The essence of the problem is that some persons must be compelled or induced to use less housing than they are willing to pay for at present legal rents. Existing methods of rationing housing are forcing a small minority–primarily released veterans and migrating war workers, along with their families, friends and relatives–to bear the chief sacrifice.

Rationing by higher rents would aid this group by inducing many others to use less housing and would, therefore, have the merit of spreading the burden more evenly among the population as a whole. It would hurt more persons immediately, but each less severely, than the existing methods. This is, at one and the same time, the justification for using high rents to ration housing and the chief political obstacle to the removal of rent ceilings.

A final note to the reader–we should like to emphasize as strongly as we can that our objectives are the same as yours: the most equitable possible distribution of the available supply of housing and the speediest possible resumption of new construction. The rise in rents that would follow the removal of rent control is not a virtue in itself. We have no desire to pay higher rents, to see others forced to pay them, or to see landlords reap windfall profits. Yet we urge the removal of rent ceilings because, in our view, any other solution of the housing problem involves still worse evils.

Appendix

The Drug War as a Socialist Enterprise

In 1972, almost twenty years ago, President Nixon started a war on drugs–the first intensive effort to enforce the prohibition of drugs since the original Harrison Act. In preparation for this talk today, I re-read the column that I published in *Newsweek* criticizing his action. Very few words in that column would have to be changed for it to be publishable today. The problem then was primarily heroin and the chief source of the heroin was Marseilles. Today, the problem is cocaine from Latin America. Aside from that, nothing would have to be changed.

Here it is almost twenty years later. What were then predictions are now observable results. As I predicted in that column, on the basis primarily of our experience with Prohibition, drug prohibition has not reduced the number of addicts appreciably if at all and has promoted crime and corruption.

Why is it that the only observable effect on policy of the conversion of predictions into results has been that the government digs itself deeper and deeper into a bigger and bigger hole and spends more and more of your and my money doing harm? Why is it? That's both the most discouraging feature of our experience and also the most intriguing intellectual puzzle. In our private lives, if we try something and it goes awry, we don't just continue and do it on a bigger and bigger scale. We may for a while, but sooner or later we stop and change. Why does not the same thing happen in governments policy?

There is little point to my discussing in detail before this group the case for the legalization of drugs. Everyone in this room knows it. You have had numerous workshops featuring discussions by people who are more intimately familiar with the details than I am. I want rather to examine the puzzle that I raised. And in doing so, I'm going to rely on an adage that Bardett traces back to 325 B.C.: "Cobbler, stick to your last."

My last is economics, the study of how society organizes its limited resources to meet the many and varied wants of its members. Fundamentally, society's resources can be organized in only one of two ways, or by some mixture of them.

One way is by market mechanisms: from the bottom up. The other way is by command: from the top down. The market is one mechanism. Authoritarian organization–the military is a clear example–is the other. The general gives the order, the colonel passes it on to the captain, and so on down the fine. In the market, the orders come the other way. The consumer walks into a store and gives the order and the orders go up. These two mechanisms have very different characteristics and are suited to handle very different problems.

Some element of both mechanisms is needed in any society. And every society has some mixture of both. We know the extreme cases in which authoritarianism predominates and we know what happened in those extreme cases, particularly since the fall of the Berlin Wall. But we also have large elements of both mechanisms in our own society.

During the many years that I've been peripherally engaged in discussing the issue of drugs–I should emphasize that's not a vocation of mine; it's an avocation–I've been impressed by two things. First, most literature that I have read on drugs takes it for granted that the drug problem is a special case to be discussed in terms of specific issues associated with drugs–the substances involved and so on rather than a special instance of a more general phenomenon. It is taken for granted that the drug problem has to be discussed in terms of its own merits and requires an extensive knowledge of the details.

From my point of view, it's as if one were to discuss the problem of theft in terms of the object stolen. So, theft of automobiles is one problem. Theft of hand bags is another. In the same way, people treat the prohibition of drugs as if it were a problem to itself.

Second, one consequence of that approach to the drug problem is that many opponents of the war on drugs propose alternatives that would be just as bad. They believe that the problem is not the basic mechanism being used, but simply that the government hasn't done it right. Most of these alternatives would involve going from the frying pan to the fire.

Such reformers believe that if they could write the law, the law would be enforced the way they wrote it. That is an illusion. What happens to a law has little relation, in general, to the intentions of the people who wrote it. The people who wrote the law on drugs did not intend to kill hundreds of thousands of people in the process. They did not intend to have a system under which prisons and prisoners would grow like Topsy. In general, the actual effects of any law are often, if not usually, the opposite of the intentions of the people who wrote it, a phenomenon that Congressman Richard Anncy [R-Texas], in an earlier guise when he was a simple professor, termed the "invisible foot of government."

Let me illustrate with a few quotations from letters that I have received. First: "Instead of merely decriminalizing drugs, let's have the government make available drugs free to every user." That would obviously take the profit out of the business. The idea is that somehow or other we ought to treat drugs as a free good. But there are no free goods; there's no free lunch. It's not free; somebody would have to pay for it. So, we ought to tax the taxpayer to subsidize people who use drugs! More important, it seems obvious that if those "free" drugs were really available, they would be distributed in Europe and elsewhere where there's a paying market.

How can you restrict the quantity demanded of free drugs? The only way to do so is to have strict rules for distributing it.

That leads to an authoritarian system determining who gets the drugs and how much–as open to abuse and corruption as our present system.

Second–I promise you, these are honest-to-God quotes from letters I have received; I haven't made them up –"Legalize all drugs now illegal to be available in state stores." We have a lot of experience with state stores in the liquor area. The Twenty-First Amendment repealing the Prohibition Amendment repeated only federal prohibition; states were left free to engage in any measures they wanted to control alcohol. Indeed, the Twenty-First Amendment specifies that transporting alcohol or liquor from a dry state to a wet state shall be regarded as a federal offense and shall be prevented by the federal government. Some states stayed dry, at least for a while; others set up state liquor stores; and still others left it to the market.

The people who say drugs should be distributed only in state stores argue that that would facilitate control of distribution to minors, to ensure that drugs weren't abused, and so on. Has that been the effect of state liquor stores? Hardly. I know about the state of New Hampshire best because we used to have a second home there. Some New Hampshire stores are located right on the border of Massachusetts in order to attract as many customers from Massachusetts as possible. As that indicates, state stores give government an incentive to promote, not discourage, the consumption of alcohol. In addition, many states have now discovered that they are not really doing very well with the state stores and there is a movement on to sell them off and privatize them. Again, it's a silly idea.

Third: "Abolish the criminality of the use of drugs; establish a federal monopoly to sell drugs." That is, you are going to have the Post Office handle the distribution of drugs.

What do these solutions have in common? They propose to cure a problem by some more socialism. It's the standard recourse of the alcoholic: more of the hair of the dog that bit you to get over the inevitable hangover.

The fundamental problem we face is not the war on drugs—although some of us are most interested in that issue. The war on drugs and the harm which it does are simply manifestations of a much broader problem: the substitution of political mechanisms for market mechanisms in a wide variety of areas.

To illustrate, I want to go beyond the war on drugs. We all recognize that the war on drugs is destroying our inner cities.

But if I were to ask any one of you what is the next most important factor that is destroying the inner cities, I suspect a great many would agree with me that the next most important factor is our defective educational system, the terrible schools in our inner cities, schools which do not teach, but which are essentially places to keep kids off the streets for a certain number of hours a day.

Both failures have the same source. The war on drugs is a failure because it is a socialist enterprise. Our schooling is deteriorating because it is a socialist enterprise. Except possibly for the military, education is the largest socialist enterprise in the United States. There are a few loopholes: private schools to which parents can send their children if they can afford to pay or, in the case of parochial schools, if they have certain religious views. However, ninety percent of all kids are in government schools. And that socialist institution performs the same as most other socialist institutions.

There are some general features of a socialist enterprise, whether it's the Post Office, schools, or the war on drugs. The enterprise is inefficient, expensive, very advantageous to a small group of people, and harmful to a lot of people. That was true of socialism in Russia, it was true of socialism in Poland, and it's true of socialism in the United States.

You all know Adam Smith's famous invisible hand, in which people who intend to promote their own interest arr led by an invisible hand to promote a public interest which it was no part of their intention to promote. I have for many years argued that an inversion of that maxim is also true: People who intend only to pursue the public interest are led by an invisible hand to promote private interests which it was no part of their intention to pursue. That is the case regarding drugs.

Whose interests are served by the drug war? The U.S. government enforces a drug cartel. The major beneficiaries from drug prohibition are the drug lords, who can maintain a cartel that they would be unable to maintain without current government policy.

In education, one major set of beneficiaries from the socialized educational system are high-income people, living in affluent suburbs, who are able to have good public schools. Those government schools serve as a tax shelter for them. If they send their children to private schools, the tuition they pay is not deductible in computing their federal income tax; but local taxes are deductible. Another set of beneficiaries are the educational bureaucracy, including officers and employees of teachers' unions, and politicians who are able to use the educational system as a source of patronage.

On the other hand, a great mass of people are harmed by the low and declining quality of our schooling system. And the people who are harmed worst of all are the people who live in the inner cities. They know it. In public opinion polls on privatizing the school system through vouchers that give parents freedom to choose, blacks are the most supportive group, with two-thirds or more favoring a voucher system. Yet, with the exception of Polly Williams of Wisconsin, not a single important black political leader has come out in favor of vouchers!

These are by no means the only examples. Go down the list of our major national concerns, of which the crime and lawlessness spawned by drug prohibition is certainly one and poor educational performance another. We have major problems in medical care. Total costs for medical care have risen from four percent of the national income to thirteen percent in forty years. Why? Again, because the government has increasingly socialized medical care and there is a very strong movement to go all the way to a complete socialization of medical care. Largely as a result of greater government involvement, the cost of a day spent in the hospital, cost per patient day, was twenty-six times as high in 1989, after adjustment for inflation, as it was in 1946.

Another example is housing. Why does the Bronx in New York look like a war zone that's just been bombed? Primarily because of rent control. Again, an attempt by the government to socialize the housing industry. We have had extensive and expensive public housing programs. In the course of those public housing programs, more dwelling units have been destroyed than have been built.

I challenge you to find any major problem in the United States that you cannot trace back to the misuse of political mechanisms as opposed to market mechanisms. By any reasonable measure, the United States today is a little over fifty percent socialist. That is to say, more than fifty percent of the total resources in the country, of the total input, is directly or indirectly controlled by governmental institutions at all levels—federal, state, and local. Yet we in the United States have the highest standard of living of any country in the world. We are a very rich and prosperous country. It is an extraordinary tribute to the productivity of the market system that, with less than fifty percent of the resources, it can produce the kind of standard of living and the kind of society we have.

You are working from January 1 to close to June 30, or maybe somewhere after June 30, to pay for the direct and indirect cost of government. What fraction of your well-being comes from those government-controlled expenditures? Is it anything like fifty percent? I doubt very much that many of you would say it is.

The question that my puzzle raises is why is it that private enterprises are successful and government enterprises are not? One common answer is that the difference is in the incentive, that somehow the incentive of profit is stronger than the incentive of public service. In one sense, that's right; but in another, it's wrong.

The people who run our private enterprises and the people who run our government enterprises have exactly the same incentive. In both cases, they want to promote their private interests. The people who go into our government, who operate our government, are the same kind of people as those who are in the private sector. They are just as smart, in general. They have just as much integrity. They have just as many altruistic and selfless interests. There is no difference in that way. But as Armen Alchian, an economist at UCLA, once put it. "The one thing you can depend on everybody to do is to put his interest above yours." That is a very insightful comment. The Chinese who are on the mainland are not different people from the Chinese who are in Hong Kong. Yet, the Mainland is a morass of poverty and Hong Kong has been an oasis of relative well being. The people who occupied West Germany and East Germany before they were reunited had the same background, the same culture. They were the same people, but the results were drastically different.

The problem is not in the kind of people who run our governmental institutions versus those who run our private institutions. The trouble, as the Marxists used to say, is in the system. The system is what is at fault.

The difference is that the private interest of people is served in a different way in the private and the governmental spheres. Consider the bottom line they face.

Here's a project that might be suggested, to begin with, by somebody in the private sector or by somebody in the government sphere, and appears equally promising in either case. However, all good ideas are conjectures; they are experiments. Most are going to fail. What happens? Suppose a private group undertakes the project. Suppose it starts to lose money. The only way that they can keep it going is by digging into their own pockets. They have to bear the costs. That enterprise will not last long; people will shut it down. They will go on to something else.

Suppose government undertakes the same project and its initial experience is the same: it starts to lose money. What happens? The government officials could shut it down, but they have a very different alternative. With the best of intentions, they can believe that the only reason it has not done well is because it has not been operating on a large enough scale. They do not have to dig into their own pockets to finance an expansion. They can dig into the pockets of the taxpayers.

Indeed, financing an expansion will enable them to keep lucrative jobs. All they need to do is to persuade the taxpayer, or the legislators who control the purse that their project is a good one. And they are generally able to do so because, in turn, the people who vote on the expansion are not voting their own money; they are spending somebody else's money. And nobody spends somebody else's money as carefully as he spends his own.

The end result is that when a private enterprise fails, it is closed down; when a government enterprise fails, it is expanded. Isn't that exactly what has been happening with drugs? With schooling? With medical care?

We are all aware of the deterioration in schooling. But are you aware that we are now spending per pupil, on the average, three times as much as we were thirty years ago, after adjustment for inflation? There's a general rule in government and bureaucratic enterprises: the more you put in, the less you get out.

As these socialized enterprises have broadened their reach, it has become more and more difficult for the public to control them. That's the fundamental problem we face in respect of drugs. How do we make the vested interests of the government change their policy?

As we have all discovered, that is not an easy job. The people running the drug program have a great deal more resources than we have. They can command the attention of the media to make reform or repeal seem not respectable, not reasonable. After all, they will say over and over, the people who urge the legalization of drugs are simply ignorant or naive or don't understand what's going on. We, they will say, are the experts and know what works and what doesn't.

One way that has been effective in eliminating or reducing bad government programs is private competition. The Post Office used to be just as inefficient in delivering parcels as it is in delivering first-class mail. But because the postal statutes gave it a monopoly only on first-class mail, UPS was able to take away their business. Then Federal Express and similar enterprises took away much of their first-class business, and substitutes for mail such as fax emerged.

The same process is underway in drugs. Unfortunately, however, private competition is not an effective solution as long as the government completely prohibits some drugs-just as first-class Postage proper is still a government monopoly, because it is illegal for private enterprises to offer similar general carrier services. In such areas, we do need to change the law.

My thesis can be expressed in two main points, and that is where I want to close and open up to questions from you. First, do not fool yourself into thinking that solutions will in fact work that simply involve changing the way the political mechanism is used. They will not escape the defects common to the political mechanism wherever it is used.

Let me emphasize, I am a limited-government libertarian, not an anarchist libertarian, though I have a great deal of sympathy for anarchist libertarians, including the fact that my son is one. However, the role I assign to the government is limited to defending the country, providing law and order, helping us to determine the rules under which we operate, and adjudicating disputes. This is a very limited range of responsibilities.

A major cost of the broader extension of governmental activity is that it prevents government from doing well those things that I believe only it can do effectively. When people talk about innocent victims of the war on drugs, they very often forget the people who suffer robberies, theft, murder—not because they are caught in the crossfires of drug battles, not because they are the victims of addicts who are trying to support their habit, but simply because so large a fraction of law enforcement resources are being used to try to control drugs that there are not enough resources left to prevent theft, burglary, and the rest in the community at large.

The second lesson I believe that we should learn, and it's probably the more important lesson, is that we are likely to make more progress against the war on drugs if we recognize that repealing drug prohibition is part of the broader problem of cutting down the scope and power of the government and restoring power to the people. If we treat drug prohibition as an isolated instance, maybe the effort to repeal it will be successful, as the effort to repeal alcohol prohibition was in the 1920s. But I believe that our chances of success are greater if we recognize that the failure of the war on drugs is part of a much broader problem, that the reason to end the war on drugs is also the reason to end the socialization of medicine, the socialization of schools, and so on down the list.

Questions and Answers

Arnold: I have a two-part question, one from the floor and one with a bit of my own amendment. Should every produced good be subject to the free market? And the second part of the question was, if I look back at Adam Smith and once, with great foreboding, I read the book, I think Adam Smith accepted the idea of, as you say, a limited role for government, including the administration of justice and I think the phrase was "the common defense." Many drug warriors would claim that because of the unique nature of drugs, they fit properly within the administration of justice and the common defense.

Friedman: On the first half of the question, I believe that there is a case for keeping certain things out of the market. I believe it's not desirable to have a market in atomic bombs. But the number and the list of things for which you can really justify prohibition is very limited. And the only justification is always in terms of the existence of innocent victims, not in terms of paternalistic concern.

The major effect of drug prohibition is to multiply the number of innocent victims, not to reduce them. That's why I don't think that any general rule you might have that some products, such as atomic bombs, hydrogen bombs, and a few things like that, should not be traded in the market applies to the case of drugs.

On the second question, I don't believe that if Adam Smith were here today he would agree with that interpretation you gave to his strictures. The reason why the prohibition of drugs is not a case of the administration of justice is because the drug user, whether he's smart or foolish or not, harms primarily himself. There is a case for doing something when the drug user harms other people, and we do. The case of alcohol is very simple. The person who drives when he's drunk clearly should be prosecuted for that. It's the act of driving while drunk, not the act of drinking, for which he should be prosecuted. Similarly, if people under the influence of drugs do a similar thing, the act of doing that is what should be prosecuted, not the ingestion of drugs.

I've always argued that there are two arguments against drug prohibition. One is from principle: that people ought to be responsible for themselves and the government has no business telling me what to ingest. I'm sure this is the argument you've heard very effectively from Dr. Szasz.

The other is the question of expediency. For a moment, waive the question of principle. are you doing more harm than good? The evidence that you are seems to me so overwhelming that it appeals to people who will not join you on matters of principle. I give you some examples.

My fundamental attitude toward drug prohibition initially developed out of the issue of principle. My good friend Bill Buckley was initially in favor of drug prohibition. In fact, my son David once wrote an article attacking Bill's views on prohibition under the title "Is Bill Buckley a Communicable Disease?". Bill had argued in favor of drug prohibition on the ground that one drug user would transmit his addiction to others, and in that way infect them. David said in his piece that Bill's ideas infect others. To take that to an extreme case–I don't think this was David's example; it's mine–some famous works surely have ended up killing more people than have ever been killed by alcohol, tobacco, and so-called illegal drugs combined. But our principles of free speech say people ought to be free to read these books. And that was what David meant by his "Is Bill Buckley a Communicable Disease?"

Well, Bill has switched and he is now a very strong proponent of drug legalization, not on grounds of principle but on grounds of expediency, on the ground that the effect has faded and ought to be terminated.

I don't believe there's any way in which you can say that the prohibition of drugs is administering justice. Justice to whom? Is it justice to the people of Colombia who are being murdered because we can't enforce our own laws? That's hardly justice.

Arnold: I wasn't saying that. I was wondering if Adam Smith would. I know how you feel about…

Friedman: [Simultaneously] I know. No, I don't think Adam Smith would. Adam Smith was a very great man, a very smart man.

Arnold: This question says you supported Pinochet or advised Pinochet.

Friedman: I never advised Pinochet. I never supported Pinochet.

Arnold: We'll throw that one away.

Friedman: But hold on. No, I don't want to evade the question.

Arnold: All right.

Friedman: Chile was a case in which a military regime, headed by Pinochet, was willing to switch the organization of the economy from a top-down to a bottom-up mode. In that process, a group of people who had been trained at the University of Chicago in the Department of Economics, who came to be called the Chicago Boys, played a major role in designing and implementing the economic reforms. The real miracle in Chile was not that those economic reforms worked so well, because that's what Adam Smith said they would do. Chile is by all odds the best economic success story in Latin America today.

The real miracle is that a military junta was willing to let them do it. As I said to begin with, the principle of the military is from the top down. The principle of a market is from the bottom up. It's a real miracle that a military group was willing to let a bottom-up approach take over. I did make a trip to Chile and I gave talks in Chile. In fact, I did meet with Mr. Pinochet, but I never was an adviser to him, and I never got a penny from the Chilean government. But I will say that that process led to a situation in which you were able to get an election which ended the military junta. You now have a democratic government in Chile. There is as yet no similar example from the world of entirely socialist states.

So, I was not an adviser to Pinochet. I was not an adviser to the Chilean government, but I am more than willing to share in the credit for the extraordinary job that our students did down there.

Arnold: I believe you were a supporter of Ronald Reagan.

Friedman: I still am, but not of everything that he did.

Arnold: OK. The real question is–as I say, I was grouping these together–How do you feel about his drug war? I think I know the answer, or we know the answer.

Friedman: The answer is clear. I think that the drug war was a mistake. There are two areas in which I think the Reagan administration performed very badly. One was the drug war and the other was foreign trade. In the case of foreign trade, he laid the groundwork, unfortunately, for what has become a protectionist drive and movement by agreeing to the so-called voluntary import quotas on Japanese cars. That was an enormous mistake, went against all of his stated principles.

As I once said to a Republican Club of students at Stanford, I am a libertarian with a small "l" and a Republican with a capital "R". And I am a Republican with a capital "R" on grounds of expediency, not on principle. I believe that I can do more good by having influence with the Republican Party than I can by joining the Libertarian Party, although I have great sympathy with the Libertarian Party. I believe it's very desirable that they do well.

Ronald Reagan was a man of principle. He is the first president in my life who was elected because the people had come around to agreeing with him, rather than because he was looking at polls and saying what the people wanted to hear. He was saying exactly the same thing in 1980 when he was nominated, as he was in 1964 when he supported Mr. Goldwater. What changed was not what he was saying, but what the public had come to believe. His fundamental principle—that government is too big, that government is a problem—is correct. Unfortunately, the war on drugs was inconsistent with that fundamental principle and he should not have departed from it by supporting the war on drugs.

I may say to you also that I would have no hesitancy to say that to Ronald Reagan. You know, people have a great misconception about Mr. Reagan. They think that somehow he only listens to what he wants to hear, but that's not true.

Arnold: There are several questions along this line. In light of the objective standing of the U.S. below the EEC by every standard that is, the European countries—that measures quality of life and the reality that every EEC country is socialist, how can you argue for laissez-faire capitalism or, this says, robber baron-robber bandit, free market capitalism as a path, you know, for a better life for Americans?

Friedman: I understand it. Well, I'm delighted that you have some socialists in this organization.

Arnold: We have a few.

Friedman: When I talk to you about drug legalization, I'm talking to the converted. But when I'm talking to you about socialism, I'm not talking to the converted, so I'm being more useful.

In the first place, I do not agree with the factual statement in that remark. I do not agree that the EEC countries have a better quality of life in general. The typical difference between the EEC countries and the United States is that the United States is a country of much greater diversity and most of the EEC countries have relatively homogeneous populations. In almost all cases, the few immigrants they have are a great cause of trouble. You won't find a Turk in Germany or a Moroccan in France who will subscribe to the view that life is better in the EEC countries than it is in the United States, while we in the United States have a much greater variety and have been much more open and welcome to people.

In the second place, when you come to measure socialism, there's little more than a dime's worth of difference between the degree of socialism in those countries and in this. The major difference is that those countries, some of them, have more government-owned and operated enterprises. That's the major difference. Our only government-owned and operated enterprise is the Post Office. On the other hand, our government has extended its influence in considerable measure primarily by regulation and rules and restrictive arrangements. And in that case, far more so than most of the European countries.

In an issue that's very closely related to the drug issue, our Food and Drug Administration is a much more restrictive and socialist enterprise than its counterparts in England and other countries, as is evidenced by the drug lag. In general, it takes a good deal longer to get a drug approved for use in the United States than it does in Britain or Canada or Germany. Indeed, that's another case in which what's intended to save people's lives is killing far more people than it is saving, namely, our Food and Drug Administration, which I am in favor of abolishing.

So, I don't agree that those countries are very much more socialist. What I do think is a very different thing, and I'll go back to Adam Smith for this.

Arnold: Good idea.

Friedman: When Cornwallis was defeated at Yorktown in the Revolutionary War, a young man came to Adam Smith and said that it was going to be the ruination of Britain. Adam Smith replied, "Young man, there's a deal of ruin in a nation."

Now what do I mean by that? I mean that we have the highest standard of living, in reality, of any country in the world.

Audience member: For the few.

Friedman: Not for the few, for the many. I beg your pardon. We have a more equal distribution of income, in general, than most of the countries you're talking about. The distribution of income... [Audience members making inaudible statements] I'm sorry, I couldn't hear most of it.

Arnold: Excuse me. Would you mind sending your questions up? The mike isn't picking it up, so please cool it.

Friedman: Somebody shouted out, "For the few, not for the many." It is true that there are a few who have enormously high incomes. Too many of them. But the fact is that when I speak about the level of living, I am speaking about the level of living of the great majority of the people in the country. There's inequality of income in every country. Those inequalities am far greater in some socialist countries than they are in capitalist countries. If you compare the level of living of people at the top and people at the bottom, the difference was much wider, for example, in the precollapsed Soviet Union than it is in the United States.

The issue of distribution of income is a very serious and important issue and it's worth discussing; I don't mean it isn't. But I think that the statement I have made is correct for the great bulk of the American people.

The evidence is simple. How do people best vote? With their feet. Where do people try to immigrate? Some people do try to get into the European countries. In particular, the people from the former communist countries try to get into the less socialist countries of Western Europe. But so far as the United States is concerned, people from all over the world seek to immigrate here. They aren't coming here to be made miserable. They aren't coming here to be exploited. And you can't say that they're all fools; they know what they're getting into. So, I reject the idea that this is a country in which a few stand on the backs of the multitudes. Well, I'm glad to see there are a few non-socialists here, too.

Arnold: It's very clear, simply from the applause, that the Drug Policy Foundation attracts a very wide range of opinions on all manners of things.

Friedman: And so you should.

Arnold: Thank you. This may well be the last question, sir. There have been several like this. Looking at the future, in a market of retail sales, of re-legalized drugs, what do you think of the suggestions that have been made about how you model those reforms? For example, one of our board of directors members, Lester Grinspoon of Harvard, has suggested a harmfulness tax based upon the relative harmfulness of the drugs. Senator Galiber of the New York State Senate, who is here, put in a bill that would have made all the illegal drugs–all of them–available legally, but would have regulated them like alcohol. They've used precisely the alcohol model. For example, you could get the drug if you were an adult; you couldn't have the retail store near a school, etc. What thoughts do you have on the future?

Friedman: There is no chance whatsoever in the near future or the distant future of getting what I would really like, which is a free market. As a first step on the right road, I believe the right thing to do is to treat drugs, currently illegal drugs, exactly the same way you treat alcohol and tobacco. Not because that's the best way, not because that's the ideal arrangement, but because it's an arrangement that people know, that is in existence. It involves, in a certain sense, the least kind of change, so that the law you've described by Senator Galiber seems to me the right direction in which to go-night direction in the sense again of a practical compromise, not of ultimate principle.

真实经济学的价值、事实与逻辑

毛寿龙

中国人民大学教授

现代所流行的教科书经济学是新古典经济学。该经济学的初级版往往用文字和图表表达，分为微观经济学和宏观经济学。微观经济学从经济人的个人主义方法论与物品和服务的稀缺性开始讲起，然后是消费者消费理论、供给者供给理论，接着是局部均衡和一般竞争均衡理论、垄断理论、外部性理论、信息不对称理论，最终则是宏观经济学的财政政策和货币政策。高级版的经济学与初级版的经济学相比，其逻辑基本一致，数学表达更多一些，逻辑上的表述更精致，但靠文字和图表更能表达的价值和事实部分，却被大大简化了。

但我们看到还有一种经济学，它是一种真实的经济学，它基本上都是用浅显的文字表达的经济学。它好像是专门为普罗大众准备的，而不是为熟知数学的高级经济学学生和经济学家准备的。虽然这样的书被认为是经济学入门级的书，但其实其作者都是公认的经济学大家，而且其所揭示经济学的价值、事实与逻辑的丰富性和真实性，是教科书经济学完全无法比拟的。

摆在读者面前的这五本书，我想就是这样的一套书。虽然每本书篇幅不大，也没有深奥的术语和大篇幅的数学推导，但其表述的价值更加丰满，事实更加完整，逻辑更加丰富。

《蜜蜂的寓言》：作为市场经济道德基础的自私的德性及其脆弱性

在这里，第一本书《蜜蜂的寓言》，给我们展示了市场经济的道德基础，即自私的德性。同时，我们从这本书以及同类型书的理论的不彻底性和其他书籍中更为彻底的理论的争议性也可以看到，市场经济的道德基础其实是十分脆弱的。这本书至少让我们反思，为什么让我们的经济持续繁荣、文明持续进步的道德理论，却不为我们所重视，却被称为“恶”，而摧毁经济繁荣、文明进步的道德理论，却被称为“善”？

多年前，我初次阅读《蜜蜂的寓言》，那时的心情其实是非常复杂的。现在当我再次去阅读《蜜蜂的寓言》时，我的心情开始平静，我开始从逻辑上去思考其内含的价值，并思考它与其他著作之间的关系。这一次，我的思考是：人是一种特殊的动物。人的特殊性使人类成就了独特的文明。那么，这一文明的根源在哪里，它要如何发展？我们又要如何使文明维持稳定和可持续的发展，从而让人摆脱动物性，成为真正自由而文明的生灵？每一个有智慧的人，都能够从自己的经验中利用自己的逻辑和价值给予适当的判断。

对此，传统的学者显然会认为，是人的美德成就了人类的文明。在此基础上，人们的政策选择在逻辑上也是一以贯之的，这就是颂扬美德，谴责恶德。因此而形成的道德秩序，在全世界都是一样的。这一秩序排斥自利，排斥企业家，排斥因交易而得利，其结果就是市场秩序没有任何道德空间，而历史上的经济增长也就无从谈起。

但有一些学者却并不这样认为。他们发现，公益心和道德感的善之花，都将结出贫困和伪善之果，而私欲的“恶之花”，却结出了公共利益的善果。这就是“曼德维尔悖论”。曼德维尔悖论对亚当·斯密的《国富论》有很大的影响。亚当·斯密认为：“每个人都试图用他的资本，来使其生产品得到最大的价值。一般来说，他并不企图增进公共福利，也不清楚增进的公共福利有多少，他所追求的仅仅是他个人的安乐和个人的利益，但当他这样做的时候，就会有一双看不见的手引导他去达到另一个目标，而这个目标绝不是他所追求的东西。由于他追逐个人的利益，他经常促进社会利益，其效果比他真正想促进社会效益时所得到的效果更大。”这就是亚当·斯密的著名的“看不见的手”的出处，也是继曼德维尔的“恶之花”之后，再一次有人阐述了市场经济的道德基础不在于传统意义上所认为的美德，而是实实在在的个人的自利。自此，市场秩序就有了道德的空间，人类社会也开始逐步步入市场经济时代，经济增长也因此在这些地方开始出现，一直到现在，世界各地都享受着现代市场秩序的文明成果。

如果说曼德维尔悖论是曼德维尔的书和其他学者的书之间的悖论，那么亚当·斯密的悖论则是他自己的书之间的悖论，因为他还有一本书，即《道德情操论》，这本书阐述了道德情操对于人类社会的重要性。

曼德维尔和亚当·斯密都肯定了自利，但他们肯定的角度其实还是以悖论的形式出现的，即用好结果来证明自利是美德，而不是恶德。所以，他们对于自利的认可，其实在逻辑上并不彻底。实际上，他们的表述表明，他们还是认为，自私自利本身显然是“不道德”的，或者说是“恶德”，他们只是从经验观察上发现，自私自利的后果是好的，因为它导致了经济的繁荣。

这一不彻底的传统，也为现代教科书经济学家所认可。后来的教科书经济学家，从技术上做了处理，把自利变成了一个经济学逻辑的假设出发点，也就是经济人的理性自利假设。在现代教科书经济学中，经济人的自利不仅会带来好的结果，而且还被认为是理性的。这显然是一个更有力的肯定。但从根本上说，无论是理性的经济人，还是个人主义的假设，其实还是回避了自利是否道德的问题，因为这些经济学家的主张依然只是把个人主义理性经济人作为一个经济学逻辑的假设前提，或者说只是方法论上的个人主义。

回避了市场经济核心的道德价值问题，现代教科书经济学实际上就变成了一个数学上的逻辑推导体系。在这里，合理自利不再是一个价值问题，而是一个经济学逻辑的起点问题。而且，这些经济学家的进一步推导认为，个人是竞争市场的接受者，而不是市场过程的参与者和决定者，是市场机制在配置资源，而不是一个个个人的智慧和行为在配置资源。

在这个意义上，重读曼德维尔《蜜蜂的寓言》一书，是具有非常重要的道德价值的，因为它就如它同时代的很多人所认为的那样，它的确扰乱甚至摧毁了古老的社会道德价值秩序，但它却在扰乱传统道德价值秩序的同时，也为现代市场秩序的道德提供了一个起点，虽然这一起点并不牢靠。为了回避这一问题，现代经济学也只是在方法论和逻辑上给自己设立了一个起点。

后来则有更多的学者，如哈耶克（他认为个人主义是现代市场秩序的基础）、安·兰德（她认为自私本身就是美德）和罗斯巴德（他认为私人财产是个人道德的基础）对市场经济的道德基础做出了更加肯定的论述。但这些学者的论述，都被认为是有争议的。因而，在现代社会里，自始至终存在着市场经济道德基础的脆弱性，人们一方面享受着市场经济的道德成果，另一方面则谴责市场经济的道德基础无时无刻不在摧毁着市场经济，也因此引起了市场经济的不正常的波动，并导致了一起又一起的经济危机。

《看得见的与看不见的》：杰出经济学家的智慧

巴斯夏是19世纪的法国经济学家。他认为，经济学家有两种，即杰出经济学家和糟糕经济学家："糟糕经济学家只能看到那些看得见的影响，而杰出经济学家能同时考虑到那些看得见的和必须预见的影响。"

在他看来，破窗理论是一个糟糕经济学家的理论。破窗理论认为，如果一个顽童打碎了某店主的玻璃，那么店主就必须去购买新的玻璃，这样玻璃店、玻璃生产厂家以及安装工人等许多人都会从中获利，经济就能得到发展。

巴斯夏认为，这个理论之所以是糟糕经济学家的理论，是因为它只看到了看得见的部分。实际上，看不见的部分是，如果店主没有支付维修玻璃的费用，那么他本来可能把这些钱用于购买别的商品或服务，这样也能促进经济增长。前者其实是在进行破坏，破坏并不有利于经济增长；而后者才是真正的经济增长，因为没有破坏，只有发展。

巴斯夏还分析了很多看得见的和看不见的现象。比如，他认为，看似政府官员花钱能够促进经济增长，但政府官员的钱其实是征税得来的。政府官员征税花钱，实际上是纳税人减少了因为纳税而产生的支出。在这里，政府花钱是看得见的，而纳税人因此减少了支出则是看不见的。因此，财政政策其实并不能促进经济增长。

政府管制贸易也是一样的。外国的铁比本国的便宜，这样本国厂商的铁就必须以较低的价格来出售，这样本国厂商就会受到损失，国家财富就会减少。如果国家用暴力禁止外国便宜的铁进口，那么本国厂商便可以以较高的价格出售铁，国家财富就会增加。巴斯夏认为，这显然是不对的，因为这一推理没有看到本国铁的消费者增加了很多消费成本。如果我们看不到后者，那么似乎暴力管制国际贸易便能够增加本国的财富。但我们如果看到了后者，就会发现暴力管制国际贸易并不能增加本国的财富。巴斯夏写道："暴力并不促进生产，而会破坏生产。天啊！如果暴力可以促进生产，那么我们法国现在该有多么富裕啊。"

政府管制市场，从看得见的部分来看，似乎有很多好处，但如果经济学家看到了看不见的部分，他们就会发现，管制和干预市场其实都是无效率的，对经济发展和财富的增加都是破坏性的。主张政府管制的经济学家，显然是糟糕经济学家；而主张政府不干预市场经济的企业家，显然是杰出经济学家。

《消失的屋顶》：政府干预让人们住不上房子

美国经济学家米尔顿 · 弗里德曼和乔治 · 施蒂格勒，是主张减少政府干预并让市场充分发挥资源配置作用的经济学家。在《消失的屋顶》一书里，弗里德曼和施蒂格勒认为，如果让市场经济充分发挥作用，我们就会发现，即使一个刚刚遭受地震灾害的城市，也不会发生住房短缺问题，而且经过一段时间的建设，住房不仅不会短缺，而且人人都会有房子住，人均住房面积也会大大增加。人们要买房就会买到房，虽然价格可能会比较贵。人们要租房也会租到房，虽然租金也可能会比较高。

在这个时候，弗里德曼和施蒂格勒发现，住房的稀缺性以及高昂的房价和租金，都会促进政府出台一系列的住房管制政策。政府会管制最高租金，以让租房的人能够以比较便宜的价格租到房子。政府会建造房屋，给人分配住房。当然，政府可能还会给没有支付能力的人提供房贷支持，让他们有能力买得起房子。

弗里德曼和施蒂格勒发现，政府的这些愿望可能是好的，但结果总是与美好的愿望相反。政府管制租金，看起来租金有了天花板，价格比较便宜，其实这不仅没有让人能够以较便宜的价格租到房子，而且使得高价租房的机会都消失了。因为租房市场消失了，租金太低，没人愿意把房子出租，也没人愿意进一步投资盖房或者买房用于出租。

政府建造房屋，然后给人分配住房，从表面上看，当然也是好办法。但实际情况是，任何政府的建房能力和分配住房的能力都是非常有限的，远远不能满足大家的需求。

对于这一点，其结果不仅在美国如此，而且在中国计划经济时期最明显。在1998年房地产市场化之前，中国公民要在城市里分到一套房子，几乎是奇迹——在城市，一家人挤在狭小房子里的现象是非常普遍的。

弗里德曼和施蒂格勒的书没有写政府给买不起房的人以贷款政策支持。对于金融市场发达的国家来说，这在后来是一个比较方便又实用的政策。当经济迅速发展，大家的收入都纷纷提高，而且房产的价格迅速上扬的时候，大家的确会皆大欢喜。但出来混都是要还的，一旦经济发展下行，失业率提高，工资水平开始下降，房地产泡沫也开始缩水，住房就会变成坏资产，房贷也会变成有毒的金融资产，最坏的情况还会连带导致金融危机。2008年，美国开始的次贷危机就是这样发生的。

在讨论了政府干预住房市场的后果之后，弗里德曼还讨论了毒品的问题。一般认为，毒品问题是一个很特殊的问题，因而需要禁毒。但弗里德曼认为，无论是毒品还是其他产品，只要政治机制替代了市场机制，同样的问题都会产生。用政治机制来替代市场机制，会使住房变得稀缺，会没有投资，会导致与房产相关的金融危机。当然，毒品等所谓的特殊物品也是如此，其带来的结果是，政府需要打一场永远也打不胜的毒品战争，而与毒品相关的社会问题和犯罪问题，却越来越严重。

《铅笔的故事》：从产品来看真实市场经济的经验与逻辑

在一般人的眼里，市场经济的运作，是一次又一次的买卖行为。所以，需求理论是从消费者的自利行为出发推导其消费行为的，供给理论是从供应厂商的自利行为出发推导其供给行为的。消费行为的效用最大化考虑会使其达到消费者均衡，供给行为的利润最大化考虑会使其实现生产者均衡。消费者、供给者之间的讨价还价行为导致了局部供求均衡，消费者、供给者相互之间无数次的讨价还价和竞争行为导致了一般供求均衡。

这是一个形式化的逻辑推导。现代教科书经济学家从中发现了一般竞争均衡原理，同时也发现：如果消费者过于节约，存在储蓄偏好，这就会导致消费需求不足；如果生产者过于贪婪，存在过度生产偏好，这就会导致国内供给过剩。这个时候，市场这只“看不见的手”就会失效，就会导致周期性的经济失衡。政府这只“看得见的手”就可以用财政政策和货币政策来控制这种失衡，让经济在平稳的轨道上运行。

这一套逻辑看起来是那么严密，但也有经济学家从各个角度找到了其逻辑上的问题。有经济学家发现，这一逻辑没有时间维度，完全是一个静态的逻辑分析，而市场实际上是一个过程。也有经济学家发现，这一套逻辑完全忽视了行动者，也就是企业家。还有经济学家发现，这套逻辑中，只有消费者和供给者，没有真正的产品；而一个像铅笔这样的产品，却不适用于这样一个严密却简单的逻辑。

经济学家伦纳德·里德《铅笔的故事》一书，从一个非常普通的市场中的产品，也就是铅笔，述说了市场的复杂性：

我，铅笔，是树、锌、铜、石墨等复杂组合下的一个奇迹。但是，除了这些在自然界中表现出来的奇迹之外，还有一个更加不同寻常的奇迹，这个奇迹就是体现了人类创造性力量的组合形态——数以百万计的微不足道的知识与技能，在没有任何人做主脑的情况下，根据人类的需要和欲望，自然而然且自发地组合在了一起！我坚信：树，只有上帝才能创造；我，也只有上帝才能造就。人类无法通过指导这数以百万计的知识与技能创造出我，就像他们也无法把分子组合成树一样。

从铅笔的故事中，我们可以看到产品层面的市场。在这里，铅笔也许是最终产品，前面都是生产铅笔的原料。铅笔市场好像存在铅笔的消费者和铅笔的供应者之间的均衡关系，但铅笔的故事告诉我们，实际运作的市场，是一个业态，也是一个消费的形态，是一个很难区分消费和生产的过程，也是一个非常复杂的产品生产过程。而这一过程，其实就是实际上的市场。从铅笔的故事中，我们看到了铅笔生产过程的复杂性，看到了生产铅笔的物料生产、流动和组合的过程，这里还没有讲到铅笔的物流过程故事，以及铅笔复杂的消费过程故事。

从现实中，我们其实还可以观察到铅笔的物流过程。我们会发现，铅笔到处都存在，而在一个市场里，铅笔的价格基本上都是类似的，虽然物流（从生产点到消费点）是一个非常复杂的过程。把这一物流过程中的任意一段拿出来，都需要耗费很高的成本，但是市场却能够使铅笔的价格在一个大城市的各个角落都一致，甚至在一个全国性的市场里，它的价格也基本是一致的。现实中的物流，显然价格差异非常大，但市场是怎么做到这一点的呢？

从现实生活中，我们还可以看到铅笔的种种消费。恰恰是这种看似简单其实非常复杂的消费，使得铅笔有无数种功能，并且创造了无数的价值。有人用铅笔来写字，有人用铅笔来绘画，有人用铅笔来画图纸，甚至有人用削尖了的铅笔插气管，然后让呼吸困难的病人一下子舒了一口气而得救。在这些价值中，有些的确根本算不上价值，但这里至少让我们看到，一支铅笔在某一个时刻可以救一个人的生命。在铅笔的设计者那里，这根本是想象不到的事情。但是，铅笔也绝对不会因为救了一条鲜活的生命而价值连城，并且索取一笔不菲的售价。在市场里，它还是这个价格。

这样显而易见的经验，当然是新古典经济学家所能够观察到的，而在理论分析的时候却不愿意详细考虑的事情。这些经验让一些智慧的经济学家体会到，市场并不如经济学教科书所说的逻辑那么简单，它其实是一个非常复杂的过程，这一过程包含着种种复杂的材料及其生产过程，更包含着发生在复杂人类的种种智慧间那无意合作的机会。

一支简单的铅笔是如此，一台复杂的电脑和一部复杂的手机也是如此，而现在新经济下的各种产品则更是如此。有政客简单地以为，在美国生产的产品才是美国制造，在中国生产的产品就是中国制造，这显然是把复杂的世界市场过程简单化了。这种简单化如果纯粹只是为了易于认知或者使人觉得浅显易懂，那么还好；但如果我们真的以为这个世界确实如此，并以此来分清什么是中国的，什么是美国的，那么这不仅会使我们的认知水平下降，还会损害市场所实现的繁荣。

《老虎的尾巴》：货币政策的陷阱

从经济发展的角度来说，投资、消费和出口都是一个经济体发展经济的重要政策。紧跟着这些政策的，便是财政政策和货币政策。财政政策包括减税，这是一个很好的政策，因为现代国家的税负，一般来说都是过重的。财政政策还包括赤字财政。赤字财政是在债券市场发行国债，实际上则是用民间储蓄来支撑财政，挤用的是民间投资的资金。这并不是一个好政策。减税减少财政收入，赤字财政并不好用，所以政府其实更偏好货币政策。

货币政策的原理是，每当一个国家经济不景气的时候，国家如果增加货币发行量，降低利率，就可以增加投资，从而维持经济增长。在哈耶克看来，这就像抓住老虎的尾巴，其结果只有两种可能性：跟着老虎跑，被拖死了；还有就是，把老虎放开，老虎把你吃掉了。因为一旦发行货币政策上瘾，政府就会越来越依赖货币政策，一旦货币政策停止，经济发展就会停止。而一旦货币政策不能停止，货币增发到一定的量就会爆发通货膨胀，把整个经济发展的成果毁于一旦。

货币政策过度的结果，不仅仅是通货膨胀，而且会使得企业家的行为倾向于依赖更便宜的信贷资金。信贷扩张过度给了企业家错误的资源配置信号，不遵从错误信号的企业家首先会被惩罚，而遵从错误信号的企业家会得到鼓励。企业家因为错误的信号而做出错误的资源配置行为，其结果就是市场配置信贷资源的机制失灵，资源发生严重的错配。长期累积的结果是，市场机制会启动纠正错误的波动，结构性的危机就爆发了。

所以，政府的财政政策需要审慎，政府的货币政策也需要审慎，政府绝不能依赖增发货币、过度扩张信用来刺激经济增长。真正的经济增长依赖于市场秩序的完善，更依赖于充分发挥企业家精神。因为只有把政府的财政政策和货币政策权力关进笼子里，保护产权，给企业家精神的发挥创造更好的条件，才能让经济增长有一个很好的市场秩序，并能获得企业家精神的支撑。

总之，这五本书的作者，都是公认的杰出的经济学家，这些书，自然也是杰出的经济学著作。虽然这些小书由不同的经济学家在不同的时期、不同的国家，用不同的语言写成，但中信出版社把它们放在一起出版，让我们可以看到一个连贯的知识体：《蜜蜂的寓言》在排斥市场的传统道德秩序里为市场经济撕开了一个口子，让市场经济得以形成自己的道德基础；《看得见的与看不见的》让我们在糟糕经济学家之外看到杰出经济学家看到的一些经验现实，让我们真正了解什么是杰出的经济学，它是能够了解看不到的事实、价值和逻辑的经济学；《消失的屋顶》让我们知道虽然市场机制神奇，可一旦政治机制替代市场机制，住房的投资就会减少，住房就会短缺，人们不仅租不到房子，而且即使用高价也买不到房子，更不用说指望政府给你造房并分配给你了；《铅笔的故事》借着铅笔的自述讲述了一个铅笔如何诞生的故事，我们可以从中了解到市场秩序的复杂性及其神奇之处，从而理解真实的经济学；《老虎的尾巴》则让我们知道，在金融市场发达的现代社会里，印钱不是一个刺激经济的好办法，它只会制造通货膨胀，即使它在一段时间内会刺激经济增长，但其长期的结果只能是破坏经济增长。

经济学是沉闷的吗

冯兴元
中国社会科学院研究员

经济学被一些人视为“沉闷的科学”（dismal science），但这是误判。这一误判的起因在于马尔萨斯曾在其1798年发表的《人口学原理》中做出了一个著名预言：人口增长超越食物供应，会导致人均占有食物的减少。苏格兰历史学家托马斯·卡莱尔在1839年写道，这种场景是“沉闷的”。十年之后，卡莱尔于1849年在一篇为重新引入蓄奴制度辩护的文章中，提出社会科学是一种“沉闷的科学”。随着时间的推移，后人把经济学戏谑地称为一种“沉闷的科学”。甚至还有更多的人张冠李戴，误以为卡莱尔鉴于马尔萨斯的上述预言而将经济学贴上了“沉闷的科学”这样的标签。反正，对于很多人来说，经济学就是“沉闷的科学”。

不过，马尔萨斯版本的“增长极限论”一直以来都饱受诟病。随着时间的推移，由于企业家的贡献和技术的进步，“生产的可能性边界”是不断外扩的。这样的话，因为马尔萨斯的预测或者类似的“增长极限论”而认定经济学是“沉闷的科学”就是没有任何道理可言的。正如美国经济学家麦克洛斯基教授所说，是人类观念的改变，尤其是对企业家地位的承认与尊重，导致了现代世界的繁荣。诺贝尔经济学奖得主阿玛蒂亚·森就论证过，饥荒问题不是粮食产量的问题，而是粮食分配问题。粮食产量的增加和品种的改善，得益于农业科技的进步，也就是得益于创新企业家的贡献。另外一位诺贝尔经济学奖得主、奥地利学派第四代代表人物哈耶克则指出，市场秩序作为“人类合作的扩展秩序”，其扩展导致了人类财富的增进和人口的增加。

自从新古典经济学作为“主流经济学”（mainstream economics）当道之后，经济学作为“沉闷的科学”之名似乎更被坐实了。新古典经济学的武器主要是数学模型和计量工具，往往脱离与真实世界的联系，比如完全竞争均衡模型就是如此。诺贝尔经济学奖得主、新制度经济学创始人罗纳德·科斯将新古典经济学之类的经济学贬称为“黑板经济学”。曾经有人开玩笑地说：“在欧洲，经济学加数学等于经济学；在美国，经济学加数学等于数学。”而如今，欧洲经济学界已经基本沦陷，那里的“经济学加数学”也接近等于数学。这说明了“主流经济学”的扩展势头是极其迅猛的。

所幸的是，当代的新古典经济学虽然被视为“主流经济学”，但并不属于经济学发展的“主线”（mainline）。这些“主线”思想和原理有很多仍然非常鲜活，非常迷人。因此，新古典经济学较为“沉闷”，并不意味着经济学的“主线”思想和原理也较为“沉闷”。

经济学中的主线思想和原理，既包含了其思想源头和历史沿革主动脉，又串起了许多后世经济学家的经济学理论和思想，这些理论和思想往往是前人理论和思想的变体。这条主线经由13世纪的托马斯·阿奎那，17～18世纪包括曼德维尔和亚当·斯密在内的苏格兰启蒙运动思想家，19世纪末兴起的奥地利学派，以及20世纪初的新古典学派，再经由后来的一些经济思想家（包括六位诺贝尔经济学奖得主：奥地利学派经济学家哈耶克，弗吉尼亚公共选择学派创始人和立宪经济学创始人詹姆斯·布坎南，新制度经济学创始人罗纳德·科斯，新经济史学创始人之一道格拉斯·诺思，实验经济学创始人弗农·史密斯，以及布卢明顿公共选择学派创始人埃莉诺·奥斯特罗姆）发展而成。

坐镇美国乔治梅森大学的朝圣山学社主席彼得·贝奇教授将以上这条主线上的思想和原理称为“主线经济学”（mainline economics）。近年来，他一直在大力诠释和推广主线经济学。主线经济学的思想和原理，代表了经济学的真正主动脉，突显了经济学思想与原理发展历程的主线。主线经济学更强调过程和规则，而非具体的结果，因而更强调每个个体的权利和个体在经济过程中的作用。主线经济学不同于作为主流经济学的新古典经济学。主流经济学注重数学模型和计量方法，并不断推出新的诸如此类的经验分析方法。主流经济学虽然对经济分析做出了很多贡献，但是离不开主线经济学。离开了主线经济学的思维和思想，主流经济学就会成为无源之水，无本之木。按照贝奇教授及其同事的观点，“除非那些掌握了这些分析技术的人也实践我们乔治梅森大学莫卡特斯中心的‘主线’经济学思维，否则主流经济学中的那些新的经验分析方法更多的是在轻而易举地制造探讨问题的热度而非答案”。

一个铁打的事实是，这个世界上谁也离不开经济学。在这方面，奥地利学派经济学大师路德维希·冯·米塞斯有其权威的论断。他的观点是，人的任何行动都是有意图、有目的的。人之所以选择某一行动，是基于对其所有可备选行动的目的和手段的主观评价和排序。主观评价最高的，排序最前——“一切目的与一切手段，现实的与理想的，崇高的与低下的，光荣的与卑鄙的，都在一个排序中让人取舍”。而且，这个排序是“独一无二的等级偏好表”。个人选择其中排序最前的目的，配上他所认为的适当手段，然后采取行动。很显然，一个人的行动背后，必然涉及他对一系列的成本收益计算。这就是经济学思维。米塞斯的洞见告诉我们，任何一个活着的人都是离不开经济学的，除非他的心智已经不完整，或者已经死去。既然如此，那么在众多的经济学流派中，我们得看看，是否存在某些经济学流派可以为我们展现经济学的迷人之处，并能为我们所用。经济学的流派众多，它们有的迷人，有的烦人；而且它们对经济的解释方式更是五花八门，政策主张也是各有千秋，甚至相互矛盾。因此，我们说存在多种经济学，这也可以理解。

迷人的经济学是存在的，就是上述主线经济学。《迷人的经济学》包括五部经济学著作，这些著作都属于主线经济学作品，属于迷人的经济学。这套书的五部著作，均采取中英文双语方式（均由新生代奥地利学派经济学者谌紫灵翻译），无论是原文和译文，其形式和内容不仅不沉闷，而且很迷人。一位年轻女性一下子推出五本译著，也让我大吃一惊。虽然这些著作的内容迷人，但是翻译工作本身相当“沉闷”——想必紫灵付出了无数个日日夜夜的煎熬辛劳。我一直以来也做了许多翻译和校对工作，对此完全是感同身受。老子的话没有错：“合抱之木，生于毫末；九层之台，起于累土；千里之行，始于足下。”紫灵对奥地利学派经济学有着精到的把握，尤其是能够活学活用米塞斯的思想和理论，而且还接受了多年的编辑工作训练，因而能做到译文准确通达，文字优美规范，也就不足为怪了。

在这套书中，曼德维尔其实是主线经济学思想传统的一个源头。在曼德维尔的杰作《蜜蜂的寓言》中，“私人的恶德，公众的利益”也正是其著作的中心思想。这里的“恶德”是指自利心，而非杀人放火坑蒙拐骗之恶行。曼德维尔以此开辟了一个新的思想传统，成为亚当·斯密经济自由思想和主线经济学的先驱。亚当·斯密的“看不见的手”原理，强调无数经济主体追求自利，这在无形之中增进了整个社会的福祉。其表述形式和内容都是曼德维尔式的。而“看不见的手”原理，迄今为止仍然是经济学大厦的基石。这一点就足见曼德维尔的影响力之巨。这并不是说亚当·斯密直接接受了曼德维尔的影响，而是说曼德维尔开辟的思想传统影响了很多学人，而这一思想传统也被称为经济学的基石，其落脚点就在亚当·斯密的《国富论》上。虽然亚当·斯密在其《道德情操论》中狠狠地批判了曼德维尔，但是《国富论》中又有多处曼德维尔式论证的痕迹，可只字不提其名。把经济学中的“看不见的手”原理归因于曼德维尔的贡献，总体上并不为过。

巴斯夏是19世纪三四十年代法国最有名的经济学家，自由贸易派的旗手，而且是“经济利益和谐论”的提出者和提倡者。著名的《和谐经济论》就出自他的手。巴斯夏很可能是最会通过写诙谐小故事摆大道理的经济学家，从而也是最具雄辩力的经济学家。他的小册子《看得见的与看不见的》包括了12则寓言故事，比如，著名的“破窗理论”就源于此。顽童打碎了店主的玻璃，那么在花费一笔钱换玻璃后，玻璃店、玻璃生产厂家以及安装工人等许多人都会从中获利，这就创造了GDP（国内生产总值），意味着经济得到增长。这是大家往往能够看到的一面。但是，还有大家往往看不到的一面：实际上，这笔花费本来可以用于购买其他商品或服务，这本来也一样能够创造GDP，促进经济增长。我们需要长一双“既能看到前者，又能看到后者”的眼睛——这一点非常重要。今天，对许多现象只看到前者而看不到后者的研究也一直存在，比如，凯恩斯曾经提出的“挖坑理论”(经济不景气的时候，政府只要花钱请工人挖坑填坑，就能增进就业，增加消费，拉动需求，实现经济增长)，直到现在也依然很流行。其中涉及的问题与“破窗理论”是类似的——相关研究者长着一双“看不见的眼睛”，看不到这样做的真正成本。

弗里德曼和施蒂格勒这两位诺贝尔经济学奖得主的小册子《消失的屋顶》分析批评了房租管制政策带来的问题，结论是应该打破房租“天花板”，推行市场租金，市场租金最能增加租房的供给，从而减少租房的供不应求。其附录中讲述的则是，毒品合法化反而能够增进公共利益，并能消除毒品武装走私所带来的一系列问题。今天，这个毒品问题的分析结论已经进入了经济学教材。

伦纳德·里德的《铅笔的故事》说明了没有人真正完全知晓一支铅笔的完整来历，铅笔的生产是数百万人分工合作的结果，其中涉及了这些个体计划的相互协调，而且这些计划不是出自某个“主脑”的计划。我们可以通过铅笔的来历看到，整个经济不可能由某个主脑来计划，市场经济才是正途。

奥地利学派第四代代表人物、诺贝尔经济学奖得主哈耶克的《老虎的尾巴》则集中抨击了宏观经济学及其宏观调控政策的问题与弊端。该小册子是伦敦经济事务研究所一位女教授摘编的哈耶克反凯恩斯主义的文集，于1972年出版。当时，欧美国家出现滞胀（经济停滞与通货膨胀并存），凯恩斯《就业、利息和货币通论》里的宏观调控药方失灵便也宣告了所谓“通论”不能被称为“通论”。该书的出版使得欧美经济学家重新关注哈耶克的奥地利学派经济学思想，从而也助推了哈耶克获得1974年诺贝尔经济学奖。通过阅读哈耶克的这本小册子，读者可以发现：宏观经济学充斥着一些诸如价格水平之类的伪变量，宏观调控政策是政府制造通货膨胀、货币贬值、政府债台高筑的推手，它不能消除而只能累积危机因素，其实质是饮鸩止渴。

正如米尔顿·弗里德曼和罗斯·弗里德曼在《自由选择》中所言：“一旦观点形成了强大的浪潮，它就将横扫一切障碍，横扫一切相反的意见。”这些作品已经凸显了观念的力量。随着本套书的出版，观念的力量将会进一步凸显。五部作品，珠联璧合，洞见叠现，令人醍醐灌顶，相“见”恨晚。

大咖推荐

这套《迷人的经济学》汇集了300多年来世界上六位经济思想大师所讲述的人类经济社会运行的一些基本道理。语言是通俗的，但所讲道理却是深邃的。这五本小册子并不只是讲过去的故事，也适应当下，且指向未来。只要人类社会还存在，这些道理总是适用的。每一个识字的中国人，都应该读一读这五本小册子，只有明白人类经济社会运行的基本原理，才能在社会生活中做出自己的适当选择。

——韦森　复旦大学教授

这是一套真正的“大家小书”，内容丰富深刻且容易读。我们能从中学到很多，尤其能从这些大家的思考中获益良多，并能使自己去思考很多东西。而且，我也格外喜欢中英对照，不同文字的蕴含和指向多有差异，即使翻译优良，中英两个文本也能启发我们不同的思绪。

——陈嘉映　哲学家

“经济学帝国主义”确不足取，但此种说法还是从一个方面说明了经济学的重要性，因为经济制度、经济生活是最基本的制度与生活，经济学确实对我们生活的现实世界有非常强的解释力。经济学有不同流派、不同观点，这套《迷人的经济学》中的六位经济学家都为我们解释当代提供了强有力的经济分析框架。阅读此套丛书，你一定会大有收益。

——雷颐　中国社会科学院近代史研究所研究员

我在大学里读经济学的时候，遇到了两位“最不专业”的经济学家。这两位经济学家，一位叫茅于轼，另外一位叫胡传机。他们讲的内容与众不同，不是按政治经济学的套路，从商品、货币、《资本论》开始讲起，也不是西方经济学那一套。到现在，我还能想起胡老师当年大胆建立新的学术架构，带领我们冲破传统经济学的思考模式的故事。“最不正经”的经济学教授却给了我最大的勇气和启发。受老师的影响，我有时候想问题确实也不太“正经”，不会从正经处下功夫，而且喜欢不正经，愿意从非常规的角度去看问题，希望获得更开阔的视野，找到一个与众不同的答案。经济学的学习不应该是包含数据和模型的枯燥古板，而应该更加生动有趣、容易理解。我们每个人都是听着故事长大的。无论是关于疫情控制的好与坏、经济信心或恐慌、房地产繁荣与萧条，还是关于网红、比特币、健康养生，也无论流行的是真相还是谣言，在不知不觉中，你听到的那些街头巷尾的故事，其实都悄无声息地影响了整个经济和社会的走向，也影响了你的决策。中信出版社推出的《迷人的经济学》这套书收录了六位经济学发展史上著名经济学家的作品，他们对经济学的思考，最终将提高我们对金融危机、衰退、萧条和其他经济事件的预测能力，也许能够帮助我们未雨绸缪，从而将各种负面冲击的危害降到更低。

——冯仑　万通集团创始人、御风集团董事长

在传统和现代，市场都是汉语世界的一个另类词，羞于和耻于言利导致我们对市场的认知严重不足。在我看来，这套书的迷人之处在于，它不仅为市场正名，而且开启心智，让我们更积极地肯定自我。我读时经常感慨，要是年轻时读到这套书该有多好。

——余世存　作家

经济学的模型可以概括为两个维度的范畴：时间和对象。时间模型需要回答的是，追逐短期利润还是实现长远价值。对象模型需要回答的是，让个别群体受益还是普惠社会。

这是两个令人费解的问题。读完《迷人的经济学》这套书，我发现自己要寻找的答案都在这五本小册子里。六位著名的经济学大师将一个个生动的故事讲述出来，并在这种故事场景里，由浅入深地带着我学会经济学在社会应用中的道理。这套书，思想深刻，语言通俗，读起来有趣味，回味起来有收获。当企业在做战略决策的时候，当个人在面对纷繁世事的时候，这套书能够帮助我们做到心明眼亮。

——吕建中　英国伟尔集团（中国）总裁

经济学在汉语释义中往往被拔高到“经世济民”的境界，并被赋予了某种神圣的使命感。这套《迷人的经济学》中的几本小册子都是正本清源、返璞归真之作，不愧出自几位经济学大师之手。在这一系列的小册子里，不管是基于个人和家庭立场上的节俭与理财思考，还是基于国家持续发展和繁荣基础上的对经济政策的反思，都能够使我们更加有效地理解现代社会运行体系的规则。简单的，才是真实的。

——王巍　中国金融博物馆理事长

集财经政策官员与外交家于一身的宏观经济学开山鼻祖凯恩斯，在《就业、利息和货币通论》结束语中感慨：在经济政策的选择中，危险的不是既得利益，而是思想，而书籍无疑是思想的主要源头。正如《铅笔的故事》所言："当观念与一个引人入胜的故事融为一体时，它会变得强大无比。"当然，它也能给你一双"看不见的眼睛"，让你意识到，若仅仅根据看到的设计政策，就会出现"消失的屋顶"的问题。的确，当年正是《蜜蜂的寓言》启迪了凯恩斯。但是，在凯恩斯主义持续过久之后，由奥地利学派来进行纠偏就是必需的，哈耶克的《老虎的尾巴》恰恰是再适合不过的。

——鲁政委　兴业银行首席经济学家、华福证券首席经济学家

经济学如何影响国家、社会和每个人的决策？不同的经济学家有不同的看法，甚至是尖锐、对立的看法。但有一点大家都是承认的，即虽然市场不是完美的，但它却是最不坏的选择。这一套丛书，正是我们了解经济学的绝佳入门读物，有趣又有深度。

——秋叶　秋叶商学院创始人、秋叶PPT创始人

《迷人的经济学》这套书讲述了对人类历史进程和人类未来影响至深的道理：市场是无数人参与的分工合作体系，这个体系的出现是建立在允许每个人追求自己利益的基础上的。允许自私和贪婪等"恶德"的存在，是个体充分发挥企业家才能的条件。当个体的才能得到发挥时，一个丰裕

的社会就会出现，每个人都将从这样的社会中受益。这种利益在很大程度上是看不见的，也是无法预料的。相比之下，那些看似从善良愿望出发的管制、干预和通货膨胀政策，才会阻碍自发秩序的出现，损害分工合作，使大部分人的利益受损，因此这样的行动才是真正的“恶”。

——朱海就　浙江工商大学教授

人天生的私欲恶德之花，却开出了公共利益和繁荣的良善之果；人的理性和自我否定成就了美德，却无法使其成为社会运行的基础，这便是《蜜蜂的寓言》之著名悖论。社会因此而形成可以保护个人权利、释放个体生产能量的制度，而且这个社会也应该是一个不允许任何人违犯法律，却允许每个人自由思考的社会。《看得见的与看不见的》教给我们一种与经济现象相关的透视方法，即我们既要看到“看得见的”，也要试图看到“看不见的”，也就是后世所说的机会成本、系统性和历史性，而经济学思维就是直指社会现象背后真正起作用的规律。《消失的屋顶》讲的是租金管制条件下业主和租户的遭遇，阐释了为什么要反对政府强力干预市场的道理。《铅笔的故事》讲的是在没有强制的情况下人与人之间合作的可能性，以及分散的知识和价格体系在信息传递中的价值，阐释的是人类所有创造都不应受到约束的道理。《老虎的尾巴》对“旧式凯恩斯主义”的批判精准深刻：通过赤字支出和廉价货币维持增长的做法，只会使必然发生的调整期推迟或延长，其情形忒像一个人拽住了老虎的尾巴。《老虎的尾巴》是一部不折不扣的大师作品。五本小册子，构成绝佳组合，提供了非常重要的经济学原理和方法，堪称自由主义先驱和后继之精品之作。紫灵的译文也很好，自然、流畅而不失严谨，时常还流露出一股十八九世纪的老腔调。

——李炜光　天津财经大学财政学科首席教授

如果您对这套书所带来的经济学思维感到震撼，甚至有醍醐灌顶的感觉，那么我恭喜您，您可以像诺贝尔经济学奖获得者一样去看待、分析问题了；如果您在阅读的同时生出“吾昔有见，口未能言；今见是书，得吾心矣”的感叹，那么我羡慕您，您有获诺贝尔经济学奖的潜质了。不过，虽说这套书的书名中含有“五大经济学思维”，但究其实质也就是一种能力，那就是洞悉人性以及在此基础上清晰何为“扬善抑恶”的好的制度安排。正因如此，恭喜羡慕之余，我对您难免心疼两秒，因为您或多或少会因洞悉一切而对现实失望甚至愤怒。所以，从某种程度上说，我是带着一丝“怜悯”的心态向大家慎重地推荐这套书的——基于自身的读书和观察世界的心路历程。衷心感谢推出这套书的团队，正是你们的努力，让广大读者能“活得”更加明白！

——刘小兵　全国人大代表、上海财经大学公共经济与管理学院院长

由于技术的进步，我们今天能够接触到比以往更多的经济资讯，从本地的菜市场价格到大洋彼岸美联储的货币政策。对于这些经济资讯的分析，专家们的意见并不一致，甚至截然相反。如果很多人不仅仅听专家分析，还依照专家的意见来决策，那么他们大概率会叫苦不迭（比如，有经济学家从2004年开始就唱空楼市，其拥趸因此一直持币观望，到最后不得不因为房价上涨而叫苦不迭）。对公众而言，《迷人的经济学》是最佳经济学读物，包括诺贝尔经济学奖获得者在内的顶级经济学家用通俗的语言让读者明白经济学的基本常识，将纷繁复杂的经济现象抽丝剥茧，从而揭示出最本质的内容。为什么对商品的限价反而会让消费者更加难以购买到该商品？为什么前面所说的只按照专家意见来进行决策会让自己叫苦不迭？诸如此类。“熟读唐诗三百首，不会作诗也会吟。”大师的作品读多了，读者的品味自然而然会提升，诗是如此，经济学更是这样。

——傅蔚冈　上海金融与法律研究院执行院长

我愿意向任何人兜售我的偏见：健全的通识感是最受欢迎的社交通行证之一，而经济常识则是构建通识感最基础的材料，这套出自几百年来伟大经济学大师的经典小册子，对健全通识感需求来说，正好。

——黄章晋　大象公会创始人

我之前读过许多经济学的书，这几则经济学故事以及相关的结论其实我都接触过，不过都是在别家著作上略有提过，我没看过原著。而再读原著，我对里面的寓意理解更加深刻。我从事投资行业多年，对各种经济现象非常关注。像《消失的屋顶》里所写的管制租房价格带来房屋供给紧缺的故事，在我们今天就能看到类似的事情，对我的启发非常大。以我居住的城市深圳为例，政府出于调控房价的愿望，制定了一手房的价格管制，带来了无风险套利机会，引发了富裕阶层凭借资金“打新房”套利，进一步拉大了贫富差距。我们能从这个例子中看出公共政策、经济现象的高度复杂性。《铅笔的故事》讲述一支小小的铅笔被生产出来，需要涉及大量的分工，这个故事跟我在股市上观察的现象非常符合。A股有接近4 000家公司，很多业务我从来没听过，但是我能从中感受到中国全产业链的强大竞争优势，这是一种极其强大的力量，是这三四十年来不同角色投身市场经济拼凑而成的。这种自组织、自下而上的复杂系统，我们要想理解它的运作模式，非常烧脑。我相信从这套书中，你们也能收获到非常多的经济知识。这套书浅显易懂，以人类最容易接受信息的故事叙述形式展开，而且都是出自大师之笔，非常值得大家好好读！

——侯安扬　深圳市上善若水资产管理有限公司董事长

在这套时间跨度极长且包含了数位经济学大师通俗却又有深度的作品《迷人的经济学》中，我一直以来所坚信的“经济学是关系到人的行为的科学”得到了验证。在经济学正式诞生之前，曼德维尔这位影响亚当·斯密的先驱在《蜜蜂的寓言》中便向我们证明了这一点，他实事求是地描述人的具体行为，展示了个人行为对整个经济和社会的影响。在《铅笔的故事》中，伦纳德·里德则向我们展示了一个个素不相识的个人如何动用自己的才能和技术服务于他们未曾知晓的消费者，这些实实在在的人构成了市场的核心，是成就“大繁荣”的核心。其他三本小册子则通过不同的例子向我们阐述了在进行每个决策时，决策者如果试图代替一个个行为人，就可能产生自己意想不到甚至与自己原意相违背的后果。这再次展现了人性、人心、人情和人欲的复杂性——这个问题，既是经济学要研究的问题，也是心理学一直在探索的难题。这是一套能让人对现实进行反思的书，也是一套与今天大众印象中所熟知的经济学截然不同的书，更是一套让人能肯定自我和积极成就自我的书。因此，它的确可以称得上是“迷人”的一套好书。

——彭凯平　清华大学社会科学学院院长、心理学系主任

读点经济学对艺术界很有必要，尤其是像这种“迷人”的经典短篇。总的来说，艺术这个专业无非就是感知之学，也有人把当代艺术分开来讲，说其是没有自设上限和不限框架的批判性探索。但是，左右当代人感知的是那最无所不在的各类意识形态，而意识形态又具体落实在政治经济学的思想和操作体系中。所以，当代艺术应该多贴近经济学，来提高对直觉的反省。这几本小册子深邃而好懂，落实到了近代西方经济思想的源头。它们不像新古典经济学依赖大量抽象的数学，而是出发于切身的经济关怀。对于艺术界来说，它们的确是提高“经济感知”的入门好读本，希望编者能够陆续推出“迷人”续集。

——张颂仁　香港汉雅轩创始人、中国美术学院客座教授

I, PENCIL

04

铅笔的故事

[美] 伦纳德·里德（Leonard E. Read） 著
谌紫灵 译

中信出版集团 | 北京

图书在版编目（CIP）数据

铅笔的故事：汉、英 /（美）伦纳德·里德著；谌紫灵译 . -- 北京：中信出版社，2020.8

（迷人的经济学：影响世界的五大经济学思维）

书名原文：I, Pencil

ISBN 978-7-5217-1849-2

Ⅰ . ①铅… Ⅱ . ①伦… ②谌… Ⅲ . ①经济学－通俗读物－汉、英 Ⅳ . ① F0-49

中国版本图书馆 CIP 数据核字（2020）第 073815 号

迷人的经济学——影响世界的五大经济学思维

铅笔的故事

著　　者：[美] 伦纳德·里德

译　　者：谌紫灵

出版发行：中信出版集团股份有限公司

（北京市朝阳区惠新东街甲 4 号富盛大厦 2 座　邮编　100029）

承 印 者：北京诚信伟业印刷有限公司

开　　本：787mm×1230mm　1/32　　印　　张：4.25　　字　　数：67 千字

版　　次：2020 年 8 月第 1 版　　印　　次：2020 年 8 月第 1 次印刷

书　　号：ISBN 978-7-5217-1849-2

定　　价：179.00 元（全五册）

目 录

引　言

雄辩有力，卓越非凡，不限时代，不拘一格，传世经典。伦纳德·里德的《铅笔的故事》在问世半个世纪后，仍然能让人们对其赞不绝口。确实如此，因为这篇小文章让小至儿童、大至老人的各个年龄段的人眼界开阔，思绪宽广。对于初读者来说，整个世界都因这篇文章变得与以往截然不同。

当观念与一个引人入胜的故事融为一体时，它会变得强大无比。伦纳德的主要观点（如果一个人没有完全拥有制作一支简单铅笔的全部知识和技能，经济就很难被“计划”出来）在铅笔那魅力无穷的自述词中闪现。伦纳德本可以写《汽车的故事》或《飞机的故事》，但选择那些更复杂的东西会削弱观念的冲击力。没有一个人（注意，是没有一个人，无论他多么聪明，无论他拥有多少个学位）能够从零开始制作一支日常用的小铅笔，更不用说一辆汽车或一架飞机了。

这种观念使权贵们颜面扫地；这种观念刺痛了那些自以为知道如何处理他人事务的人的膨胀的自我；这种观念

用通俗易懂的语言解释了为什么中央计划是一种目中无人并最终会徒劳无功的实验，或者用诺贝尔经济学奖得主、奥地利学派经济学家哈耶克（F. A. Hayek）的话来说就是“知识的僭妄”（the pretence of knowledge）。

事实上，哈耶克在1945年发表的著名文章《知识在社会中的应用》（The Use of Knowledge in Society）对伦纳德·里德的思想影响至深。在推翻当时那些中央计划者的虚假主张时，哈耶克写道：“我们要讨论的并不是要不要计划，而是由一个权威机构为整个经济体系集中地计划，还是由许多个人分散地计划。”

据说，马克西米连·罗伯斯庇尔（Maximilien Robespierre）曾用这一令人心寒的宣言来形容恐怖的法国大革命，即“On ne saurait pas faire une omelette sans casser des oeufs”。这句话的意思是：“想做煎蛋卷，就得打破鸡蛋。”作为一个完美的中央集权主义者，罗伯斯庇尔孜孜不倦地为他人的生活做计划，他变成了血流成河的革命（1793—1794年恐怖统治[①]）的缔造者。罗伯斯庇尔和他的断头台打破了成

① “恐怖统治”是一些历史学家对法国大革命的一个阶段的称呼。不同历史学家对恐怖统治的开始时间有不同的看法，包括1793年9月、1793年6月、1793年3月（创立革命法庭）、1792年9月（九月大屠杀）或1789年7月（第一次斩首），但公认的恐怖统治的结束时间为1794年7月。1793年6月至1794年7月底，法国共有16 594人被判处死刑，但在全法国境内的死亡人数要远远高于这个数字，包括死于监禁、自杀或国内外战争的人数。——译者注

千上万个鸡蛋，试图在社会顶层的政府规划者和社会底层的其他人当中强行建立一个乌托邦社会，但只能落得个竹篮打水一场空的结局。

法国经验只是令人提心吊胆的熟悉模式中的一个例子。不管你怎么称呼这些人——干涉主义者、集体主义者、中央集权主义者，历史中都充斥着他们为实现共同利益的愿景而对社会进行重新安排的大胆计划，但这些计划总是在杀戮或使他人贫困的过程中失败。如果这样的制度有最后的墓志铭的话，那么这个墓志铭会是：这里躺着的发明物是由一些无所不知的人设计的，这些人肆无忌惮地打破鸡蛋，但从来没有做成过煎蛋卷。

所有像罗伯斯庇尔一样的人都不知道如何制造铅笔，但他们却想要重塑整个社会。多么丧心病狂，多么惨绝人寰！

但如果我们假设伦纳德·里德的观念只针对那些我们都知道名字的暴君，我们就会错过其中的大部分含义。《铅笔的故事》展示的并不是错误始于计划者的大计划，而是错误始于一个人将谦逊抛于脑后，假定自己知道不可知的东西，并利用国家的力量对付那些爱好和平的人。这不仅仅是一种全国性疾病，还是一种确确实实就在我们身边的东西。

我们中有人认为，要是他们有政府的支持就好了，这样的话，他们就可以挑选未来市场中的赢家和输家，就可以把价格或租金定在它们应该在的地方，就可以决定我们的家庭和汽车应该使用哪种形式的能源，还能选择哪些行业可以存活下来以及哪些行业应该被淘汰。这些人应该稍作休息，从那种看似平平的文章中学习一点谦卑之心。

《铅笔的故事》一方面打碎了中央计划的海市蜃楼，另一方面则提供了一个让人备受鼓舞的个人视角。在亚当·斯密（Adam Smith）关于价格、财产、利润和激励的“看不见的手”的指引下，自由的人们实现了梦想的经济奇迹。在不依靠“主脑”（master mind）的情况下，那些来自世界各地的有着无数不同利益的人汇聚在一起生产铅笔，他们在自由市场中齐心协力，将数亿人的食物、衣服、住房、教育和娱乐水平提升到了前所未有的高度。

为了纪念《铅笔的故事》问世50周年，FEE（美国经济教育基金会）不胜荣光地重新出版了这部作品。有朝一日，《铅笔的故事》会有百年纪念版，甚至千年纪念版。这部作品确实能做到永世长存。

劳伦斯·W. 里德

FEE主席

我是一支铅笔，一支普通的木制铅笔，所有会读会写的男女老少都知道我。

写字是我的职业，也是我的业余爱好——我能做的也只有这些。

你也许会感到好奇，为什么我非要为自己写个族谱呢？其实，首先，我的故事很有趣。其次，我很神秘——比树、夕阳甚至闪电都要神秘。但是，令我伤心的是，我被那些用我写字的人视为某种理所当然的东西——他们觉得我好像就是个凭空出现的不明飞行物，没有任何出处。他们目空一切，完全不把我当回事。当然，人类犯过很多严重的错误，这就是其中的一个。如果人类完全没有危机意识，认识不到且也改正不了这个错误，那么人类的发展可能会难以为继。聪明伶俐、见多识广的G. K. 切斯特顿（G. K. Chesterton）[①] 也发现了这一点："我们正在走向灭亡，不是因为没有奇迹，而是因为缺乏创造奇迹的好奇心。"

---

① G. K. 切斯特顿，英国作家、文学评论家以及神学家，出生于伦敦。他热爱推理小说，不但致力于推广，更亲自撰写。他创作的最著名角色是"布朗神父"，并首开以犯罪心理学方式来推理案情之先河，与福尔摩斯注重物证推理的派别分庭抗礼。——译者注

虽然作为铅笔的我看起来很简单，但我依然值得让你惊叹和敬畏，我等会儿可以证明给你看。事实上，如果你能理解我——不不不，这对任何人来说都太难了，如果你能意识到我所象征的奇迹，你就能帮助拯救人类正不幸失去的自由。我可以给你上一堂意义深远的课。比起汽车、飞机或洗碗机，我能更好地教这一课，因为——好吧，因为我看起来是如此简单。

真的简单吗？这个世界上竟然没有一个人知道如何把我制作出来。这听起来是不是不可思议呢？特别是当我们意识到，美国每年大约有15亿支像我这样的铅笔被制作出来时。

把我拿起来，好好看看我。你看到了什么？还真没什么吸引人的东西，不过就是一些木头、漆、印刷标签、石墨铅、一点点金属和一小块橡皮而已。

1
不计其数的先辈

就像你无法追溯你那些非常久远的祖先一样，我也没有办法叫出我所有祖先的名字，并将其逐一解释。但我非常乐意将我的祖先尽可能详细地讲给你听，这样你就能对我丰富多彩又错综复杂的出身留下深刻印象了。

实际上，我的家谱是从一棵树开始的，一棵生长在北加利福尼亚州和俄勒冈州的直纹雪松。现在，想象一下：那些用来砍伐雪松原木的锯子，以及把雪松原木运送到铁路专线时要使用到的卡车、绳子和其他无数设备。再想象一下：那些生产过程中的所有人力和不计其数的技能——采矿、炼铁，以精炼出锯子、斧头、马达；培植麻类植物，以一步步加工出粗壮的绳子；要有床铺和食堂的伐木场，而伐木场还得有人做饭，因而需要各种食物。呀，还没有提到的是，即使是制作伐木工人所喝的咖啡，都有成千上万的人参与啊！

这些原木被运往加利福尼亚州圣莱安德罗的一家工厂。

你能想象那些制造火车厢、铁轨和铁路发动机，以及那些建造和安装与之配套的通信系统的人吗？他们都是我的祖先呢！

想想圣莱安德罗的木材加工吧。雪松原木被切成铅笔大小的板条，厚度不到0.25英寸[①]。然后，它被放在烘干炉内烘干；紧接着就是着色，就像女人在脸上涂胭脂一样。人们喜欢漂漂亮亮样子的我，而不是面色惨白的我。然后，人们会给板条上蜡，再用窑烘干。谁知道制造颜料和烘干炉，提供热量、照明和电力，以及供应传动带、电机，还有一家木材加工厂所需要的其他所有东西，需要使用多少技能啊？工厂里的清洁工也是我的祖先吗？是的。我的祖先还包括那些为了给工厂供电而给太平洋电气公司（Pacific Gas & Electric Company）的水电站大坝浇筑混凝土的工人！

还有，那些时时刻刻在全国各地运送60车板条的祖先，我也绝不能忘记！

一旦到达铅笔制造厂（要建造这种制造厂，人们需要拿出400万美元来投资机器和厂房，而这所有累积的资本都源于我祖辈的省吃俭用），板条就会被放在一台复杂的机器上，以凿出8个凹槽；然后，就有另一台机器在另一

① 1英寸=2.54厘米。——译者注

根板条上铺上铅芯，涂上胶水；紧接着，两根板条合在一起——铅笔“三明治”就这么诞生了。我和我的7个铅笔兄弟就是这样脱胎于“木钳”（wood-clinched）三明治的啊。

我的“铅”芯（其实一点儿铅也没有）是复杂的。制造它的石墨是在锡兰（斯里兰卡）开采的。而开采石墨这个过程涉及的矿工，制造各种开采工具的人，用来运送石墨纸袋的制造者，用来捆扎袋子的绳子的制作者，以及把石墨搬上船和那些造船的人，甚至航行沿途的灯塔守护人和港口的领航人，也都是促使我诞生的祖先。

人们会把石墨与来自密西西比的黏土混合，并在精炼过程中添加氢氧化铵。然后，他们会加入润湿剂，如磺化脂——动物脂肪与硫酸发生化学反应后的产物。在经过无数台机器的加工后，这种混合物就源源不断地诞生了——有点像从香肠磨粉机里挤出来的一样；接着，人们再按照尺寸切割、晾干，在1 850华氏度[①]下烘烤几个小时。为了增加强度和平滑度，他们还会用到某种热混合物来处理铅，这种热混合物包含了产自墨西哥的小烛树蜡以及石蜡和氢化天然脂肪。

我的雪松涂了6层漆。你知道漆的所有成分吗？谁会

① 此处换算成摄氏度为1 010 ℃。——译者注

想到蓖麻子的种植者和蓖麻油的提炼者也是其中的参与者呢？是的，他们确实是参与者啊！即使是把漆调成闪亮亮的黄色，这个过程也包含了我们根本不可能数得清的人的技能呢！

再看一下标签吧。这是一种通过加热炭黑和树脂混合而成的薄膜。请问，如何制造树脂呢？还有，炭黑又是什么呢？我那一小块金属——套箍——便是黄铜。想想所有那些开采锌和铜的人，想想那些有能力用这些天然产品制造光亮的薄铜板的人吧！我套箍上的那些黑环是黑镍做的。黑镍是什么呢？它又有什么用途呢？为什么我的套箍中间又没有黑镍呢？要说清楚这个问题，得需要好几页纸呢！

然后便是我那王者荣耀式的笔冠，可人们却粗鲁地把它称为“塞子”。人们在写字出错的时候，就会拿它来擦除错误。这种起到擦除作用的成分被称作“硫化油胶”。它是一种类似橡胶的产品，由产自荷兰东印度群岛（今印度尼西亚）的菜籽油与氯化硫经过化学反应而成。而橡胶与大家所理解的刚好相反，它只用于黏合。此外，也有许多硫化剂和催化剂，以及来自意大利的浮石。还有，给“塞子”着色的颜料是硫化镉。

2
没有人无所不能

有人想要挑战我之前的论断吗？这个地球上没有一个单独的人知道如何把我制作出来。

事实上，我的诞生是数百万人参与其中的劳动结晶。其中，每个人都会知道那么一点儿，但并不比其他人知道更多。现在，你可能会说，把远在巴西的咖啡浆果采摘者以及其他地方的食品种植者与你的诞生联系在一起，实在是风马牛不相及，太扯了！可是，我坚持我的立场。在这数百万人当中，包括铅笔公司的董事长在内，每个人对我的诞生都只奉献了微不足道的知识与技能。锡兰的石墨开采者与俄勒冈州的伐木工的唯一区别只是知识与技能的类型不同而已。另外，矿工和伐木工人都是不可缺少的，你们千万不能认为，比起工厂里的化学家或把石蜡从石油中提炼出来的油田工人，他们对我的贡献要少啊。

一个让人目瞪口呆的事实是：不管是油田工人和化学家，还是石墨和黏土的开采工人，还是制造船、火车或卡车的工人，抑或通过操作某台机器在我那一小块金属上进行滚花制作的人，甚至是公司的董事长，不管是谁，他们中没有一个人是因为需要我才做那份工作的。这些人对我的需求可能都不如一个一年级的孩子呢！的确，在这一大群人中，有些人从未见过铅笔，也不知道如何使用铅笔。他们对我毫无兴趣。激励他们工作的，也许是这样的事实：在这数百万人中，每一个人都清楚，他可以用自己微薄的知识和技能来换取他所需要或想要的商品和服务。至于我，可能在他们的需求中，也可能不在他们的需求中。

3
没有主脑

另一个让人目瞪口呆的事实是：在我的诞生过程中，没有一个主脑，没有人在指挥或强行指导那些促使我诞生的数不清的行动。完全找不到这样一个人。相反，我们发现是看不见的手在起作用。这也就是我之前提到的神秘之处。

有人说："树，只有上帝才可以创造。"[①]我们为什么同意这一说法？难道不是因为我们意识到自己不能创造树吗？实际上，我们能描述好一棵树吗？不能，我们只能泛泛而谈。例如，我们可以说，某种特定的分子结构构成了树。但是，芸芸众生，谁的脑袋能把树的生命周期里出现的所有分子都记住呢？这些分子可是在不断地变化啊，更不用说对它们提供指导了。这样的才能简直不可想象！

我，铅笔，是树、锌、铜、石墨等复杂组合下的一个奇迹。但是，除了这些在自然界中表现出来的奇迹之外，

① 出自美国诗人乔伊斯·基默（Joyce Kilmer）的诗歌《树》（Trees）。——译者注

还有一个更加不同寻常的奇迹，这个奇迹就是体现了人类创造性力量的组合形态——数以百万计的微不足道的知识与技能，在没有任何人做主脑的情况下，根据人类的需要和欲望，自然而然且自发地组合在了一起！我坚信：树，只有上帝才能创造；我，也只有上帝才能造就。人类无法通过指导这数以百万计的知识与技能创造出我，就像他们也无法把分子组合成树一样。

以上，就是当我在前文写下“如果你能意识到我所象征的奇迹，你就能帮助拯救人类正不幸失去的自由”时，所要表达的意思。因为，如果一个人能意识到，这些知识和技能会根据人类的需求，即在没有政府或其他人充当强制性主脑的情况下，自然而然地（没错，自动地）安排自己的创造力和生产力模式，那么这个人便会拥有自由的核心要素：对自由人的信念。若没有这种信念，那么自由便会烟消云散。

比如，一旦政府垄断了一项创造性活动——投递邮件，大多数人就会认为，人们的自由行动并不能有效地投递邮件。原因是：每个人都承认，他自己一个人不知道如何处理所有与邮件投递有关的事情，他也认识到没有其他人能做到这一点。这些假设是正确的。没有一个人拥有足够的知识和技能来完成一个国家的邮件投递，就像没有一个人拥有足够的知识和技能来制造铅笔一样。现在，由于缺乏自由人的信念——不知道数以百万计微不足道的知识和技能会不由自主地组合在一起，并以不可思议的力量共同满足某种需要，人们便情不自禁地得出一个错误的结论：邮件只有通过政府的“主导”才能投递。

4
铁证如山

当男男女女在享有自由探索的权利时，如果说，作为铅笔的我是唯一一个可以证明他们创造性的例子，那么有些人缺乏自由人信念还是情有可原的。然而，铁证如山，这些例子不仅与我们息息相关，而且随处可见。例如，与制造汽车、计算机、谷物联合收割机、铣床或成千上万的其他东西相比，邮件投递实在是小菜一碟。既然说到投递，那就多说一点儿。“海阔凭鱼跃，天高任鸟飞”，在这个人们可以自由探索的领域，他们在不到一秒钟的时间里就把人类的声音传遍了世界；当某些事情发生时，他们就通过图片或视频把这些事情传送到了千家万户；他们还在不到4个小时的时间里将150名乘客从西雅图送到了巴尔的摩；他们以低得令人难以置信的价格，在没有补贴的情况下，将得克萨斯的天然气输送到了纽约的炉灶或熔炉；在从波斯湾每运送4磅石油到我们的东海岸（跨越了半个地球）时，他们所花的钱比政府在街对面投递一封1盎司[①]重的信件时收的钱还要少！

我要教给大家的就是：所有的创造力都应不受约束。让组织社会的行动与这一教义和谐共存；让社会的法律机构尽其所能地消除一切障碍；让这些创造性的知识与技能自由流动；要坚定自由人的信念，相信这些男男女女，相信他们会在看不见的手下各骋所长。这种信念会成为现实。起码，作为铅笔的我，虽然从外到内——不管怎么看，都很简单，但我的诞生却是一种奇迹，这种奇迹证明了：自由人信念是一种行之有效的信念，它是一种实实在在的东西，它就像太阳、雨水、雪松树和大地一样，真实不虚。

① 1盎司=28.35克。——译者注

后　记

伦纳德·里德令人赏心悦目的小说——《铅笔的故事》——已经当之无愧地成为传世经典。我实在是不知道有哪部作品能与《铅笔的故事》相提并论，它以如此简洁明快的笔调雄辩有力地阐释了亚当·斯密那看不见的手的意蕴，即在没有强制情况下的合作可能性，以及弗里德里希·哈耶克所强调的分散的知识的重要性和价格体系在信息交流方面发挥的作用——“个人可以做自己想做的事情，而不需要别人告诉他们该做什么”。

在我们的电视节目《自由选择》（*Free to Choose*）中，我们使用了伦纳德写的这个故事；在与电视节目配套的同名书中，我们也同样引用了这个故事来阐释“市场的力量”（“市场的力量”也是电视节目的第一集和书的第一章的标题）。

我们概述了这个故事：“在成千上万个参与铅笔生产的人中，没有一个人是因为想要铅笔而完成任务的；还有一些人则从来没有见过铅笔，也不知道铅笔的用途。每个人都把自己的工作看作获得他想要的商品和服务的一种方式，比如，我们生产某种商品和服务，是为了得到我们想要的铅笔。每次去商店买铅笔的时候，我们都在用自己那微乎其微的服务来换取成千上万的人为生产铅笔所提供的微不足道的服务。”

“更令人难以置信的是：在铅笔被生产出来前，没有一个坐在中央办公室的人给这成千上万的人下达命令，也没有军事警察执行那没有下达的命令。这些人生活在许多不同的地方，说着不同的语言，信奉着不同的宗教，甚至是势不两立的仇人。然而，这些差异并没有阻止他们合作生产一支铅笔。这是怎么发生的呢？200年前，亚当·斯密就给了我们答案。”

《铅笔的故事》不愧出自伦纳德·里德，其典型的特点是：天马行空，简单异常却洞幽察微，弥漫着对自由的热爱之情——这也流淌在伦纳德所写的和所做的万事万物里。就像他的其他作品一样，他并没有在《铅笔的故事》中跃跃欲试地告诉人们该做的事或如何行事，只是试图使人们提高对自己和生活环境的理解能力。

这是他的基本信条，也是他在长期为公众服务（不是为政府服务）的过程中始终坚持的信条。即使泰山压顶，他也能保持立场坚定，在这个原则问题上绝不妥协。这就是为什么很久以前，他就已经卓有成效地传播着人类自由所必需的关于私有财产、自由竞争和严格限制政府的基本理念，并使自由一直焕发着生命的活力。

米尔顿·弗里德曼

1976年诺贝尔经济学奖获得者

附 录[1]

① 附录部分选自伦纳德·里德的《责任之路》(*The Path of Duty*)。——编者注

财富的目的

通往财富之路就像通往市场之路一样简单。它主要取决于两个词——勤勉和节俭，也就是既不要浪费时间，也不要浪费金钱，而是要最大限度地利用这两样东西。没有勤勉和节约，你将一事无成；有了勤勉和节约，你就能拥有全世界。

——本杰明·富兰克林（Benjamin Franklin）

关于金钱财富，富兰克林的准则无疑是正确的。假设某人取得了某个成就，那么这是否让进取之人感到了充实呢？在我看来，如果财富使他提前退休——放弃人生的最高使命，那么答案是否定的；如果这个成就的结果使他意识到了人生的最大财富——对自由哲学的认识、感知和觉悟，并知道如何更好地诠释它，简单地说就是他甚至可以因此成为别人的导师，那么答案便是肯定的。

我们中的许多公民认为,财富就是拥有一大堆美元。对他们来说，百万富翁就是富人的典型代表。他们会嫉妒我那个已经过世的亿万富翁朋友。的确，从物质意义上说，一个人拥有的金钱越多，他就越富有。然而，就财富那最值得津津乐道的意义而言，这绝对不是富有的表现。美国牧师亨利·沃德·比奇（Henry Ward Beecher）曾写道："一个人是富有还是贫穷，并不像他账簿上所显示的那样显而易见。使一个人富有的，是他的心灵。我们根据'他是什么样的人，而不是他拥有什么'来判断他是否富有。"

在这个意义上，心灵指的是勇气、无畏、决心和精神。金钱也许有助于实现这个无与伦比的目标，但至关重要的是，心灵正是你独一无二的特质！

穆罕默德（Mahomet）是阿拉伯人的信仰之师，也是伊斯兰教的创始人。他给出的指引是："当一个人死去时，人们会问'他给世人留下了什么？'，但天使却在他的坟前俯身反问'在他生前，你们有什么善行？'。"

什么是善行？请仔细斟酌以下思想：

美国牧师乔治·D.博德曼（George D. Boardman）说："我们的行为是我们的命运之种，虽然我们只是把它们播撒在地球的某个角落，但它们却时时刻刻在我们的生命中产生回响。"

美国诗人亨利·沃兹沃斯·朗费罗（Henry Wadsworth Longfellow）说："我们的行为跟随我们，我们的过去造就了我们的今天。"

英国剧作家理查德·谢里丹（Richard Sheridan）说："是你的行为，而不是你的寿命，决定了你是否度过了有意义的一生。"

西班牙剧作家、诗人、小说家塞万提斯（Cervantes）说："善行使我们高尚，我们的行为决定了我们的一生。"

善行，确实是回答天使所提出的问题的好答案！

从过去到现在，从赞颂财富到谴责财富，圣人们对财富的评价简直有着天壤之别！如何解释这些截然不同的评价呢？一个可圈可点的理由是：财富对一些人产生了好的影响，而对另一些人产生了坏的影响。以下便是众多贬损财富说法中的一种：

财富能带来幸福吗?
环顾四周，你会看见——
世人在痛苦中泥足深陷!
他们过着难以言喻的悲惨生活!
无论滚滚而来的财富有多少，

人心总是对此来者不拒，并呼唤着
多多益善。

——奥里弗·哥尔斯密（Oliver Goldsmith）

我给大家分享一下我自己的经历吧。这个经历不会引起你的反感，反而会让你觉得心情愉悦。20世纪40年代初，我在洛杉矶商会（Los Angeles Chamber of Commerce）担任总经理一职，那时，我的年薪是1.8万美元。一天，美国最大保险公司的负责人让我负责他们在西部7个州的事务。他说："伦纳德，我不知道你以后在这里能赚多少钱，但我保证你的年薪不会少于10万美元。"我回答说："谢谢你，但我并不需要这份工作。"

后来，我又拒绝了另外两份工作：一份是担任全国制造商协会（the National Association of Manufacturers）的主席，另一份是担任总部设在巴黎的国际商会（the International Chamber of Commerce）的执行副主席。这两份工作的薪水与前一份工作的薪水不相上下。

为什么要拒绝呢？用英国人的话来说，这些工作"非我所爱"。我所爱的工作是"更好地理解和追求自由的生活方式"！10亿美元和10美分毫无二致，它不能让我偏离我的目标。对于我个人而言，投入这项事业是其乐无穷的，它带给我的享受犹如奇异恩典般妙不可言！

还有一次机会也被我拒绝了。三年前，FEE董事会投票决定把我的工资在原有基础上提高2万美元。我拒绝了这个慷慨的提议。为什么？因为我已经很富有了！我享受着数不胜数的恩典，却只能以微薄之力回报这一切，我只能笔耕不辍地与那些对我们哲学感兴趣的人分享自由的思想和理念。

在过去的35年里，FEE有着成千上万的支持者。他们让我能在我们国家的48个州和22个其他国家就我们的生活方式进行演讲和讨论，让我能以低廉的价格为FEE买下这座建于1889年的豪宅——我无法想象还有比这更完美的工作室。我对我的员工和40名受托人充满了感激之情，他们拥有的自由哲学比我所知道的任何董事会所拥有的都要纯粹。

在美国，有成千上万的人的资产超过了100万美元。而且，美国还有千万富翁，也可能有一些亿万富翁。有一些富人是白手起家的，但正是通货膨胀造就了其他百万富翁和亿万富翁。例如，在德国，当通货膨胀达到3 000万马克且人们连一片面包都买不到时，亿万富翁已多如牛毛。

这些观察让我得出一个结论：把美元资产加起来不一定是决定谁富谁穷的最佳方法。实际上，这是旧世界评估财富的方式：土地的面积、城堡的大小和珠宝的数量，以及地窖里有多少农奴、奴隶、仆人或钱币。在这个基础上，传奇人物米达斯（Midas）[①]、克洛伊索斯（Croesus）[②]、英格兰国王和德国亿万富翁都会比我更富有。但我认为，他们并不富有！

那么，在我看来，谁是最富有的人呢？那些坚信自由并为崇高的自由理想而奋斗的人。

① 米达斯，希腊神话中的人物，他因具有点石成金的能力而为人所知。——译者注

② 克洛伊索斯，小亚细亚古国吕底亚的最后一位国王，被认为是第一位发行纯金和纯银货币的人。直到今天，西方还有“富如克洛伊索斯”（rich as Croesus）等说法。——译者注

通往百万富翁之路

在富有创造性的生活中，你可以有数不胜数的通往百万富翁之路。这是一个让你终生寻求思想与理念，以及“读万卷书，行万里路”的过程，这个过程将使你的生活变成一场冒险。

——威尔福德·A. 彼得森（Wilferd A. Peterson）

多年来，彼得森先生每个月都会在《心理科学》（*Science of Mind*）杂志上发表一篇精彩文章。

我对他在1982年2月那期杂志上发表的题为《通往百万富翁之路》的文章很感兴趣，于是向他征求使用许可，他对此表示同意。与此同时，我还附上了自己的一些评论。

我和这位朋友在许多问题上看法一致。创造性的生活应该是我们的第一愿望，那就是竭尽所能地接近神启般的意志！他列举了我们应该为之努力的思想、理念和其他目标。它们以数以百万计的形式存在着，实际上，其存在形式还要多得多！

他认为，在我们的成长过程中，追求这些目标将使我们的生活变成一场冒险，也就是说，追求卓越是一个人所能拥有的最崇高目标！我们要锲而不舍地为不断获取这种认识、感知和觉悟奋斗。在我们的尘世生活中，觉悟的增长决定了我们未来的状态。这正如英国诗人拜伦勋爵（Lord Byron）所写的：“人的觉悟是上帝的圣谕。”

你可以通过思考一百万个伟大的想法而成为百万富翁。在我的《自由主宰一切》（*Let Freedom Reign*）一书中，有一章的标题是“一个富人的自白”，其中，我将自己的一些财产来源坦诚相告：

在过去六七代人的心中，我可能是一个非常富有的人。要记住，我并没有把钱藏着掖着。首先，想想我所做的那些微不足道的事情——归根结底，在所有这些事情中，没有一件事情能让我活下来。我只是为了追求自由的生活方式才阅读、写作和演讲的，我算是一个理论家。现在，看看我在市场中所提供的那一丁点儿不足挂齿的东西吧，我因此获得了各种商品和服务。虽然我要用很厚的一本书才能列出我从别人那里得到的所有东西，但举几个例子也足够了。人们制造了我的钢笔和铅笔，还有打字机、飞机和能在七分之一秒就把我的声音传遍地球的电话。从过去到现在，没有人知道如何制造像铅笔这样简单的东西，也从未有一个人知道如何制造一架波音747飞机里500万个零部件中的任何一个零部件。

如果我只依靠我现在所生产的那点儿微乎其微的东西，那么我根本活不下去。与数以百万计的个人和他们那不计其数的职业相比，我和我所做的事情根本就不值一提。然而，“我已福杯满溢”，我“善有善报”，我所做的微薄之事让我一次次地成了百万富翁。

我们两个人记录成长经历的另一种方式是写日记。我这个习惯坚持了将近30年，从来没有中断过一天。我的每篇日记都以一早的祈祷开始：“上帝，愿我对你的爱能指引我今天的行动和思想。”我每天的日记都是完完整整的。

我的日记是手写的，然后我的秘书会把它们打出来，每年年底都把它们装订成册。现在有50卷，大约250万字。我是怎么开始的呢？那是在得克萨斯州的一个晚上，当时，我写了一篇演讲稿，因为我答应两个月后要在洛杉矶的一个教堂演讲。当时，我突然灵机一动，觉得这是一次不同寻常而又有益的经历，于是便决定写日记。头两个月非常难熬，我一度想就此作罢。但是，既然下定了决心，我就应该坚持下去，怎能轻言放弃呢？最终，苦尽甘来，这成了我人生中最大的乐趣之一。因此，仅仅强调彼得森和里德是百万富翁未免也太轻描淡写了。

享受这种乐趣并不是写日记的唯一理由。思想、洞见、远见和直觉总是灵光一现的，如果没有把它们记录下来，它们就会像梦一般转瞬即逝。这个世界上有数不胜数的人远比我们这些写日记的人聪明。他们会采用这种方法吗？超人也许不会，因为他拥有无与伦比的创造力！但要让所有人拥有自由却不是一蹴而就的。所以，让我们祈祷起码有几个人开始养成写日记的习惯吧！不然就是，人们只要感受到了自己脑海里的灵光一现，就能立即把它们铭记于心。

我的百万富翁同伴建议人们在自己的日记里写满爱情、欢乐、勇气、信仰、宽恕、和平与幸福。有趣的是，我们注意到了一些伟大思想家对这些美德的看法。

歌德（Goethe）：“我们所热爱的东西塑造了我们。”

莎士比亚（Shakespeare）：“爱不是用眼睛看的，而是用心去体会的。”

戴维·H.劳伦斯（David H. Lawrence）：“爱是一门课程。我们要在人类那不计其数的冲突中维持个体的完整性，但我们面对的却是一团乱麻，这真是太难了。”

罗伯特·索斯（Robert South）："欢乐的社会是魅力无穷的。所以，当欢乐照亮了我的朋友时，它也反射到了我身上；我朋友的欢乐烛光烧得越亮，我的欢乐烛光也就越亮。"

理查德·西比斯（Richard Sibbes）："没有欢乐，没有那以欢乐为根基的善心，我们就会一事无成。"

保罗·怀特黑德（Paul Whitehead）："真正的勇气不是庸俗英雄的野蛮气力，而是美德和理性的坚定决心。"

孔子："见义不为，无勇也。"

弗朗西斯·培根（Francis Bacon）："从古至今，无论是哲学家还是教士，无论是法律还是信条，都没有像基督教信仰那样大大地提升了公众利益。"

布尔沃－利顿（E. G. Bulwer-Lytton）："如果把信仰原则从人类中剔除，人类的历史不过就是一群羊的历史。"

亚历山大·蒲柏（Alexander Pope）："人非圣贤，孰能无过。宽恕是神圣的。"

爱德华·汤普森（Edward Thompson）："和平是人类幸福的自然状态，战争是人类的腐败和耻辱之柱。"

埃德蒙·斯宾塞（Edmund Spenser）："令人愉悦的和谐与神圣无比的和平滋养了美德，友谊就这样从天而降。"

爱默生（Emerson）："除了你自己，没有什么能带给你平静。只有原则的胜利才能带给你和平。”

菲利普·G. 哈默顿（Philip G. Hamerton）：“持续不断地磨炼自己，培育自己，让自己变得越来越好，这便是最幸福的生活。”

塞缪尔·柯勒律治（Samuel T. Coleridge）：“幸福只能建立在美德之上，它必须以真理为基础。”

上面这些，都是彼得森和我所借鉴的许多圣人的思想，用彼得森的话说，就是“成长过程中的冒险”。如果一个人除了100万美元以外什么都没有，那么他确实是一位穷人。

那些已经意识到数以百万计个体知识的微小力量的人啊，我要向你们致敬！当自由流动时，它让所有人享有并一直享有自由的生活方式。

你只有详细探究那完美的自由法律，并且习以为常，才不会把法律当成耳旁风，而是会按照法律行事，那么你终会获得福报。

——《雅各书》（*James*）1：25

贫穷的好处

我相信，年轻人会得到数不胜数的好处，但在这其中，贫穷的好处无疑是最大的。

——约西亚 · G. 霍兰德（Josiah G. Holland）

我的经验与学识不能证明这位美国记者和作家亲身经历过贫穷。因此，我必须假定他注意到了：对于那些出身贫寒的男男女女来说，除了努力工作之外，他们别无选择。那么结果如何呢？他们获得了成功！

这里有几个例子，他们是一些出身贫寒的人，但随着年龄的增长，他们要么闻名于世，要么富甲一方。安德鲁 · 卡内基（Andrew Carnegie）家境贫寒，后来却成为美国最伟大的企业家之一。他天性善良，在成为富翁的同时，也成了一位备受瞩目的慈善家。他给后人留下了一个宝贵经验："去看看那些从普通院校毕业而不得不直接投身于事业，并且一开始就打扫办公室的男孩吧，他可能就是你最应该注意的黑马。"

托马斯·爱迪生（Thomas Edison）出身贫寒。年轻时，他在火车上卖报纸。后来呢？他成了有史以来最伟大的发明天才，而且腰缠万贯！

亚伯拉罕·林肯（Abraham Lincoln）只上过几个月的学。他有多穷呢？他只能从别人那里买到几本书。这种处境激发了他奋发向上的斗志和异于常人的思维。结果如何呢？他成了美国历史上的一位伟大总统！

还有一个引人注目的例子是罗马皇帝图密善（Domitian）。像从古至今的所有独裁者一样，图密善愚不可及，却把自己标榜为学富五车的智者。“充满智慧”的他流放了一个奴隶：爱比克泰德（Epictetus）。然而，这个奴隶的光芒是如此耀眼，他堪称一面照亮了1 500年思想史的镜子，启发了格劳秀斯（Grotius）、康德（Kant）、亚当·斯密和亚当·弗格森（Adam Ferguson）等许多哲学家。

起初，我对他一无所知，后来才恍然大悟——这位奴隶的非凡思想竟是我以前所读过的亚当·斯密和其他人的书籍中的大部分思想的来源。他们的思想是一种终结贫困和政治奴役的哲学。荣耀归于爱比克泰德，他受之无愧地赢得了身后之名。而像图密善这样的人呢？他们使其他人奋起反抗，他们的恶行也为人们所终结。

14年前，FEE发生了一件事，而这件事则表明：正确之法可以把一个中央计划者变成自由市场的信徒。这件事的主人公是一位来自国外的律师，他当时在FEE参加一个研讨会。在参加了几次讲座后，他宣布FEE的自由市场、私有产权和有限政府理念不适合他。他坦率地承认他偏爱集体主义。

由于FEE不是一所教养院，在这种情况下，我们通常会退还他的学费，并与他道别——就像对待他的另外两个同学那样。然而，我们并没有这么做，因为：一是他表达了留下来的愿望；二是在讨论过程中，他没有胡乱引用集体主义的观点；三是他平易近人，其举止和行为富有魅力，让人觉得很舒服。因此，他仍然是一名旁听生。

然后，奇迹出现了！当时，一位FEE的讲师就自由市场如何在促进普遍繁荣和克服贫困方面发挥奇效做了例行的解释。我们的外国朋友突然活过来了，他灵光一闪，叫道："你们为什么要帮助穷人呢？"他后来回到了自己的国家，成了自由的主要代言人！

一直以来，成为"人群中的黑马"就是我的一个志向。"我做到了吗？"我想答案是肯定的。一方面，因为我生下来就是个穷孩子。在一所普通学校里，我每周工作110个小时，每天打几份工，其中一份是在我所在小镇的两家商店做保洁工作。

我不求名利。我生活的最高目的就是坚持不懈地领会和解释：当我们每个人都可以随心所欲且能创造性地行动时，奇迹就会出现！

我寻找的光明比我现在拥有的更闪亮，那种光明将使我们的国家走出集体主义带给我们的黑暗。我知道的不多，更谦卑地说，我什么都不知道。我认为我的角色和伟大的西班牙哲学家何塞·奥尔特加·加塞特（Jose Ortega y Gasset）的角色是一样的："我们要找的，就是那一点点光明。当然，你可能别无所求。我所付出的，只是我拥有的东西。就像我能做的那点儿微不足道的事一样，让那些能做更多事的人也更力所能及地做事吧！"许多人与我分享了他们的"更多事"，以至我自己的小蜡烛也能被点亮。这是驱散黑暗并走向光明的阶梯，在这里，自由似乎成了一种生活方式。

为什么那么多富裕的人认为自己是穷人呢？他们拥有任何想要的食物，拥有在每种场合所需要的衣服，拥有梦想的假期。出行时，他们不仅有车子，还有能前往世界各地的飞机。为什么呢？因为比他们显赫的人比比皆是。他们有钱，但嫉妒使他们对事实视若无睹。美国教育家布朗森·奥尔科特（Bronson Alcott）写道："无知者的可悲之处在于他们不知道自己的无知。"这些可怜的人，不知道他们不仅比三万五千年前的克鲁马努人（Cro-Magnon）富裕了几千倍，而且比英国工业革命前的国王也更富有。我们应该同情他们，而不是嘲笑他们。

请允许我就贫困问题谈几点看法，这对那些没有意识到自己拥有物质财富的人可能会有所启发。

我首先要引用希腊哲学家普鲁塔克（Plutarch）的话："只有当贫穷来自懒惰、放纵、奢侈和愚蠢的时候，它才是可耻的。"多么明智啊！与我们这个时代那些"认为"自己正经受贫困折磨的人相比，这个希腊人才算得上是生活在贫困中的人。普鲁塔克从来没有梦想过我们旅行时乘坐的飞机，也没有梦想过汽车、电话、电灯、铁路、电锯或其他无数的物质享受，但他也意识到贫穷是不光彩的。

雅典政治家伯里克利（Pericles）谈到了贫穷及战胜贫穷的方法："不能忍受贫穷是可耻的，但是，如果不知道怎样用工作把它赶走，这就是一件更可耻的事情。"这与卡内基对工作价值的认识是一致的！

美国记者阿瑟·布里斯班（Arthur Brisbane）也持有同样的观点："由人类组成的国家尽管会相对贫穷，但还是可以获得财富和幸福的。财富是达到目的的手段，而不是目的本身。"正如我一遍又一遍写过的，财富是使人们摆脱世俗琐事的手段，从而使人们可以腾出时间从事创造性活动。

奥利弗·戈德史密斯（Oliver Goldsmith）发现："虽然鲁莽往往是一种罪恶，但这个世界上最具有力量的罪恶代言人还是贫穷。"数以百万计自认为是"穷人"的人成功地获得了政府的资助。实际上，他们只是在拆东墙补西墙。结果怎样呢？通货膨胀率逐年增加。真是罪恶滔天啊！如果不制止通货膨胀，那么每个人都会陷入贫困！

如果我们真正关心穷人，那么请让我们关上政治干预之门，请让我们向每个人敞开自由之门，把自由的恩典赐给他们。

提升公共利益

维护宪法所规定的个人行动自由，不是要贬低公共利益，而是要提升公共利益。维护整个社会的利益的最好办法就是，坚决反对各种任意限制社会成员自由的行为。

——乔治·萨瑟兰（George Sutherland）

这位政治家出生于英国，在密歇根大学法学院（the University of Michigan Law School）学习法律，在犹他州（Utah）从事法律工作。1901—1903年，他是美国众议院的一员。1905—1917年，他是一名参议员。1922—1938年，他担任美国最高法院的大法官。

目前，美国的大多数公民对《独立宣言》（the Declaration of Independence）、《宪法》（the Constitution）和《人权法案》（the Bill of Rights）根本就一窍不通。

另外，和对历史上最伟大的作家所写的最伟大的政治经济学著作与精神文献一样，萨瑟兰对这些著作已经融会贯通了。他认为，《独立宣言》第二段中所蕴含的基本前提是，将美国的人民－政府关系实验与其他所有实验区分开来：

我们认为下述真理是不言而喻的：人人生而平等，造物主赋予了他们若干不可剥夺的权利，其中包括生存、自由和追求幸福的权利。为了保障这些权利，人类在他们之间建立了政府，而政府的正当权力是经被治理者的同意产生的。

想想看，这些签署者在很大程度上都是有钱人。他们所面临的前景不是获得财富，而是遭受各种损失。请问，这种损失到底是什么呢？他们签署的文件有可能会成为自己的死刑执行令。这样看来，他们的荣辱观与大众的看法是如此格格不入！

在这些签署者中，24人是受过良好教育的律师和法官，11人是各个行业的商人，9人是农民和庄园主，他们都是有钱人。他们愿意以自己的幸福为代价，其最可喜的结果是在一项前所未有的自由原则基础上建立一个新生国家，而最糟糕的结果则是绞刑之灾！

可以说，他们中的每一个人都付出了沉重的代价！9人很快就陷入了贫困；5人被英国人俘虏，遭受牢狱之灾，几年后就失去了生命；12人的家园、农场或庄园被英国人洗劫一空；9人在战乱中死亡，要么死于子弹，要么就是身体不堪重负。很少有人能寿终正寝。他们承诺过，也付出了代价，而在这样做的过程中，他们把自由带给了我们。换作是你，你会签署那个宣言吗？只要你无视那些反对和谩骂之声，竭尽全力使我们的开国元勋留给美国人的自由重现人间，你的答案就是肯定的。让我们向他们的智慧、勇气和英雄事迹致敬！[①]

萨瑟兰法官坚持认为我们应该重视公共利益，他指的是我们宪法中规定的利益。理所当然，我似乎要在这里重复一下我在以前一本书中所阐述的一些发现。

什么是奇迹？词典是这么解释的："一种明显违背已知科学规律的事件或行为，因此被认为是由超自然原因造成的，甚至是上帝的行为。"这说的正是一种创造啊！

为什么赞成、接受和遵守自由的生活方式的人是如此之少呢？坦白地说，我和许多人一样，一直在说"这很难解释"。现在，我看到的真相是什么呢？真相就是，任何人都不能也永远不能解释自由的奇迹。如果对此进行解释的一个要求是清晰明了、通俗易懂和具有说服力，那么我们中的某个人或更多人便需要在人类层面上理解和解释人类行动的每一个方面，即人类创造力的每一个方面。但是，

① 以上大部分内容选自一部伟大的著作，即《美国的选择》。

从古至今都没有人拥有这样的智慧。当然，相信自由也并不需要这种无所不知的人。

如果正确地看待万事万物——无一例外地包括生命的每一种形式，那么它们都是某种奇迹。然而，无论是过去还是现在，在所有可找到的著名知识分子的著作中，对此表示同意的寥寥无几。一个值得注意的例外是英国神学家罗伯特·索斯，他写道：“奇迹不是由任何一种已知造物的力量成就的，因此，它是神圣的全能者的产物。”

许多人把自由当作一种可以解释的生活方式，而不是一种奇迹。他们自己不能解释自由，也不知道谁能解释自由，他们认为社会主义更容易解释。因此，比起社会主义，他们对自由的尊重是少得多的。

除了极少数人以外，绝大多数人都对自由的奇迹视而不见。爱迪生或许是有史以来最伟大的发明天才，他对这种视而不见给出了一种解释：“每个人所了解的每样东西，都不及那样东西本身百分之一的百万分之一。”

当然，这是一种比喻。他可以说是百分之一的十亿分之一或亿万分之一。与无穷无尽的意识相比，我们有限的人不过是宇宙领域中的一个小点。领悟到这一点之后，一个人知道的越多，就越意识到他知道的是多么少……这才是肉体凡胎的人类的智慧的萌芽。

为什么自由不被人们认为是一个奇迹呢？我们可以用很多理由来解释。其中一个理由就是：我们的日常生活中充满了奇迹，而奇迹太多了，以至它成了人们司空见惯的事。没有人对此进行“反驳”。我用电话的例子进行反驳吧！只需要七分之一秒，我就可以把我的声音以光速传送到世界各地。虽然很少有人会认为这些最近出现的东西是某种奇迹，但我也从未听到有人说它不是。这并不矛盾！在过去的几十年里，从盘尼西林到喷气式飞机，数以百万计的奇迹既被认为是理所当然的，也被认为是大自然的奇迹，如此渺小却又如此伟大。

英国神学家弗劳德（Froude）写道：“信仰的可靠性如何才能禁得起真正的考验呢？且看它的实践效果吧！”那么，坚信那种无法解释的奇迹——自由——是可行的吗？毫无疑问，答案是肯定的。为什么？因为个人自由地按自己的意愿采取创造性的行动，这在物质、道德和精神上都是完全正当的。

在我们的实际生活中，自由创造了无数的奇迹，历史上最伟大的奇迹就是美国奇迹。

我们应该可以很好地解释一个细节，但据我所知，人们并没有将这个细节很好地表达出来，以至人们还不能就其进行有效的讨论。这个细节与个体差异有关，让我们尽力把这些事实用简单明了的俗语表达出来吧。

我们中的任何两个人都是截然不同的。的确，现在的这个人绝不是这个人在不久之前的那个人。自始至终，万物都处在变化之中。当我们那不足挂齿的各种专业知识可以自由流动时，它们就会组合起来，就像水滴形成海洋一样，这些汇聚起来的点点滴滴便造就了奇迹。

最后，我们还从杰出的法国人亚历克西斯·德·托克维尔（Alexis de Tocqueville）那里找到了蛛丝马迹。首先是一些背景知识。在19世纪中叶，许多政府派了各自的代表来到美国，以查明美国成功而它们失败的原因。他们都带着错误的答案回家了，而托克维尔独自做出了最重要的发现：

美国的伟大和天才之处在哪？我试图找到答案。穿过她那肥沃的田野和无边无际的森林，拜访她那数不胜数的学术机构，翻阅她那无与伦比的宪法，我都没有找到答案。直到去了美国的教堂，发现里面充满了正义，我才找到了答案。美国因其仁爱而伟大。当美国失去仁爱时，美国也将不再伟大。

托克维尔的其他一些思想也支持了这一论点：

某地能成为鱼米之乡，不仅仅是因为那里土壤肥沃，更是因为耕种土地的人是自由的。事实上，如果人们仅仅因为自由所带来的物质利益而珍视自由，那么他们绝不会长久地享有自由。

因为只有在真正珍视自由的国家，一个人才能自由地说话、生活和呼吸……如果一个要求自由的人除了自由本身什么也不要，他生来就是一个奴隶。

有些国家流淌着自由之血，并准备好面对保卫自由的最大危险和困难……其他一些国家只要繁荣起来，就会对自由兴趣全无，那里的人们让自由从他们的指尖溜走，他们从未捍卫自由，因为他们害怕失去自己现在享有的一切。实际上，他们现在享有的这一切全要仰仗自由。我们很容易看出，这些国家所缺乏的正是对自由的真正热爱。我承认，这种崇高的理想是说不清道不明的，因为它（自由的奇迹）是一种只可意会不可言传的东西。

伟大的发明天才查尔斯·F. 凯特灵（Charles F. Kettering）曾把一个绝妙的定理送给热爱自由的人们："那些震惊世人的伟大东西都是源于一些人的梦想，然后有些人就会觉得自己也许能做到，最后有些人就会下决心一定要做到。"

让我们相信，自由的奇迹将重现人间！

自我提升

抵制诱惑，拒绝邪念，不出恶语，追寻崇高之志，是人类开启更丰富多彩的生活和更高情远致的品格这项伟大运动的小小动力。

——威尔伯·菲斯克（Wilbur Fisk）

以上这句话出自美国神学家威尔伯·菲斯克。对于这篇文章的主旨来说，这段话是一个精妙绝伦的开端，该文正是要对自我控制、自我反省、自我提升和自我认识等美德进行探究。

关于自我控制，歌德自问自答，直击要害："最好的政府是什么样的？最好的政府教会我们管理自己。"他并没有否认那种恰如其分的有限公民政府的价值。我们如果有足够多的人来管理自己，就不需要政府给公民发放补贴，也不需要政府管理公民。

塞缪尔·斯迈尔斯（Samuel Smiles）补充道："由于缺乏自制，许多人终其一生都在与那些由自己造成的困难做斗争，并因为自己的粗暴无礼而无法取得成功；而其他人也许天赋平平，但他们仅仅通过坚持不懈、心平气和与自我控制这样的方式就取得了成功。”为什么这么多人终其一生都在与那些由自己造成的困难做斗争呢？就像斯迈尔斯所说的，因为他们做不到自制。那么他们究竟缺乏什么呢？是一种要克服一切的强大力量，没有这种力量，他们就会看轻自己，因而也就意识不到自己的潜力可能是巨大的。许多天赋平平的人克服了这一弱点，成功地挖掘了自己的独特潜能，并取得了成功。

苏格兰神学家约翰·凯尔德（John Caird）为我们的启蒙运动又增添了一句良言：“自我控制确实是地球上最高贵的东西，比起对声望与权势的占有欲，它是一种高尚得多的抱负。真正的胜利是灵魂征服所有思想，并遵从天命。只有自己心中的君主才是真正的君主。”

自我控制确实是地球上至高无上的东西，比王权还要崇高。这是一种比政治上的官僚主义更高级的秩序，后者会强制把它们的“全知”强加给公民。那些头脑简单的官僚主义者完全不知道自由和不受约束的市场是如何创造奇迹的。因此，对于“地球上至高无上的东西”来说，这些人是某种威胁。在这方面，我们还可以看看美国汽车工人联合会（United Auto Workers）前主席沃尔特·鲁瑟

（Walter Reuther）多年来的“思考”。他说：“数以百万计的私人经济决策是彼此独立的，只有傻瓜才会相信它们最终会以某种方式协调起来，把我们带到我们想去的地方。”沃尔特·鲁瑟和他的兄弟维克多（Victor）早年曾在苏联接受“经济学”教育。

我们接下来再来谈谈自我反省。古罗马斯多葛派哲学家卢修斯·A.西尼加（Lucius A. Seneca）暗示了我们每个人要如何好好地审视自己：“我们每天晚上都应该问问自己——我今天到底做了什么错事？控制了哪些激情？抵制了什么诱惑？获得了哪些美德？如果我们每天为自己的恶习忏悔，我们身上的恶习就会减少。”所谓“每天忏悔”，就是每天承认自己的错误。圣·奥古斯丁（Saint Augustine）写道：“为恶行忏悔，善行就开始了。”

不应该被忽视的还有自我提升。著名飞行员查尔斯·林德伯格（Charles Lindbergh）生前曾写道：“改善生活方式比传播生活方式更重要。如果我们自己的生活方式使别人感到满意，那么它将自动蔓延。如果不是这样，那么任何武力都不可能一直将任何一种生活方式强加给其他人。”这句话强调的是，竭力把某种观念强加给其他人是一种非常愚蠢的行为。正确的方法是什么呢？那就是专注于自我提升。如果一个人变得足够优秀，那么其他人便会向他取经。如果没人找你，你自己就得做功课！那些在政治上自以为无所不知的人以希特勒和他的同类（军队）为榜样，从而诉诸武力，但这是毫无助益的，这种方式与启蒙的方式截然相反。

一个多世纪以前，英国小说家布尔沃–利顿说过一句话，我经常引用：

> 古语说的是“认识你自己”，“自我提升”则是一种现代说法。我们的伟大目标不是使自己的激情和天赋在我们必须放弃的外部事物中消耗，而是要从内培育那些使我们能一直保持前进的品质。

德国学者托马斯·肯比斯（Thomas À Kempis）给了我们一些关于自我认识的思考：“最能获益良多的高等知识是关于自我认识的知识。看轻自己的优点，看重别人的优点，是一种智慧的体现。所有的人都有缺点，但你不应该认为谁比你的缺点更多或更大。”

威尔伯·菲斯克和我一样相信，当我们能克服诱惑和其他弱点时，我们就能“使人类拥有更丰富多彩的生活和更高情远致的品格”。正如罗马人贺拉斯（Horace）所写：“逆境能激发人的才能。如果这些才能处在优越的环境中，那么它们便会处于休眠状态。”在过去的几十年里，我们曾历经千难万阻，如今，这些苦难终将激发我们的聪明才智，从而使我们过上“吹入沧溟始自由”般的生活。

乐观生活

相信自己可以做到那些不可能的事。当生活中的有些事情让你想哭的时候，你可以试着去笑。当觉得自己缺乏某种才能的时候，你可以试着表现出自己有这种才能。当觉得没有什么值得感激的时候，你可以给曾经改变你生活的人写一封感谢信。向那些热情、开朗的人敞开心扉。

——诺曼·文森特·皮尔（Norman Vincent Peale）

30多年前，我结识了皮尔博士，那时他刚把他的新书《快乐与热情的宝库》(*The Treasury of Joy and Enthusiasm*)寄给我。他是有史以来最受欢迎的励志作家之一。他的三部杰出著作是《积极思考的力量》(*The Power of Positive Thinking*)、《自信生活指南》(*A Guide to Confident Living*)和《如果你认为你行，你就行》(*You Can if You Think You Can*)，这些书都揭示了他那值得称赞的乐观思想。他著作等身，四处举办讲座，除此之外，他还是纽约市大理石学院教堂的牧师。

皮尔博士是我这篇文章的灵感来源。与我同时代的其他人的思想相比，一直以来最让我觉得“心有戚戚焉的”就是皮尔博士的思想。首先，最重要的就是他的乐观。正如一位哲人所写的那样：“那属于美国人的伟大福音迟早会实现。”什么样的福音呢？把政府从赋予人类权利的赋予者的位置上拉下来，而用造物主来代替！以下是一位不知名作者的一些远见卓识：

世界不会毁灭，人类不会灭亡，文明不会崩溃，光明一直都在。人类正在经历一个艰难时期，但人类在其漫长的历史中已经克服了许多困难，并一直在克服困难，人类的力量是势不可当的。

不要担心宇宙会坍塌。宇宙不会坍塌，而且不管怎样，你对这个问题无能为力。光明一直都在。如果人类的生存取决于你或我，这就预言了人类的伟大征程必将走向失败，难道不是这样吗？

光明一直都在，天堂仍然耸立云间。你所要做的就是，在似乎有麻烦存在的地方认识到造物主与你同在，竭尽所能地尽职尽责，静待暴风雨结束。

这是一种乐观的态度，它与悲观的态度截然不同。这对于避免滑向那种无所不知的狂妄也是极其有益的。请保持冷静，让风暴自我毁灭。同时，这也是一种高度虔诚的态度，并与皮尔博士的道德和精神气质完全相符。

这篇文章包括皮尔博士对正直生活的六条建议，以及我的评论。

相信自己可以做到那些不可能的事。在电话被发明之前，我们不可能在半个足球场的距离之外听到其他人的声音。但亚历山大·格雷厄姆·贝尔（Alexander Graham Bell）相信自己可以做到那些不可能的事。结果呢？环绕地球的光速出现了：七分之一秒！

蓄电池也是一件不可能的事吧？据报道，世界上最伟大的发明天才爱迪生在成功制造出蓄电池之前，进行了5万次实验。在他成功之后，有人问他，从事这种这么长时间都没有成果的工作，他是否会感到气馁。“什么成果？”他大声说，“为什么说没有成果，我学到了5万件我以前不知道的事情啊。”他的5万个问题是一种伪装的恩赐！我们的问题也是如此。

当生活中的有些事情让你想哭的时候，你可以试着去笑。以人人享有自由为目标的大多数公民对我们正滑向集体主义这一事实感到悲哀。他们绝望了，对于柳暗花明也失去了希望。“他们想哭”恰当地描述了他们的沮丧。他们的服输使集体主义者的目标更容易实现，这样的悲伤使每一天都成为世界末日。沃尔特·罗利爵士（Sir Walter Raleigh）写道："悲伤是你最危险的伴侣，它把坏变成恶，把恶变成一发不可收拾的糟糕。"

当觉得自己缺乏某种才能的时候，你可以试着表现出自己有这种才能。我们中的一些人，包括我自己，觉得自己缺乏某种才能（能力）去足够清晰地解释自由哲学。据我所知，没有人能把这件事做得尽善尽美。在人类层面解释创造力所面临的困难与每个人在试图描述造物本身时所面临的困难是相差无几的。然而，我们必须牢记一个振奋人心的事实，即成功是通过克服困难实现的。英国评论家和作家威廉·黑兹利特（William Hazlitt ）阐明了困难的价值："我们的精力与其遇到的阻力成正比。我们付出的一切并没有什么了不起的，我们仅仅是在一种自己觉得不得不面对的困难面前拼尽了全力；我们所坚持的也并不值得称赞，我们仅仅是出于自己那种克服困难的自尊心而坚持不懈。"

法国剧作家莫里哀（Moliere）说："障碍越大，克服它的人就越觉得荣耀。我们所遇到的困难是衬托美德之神的侍女。"

埃德蒙·伯克（Edmund Burke）说："困难是由最高护卫者和立法者送给我们的思想导师。最高护卫者和立法者比我们更了解自己，也让我们更了解自己。与我们进行角斗的人能增强我们的勇气，磨砺我们的技能。我们的对手是我们的帮手。”

确实，对困难的观察使我们清楚地认识到，正是困难，让我们在追求自由的过程中日复一日地磨炼自己，从而使技能得到了极大的提高！

当觉得没有什么值得感激的时候，你可以给曾经改变你生活的人写一封感谢信。在我83年的人生中，我每一天都觉得自己要对很多事表示感谢。要给那些使我的生活发生改变的人写感谢信吗？是，我应该要给那些帮助我思考的同时代人写这封信。但对我帮助最大的是那些早已名垂青史的人，如孔子、苏格拉底、埃德蒙·伯克、弗雷德里克·巴斯夏、亚当·斯密、华盛顿、杰斐逊、林肯、爱默生，还有其他很多人。但我却没能给他们写感谢信。那怎么办呢？

在我的28本书中，我一次又一次地引用这些才智过人、道德高尚的精神巨人的箴言，这些箴言也出现在FEE写给5万名读者的便笺中。反过来，读者也在他们的生活中做着同样的事情。结果怎样呢？与那些在墓穴中安息的圣贤不一样，我所引用的这些智慧之语依然保持着无穷无尽的活力。也就是说，这些智慧箴言深受一代又一代的人喜爱。

无论是现在还是将来，通过发现和分享真理来增进大家对自由的理解，并有这样的机会来为他人服务，我感激涕零。

向那些热情、开朗的人敞开心扉。爱默生写道："世界史册上记录的每一次具有指导意义的伟大运动都是激情的胜利。没有激情，就不会有任何伟大的成就。"我们这里有如此多的公民感到绝望，他们对未来感到毫无希望。如果他们能听取英国诗人塞缪尔·柯勒律治的建议，那该有多好。柯勒律治说："在自由事业中投入的坚定不移的道德和信仰激情，和在古老的清教徒时代投入的一样让人不可抗拒。"正是那个时代的清教徒及其非凡的思想为《独立宣言》奠定了基础。

我喜欢英国神学家罗伯特·索斯对乐观之人的评价："欢乐的社会是魅力无穷的。所以，当欢乐照亮了我的朋友时，它也反射到了我身上；我朋友的欢乐烛光烧得越亮，我的欢乐烛光也就越亮。"

所以，让我们快乐地实践自由，乐观地生活下去吧！

I, Pencil

Leonard E. Read

CONTENTS

Introduction

Eloquent. Extraordinary. Timeless. Paradigm-shifting. Classic. Half a century after it first appeared, Leonard Read's "I, Pencil" still evokes such adjectives of praise. Rightfully so, for this little essay opens eyes and minds among people of all ages. Many first-time readers never see the world quite the same again.

Ideas are most powerful when they're wrapped in a compelling story. Leonard's main point–economies can hardly be "planned" when not one soul possesses all the know-how and skills to produce a simple pencil–unfolds in the enchanting words of a pencil itself. Leonard could have written "I, Car" or "I, Airplane," but choosing those more complex items would have muted the message. No one person–repeat, no one, no matter how smart or how many degrees follow his name–could create from scratch a small, everyday pencil, let alone a car or an airplane.

This is a message that humbles the high and mighty. It pricks the inflated egos of those who think they know how to mind everybody else's business. It explains in plain language why central planning is an exercise in arrogance and futility, or what Nobel laureate and Austrian economist F. A. Hayek aptly termed "the pretence of knowledge."

Indeed, a major influence on Read's thinking in this regard was Hayek's famous 1945 article, "The Use of Knowledge in Society." In demolishing the spurious claims of the central planner of the day, Hayek wrote,"This is not a dispute about whether planning is to be done or not. It is a dispute as to whether planning is to be done centrally, by one authority for the whole economic system, or is to be divided among many individuals."

Maximilien Robespierre is said to have blessed the horrific French Revolution with this chilling declaration: "On ne saurait pas faire une omelette sans casser des oeufs." Translation: "One can't expect to make an omelet without breaking eggs." A consummate statist who worked tirelessly to plan the lives of others, he would become the architect of the Revolution's bloodiest phase–the Reign of Terror of 1793–1794. Robespierre and his guillotine broke eggs by the thousands in a vain effort to impose a utopian society with government planners at the top and everybody else at the bottom.

That French experience is but one example in a disturbingly familiar pattern. Call them what you will–interventionists, collectivists, statists–history is littered with their presumptuous plans for rearranging society to fit their vision of the common good, plans that always fail as they kill or impoverish other people in the process. If such system ever earns a final epitaph, it will be this: Here lies a contrivance engineered by know-it-alls who broke eggs with abandon but never, ever created an omelet.

None of the Robespierres of the world knew how to make a pencil, yet they wanted to remake entire societies. How utterly preposterous, and mournfully tragic!

But we will miss a large implication of Leonard Read's message if we assume it aims only at the tyrants whose names we all know. The lesson of "I, Pencil" is not that error begins when the planners plan big. It begins the moment one tosses humility aside, assumes he knows the unknowable, and employs the force of the State against peaceful individuals. That's not just a national disease. It can be very local indeed.

In our midst are people who think that if only they had government power on their side, they could pick tomorrow's winners and losers in the marketplace, set prices or rents where they ought to be, decide which forms of energy should power our homes and cars, and choose which industries should survive and which should die. They should stop for a few moments and learn a little humility from a lowly writing implement.

While "I, Pencil" shoots down the baseless expectations for central planning, it provides a supremely uplifting perspective of the individual. Guided by Adam Smith's "invisible hand" of prices, property, profits, an incentives, free people accomplish economic miracles of which socialist theoreticians can only dream. As the interests of countless individuals from around the world converge to produce pencils without a single "master mind," so do they also come together in free markets to feed, clothe, house, educate, and entertain hundreds of millions of people at ever higher levels.

With great pride, FEE publishes this new edition of “I, Pencil” to mark the essay’s 50th anniversary. Someday there will be a centennial edition, maybe even a millennial one. This essay is truly one for the ages.

Lawrence W. Reed, President

Foundation for Economic Education

I am a lead pencil—the ordinary wooden pencil familiar to all boys and girls and adults who can read and write.

Writing is both my vocation and my avocation; that's all I do.

You may wonder why I should write a genealogy. Well, to begin with, my story is interesting. And, next, I am a mystery—more so than a tree or a sunset or even a flash of lightning. But, sadly, I am taken for granted by those who use me, as if I were a mere incident and without background. This supercilious attitude relegates me to the level of the commonplace. This is a species of the grievous error in which mankind cannot too long persist without peril. For, the wise G. K. Chesterton observed, "We are perishing for want of wonder, not for want of wonders."

I, Pencil, simple though I appear to be, merit your wonder and awe, a claim I shall attempt to prove. In fact, if you can understand me—no, that's too much to ask of anyone—if you can become aware of the miraculousness which I symbolize, you can help save the freedom mankind is so unhappily losing. I have a profound lesson to teach. And I can teach this lesson better than can an automobile or an airplane or a mechanical dishwasher because—well, because I am seemingly so simple.

Simple? Yet, not a single person on the face of this earth knows how to make me. This sounds fantastic, doesn't it? Especially when it is realized that there are about one and one-half billion of my kind produced in the U.S.A. each year.

Pick me up and look me over. What do you see? Not much meets the eye—there's some wood, lacquer, the printed labeling, graphite lead, a bit of metal, and an eraser.

- I -
Innumerable Antecedents

Just as you cannot trace your family tree back very far, so is it impossible for me to name and explain all my antecedents.But I would like to suggest enough of them to impress upon you the richness and complexity of my background.

My family tree begins with what in fact is a tree, a cedar of straight grain that grows in Northern California and Oregon. Now contemplate all the saws and trucks and rope and the countless other gear used in harvesting and carting the cedar logs to the railroad siding. Think of all the persons and the numberless skills that went into their fabrication: the mining of ore, the making of steel and its refinement into saws, axes, motors; the growing of hemp and bringing it through all the stages to heavy and strong rope; the logging camps with their beds and mess halls, the cookery and the raising of all the foods. Why, untold thousands of persons had a hand in every cup of coffee the loggers drink!

The logs are shipped to a mill in San Leandro, California. Can you imagine the individuals who make flat cars and rails and railroad engines and who construct and install the communication systems incidental thereto? These legions are among my antecedents.

Consider the millwork in San Leandro. The cedar logs are cut into small, pencillength slats less than one-fourth of an inch in thickness. These are kiln dried and then tinted for the same reason women put rouge on their faces. People prefer that I look pretty, not a pallid white. The slats are waxed and kiln dried again. How many skills went into the making of the tint and the kilns, into supplying the heat, the light and power, the belts, motors, and all the other things a mill requires? Sweepers in the mill among my ancestors? Yes, and included are the men who poured the concrete for the dam of a Pacific Gas & Electric Company hydroplant which supplies the mill's power!

Don't overlook the ancestors present and distant who have a hand in transporting sixty carloads of slats across the nation.

Once in the pencil factory—$4,000,000 in machinery and building, all capital accumulated by thrifty and saving parents of mine—each slat is given eight grooves by a complex machine, after which another machine lays leads in every other slat, applies glue, and places another slat atop–a lead sandwich, so to speak. Seven brothers and I are mechanically carved from this "wood-clinched" sandwich.

My "lead" itself–it contains no lead at all–is complex. The graphite is mined in Ceylon [Sri Lanka]. Consider these miners and those who make their many tools and the makers of the paper sacks in which the graphite is shipped and those who make the string that ties the sacks and those who put them aboard ships and those who make the ships. Even the lighthouse keepers along the way assisted in my birth–and the harbor pilots.

The graphite is mixed with clay from Mississippi in which ammonium hydroxide is used in the refining process. Then wetting agents are added such as sulfonated tallow–animal fats chemically reacted with sulfuric acid. After passing through numerous machines, the mixture finally appears as endless extrusions–as from a sausage grinde–cut to size, dried, and baked for several hours at 1,850 degrees Fahrenheit. To increase their strength and smoothness the leads are then treated with a hot mixture which includes candelilla wax from Mexico, paraffin wax, and hydrogenated natural fats.

My cedar receives six coats of lacquer. Do you know all the ingredients of lacquer? Who would think that the growers of castor beans and the refiners of castor oil are a part of it? They are. Why, even the processes by which the lacquer is made a beautiful yellow involve the skills of more persons than one can enumerate!

Observe the labeling. That's a film formed by applying heat to carbon black mixed with resins. How do you make resins and what, pray, is carbon black? My bit of metal–the ferrule–is brass. Think of all the persons who mine zinc and copper and those who have the skills to make shiny sheet brass from these products of nature. Those black rings on my ferrule are black nickel. What is black nickel and how is it applied? The complete story of why the center of my ferrule has no black nickel on it would take pages to explain.

Then there's my crowning glory, inelegantly referred to in the trade as "the plug," the part man uses to erase the errors he makes with me. An ingredient called "factice" is what does the erasing. It is a rubberlike product made by reacting rapeseed oil from the Dutch East Indies [Indonesia] with sulfur chloride. Rubber, contrary to the common notion, is only for binding purposes.Then, too, there are numerous vulcanizing and accelerating agents. The pumice comes from Italy; and the pigment which gives “the plug” its color is cadmium sulfide.

- II -
No One Knows

Does anyone wish to challenge my earlier assertion that no single person on the face of this earth knows how to make me?

Actually, millions of human beings have had a hand in my creation, no one of whom even knows more than a very few of the others. Now, you may say that I go too far in relating the picker of a coffee berry in far-off Brazil and food growers elsewhere to my creation; that this is an extreme position. I shall stand by my claim. There isn't a single person in all these millions, including the president of the pencil company, who contributes more than a tiny, infinitesimal bit of know-how. From the standpoint of know-how the only difference between the miner of graphite in Ceylon and the logger in Oregon is in the type of know-how. Neither the miner nor the logger can be dispensed with, any more than can the chemist at the factory or the worker in the oil field–paraffin being a by-product of petroleum.

Here is an astounding fact: Neither the worker in the oil field nor the chemist nor the digger of graphite or clay nor any who mans or makes the ships or trains or trucks nor the one who runs the machine that does the knurling on my bit of metal nor the president of the company performs his singular task because he wants me. Each one wants me less, perhaps, than does a child in the first grade. Indeed, there are some among this vast multitude who never saw a pencil nor would they know how to use one.Their motivation is other than me. Perhaps it is something like this: Each of these millions sees that he can thus exchange his tiny know-how for the goods and services he needs or wants. I may or may not be among these items.

- Ⅲ -
No Master Mind

There is a fact still more astounding: The absence of a master mind, of anyone dictating or forcibly directing these countless actions which bring me into being. No trace of such a person can be found. Instead, we find the Invisible Hand at work. This is the mystery to which I earlier referred.

It has been said that "only God can make a tree." Why do we agree with this? Isn't it because we realize that we ourselves could not make one? Indeed, can we even describe a tree? We cannot, except in superficial terms. We can say, for instance, that a certain molecular configuration manifests itself as a tree. But what mind is there among men that could even record, let alone direct, the constant changes in molecules that transpire in the life span of a tree? Such a feat is utterly unthinkable!

I, Pencil, am a complex combination of miracles: a tree, zinc, copper, graphite, and so on. But to these miracles which manifest themselves in Nature an even more extraordinary miracle has been added: the configuration of creative human energies—millions of tiny know-hows configurating naturally and spontaneously in response to human necessity and desire and in the absence of any human masterminding! Since only God can make a tree, I insist that only God could make me. Man can no more direct these millions of know-hows to bring me into being than he can put molecules together to create a tree.

The above is what I meant when writing, "If you can become aware of the miraculousness which I symbolize, you can help save the freedom mankind is so unhappily losing." For, if one is aware that these know-hows will naturally, yes, automatically, arrange themselves into creative and productive patterns in response to human necessity and demand—that is, in the absence of governmental or any other coercive masterminding—then one will possess an absolutely essential ingredient for freedom: a faith in free people. Freedom is impossible without this faith.

Once government has had a monopoly of a creative activity such, for instance, as the delivery of the mails, most individuals will believe that the mails could not be efficiently delivered by men acting freely. And here is the reason: Each one acknowledges that he himself doesn't know how to do all the things incident to mail delivery. He also recognizes that no other individual could do it. These assumptions are correct. No individual possesses enough know-how to perform a nation's mail delivery any more than any individual possesses enough know-how to make a pencil. Now, in the absence of faith in free people—in the unawareness that millions of tiny know-hows would naturally and miraculously form and cooperate to satisfy this necessity—the individual cannot help but reach the erroneous conclusion that mail can be delivered only by governmental "masterminding."

- IV -
Testimony Galore

If I, Pencil, were the only item that could offer testimony on what men and women can accomplish when free to try, then those with little faith would have a fair case. However, there is testimony galore; it's all about us and on every hand. Mail delivery is exceedingly simple when compared, for instance, to the making of an automobile or a calculating machine or a grain combine or a milling machine or to tens of thousands of other things. Delivery? Why, in this area where men have been left free to try, they deliver the human voice around the world in less than one second; they deliver an event visually and in motion to any person's home when it is happening; they deliver 150 passengers from Seattle to Baltimore in less than four hours; they deliver gas from Texas to one's range or furnace in New York at unbelievably low rates and without subsidy; they deliver each four pounds of oil from the Persian Gulf to our Eastern Seaboard—halfway around the world—for less money than the government charges for delivering a one-ounce letter across the street!

The lesson I have to teach is this: Leave all creative energies uninhibited. Merely organize society to act in harmony with this lesson. Let society's legal apparatus remove all obstacles the best it can. Permit these creative know-hows freely to flow. Have faith that free men and women will respond to the Invisible Hand. This faith will be confirmed. I, Pencil, seemingly simple though I am, offer the miracle of my creation as testimony that this is a practical faith, as practical as the sun, the rain, a cedar tree, the good earth.

Afterword

Leonard Read's delightful story, "I, Pencil," has become a classic, and deservedly so. I know of no other piece of literature that so succinctly, persuasively, and effectively illustrates the meaning of both Adam Smith's invisible hand–the possibility of cooperation without coercion–and Friedrich Hayek's emphasis on the importance of dispersed knowledge and the role of the price system in communicating information that "will make the individuals do the desirable things without anyone having to tell them what to do."

We used Leonard's story in our television show, "*Free to Choose*," and in the accompanying book of the same title to illustrate "the power of the market" (the title of both the first segment of the TV show and of chapter one of the book).

We summarized the story and then went on to say: "None of the thousands of persons involved in producing the pencil performed his task because he wanted a pencil. Some among them never saw a pencil and would not know what it is for. Each saw his work as a way to get the goods and services he wanted–goods and services we produced in order to get the pencil we wanted. Every time we go to the store and buy a pencil, we are exchanging a little bit of our services for the infinitesimal amount of services that each of the thousands contributed toward producing the pencil."

"It is even more astounding that the pencil was ever produced. No one sitting in a central office gave orders to these thousands of people. No military police enforced the orders that were not given. These people live in many lands, speak different languages, practice different religions, may even hate one another–yet none of these differences prevented them from cooperating to produce a pencil. How did it happen?Adam Smith gave us the answer two hundred years ago."

"I, Pencil" is a typical Leonard Read product: imaginative, simple yet subtle, breathing the love of freedom that imbued everything Leonard wrote or did. As in the rest of his work, he was not trying to tell people what to do or how to conduct themselves. He was simply trying to enhance individuals' understanding of themselves and of the system they live in.

That was his basic credo and one that he stuck to consistently during his long period of service to the public—not public service in the sense of government service. Whatever the pressure, he stuck to his guns, refusing to compromise his principles. That was why he was so effective in keeping alive, in the early days, and then spreading the basic idea that human freedom required private property, free competition, and severely limited government.

Milton Friedman

Nobel Laureate,1976

Appendix

The Purpose of Wealth

The way to wealth is as plain as the way to market. It depends chiefly on two words, industry and frugality; that is, waste neither time nor money, but make the best use of both. Without industry and frugality, nothing will do; and with them everything.

—Benjamin Franklin

As related to monetary wealth, Franklin's formula is doubtless correct. Assume its attainment. Does it enrich the attainers? The answer, in my view, is "No," if the wealth results in early retirement—life's highest mission abandoned. The answer is "Yes," if attainment results in an awareness of life's greatest wealth—an awareness, perception, consciousness of the freedom philosophy and how better to explain it. Briefly, advance to the point that others will seek one's tutorship.

Ever so many of our citizens think of wealth as a gigantic accumulation of dollars. To them millionaires exemplify the wealthy. They would envy a late friend of mine who was a billionaire. True, the more dollars one possesses the wealthier one is in a materialistic sense. This, however, is far from wealth in its most laudable sense. Wrote Henry Ward Beecher, the American clergyman (1813–1887): "No man can tell whether he is rich or poor by turning to his ledger. It is the heart that makes a man rich. He is rich according to what he is, not according to what he has."

The heart in this sense refers to courage, dauntlessness, resolution, and spirit. Dollars may aid this worthy goal but it is the celestial attainment that matters!

The Arabian religious teacher and founder of Mohammedanism, Mahomet (570–630), offered these guidelines: "When a man dies, the people ask, 'What has he left behind him?' But the angels, as they bend over his grave, inquire, 'What good deeds has thou sent on before thee?'"

As to good deeds, ponder these thoughts:

The American clergyman George D. Boardman (1828–

1903): "Our deeds are seeds of fate, sown here on earth, but bringing forth their harvest in eternity."

The American poet Henry Wadsworth Longfellow (1807–1882): "Our deeds follow us, and what we have been makes us what we are."

The English dramatist Richard Sheridan (1751–1816): "A life spent worthily should be measured by deeds not years."

The Spanish dramatist, poet and novelist, Cervantes (1547–1616): "Good actions ennoble us, and we are the sons of our deeds."

Good deeds are, indeed, good answers to what the angels ask!

What a variation in the assessment of wealth by sages past and present, ranging all the way from commendation to condemnation! There is a good reason for these differing evaluations: wealth has good effects on some people, bad effects on others. Here is one of the many derogatory statements about wealth:

Can wealth give happiness?
Look 'round and see–

What gay distress!
What splendid misery!
Whatever fortune lavishly can pour,
The mind annihilates, and calls for
more.

–Oliver Goldsmith

Let me share a personal experience that is not derogatory but joyful. My annual salary when General Manager of the Los Angeles Chamber of Commerce in the early forties was $18,000. One day the head of the country's largest insurance company offered me the job of heading their affairs in the seven western states. Said he, "Leonard, I do not know how much you will earn but I guarantee it will not be less than $100,000." I replied, "No, thank you."

Later I turned down two other offers. One was the Presidency of the National Association of Manufacturers; the other, Executive Vice President of the International Chamber of Commerce, headquarters in Paris. In each case the salaries were comparable to the previous offer.

Why these turndowns? They were not my cup of tea, as the

British say. Mine? Working to improve an understanding of and a desire for the freedom way of life! A billion dollars would not swerve me from this aim any more than would ten cents! To me, my work is joyful, and joyfulness is a wonderful attribute, a blessing!

Another turndown. Three years ago FEE's Board of Trustees voted to raise my salary by $20,000. I refused this generous act. Why? I am already wealthy! I enjoy countless blessings in return for the little I do—writing and sharing freedom ideas and ideals with those who are interested in our philosophy.

The thousands of financial supporters of FEE over the past thirty-five years have made it possible for me to lecture and discuss our way of life in 48 of our states, time and again, and in 22 foreign nations. They made it possible for me to purchase this remarkable home for FEE, built in 1889. I couldn't dream of a more perfect workshop. And I am richly blest with my staff associates and 40 Trustees more pure in the freedom philosophy than any other Board known to me.

There are thousands of persons in America whose assets exceed a million dollars. There are billionaires, and possibly a few trillionaires. Some of this wealth is self-made, but it is inflation that has created the other millionaires and billionaires. In Germany, for instance, when the inflation reached the point that thirty million marks wouldn't buy a loaf of bread, trillionaires were a dime a dozen.

These observations lead me to the conclusion that adding up dollar assets is not necessarily the best way to decide who is rich and who is not. Actually, this is the old-world way of assessing wealth: acres of land, size of castle, number and quantity of jewels, how many serfs, slaves, servants or ducats in the vault. On this basis the legendary Midas, Croesus, kings of England, and German trillionaires would be accounted richer than I am. And I say they are not!

Who, in my view, are the wealthy in its highest sense? Those who believe in and strive for that high ideal of liberty.

How to Become a Millionaire

There are so many ways you can become a millionaire in creative living. It is a matter of a lifetime search for ideas, words, sights, sounds, feelings, ideals, habits, and experiences that will make your life an adventure in growth.

—Wilferd A. Peterson

For years Mr. Peterson has written a brilliant article each month in *Science of Mind* magazine.

I was so intrigued with his article entitled "How to Become a Millionaire" in the February 1982 issue that I asked and received his permission to use it, along with a few commentaries of my own.

This friend and I see eye to eye on ever so many subjects. Creative living should be our number one aspiration, that is, striving to approximate as nearly as possible the will of God–Creation! He enumerates the ideas, ideals and other objectives for which we should search. They exist by the millions, indeed, by the billions!

Searching for these objectives, he suggests, will make our lives an adventure in growth, that is, striving for maturity, as noble an objective as one can have! Strive day in and day out for a growth in awareness, perception, consciousness. It is the growth of consciousness in our earthly lives that prescribes what we shall be in the Hereafter. As the English poet Lord Byron (1788–1824) wrote: "Man's conscience is the oracle of God."

You can become a millionaire by thinking a million great thoughts. In my book, *Let Freedom Reign*, there is a chapter entitled, "Confessions of a Rich Man," in which I acknowledged the source of some of my possessions:

> Applying concepts conceived during the past six or seven generations, I may be among the very rich. And bear in mind that I do not have many dollars stashed away. First, consider the little I do–not a single thing which, by itself, sustains life. I only read, write and lecture on behalf of the

freedom way of life, a theoretician of sorts. Now, observe the goods and services I obtain in exchange for the infinitesimal mite I offer on the market. It would take a long book to list what I receive from others in exchange for what I do. Let a few examples suffice. Others make my pens and pencils, typewriter, airplanes, telephones that send my voice around the earth in one-seventh of a second. No one knows how to make such a simple thing as a pencil. A 747 jet has 5,000,000 parts and no person−past or present–knows how to make a single one of them!

I could not expect to survive if I had to live on only that which I now produce, a mere trifle. Compared to the millions of individuals and the countless variations in their occupations, I approximate zero. Nevertheless, "My cup runneth over." I "cast my bread upon the water" and what I receive in return for the little I do makes me a millionaire many times over.

Here is another way the two of us record experiences: each of us keeps a journal. I have kept mine for nearly thirty years, never missing a day. It begins in the morning with a prayer: "God, may my love for Thee motivate my actions and my thoughts for this day." My records are completed each day.

I write these in long-hand, have them typed by my secretary, and at the end of each year put them into bound volumes. There are now fifty volumes and approximately 2,500,000 words. The beginning? One evening in Texas I wrote a lecture I had promised to deliver to a church in Los Angeles two months later. The ideas came to me as if by magic, an experience so unusual and rewarding that I then and there resolved to keep a journal. The first two months were laborious, tiresome. I was tempted to call it quits. However, resolutions are made to be kept, not abandoned. And then the reward: it became one of the greatest joys of my life. That Peterson and Read are millionaires is an understatement!

Enjoyment is not the only reason for keeping a daily journal. Ideas, insights, foresights, intuitive flashes, if not recorded on reception, are like dreams, ephemeral, fleeting, gone with the wind. Countless individuals are far more brilliant than the few of us who keep journals. Were they to adopt this discipline? Supermen, graced with an extraordinary power of creativity! Achievement of freedom for one and all is not a numbers problem. So, let us hope that one or two more will either begin to keep a journal, or else immediately record on reception the thoughts that flash into their minds.

My millionaire companion suggests that one fill the pages of his journal with love, joy, courage, faith, forgiveness, peace and happiness. It is interesting to note what several great thinkers have had to say about these virtues.

Goethe: “We are shaped and fashioned by what we love.”

Shakespeare: “Love looks not with the eye, but with the mind.”

David H. Lawrence: “Love is a thing to be learned. It is difficult, complex maintenance of individual integrity throughout the incalculable processes of human polarity.”

Robert South: “The very society of joy redoubles it; so that, while it lights on my friend it rebounds upon myself, and the brighter his candle burns, the more easily will it light mine.”

Richard Sibbes: “We can do nothing well without joy, and a good conscience which is the ground of joy.”

Paul Whitehead: “True courage is not the brutal force of vulgar heroes, but the firm resolve of virtue and reason.”

Confucius: "To see what is right and not do it is the want of courage."

Francis Bacon: "There was never found in any age of the world, either philosopher or sect, or law, or discipline which did so highly exalt the public good as the Christian faith."

E. G. Bulwer-Lytton: "Strike from mankind the principle of faith, and men would have no more history than a flock of sheep."

Alexander Pope: "To err is human; to forgive divine."

Edward Thompson: "Peace is the happy, natural state of man; war, his corruption, his disgrace."

Edmund Spenser: "Lovely concord and most sacred peace doth nourish virtue, and fast friendship breed."

Emerson: "Nothing can bring you peace but yourself; nothing can bring you peace but the triumph of principles."

Philip G. Hamerton: "The happiest life is that which constantly exercises and educates which is best in us."

Samuel T. Coleridge: "Happiness can be built only on virtue, and must of necessity have truth for its foundation."

The above are samplings of the many sages Peterson and Read

drew upon, making our lives, as he phrases it, "an adventure in growth." A person who has nothing more than a million dollars is, indeed, poor.

Hail to those who have become aware of the millions times millions of the tiny bits of individual expertise which, when free to flow, configurate and assure the freedom way of life for one and all.

But whoso looketh into the perfect law of Liberty, and continueth therein, he being not a forgetful hearer, but a doer of the work, this man shall be blessed in his deed.

–*James* 1:25

Poverty Has Its Advantages

Of all the advantages which come to any young man, I believe it to be demonstrably true that poverty is the greatest.

—Josiah G. Holland

My encyclopedia gives no evidence that this American journalist and author had personally experienced poverty. Therefore, I must assume that he observed men and women born in poverty who had no choice but hard work. Result? Success!

Here are several examples of individuals born in poverty who, as the years advanced, became famous or wealthy. Andrew Carnegie, born a poor lad, became one of our country's greatest entrepreneurs and, by reason of his wealthy and charitable instincts, an outstanding philanthropist. He gave to posterity this gem: "Look out for the boy who has to plunge into work direct from the common school and who begins by sweeping out the office. He is probably the dark horse you had better watch."

Thomas Edison was born in poverty. As a youngster he sold newspapers on a train. Later? The greatest inventive genius of all time—and wealthy!

Abraham Lincoln had only a few months of schooling. Poverty? He was able to purchase from others only a few books. This situation stimulated hard work and superior thinking. Result? One of the greatest Presidents in American history!

A striking example: The Roman Emperor, Domitian (A.D. 51—96), like all despots, then and now, suffered an abysmal ignorance parading as infinite wisdom. In his "wisdom" he exiled a slave: Epictetus. Yet so brilliant was this slave's light that it mirrored its way down through fifteen centuries, illuminating such philosophers as Grotius, Kant, Adam Smith, Adam Ferguson and many others.

At first he was a stranger to me, and then came the light. I had read the books of Adam Smith and the others before I knew that the slave's remarkable thinking was the genesis of much of their thinking. Theirs was the philosophy which tended to terminate poverty and political slavery. Glory be to Epictetus and the fame he honestly earned! Domitian and his ilk? They stimulated a reaction which resulted in an overcoming of their harmful practices.

An experience here at FEE fourteen years ago demonstrated that a right tactic can turn a central planner into a free-market devotee. This man was a lawyer from another country, attending a FEE Seminar. After attending several lectures he announced that FEE's free market, private ownership, limited government philosophy was not for him. He frankly admitted his preference for collectivism.

Since FEE is not a reform school we would normally, under these circumstances, return his tuition and bid the man a fond adieu—as was done with two of his fellow students. However, we made an exception in his case because (1) he expressed a desire to remain, (2) he did not intrude his collectivism views into the discussion and (3) he had a most pleasant and gracious personality, attractive in manner and behavior. So he remained as an auditor.

And then the miracle! A FEE lecturer made a routine explanation of how the free market in action works its wonders in promoting the general prosperity and overcoming poverty. Our foreign friend came to life and saw the light, and exclaimed, "Why you folks are for the poor people." He returned to his country and became a leading spokesman for liberty!

It was always one of my ambitions to become "the dark horse you had better watch." Am I qualified? In one respect, yes, for I was born a poor lad. And while in a common school I worked 110 hours each week; among my daily chores was sweeping out two stores in my little town.

I seek neither fame nor wealth. My overriding purpose in life is to improve day in and day out in understanding and explaining the miracles wrought when all of us are free to act creatively as each pleases!

I am seeking a brighter light than I now possess, one that will rid our country of the darkness collectivism imposes. Not knowing much, and knowing how little I know–humility–I see my role to be identical to that of the great Spanish philosopher, Jose Ortega y Gasset: "We are going to look for a little of that light. You can expect nothing more, of course. I can only give what I have. Let others who can do more do their more, as I do my little." Many others have shared their "more" with me that my own wee candle may be brightened. This is the stairway to the dispelling of darkness and the light in which freedom appears to be a way of life.

Why do so many well-off individuals think of themselves as poor? They have all the food they wish, clothes for every occasion, vacations when desired, a car to drive, air flight from home to wherever. The answer? They can't keep up with the jet set. They are wealthy, but envy keeps them ignorant of the fact. Wrote the American educator, Bronson Alcott (1799–1888): "To be ignorant of one's ignorance is the malady of ignorance." These poor souls, ignorant of the fact that they are thousands of times wealthier than Cro-Magnon man of 35,000 years ago, and wealthier than Kings prior to England's Industrial Revolution, are to be pitied rather than scorned.

Let me conclude with a few thoughts on poverty which may be enlightening to those who are unaware of their material blessings.

I turn first to the Greek philosopher Plutarch (46–120):

"Poverty is not dishonorable in itself, but only when it comes from idleness, intemperance, extravagance and folly." What foresight! This Greek lived in poverty, that is, compared to those of our day who "think" of themselves as poverty stricken. Plutarch never dreamed of the planes by which we travel or of automobiles, telephones, electric lights, railroads, buzz saws or countless other material comforts that bless our lives. But he was aware of the vices that make poverty dishonorable.

The Athenian statesman Pericles (495–429 B. C.) spoke of poverty and its cure: "Not to be able to bear poverty is a shameful thing; but not to know how to chase it away by work is a more shameful thing yet." This is in accord with Carnegie's testimony to the value of work!

The American journalist Arthur Brisbane (1864–1936) shared this view: "Nations like men can be healthy and happy, though comparatively poor. Wealth is a means to an end, not the end itself." As I have written over and over again, wealth is a means to rid self of mundane chores in order that one may be freed for creative activity.

Oliver Goldsmith (1728–1774) found that: "Want of prudence is too frequently the want of virtue; nor is there on earth a more powerful advocate for vice than poverty." Millions who classify themselves as poor succeed in getting government to subsidize them. In essence, they are robbing Peter to pay Paul. Result? Inflation increasing annually. What a vice! If inflation is not halted everyone will be reduced to poverty!

If we are truly concerned for the poor, let us halt the political intervention and open to everyone the opportunities and blessings of freedom.

Exalting the Common Good

To sustain the individual freedom of action contemplated by the Constitution is not to strike down the common good, but to exalt it; for surely the good of society as a whole cannot be better served than by the preservation against arbitrary restraint of the liberties of its constituent members.

—George Sutherland

This statesman, born in England, studied law at the University of Michigan Law School, practiced law in Utah, was a member of the House of Representatives 1901–1903, and a Senator 1905–1917. He became Associate Justice of the U. S. Supreme Court, serving in that capacity from 1922 to 1938.

Most citizens in today's U.S.A. haven't the slightest understanding of the Declaration of Independence, the

Constitution and the Bill of Rights.

Sutherland, on the other hand, understood these writings as well as did the authors of these politico-economic, spiritual documents: the greatest in all history! The basic premise that separates the American experiment in Man-Government relationships from all others is contained in the second paragraph of the Declaration of Independence:

> We hold these truths to be self-evident, that all men are created equal, that they are endowed by their Creator with certain unalienable Rights, that among these are Life, Liberty, and the pursuit of Happiness. That to secure these rights, Governments are instituted among Men, deriving their just powers from the consent of the governed.

Reflect on the fact that these signers were, for the most part, men of means. Instead of wealth to gain, they were faced with the prospect of losses. What, pray tell, might be the nature of that loss? The likelihood—the possibility—of signing their own death warrant, so contrary to popular opinion were their glorious intentions!

Twenty-four of these men were well-educated lawyers and judges; eleven were merchants of one variety or another; nine were farmers and plantation owners; all were men of means. They were willing to trade their well-being to bring about, at best, the birth of a nation with unprecedented freedom principles; or a dangerous hangman's rope, at worse!

Almost to a man, they paid a heavy price! Nine were reduced to poverty within a short time. Five were captured by the British, imprisoned and died within a few years. Twelve had their homes, farms or plantations sacked, looted by the British. Nine died during the war, either from bullets or personal hardship. Few survived to live out natural lives. They pledged–and they paid–and in doing so they gave birth to your and my freedom. Would you have signed the Declaration? Your answer is affirmative–provided that you are trying, regardless of opposition and unpopularity, to regain the liberty our Founding Fathers bequeathed to us Americans. Hail to their wisdom, courage and exemplarity.

Justice Sutherland insisted that we should exalt the common good, his reference being the good set forth in our Constitution. It seems appropriate that I repeat some observations made in one of my earlier books.

What is a miracle? "It is," says the dictionary, "an event or action that apparently contradicts known scientific laws and is hence thought to be due to supernatural causes especially an act of God." Creation!

Why do so few approve, accept and abide by the freedom way of life? A confession: I, along with many others, have been saying, "It is so difficult to explain." The truth as I now see it? No one can or ever will be able to explain the miracle of freedom. Were clear, lucid and persuasive explanation a requirement, some one or more of us would need to understand and explain every facet of human action–creativity at the human level. No individual is or ever has been graced with such wisdom. Nor is such omniscience necessary for a belief in freedom.

Everything in Creation, including every form of life–no exception–is a miracle when viewed aright. However, one will seldom find a recording among famous intellectuals–past or present–who will agree with this statement. One notable exception was an English divine Robert South (1634–1716): "A miracle is a work exceeding the power of any created agent:

consequently, being an effect of the divine omnipotence."

Many individuals have looked upon freedom, not as a miracle, but as an explainable way of life. Being unable to explain it themselves and knowing of no one who can, they hold it in far less esteem than socialism which they find easier to explain.

All but a few are blind to freedom's miracles. Thomas Alva Edison, perhaps the greatest inventive genius of all time, gave us one explanation of this blindness: "No one knows more than a millionth of one per cent of anything."

This, of course, was a figure of speech. He could have said a billionth or trillionth of one per cent. Compared to Infinite Consciousness, finite man is no more than a mere speck in Creation's Domain. Grasping this point–the more one knows the more awareness of how little he knows...is the beginning of such wisdom as is within mortal man's domain.

There are reasons galore as to why freedom is not believed to be a miracle. Here is one: Our everyday life is crowded with miracles, so many that they have become commonplace. No one "contradicts" them. My telephone is an example. I can send my voice around the world at the speed of light–in one-seventh of a second. While few will think of this recent phenomenon as a miracle, I have never heard anyone say that it is not. No contradiction! During the past few decades millions of miracles, ranging from penicillin to jet airplanes, are taken for granted, accepted as are the miracles of nature, be they blades of grass or giant oaks.

Froude, the English divine (1818–1894) wrote: "The practical effect of a belief is the real test of its soundness." Is it practical to believe in the unexplainable miracle, freedom? The answer is an unequivocal "Yes." Why? Because the individual's freedom to act creatively as he pleases is materially, morally and spiritually sound.

At our down-to-earth level, more miracles than anyone can count result from freedom, the greatest demonstration in all history being the American miracle.

There is one detail that should be explainable but no one to my knowledge has phrased it well enough for effective communication: it has to do with individual differences. Let us find a way to put these facts into understandable terms.

No two of us are remotely alike. Indeed, no one individual is the same now as he or she was a moment ago. All is change now and forever. When our tiny bits of expertise are free to flow, they configurate. As drops of water make an ocean, so do these bits make the miracle.

Here are some final thoughts gleaned from that brilliant Frenchman Alexis de Tocqueville (1805–1859). First, some background. During the middle years of the last century, numerous governments sent commissions to the U.S.A. to find out why our success and their failures. All of them went home with the wrong answers. Tocqueville, by himself, made the all-important discovery:

> I sought for the greatness and genius of America in fertile fields and boundless forests; it was not there. I sought for it in her institutions of learning; it was not there. I sought for it in her matchless Constitution; it was not there. Not until I went to the churches of America and found them aflame with righteousness did I understand the greatness and genius of America. America is great because America is good. When America ceases to be good, America will cease to be great.

A few other thoughts by Tocqueville which lend credence to

this thesis:

> The soil is productive less by reason of its fertility than because the people tilling it are free. In fact, those who prize freedom only for the material benefits it offers have never kept it long.
>
> For only in countries where it reigns can a man speak, live and breathe freely...The man who asks of freedom anything other than itself is born to be a slave.
>
> Some nations have freedom in the blood and are ready to face the greatest perils and hardships in its defense...Other nations, once they have grown prosperous, lose interest in freedom and let it be snatched away from them without lifting a hand to defend it, lest they should endanger thus the comforts that, in fact, they owe to it alone. It is easy to see that what is lacking in such nations is a genuine love of freedom, that lofty aspiration which, I confess, defies analysis. For it [freedom's miracles] is something one must feel and logic has no part in it.

Charles F. Kettering, a great inventive genius, gave to freedom devotees a brilliant formula: "Nothing ever built arose to touch the skies unless some man dreamed that it should, some man believed that it could, and some man willed that it must."

Let us then believe that the miracle of freedom will rise again!

Self-improvement

Every temptation that is resisted, every noble aspiration that is encouraged, every sinful thought that is repressed, every bitter word that is withheld, adds its little item to the impetus of that great movement which is bearing humanity onward toward a richer life and higher character.

—Wilbur Fisk

The above, by the American divine, is an excellent beginning for the purpose of this essay, namely, an examination of such virtues as self-control, self-examination, self-improvement, and self-knowledge.

As to self-control, Goethe asked an appropriate question and gave a correct answer: "What is the best government? That which teaches us to govern ourselves." This is not to deny the value of properly limited civil government. Were a sufficient number of us to govern ourselves, there would be no demand for government to subsidize and regulate the citizens.

Samuel Smiles added these thoughts: “For the want of self-restraint many men are engaged all their lives in fighting with difficulties of their own making, and rendering success impossible by their own cross-grained ungentleness; whilst others, it may be much less gifted, make their way and achieve success by simple patience, equanimity and self-control.” Why do so many spend all their lives in fighting difficulties of their own making? It is as Smiles said, for the lack of self-restraint. The root of this lack? A deadened power to overcome, making their becoming unlikely; thus unaware of their potentialities which may be great. Many of those less gifted control and overcome this weakness and succeed in achieving their unique potentialities.

The Scottish divine John Caird, adds to our enlightenment: “Self-government is, indeed, the noblest role on earth: the object of a loftier ambition than the possession of crowns and scepters. The truest conquest is where the soul is bringing every thought into captivity to the obedience of Christ. The monarch of his own mind is the only real potentate.”

Self-government is indeed the noblest role on earth, loftier than crowns. It is an order infinitely higher than that of political dictocrats, who would coercively impose their know-it-alI-ness on the citizenry. Such simpletons haven't the slightest idea how the free and unfettered market works its wonders and, thus, are menaces to "the noblest role on earth." Here is an example of such "thinking" by the late Walter Reuther, head of the United Auto Workers for years: "Only a moron would believe that the millions of private economic decisions being made independently of each other will somehow harmonize in the end and bring us out where we want to be." Walter Reuther and his brother Victor had their early "economic" schooling in the U.S.S.R.

Next, a reflection on self-examination. The Roman Stoic philosopher Lucius A. Seneca, suggested how each of us might well examine ourselves. "We should every night call ourselves to an account: What infirmity have I mastered today? What passions opposed? What temptations resisted? What virtue acquired? Our vices will abate of themselves if they be brought every day to the shrift." By "every day to the shrift" means a daily confession of our errors. Wrote Saint Augustine, "The confession of evil works is the beginning of good works."

Self-improvement should never be overlooked. Wrote that famous aviator, the late Charles Lindbergh: "The improvement of our way of life is more important than the spreading of it. If we make it satisfactory enough, it will spread automatically. If we do not, no strength of arms can permanently impose it." This emphasizes the folly of trying to ram one's ideas into the minds of others. The right method? Concentrate on the improvement of self. If a person becomes good enough, others will seek his tutorship. If no one seeks you out, there's homework to be done! Strength of arms−political know-it-alls imitating Hitler and his ilk [armed forces]−is debilitating, the opposite of enlightening.

The English novelist Bulwer-Lytton, whom I often quote, observed more than a century ago:

> "Know thyself" said the old philosophy. "Improve thyself" said the new. Our great object in time is not to waste our passions and gifts on the things external that we must leave behind, but that we cultivate within us all that we can carry into the eternal progress beyond.

The German scholar Thomas À Kempis (1380−1471), gave us several thoughts to ponder, relating to self-knowledge. "The highest and most profitable learning is the knowledge of ourselves. To have a low opinion of our own merits, and to think highly of others, is an evidence of wisdom. All men are frail, but thou shouldest reckon none so frail as thyself."

Wilbur Fisk believed as I do, that when temptations and other weaknesses are overcome, we are "bearing humanity toward a richer life and higher character." As the Roman, Horace, wrote: "Adversity has the effect of eliciting talents which in prosperous circumstances would have lain dormant." The adversity which we have been experiencing during the past several decades is now eliciting talents that assures a turnabout to the freedom way of life!

Say "YES" to Life

Believe you can do the impossible. Try laughing when circumstances in your life make you want to cry. Act as if you possess the quality you feel you lack. On a day when you feel you have nothing to be thankful for, write a thank-you letter to someone who once made a difference in your life. Open the door to enthusiastic, joyous people.

–Norman Vincent Peale

Dr. Peale, whom I met thirty-some years ago, has just sent me his new book, *The Treasury of Joy and Enthusiasm*. He is one of the most widely-read inspirational authors of all time. Three of his outstanding books which reveal his laudable and optimistic thinking: *The Power of Positive Thinking, A Guide to Confident Living* and *You Can if You Think You Can*. In addition to his many writings and lectures, he is Pastor of New York

City's Marble Collegiate Church.

Dr. Peale inspired this essay. There is no one, past or present, whose thinking I more enthusiastically share than this contemporary of mine. First and foremost is his optimism. As one sage wrote: "It will all come right in time: the great American gospel." The gospel? Unseating government as the endower of men's rights and placing the Creator there! Here are some excellent thoughts by an unknown author:

> The world is not going to the dogs. The human race is not doomed. Civilization is not going to crash. The Captain is on the bridge. Humanity is going through a difficult time, but humanity has gone through difficulties many times before in its long history, and has always come through, strengthened and purified.
>
> Do not worry yourself about the universe collapsing. It is not going to collapse, and anyway that question is none of your business. The Captain is on the bridge. If the survival of humanity depended upon you or me, it would be a poor lookout for the Great Enterprise, would it not?
>
> The Captain is on the bridge. God is still in business. All

that you have to do is to recognize the presence of Creator where trouble seems to be, to do your nearest duty to the very best of your ability; and to keep an even mind until the storm is over.

This is the case for optimism, as opposed to pessimism; it also is instructive as to the avoidance of know-it-all-ness. Keep an even mind until the storm has blown itself out. Also, it is highly religious and in harmony with Dr. Peale's moral and spiritual ascendancy.

This essay will include Dr. Peale's six suggestions for living the righteous life, along with my comments.

Believe you can do the impossible. Prior to invention of the telephone, it was impossible for the human voice to be heard more than half the distance of a football field. Alexander Graham Bell believed he could do the impossible. Result? Around the world at the speed of light: one-seventh of a second!

The storage battery impossible? It is reported that Thomas Alva Edison, the world's greatest inventive genius, made 50,000 experiments before he succeeded in producing the storage battery. He was asked after his success if he didn't get discouraged working so long without results. "Results," he exclaimed, "Why, I learned 50,000 things I didn't know before." His 50,000 problems were blessings in disguise! So are our problems.

Try laughing when circumstances in your life make you want to cry. A majority of citizens whose objective is liberty for one and all are saddened by our slump into collectivism. They are forlorn and have no hope for a turnabout. "They want to cry" appropriately describes their dejection. They throw in the sponge and, by so doing, make the objective of collectivist easier to attain. Such sorrow makes each day a doomsday. Wrote Sir Walter Raleigh: "Sorrows are dangerous companions, converting bad into evil and evil into worse."

Act as if you possess the quality you feel you lack. A few of us, myself included, feel that we lack the quality, the ability, adequately to explain the freedom philosophy with sufficient clarity. No one, to my knowledge, has even approached perfection in this matter. Explaining creativity at the human level borders on the difficulties everyone faces when trying to describe Creation itself. However, we must keep in mind the encouraging truth that the act of becoming is achieved by overcoming. The English critic and author William Hazlitt sheds light on the value of difficulties: "Our energy is in proportion to the resistance it meets. We attempt nothing great but from a sense of the difficulties we have to encounter; we persevere in nothing great but from a pride in overcoming them."

The French dramatist Moliere: "The greater the obstacle, the more glory we have in overcoming it. The difficulties with which we are met are the maids of honor which set off virtue."

Edmund Burke: "Difficulty is a sense instructor set over us by the Supreme guardian and legislator who knows us better than we know ourselves and leaves us better too. He that wrestles with us strengthens our nerves and sharpens our skill. Our antagonist is our helper."

These observations about difficulties do, indeed, make it plain that they sharpen our skills to labor day in and day out on behalf of liberty!

On a day when you have nothing to be thankful for, write a thank-you letter to someone who has made a difference in your life. I cannot remember a day in my 83 years in which I have had nothing to be thankful for. Write thank-you letters to those who have made a difference in my life? Yes, to contemporaries who have helped me in my thinking. However, my greatest helpers are those who have passed to their reward, such sages as Confucius, Socrates, Edmund Burke, Frederic Bastiat, Adam Smith, Washington, Jefferson, Lincoln, Emerson, and ever so many others. No thank-you letters. What then?

I have quoted these intellectual, moral and spiritual giants over and over again in my 28 books. Also in Notes from FEE going to 50,000 freedom devotees. Readers, in turn, do the same among those in their orbit. Result? The wisdom of these sages I have quoted does not rest in the grave with them. Instead, it graces generation after generation.

Thanks for my opportunity to serve others, now and hereafter, by discovering and sharing truths that advance an understanding of liberty.

Open the door to enthusiastic, joyous people. Wrote Emerson: "Every great and commanding movement in the annals of the world is the triumph of enthusiasm. Nothing great was ever achieved without it." Ever so many citizens on our side are forlorn and see no hope for the future. How wonderful it would be were they to heed the counsel of that English poet Samuel Coleridge: "Enlist the interests of stern morality and religious enthusiasm in the cause of political liberty, as in the time of the old Puritans, and it will be irresistible." It was the old Puritans and their remarkable thinking that set the stage for the Declaration of Independence.

I like what the English divine Robert South had to say about joyous people: "The very society of joy redoubles it; so that, while it lights upon my friend it redoubles upon myself, and the brighter his candle burns the more easily it will light mine."

So, let us joyfully practice freedom and say "yes" to life.

A TIGER BY THE TAIL

05

老虎的尾巴

［英］弗里德里希·冯·哈耶克（Friedrich A. von Hayek）著
［印］苏达·谢诺伊（Sudha R. Shenoy）编
谌紫灵 译

中信出版集团 | 北京

图书在版编目（CIP）数据

老虎的尾巴：汉、英 /（英）弗里德里希・冯・哈耶克著；（印）苏达・谢诺伊编；谌紫灵译 . -- 北京：中信出版社，2020.8

（迷人的经济学：影响世界的五大经济学思维）

书名原文：A Tiger by the Tail

ISBN 978-7-5217-1849-2

Ⅰ . ①老… Ⅱ . ①弗… ②苏… ③谌… Ⅲ . ①经济学－通俗读物－汉、英 Ⅳ . ① F0-49

中国版本图书馆 CIP 数据核字（2020）第 073818 号

迷人的经济学——影响世界的五大经济学思维
老虎的尾巴

著　　者：[英] 弗里德里希・冯・哈耶克
编　　者：[印] 苏达・谢诺伊
译　　者：谌紫灵
出版发行：中信出版集团股份有限公司
（北京市朝阳区惠新东街甲 4 号富盛大厦 2 座　邮编　100029）
承 印 者：北京诚信伟业印刷有限公司

开　　本：787mm×1230mm　1/32　　印　　张：8.75　　字　　数：170 千字
版　　次：2020 年 8 月第 1 版　　印　　次：2020 年 8 月第 1 次印刷
书　　号：ISBN 978-7-5217-1849-2
定　　价：179.00 元（全五册）

目 录

第三版引言

你手里拿的这本小书是独一无二的。在经济学领域出版过的对主要思想家思想的介绍性书籍中，这本书是出类拔萃的。这本书的独特之处在于，它收录了哈耶克40年来创作的大量作品的选段和短篇节选。尽管其涉及的内容包罗万象，但它却以无与伦比的紧凑结构和清晰条理无缝地整合了哈耶克关于货币、资本、商业周期和国际货币体系的著作的重要主题。此外，虽然这本书主要使用的是哈耶克自己的言辞——有一些文章来自其相当学术性的作品，但在已故的苏达·谢诺伊（Sudha R. Shenoy）的编撰和组织下，这本书变得通俗易懂，既能让门外汉和学生轻而易举地理解，又能使专业的经济学家和教师获益匪浅。由于谢诺伊对23个独立选段的出色选择和安排，以及她对每一个独立选段的富有启发性但从不侵扰原文的阐释，这本书本身就成了一部经典之作，并对哈耶克的思想提出了新的见解。确切来说，这既是谢诺伊的书，又是哈耶克的书。①

此外，这部新版经典著作的出版可谓恰逢其时。因为它不仅对思想史做出了杰出贡献，而且反映了我们这个时代的困境。正如官方正式承认的那样，美国陷入经济衰退已经有一年多了，目前还看不到任何结束的迹象。自第二次世界大战以来，我们当前的经济衰退正迅速演变成一个近乎无可救药且没完没了的严峻问题。它已经持续了14个月，已经超过过去6次衰退的平均持续时间，并正迅速接近第二次世界大战后衰退持续了16个月的纪录。2008年，就业数量净减少了260万，这代表自1945年以来，2008年绝对是就业数量降幅最大的一年。仅2008年12月就有50多万名工人失业，失业率出人意料地从2008年11月的6.8%升至16年来的最高水平——7.2%。目前，478万美国人申请了失业保险，这是自1967年此一统计数字开始被记录以来的最高水平，也是自1983年以来占美国劳动力比例最高的一次。雪上加霜的是，这个月的平均每周工作时间降至33.3小时，为1964年以来的最低水平。与此同时，兼职工作比上个月增加了70万个，增加比率几乎为10%。这

① 读者需要注意的是：此中文版只选择性地摘取了《老虎的尾巴》全版本中关于货币、资本、商业周期和国际货币体系论述的重要选篇（共20篇，其中第17篇和第18篇在原书中为一篇），而且尽量与国内现今出版的选篇不予重复，争取在做到逻辑清晰的前提下，选择哈耶克最具代表性的篇目。限于篇幅和为了呈现一气呵成的阅读体验，这一版本删去了脚注和原编者谢诺伊的批注。——编者注

意味着许多被视为正式受雇的兼职工人要么就是其先前的全职工作被终止，要么就是其现任雇主将其全职工作变为兼职工作。除就业外，其他表明衰退严重程度的指标显示，目前的衰退比一般的衰退更为严重，包括工业生产额、实际收入额和零售销售额。正如一位美联储经济学家所总结的那样，“主要的衰退指标往往支持这样一种说法，即此次衰退可能是过去40年来最严重的一次”。

事实上，一些经济学家和媒体人现在正在用“萧条”这个可怕的词来描述我们当前的困境，这让人想起20世纪30年代那萦绕在工业产能闲置、原材料积压周围的长期大规模失业的幽灵。我们是怎么在当前的困境中泥足深陷的呢？对于大多数公认的专家和意见领袖来说，这个问题在当下是毫无意义的，大家七嘴八舌地声称要走出泥潭。尽管那涉及7 000亿美元的政府救助项目（包括购买风险资产、补贴陷入困境的金融服务和国内汽车公司）导致本财年联邦预算赤字达到了惊人的1.2万亿美元，但这也证明了这种做法在扭转甚至减缓经济紧缩方面收效甚微。伴随这些赤字的是美联储官方货币总量的高速增长，截至2008年11月，MZM（Money Zero Maturity，零期限货币）供应量同比增长10.1%，M2（广义货币供应量）同比增长7.6%。推动这些货币供应量高速增长的因素是，美联储同期将调整后的货币基础扩大了76%，将联邦基金利率目标从2007年年中的5.25%下调至2008年年底的不到2.5%。

为了应对不断加深的经济危机，政客们和他们的经济顾问再次提供的万灵油政策是更多的赤字开支和货币创造。当时，奥巴马正在推动一个在两年内增加政府开支和减税的8 000亿美元的大规模项目，其中包括自第二次世界大战以来规模最大的公共工程项目，但这个“刺激计划”只不过是失败的金融救助计划改头换面后的延续罢了。联邦政府将继续大肆挥霍，而且正如美联储主席伯南克（Bernanke）所指出的，美联储将乐于通过创造货币来购买各种可以想象得到的资产，以适应这种铺张浪费和具有破坏性支出的狂欢。

因此，不负责任的旧式凯恩斯主义卷土重来。事实上，它从未真正离开过。尽管政府决策者、央行行长和他们的宏观经济顾问们都在说，在过去的25年里，他们煞费苦心地发展并学会了运用复杂而又精细的“稳定政策”新工具，但在实际操作中，除了赤字支出和廉价货币这两种无效而老掉牙的工具外，他们一无所有。他们抛弃了所有的学者气质和礼仪，高调地宣扬和支持着旧式凯恩斯主义奉行的那长久以来已经名声尽毁的政策。就他们而言，操着学院里宏观经济学的官话已经揭示了他们的学说毫无道理可言。

更让人可笑的是，他们的正统模型是毫无意义的。在当前这场危机中，宏观经济学的建立者们本能地求助于简单化的凯恩斯主义补救措施，这无异于承认在战争结束后的时期里，他们在理解商业周期的原因和解决办法方面毫无进展。这揭示了一个让人不寒而栗的深刻事实：当代的稳定政策秘密地建立在一个极其天真、老旧的经济谬论中，而自18世纪中叶以来，这个谬论已被那些非凡卓越的经济思想家推翻了很多次。这种谬论认为，总货币支出、总就业和实际收入水平之间存在着直接的因果关系。

在这本书中，哈耶克以凯恩斯主义的形式对这一谬论进行了精准深刻的批判，并论证了基于这一谬论推行相关政策的悲惨后果。但这本书包含的内容远不只对谬误理论和政策的批判，还蕴含着我们如何坚实而稳定地走出“萧条”（是的，哈耶克就是这样一如既往地直言不讳，他使用了这个禁忌词）的处方。

简而言之，哈耶克认为，所有的萧条都涉及资源分配模式，特别是关于劳动力的分配，而这种资源分配模式与需求模式并不相符，特别是在高阶产业（大致为资本财货领域）和低阶产业（大致为消费品领域）之间。这种关于劳动力和需求的不匹配情况发生在之前的通货膨胀繁荣时期，是由货币和银行信贷扩张导致利率扭曲而造成的错误创业的结果。更重要的是，虽然那些通过赤字支出和廉价货币来治愈大萧条的尝试可能会暂时奏效，但是它们加剧了资源相对于需求的错误配置，只会使那必然发生的调整期推迟和延长。凯恩斯主义者之所以没有意识到这一点，是因为凯恩斯的著作中包含了一个隐含的假设——哈耶克在他的著作中确认了这一点，即凯恩斯错误地认为，失业通常涉及各个生产阶段各种资源的闲置。在这种意义上，凯恩斯经济学忽略了实际资源之所以稀缺的关键因素，即本科经济学原理课程中的驴桥定理（pons asinorum）。在凯恩斯的具有大量盈余的虚幻世界中，货币支出总额的增加确实会增加就业和实际收入，因为在当前价格下，人们会按照某种正确的比例得到每个生产过程中所需的所有资源。然而，正如哈耶克所表明的那样，在与稀缺相关的真实世界中，未利用的资源将是特定种类和特定产业中的特定资源，例如矿业或钢铁制造业中的工会工人。在这种情况下，支出的增加会提高资源利用率，但只有通过提高总体价格和重新利用这些闲置资源，把它们与已被利用的从其他产业中错误转移出来的资源结合起来，才能暂时使其重新得到利用。当生产成本再次赶上上涨的产出价格时，失业将再次出现，但这一次由于额外资源的错误配置，失业将以更严重的形式出现。届时，政府和中央银行将再次面临是允许失业还是扩大货币支出这样的两难选择，这就为不断加速的货币扩张和价格膨胀创造了条件。其间，失业率会不断提高，就像20世纪70年代和80年代初的“大通胀”那样。

哈耶克的选择是拒绝货币扩张，允许未利用资源的价格自然下降，从而使价格重新调整到当前可持续的货币收入水平。在这种情况下，未利用的劳动力和其他资源将通过价格体系的引导进入在当前货币支出水平上可持续的生产过程。如果市场可以对相对价格和工资率进行调整，那么这可以确保资源利用结构与资源需求结构的相互协调。相反，虽然货币总额的膨胀会使短期内的资源利用率提高，但是它导致了资源的不当分配，而这种调整必然又会导致另一场萧条。只有通过不断地利用加速通货膨胀来抵消相对价格的变化，这种调整结果才能被推迟，但永远无法被避免。

那些不同意哈耶克分析的人——正如当前主流宏观经济学家和政策制定者所做的那样——和那些提倡将日益增长的开支作为解决我们目前危机的灵丹妙药的人，他们生活在简单幼稚的凯恩斯主义的幻想之地。在那里，真正的资源稀缺现象已经不复存在，货币和信贷的匮乏是经济活动的唯一制约因素。正如哈耶克所指出的，这样的人不应该被称为“经济学家”：

我不禁想到，人们的注意力越来越集中在短期效应上——这种情况就相当于把注意力集中在纯粹的货币要素上，这不仅是一个严重而危险的智识错误，而且是对经济学家主要职责的背叛，是对我们文明的严重威胁。在理解决定业务日常变化的力量方面，经济学家对于实干家不怎么理解的东西也许给不了什么建议。然而，人们过去常常认为，经济学家的特别职责是研究和强调那些容易被未受过训练的人忽视的长期影响，并把对更直接影响的关注留给那些实干家，因为实干家无论如何只能看到直接影响，而看不到其他。

最近的救助计划和未来的刺激计划的目的是使金融资产和房地产价值重新上涨到与劳动力和其他资源的最优分配不一致的水平，而劳动力和其他资源的最优分配是由市场价格的自由相互作用决定的。如果向经济中注入足够的货币和开支，这样的政策就有可能在短期内冻结一些资源，让其他资源回到次优利用的状态，从而阻止或扭转我们目前的衰退。但是，这些短期支出治疗法的鼓吹者忽视了除此之外的情况：这种渐进式通货膨胀的长期后遗症将会导致更严重的危机和经济萧条。

随着房地产泡沫的破裂，流行于世的宏观经济学范式也随之破裂。对于21世纪前五年美联储针对通货膨胀施行的不计后果的货币政策风险，现代宏观经济学家未能提前敲响警钟。他们现在完全不知道如何逻辑自洽地解释其政策给不断加深的金融危机和影响全球经济的衰退带来的后果。相反，他们只能条件反射地开出早已过时的凯恩斯主义“刺激”政策——赤字支出和廉价货币，这肯定会导致漫长而痛苦的萧条。幸运的是，我们已经拥有了一种建立在长期可靠的经济推理传统基础上的商业周期（泡沫、危机和萧条）理论——它将引导我们走出当前的困境，并走向稳定和坚实的复苏。如果你想了解这种分析理论，那么没有比从认真阅读《老虎的尾巴》开始更好的选择了。

约瑟夫·萨勒诺（Joseph T. Salerno）

2009年1月

第一章
总量的误用

1. 通货膨胀

当通胀主义那更为原始的形式在今天被充分证明是一种胡言乱语，且对不久的将来不会造成多大的伤害时，当代的经济思想却深受一种更微妙的通胀主义影响，以至我们不得不担心，在一段时间内，我们仍将不得不承受对通货和信贷进行干预的大量危险后果。我相信，人们在这一领域所普遍接受的一些学说根本就没有什么依据，这些学说只不过是他们把一般的个人经验（人们需要的是更多的货币）不加批判地用于社会问题的产物而已。

《物价与生产》(*Prices and Production*)，第一版前言

2. 宏观总量与微观决策之间没有因果关系

我不仅控诉改头换面的（数量）理论不恰当地篡夺了货币理论的中心地位，而且控诉它所衍生的观点大大阻碍了货币理论的进一步发展。目前的货币理论从一般经济理

论的主体中被孤立出来并不是这一特定理论最有害的影响，因为只要我们使用不同的方法将价值解释成不受货币影响的理所应当的东西，以及解释货币对价格的影响，我们就不可能有别的理论。我们所做的不过是在货币总量、所有价格的总体水平，或许还有生产总量之间建立直接的因果关系，因为这些度量值本身不会对个人的决策产生影响，但是非货币经济理论的主要命题却是建立在对个人决策知识的假设之上的。无论我们对经济现象的理解是怎样的，我们都要归功于这种“个人主义”方法。现代“主观”理论在其一贯的应用上已经超越了古典学派，这可能就是它运用在教学上的主要优势。

因此，如果货币理论仍然试图在总量和一般平均数之间建立因果关系，那么这便意味着货币理论在总体上落后于经济学的发展。事实上，总量和平均数都不是相互作用的，我们永远不可能在它们之间建立必要的因果关系，就像我们不可能在个别现象和个别价格等之间建立必要的因果关系一样。我甚至会断言，从经济学理论的本质来看，平均数永远不能成为其推理中的一环。

《物价与生产》，3~5页

3.“某种”价格水平的谬论

很明显，在这种情况下，关于国家货币体系的论点不能建立在国家货币的任何特性上，它必须建立在一种假设上，即国内的各种价格（尤其是各种工资）存在着特别密切的联系，这种联系使其在相当大的程度上与国外的各种价格一起上下波动。为了避免“国家作为一个整体”不得不提高或降低各种价格这样的必要性，这种假设经常被认为是应该调整该国的货币数量，以保持国内的“一般价格水平”稳定的充分理由。我还不想讨论这一点。我将在后面指出，这在很大程度上是基于一种错觉，而这种错觉建立在价格变动的统计方法通常是为这些国家制定的偶然事件上。在各种价格（特别是工资）普遍向下调整确实存在困难的情况下，这些国家提出的补救措施将比疾病本身更糟糕。

《货币民族主义与国际稳定》(*Monetary Nationalism and International Stability*)，第7页

4.经济体系跨越国界

最重要的一点是，最初变化所导致的工资和物价的变化将直接或间接地取决于某一特定要素或服务的价值，取决于需求发生的特定变化，而不是取决于它是在同一“通

货区域”的内部还是外部。如果我们把货币收入的一系列连续变化描绘成一个个单链（这些变化将随需求的最初变化而变化），并暂时忽略每一个环节将出现的连续后果，我们就能更清楚地看到这一点。这样的链条可能很快就会指向另一个国家，也可能会先在国内经过许多环节的酝酿。但是，国内的每个个体是否会受到影响则取决于他是否是特定链中的一环，也就是说，他在多大程度上是直接为那些收入首先受到影响的个人或公司服务的，而不仅仅是他是否与那些个人或公司在同一个国家。事实上，这幅链条图清楚地表明，大多数人在同一个国家经过的环节最终会比他们最初所在的国家少，这并不是不可能的事。只有当他们相遇的时候，他们才会结束彼此的行程（这不仅发生在相同的国家里，而且发生在相同的个人或公司身上），从而最终相抵。这意味着，由于在B国，从A国到B国的货币转移数量实际上比在A国国内的更大，因而有必要对个人收入和价格（而不是其总额）进行削减。

关于价格和收入的误导性概念

毫无疑问，这幅链条图是非常不现实的，因为它没有考虑连锁效应将产生的无限后果。但即便如此，我认为，它也应该清楚地表明，就国家的价格和收入而言，这种论点是多么肤浅和具有误导性，就好像它们必然会步调一致，甚至朝着同一个方向前进一样。受到影响的将是特定的个人或公司、特定产业的价格与收入，而且其影响与随着不同产业或地区之间需求变化而产生的影响不会有本质的不同。

当然，这个问题与我讨论的货币体系所构成的问题是一样的，即一个国家的价格和收入之间，尤其是工资之间，是否存在一种特别紧密的一致性，这个问题往往使一个国家的货币体系在整体上相对地向外部的价格结构靠拢。正如我当时所指出的，我无法在之后更全面地处理这个问题。但是，我认为，现在有两点已经很清楚了，这对了解我们正在讨论的同质国际通货与我不久后将要开始研究的混合制度之间的差异是很重要的。

首先，“通货膨胀”和“通货紧缩”这两个术语是否能在某种意义上恰如其分地与这些区域或国家的货币转移情况吻合呢？这一点已经很值得怀疑。当然，如果我们把通货膨胀和通货紧缩定义为在一个特定地区内货币数量或价格水平的变化，那么这两个术语自然便与该区域的货币转移情况吻合。但是，如果封闭系统中货币数量的变化也与地区之间的货币重新分配吻合，那么我们所能揭示的后果是否会随之发生也是难以预料的。尤其要强调的是，认为一个地区内货币数量的变化只会导致相对价格的暂时变化是毫无道理的，因为在现实的通货膨胀中，其内在机制最终会逆转这些相对价格的暂时变化，而这种变化会导致生产走向歧路。

《货币民族主义与国际稳定》，21~24页

5.“国家”稳定价格的危险

事实上，如果我们采取某种更现实的观点，那么我们几乎可以肯定会发生什么。一方面，由于国际需求的变化，一些价格将趋于下降，价格水平将保持稳定；另一方面，受益于同样的需求变化的国家则肯定会允许价格上升。如果世界上所有国家都按照这一原则行事，我们就不难看出这意味着什么。这意味着，只有在其价格相对于世界其他地区往往下跌到最低的地区，价格才会稳定，而所有进一步的调整都是由所有其他国家价格的相应上涨带来的。如果世界被分割成相当多的非常小的相互独立的通货区，那么毫无疑问，由此引起的通货膨胀的可能性会非常大。而且，如果这一原则被采纳，那么它为什么还被局限于特定国家地区的平均价格呢？认为任何一种商品的价格都不应该下跌，认为这个世界上的货币数量应该受到严格的管制（以使这种商品的价格保持稳定，因为与其他所有商品的价

格相比，它的价格会下降到最低），认为所有其他商品的价格将按比例向上调整，难道这些观点不是同样合乎情理吗？我们只需记住几年前橡胶价格的变化，就能明白这样的政策将如何逾越哪怕是最狂热的通胀论者的意愿。也许这是一个极端的例子。但是，我们一旦采纳了这一原则，就很难看出它是如何被限制在“合理”限度之内的，也很难说清楚“合理”限度是什么。

但是，让我们忽略这样一种实际的不可能性：在实行稳定政策的国家，其结果将是汇率稳定，物价上升；在这种情况下，还有一些国家的价格水平将下降。让我们假设，在那些受益于需求增加的国家，其他商品的价格实际上是下降的（以保持国家价格水平的稳定）；而在那些需求减少的国家，情况则相反。那么，这种国家稳定政策的理由和意义是什么呢？

没有予以讨论过的理论案例

如今，不管在哪里，关于国家稳定价格，人们都很难找到经过明确阐述的理论依据。人们通常理所当然地认为，任何一种可取的政策如果适用于一个国家或地区，在一个封闭的系统中，就一定能取得同样的效果。因此，在继续研究这种分析的正当性之前，我们最好先找出使这一观点引人注目的历史原因。毫无疑问，它的异军突起与1925年至1931年英国货币政策的特殊困难密切相关。在战后实行金本位的相对较短的6年时间里，英国遭受了被称为“英镑高估”的痛苦。早在100年前，由于反对所有正统经济学的教导，李嘉图就明确表示自己“永远不建议政府恢复某种通货，因为其票面价值贬值了30%”。1925年，英国的通货已恢复到以前的黄金价值。因此，为了恢复均衡，我们必须按英镑升值的比例降低所有价格和成本。众所周知，尤其因为降低货币工资是一件难如登天的事情，所以这个过程就是一段令人痛彻心扉的漫漫长路，它使英国与经济繁荣失之交臂（那次经济繁荣导致了1929年的经济危机）。最终，它的结果被证明不足以确保维持恢复的平价。但是，所有这一切并不是因为需求条件的最初变化，也不取决于在稳定汇率下可能影响一国情况的任何因素，而是英镑外部价值变化的结果。这并不是说，在给定汇率的情况下，作为一个整体的国家价格或成本结构与世界其他地区失去了平衡；而是说，汇率的变化突然打乱了国内外所有价格的关系。

相对价格和成本结构

然而，这段经历使许多英国经济学家对国家价格与成本，尤其是工资水平之间的关系产生了一种奇怪的先入之见。他们似乎顺理成章地认为：一般来说，相对于其他国家的价格和成本结构，作为一个整体的国家价格和成本结构应该有必要做出改变。这种倾向得到了流行的关于平均数的伪数量经济学的有力支持，其论据包括国家的“价格水平”“购买力平价”“贸易条件”“乘数”等。

一个纯粹歪打正着的事实是，这些平均值通常是为一个国家或地区的价格而计算的。在某种意义上，这被认为是一个国家的所有价格可以随着其他国家的价格一起变动的证据。因此，这样一种信念便根深蒂固了，即要使一个国家的“某种”价格水平必须随着其给定的成本水平发生改变，是存在一些特别的困难的，因此，国家最好通过操纵汇率来避免这种调整。

现在，我可以立即补充——我当然不想否认，在某些情况下，如果汇率保持稳定，那么其他条件的变化可能会使某一特定地区的货币工资大幅下降，而且在这种情况下，这样的工资削减不过是一段令人悲痛万分的漫漫长路。无论如何，对于主要出口一种或几种原材料的国家来说，产品价格的严重下跌可能会造成这种情况。然而，我想说的是，我的许多英国同事，由于他们的国家在近代遭遇的特殊经历，就完全从不同的角度来理解这个特殊案例的实际意义。他们错误地认为，通过改变平价，自己可以克服工资刚性引起的许多主要难题，特别是如果坚信某一特定地区的“价格水平”和“成本水平”之间的关系，自己往往就可以忽视通货膨胀和通货紧缩引起的更为严重的后果。

《货币民族主义与国际稳定》，42~46页

6. 集体谈判的货币风险

尽管在我看来，货币政策旨在调整一切以适应“给定”工资水平的整个理念纯粹是理论上的误解，但是如果把它应用于当今世界，那么我又觉得其后果是不可思议的。因为在这个世界上，这种理应给定的工资水平同时也是政治斗争的主题。这意味着集体工资谈判的整个机制将在未来专门用于提高工资水平。与此同时，不管工资削减行为发生在哪里——即使只在一个特定的行业有必要这么做，它都必须通过货币手段来实现。如果事情不是发生在一个劳动力长期具有抗跌性的时期和国家，那么这样的提议能被人们当回事吗？我对此表示怀疑。为了抵消工资上涨对本国工业在世界市场上的竞争地位面临的任何不利影响，如果工资谈判成为金融管理局的公认职责，那么我们很难想象工资谈判要如何进行。但有一件事我们是很确定的，即劳动阶层很快就会认识到，经过策划的物价上涨与蓄意削

减货币工资一样，都是对工资的削减。因此，那种认为通过迂回的方法降低国家所有工人的工资比直接降低受既定变化影响的工人的工资更容易的想法，很快将被证明是虚幻的。

《货币民族主义与国际稳定》，52~53页

第二章
忽略与货币方面相关的实际情况

7. 凯恩斯对稀缺的忽视

当我们谈到投资的增加时，对于这里所表达的东西的确切含义，我们需要深思熟虑。严格地说，如果我们从一个初始的均衡位置开始，这个位置不包含未使用的资源，那么投资的增加应该总是意味着将投入从较近日期的消费品生产转移到较远日期的消费品生产，投资的减少则相反。但是，如果我们假定这种从一种生产向另一种生产的投入转移是相伴而生的，而且在某种程度上是由货币总开支的变化引起的，我们就不能同时假定物价将保持不变。然而，为了我们当下的目的，坚持这样一种严格的均衡假设，既没有必要性，又没有可取性。无论如何，既然我们在上一章讨论了投资需求增长的影响效应，我们便没有理由不做出假设，即这些额外投入是以前没有的，因此投资的增加意味着各种资源使用率的相应提高，而物价并不会上升，消费品的生产也不会降低。这一假设仅仅意味着已经有一定有限数量的各种资源被利用了，但不是以当前的价格购买的。然而，在现有的价格下，一旦需求上升，这些资源就会被利用。由于这类资源的数量总是有限的，所以做出这一假设的后果将是，我们必须区分投资和收入的增加在各种未使用的资源都可以被利用时所产生的影响，以及在各种资源相继变得稀少而其价格开始上涨时所产生的影响。

投资需求与收入

我们在上一章开始讨论的最初变化（某项发明导致了对资本的新需求）意味着在给定的价格下，相对于现有的利润率，新工艺的生产成本与产品价格之间的差额将会更大，比如原产量的边际利润率将会上升。正如我们所看到的，最先的结果是投资会增加，边际利润率会下降，而且在通过投资而获得的更高利润把持有减少的现金余额的边际单位的愿望再次消除之前，现金余额将减少。如果投资没有增加，那么新的利润率将介于旧的利润率和更高的利润率之间。但是，由于这些额外的投资是由闲置余额中释放出来的资金提供的，所以收入将会增加。因此，尽管人们对消费品的需求不大可能达到最大程度（因为一些额外的收入可能会被存起来），但其需求仍会增加。

如果我们假设，在所有生产阶段，未使用的可获得资源不仅以生产要素的形式存在，而且以消费品的形式存在，那么在这种情况下，对消费品需求的增加在一段时间内只会导致销售数量的增加，而不会引起价格的上涨。这种以一定价格出售的产出数量的增加，将进一步提高投资需求，或者更确切地说，会使我们的回报曲线在不改变形状的情况下向右平移。在任何给定的利率下，那些看起来有利可图的借款和投资金额将相应增加。这反过来又意味着，虽然更多的货币将从闲置余额中释放出来，但利率和利润率将进一步提高。由于这一过程将进一步提高收入水平，这种增加的过程将会重复。也就是说，每一次消费品需求的进一步增加将导致投资的进一步增加和利润率的进一步提高。但在这一过程的每个阶段，都会有一部分额外收入被储蓄起来。随着利率的上升，需求的任何增长都会导致相应的投资减少（或者，什么是真正相同的现象，只是从不同的角度来看，投资需求的不断增长将导致越来越少的资金从闲置余额中释放出来）。因此，这个过程将逐渐放缓，最终则会停止。

收益率的最终位置

在这个最终均衡中，利率会固定在哪里呢？如果我们假设货币的数量保持不变，那么很明显，利率将高于最初变化发生前的利率，甚至高于那稍高的受到了影响的利率——其在变化发生后立即发挥决定性作用，因为我们所考虑的每一次变化过程都会让利率提高一点。但是，根据我们目前的假设，如果可投资资金的供应完全没有弹性，利率上升到它在开始时应该上升的位置就是违背常理的（即使在这一过程结束时也是如此）。因此，在我们考虑过的条件下，把货币从闲置余额中释放出来（当然，同样的道理也适用于货币数量的增加）会使利润率和利率保持在更低的水平（与利润率和利率在没有这样的货币变化情况时会上升的水平相比）。

然而，我们需要非常清晰地阐明，我们的哪些假设导致了这个令人惊讶的结果。我们已经假定，不仅纯投入的供应是无限弹性的，而且最终产品、中间产品以及各种工具的供应都是无限弹性的。因此，每一种需求的增加都可以得到满足，而不涉及任何价格的上涨。换句话说，增加投资（或者我们应该说增加产出）是可能的，但无须以整个社会甚至任何个人减少消费为代价，从而为现在就业的新增人口提供收入。或者，换句话说，我们一直在考虑这样一种经济体制，这种经济体制不仅包括永久资源，而且包括各种非永久资源，即各种形式的资本都不是稀缺的。如果有这么多未使用的可用资本储备，资本的价格就没有理由上涨。如果资本以各种形式大量存在，它根本就没有价格可言。在这样一个世界里，利息的存在确实只是由于货币的稀缺，虽然货币也不是绝对意义上的稀缺——只有在与人们假定要坚持的给定价格相比时，它才会稀缺。通过对货币数量的适当调整，在这种制度下，利率实际上可以降低到任何水平。

凯恩斯先生的富足经济学

现在，在这种情况下，包括所有中间产品在内的各种资源都有充足的未使用储备，这种情况有时可能在大萧条最严重的时候出现。但这肯定不是一个声称具有普遍适用性的理论所依据的正常立场。然而，凯恩斯的《就业、利息和货币通论》（*General Theory of Employment, Interest and Money*）所描述的正是这样一个世界。近年来，凯恩斯的《就业、利息和货币通论》在经济学家乃至更广泛的公众中引起了大量的骚动和迷惑。尽管技术官僚和其他相信我们的经济体系拥有无限生产能力的人似乎还没有意识到这一点，但实际上，凯恩斯带给我们的是他长期以来一直在呼吁的富足经济学。或者，更确切地说，凯恩斯呈现给我们的是一个假设在实际生活中没有稀缺存在的经济学体系，而且我们需要关注的唯一稀缺是人们决定不以某种任意确定的价格出售其服务和产品而造成的人为稀缺。这些价格是不能被解释的，我们只能简单地假定其保持在历史水平，除非在罕见的时刻——资源接近被“完全使用”，或者不同的商品开始接二连三地变得稀缺且其价格开始上涨。

如果说经济生活中有一个公认的事实，那么这个事实就是，大多数重要原材料和几乎所有食品的批发价格都在不断变化，甚至每小时都在变化。但凯恩斯先生的拥趸对其理论留下的印象是，这些价格波动完全是没有动机的、无关紧要的，除非在繁荣接近尾声时，稀缺作为一个明显的例外而被重新纳入“瓶颈”分析的范畴。不仅决定各种商品相对价格的要素被系统性地忽视了，而且有人明确指出，除了纯粹的货币要素被认为是利率的唯一决定因素外，大多数商品的价格都不起决定作用。虽然这只在凯恩斯先生使用的特殊狭义的固定资产（耐用品和证券）中被明文规定，但同样的推理也适用于所有生产要素。就一般的“资产”而言，《就业、利息和货币通论》的整个论据都基于这样一种假设：商品的产量仅由实际要素决定（由给定的产品价格决定），而且它们的价格只能通过在一个完全由货币要素决定的给定利率下的资本收益来确定。如果这一论点是正确的，那么很明显，它将扩展到所有生产要素的价格，而这些生产要素的价格并不是由垄断者任意确定的，因为它们的价格必须等于它们对产品的贡献价值减去它们被投入的时间间隔的利息。也就是说，成本和价格之间的差异将不是资本需求的来源，资本需求是由完全依赖货币影响的利率单方面决定的。

稀缺的基本重要性

我们不需要对这一论点做进一步的研究，就可以看出它会导致相互矛盾的结论。即使在这种情况下，我们以前也考虑过由于发明而增加的投资需求。如果没有生产要素价格的独立决定要素，即它们的稀缺，那么要恢复利润和利息相等的这样的机制将是不可想象的。因为如果这些要素的价格直接取决于给定的利率，利润的增长就不会出现，投资的扩大也不会出现，因为价格会自动形成，以使利润率等于给定的利率。或者，如果最初的价格被认为是不可改变的，并且我们假定在这些价格下可以获得无限的要素供应，那么就没有什么东西可以把增加的利润率降低到利率不变的水平。因此，很明显，如果我们想了解决定成本和价格之间关系的机制，进而了解利润率，我们就必须注意各种资本财货和其他生产要素的相对稀缺，因为正是这种稀缺决定了它们的价格。虽然在大多数情况下，人们对某些商品的需求增加可能会引起供应增加，而价格却不会上涨，但是为了达到研究目的而假设大多数商品都是稀缺的，从整体上来说是行之有效且贴合实际的，因为在其他条件不变的情况下，任何需求的增长都会导致价格的上涨。我们必须把与未使用的资源问题相关的思考，留给那些专门研究动态问题的研究者。

不幸的是，自凯恩斯先生的《就业、利息和货币通论》发表以来，人们对这个问题一直感到困惑。因此，我们有必要进行这种批判性的考察。

《资本的纯粹理论》(*The Pure Theory of Capital*)，370~376页

8. 实际要素的重要性

在结束目前的讨论前，我们将再次强调这样一个事实，即虽然货币的影响在短期内可能会使实际要素本来要引起的趋势延迟，使其无法自行发挥作用，甚至可能暂时扭转这些趋势，但最终将是实际资源相对于需求的稀缺决定哪种投资以及多少投资是有利可图的。指导生产的基本事实，即资本的稀缺，所表现出来的是投入价格与产出价格的关系，而这又取决于收入中用于消费品的比例与所赚收入来自当前生产的消费品的比例的关系。这些比例不能随货币流通的调整而随意改变，因为它们一方面取决于现存各种

商品的实际数量，另一方面又取决于人们在消费和储蓄之间分配收入的方式。这些要素都不能被货币政策刻意改变。正如我们所看到的，任何货币手段上的延误都是由实际变化引起的必要调整造成的，它只能进一步强化这些实际变化。而且，首先使利率向某个方向偏转的任何纯粹的货币变化必然会产生某种最终使利率向相反方向变化的力量。

储蓄率的意义

因此，最终是储蓄率决定了能够成功进行的投资上限。但是，储蓄率的影响并不直接作用于利率或可投资资金的供应，而后者总是在很大程度上受到货币要素的影响。它的主要影响是对可投资资金需求的影响，在这个方面，它的运作与整个消费不足理论所假定的相反。储蓄率的变化将通过投资需求来影响投资量。同样，通过投资需求，如果货币的影响导致投资与储蓄不同步，均衡就会被重建。

如果在整个讨论过程中，我们很少有机会明确提及储蓄率，那么这是源于这样一个事实：不管储蓄率是多少，我们所考虑的影响都会发生（只要储蓄率是一个给定的量，以及为了重建那打乱了的均衡，储蓄率不会自发地改变）。当收入因投资增加时，如果要使分析具有适用性，那么在任何一段时间用于购买消费品的额外收入的份额应该大于在同一时期新增投资与消费品产出的比例。当然，我们没有理由对新收入的一小部分会被存起来而抱有过高期望（而且肯定不会有那么多的新投资），因为这意味着几乎所有从新投资中获得的收入都要被存起来。

各种商品和服务的相对价格，以及因此在这个生产过程中产生的利润率，总是由对各种商品的货币需求和这些商品的供应决定的。除非我们研究了这些限制不同类型商品供应的要素，特别是我们假设，正如凯恩斯先生所做的一样，它们实际上被无穷无尽地自由复制，而且没有任何明显的时间间隔，否则我们一定会对这些指导生产的要素一无所知。在长期均衡中，利润率和利率将取决于人们希望使用多少资源来满足当前需求，以及他们愿意储蓄和投资的数量。但在较短的时间内，现有的消费品和资本财货的数量和种类必须被认为是固定的，而且在消费品的收入比例与以消费品形式存在的资源比例之间的关系方面，利润率将既不那么依赖于实际资本的绝对数量（不管如何衡量），也不那么依赖于储蓄率的绝对大小。因此，在经过一段时间的资本积累和高储蓄率后，如果企业家试图筹集一定量的资本，但储蓄率不够大，或者消费者对商品的需求高于供给，那么利润率和利率很可能比以前高。而且，出于同样的原因，在一个有大量资本和高储蓄率的富裕之地，其利率和利润率可能要高于在其他方面相似却只有少量资本和低储蓄率的地方。

《资本的纯粹理论》，393~396页

9. 短期危险

实际要素的重要性在今天的讨论中被人们不断忽视。但是，即使不进一步讨论货币在这方面所起的作用，我们也当然有权根据我们已经阐明的情况得出结论，即与今天人们普遍所认为的相比，我们希望通过控制货币来随意塑造事件的程度要有限得多，货币政策的使用范围要严格得多。正如一些作者所认为的那样，我们不能通过玩弄货币工具随心所欲地对待经济体系。在任何情况下，实际上总会有一种货币政策，这种货币政策不会产生失衡效应，因而最终会扭转其短期影响。要确切地了解这种政策的含义是极其困难的（即使不是不可能），但这不会改变一个事实，即除非我们不仅了解货币政策，而且更重要的是，也了解起作用的真正要素，否则我们绝对不能指望采取这种理想的政策。我们几乎没有理由相信：一个拥有现代复杂信贷结构的体系，如果没有对货币机制的某种刻意控制，将会永远顺利运转。因为货币本身的性质决定了它在价格机制的自我平衡架构中是一种松散联结（loose joint），而这种松散联结必然会阻碍货币的运行——松散联结的阻碍越大，货币在其中发挥的作用就越大。但是，这样一种松散联结的存在并不能成为把注意力集中在这个松散联结而忽略价格机制其他部分的理由，更不必说要竭尽所能地利用松散联结所允许的作为经济必要条件的短暂自由。相反，任何成功的货币政策的目标都必须是尽可能地减少那具有自我修正力的价格机制中的松散，从而使修正能更迅速地发生，以减弱以后那种必然会发生的更加激烈的反应。然而，对于这一点，理解潜在的实际力量甚至比理解货币的表面更为重要，因为这个表面不仅只是潜藏于冰山之下，而且经常以最意想不到的方式破坏潜在的机制。所有这一切并不是要真的否认货币政策的使用范围在非常短的时期内非常广泛。但问题不在于我们能做什么，而在于我们在短期内应该做什么。在这一点上，最近几年出现了一种十分有害的学说，我们给出的解释只能是，这种学说完全忽视了或完全不了解真正起作用的力量。一种在任何时候都以货币政策的极佳短期效果为目标的政策已被大肆宣扬，这完全是在无视这样一个事实，即从长远来看，那种短期内尽善尽美的政策可能是极为有害的，因为近在眼前的短期政策的间接和缓慢影响形成了远在未来的短期政策的条件，并限制了这种政策的自由。

经济学家职责的背叛

我不禁想到，人们的注意力越来越集中在短期效应上——这种情况就相当于把注意力集中在纯粹的货币要素上，这不仅是一个严重而危险的智识错误，而且是对经济学家主要职责的背叛，是对我们文明的严重威胁。在理解决定业务日常变化的力量方面，经济学家对于实干家不怎么理解的东西也许给不了什么建议。然而，人们过去常常认为，经济学家的特别职责是研究和强调那些容易被未受过训练的人忽视的长期影响，并把对更直接影响的关注留给那些实干家，因为实干家无论如何只能看到直接影响，而看不到其他。两百多年来，经济思想持续发展的目标和影响在本质上是要引导我们远离并“落后”于那越来越肤浅的货币机制，并发掘出指导长期发展的真正力量。我不愿否认，把“实际”与货币方面的问题区别开来可能有些矫枉过正了，但当人们还不了解价格机制的整个运作过程，并且只对不同的资金流在给定的价格下对商品和服务供应所产生的影响感兴趣时，这并不能成为当下形势已把我们带回经济学的前科学阶段的理由。凯恩斯发现重商主义的诠释者和天赋异禀的业余爱好者都预见了他的观点，这并不奇怪：对表面现象的关注一直是我们研究这一课题的科学方法的第一阶段。但是，令人震惊的是，在对那些长期决定价格和生产的力量进行了系统的研究后，人们如今却要求我们废除它，取而代之的是一门上升到了科学高度的属于商人的短视哲学。难道我们不是因为被告知“既然从长远来看，我们都会死去”，而使政策应该完全以短期考虑为导向吗？让我担心的是，这些信奉“哪怕洪水滔天”原则的人可能会在没有得到自己想要的东西之前，就看到了自己不想看到的洪水。

《资本的纯粹理论》，407~410页

第三章
国际政策与国家政策

10. 商品储备通货

毫无疑问，我们所了解的金本位有一些严重的缺陷。但是，现在所流行的对它的全面谴责可能会掩盖这样一个事实，即它也有一些其他选择所缺乏的重要优点。一个为全世界建立的受到控制的明智而公正的管制性通货体系，可能确实在所有方面都比金本位优越，但在很长一段时间内，这都还不是一个切实可行的建议。与全国范围内的各种货币管理办法相比，金本位有三个非常重要的优点：它实际上创造了一种国际通货，没有让国家货币政策服从国际权威机构的决定；它使货币政策在很大程度上具有自动性，因此是可预测的；从总体上说，其机制所确保的基本货币供应的变化走在了正确的方向上。

这些优点的重要性不容低估。审慎协调国家政策的困难是巨大的，因为我们目前的知识只在少数情况下给我们明确的指导，而且那些几乎总是要牺牲某些利益的决定将不得不依靠主观判断。然而，完全由个别国家的切身利益所指导的不符合实际的国家政策对每一个国家的综合影响很可能比最不完善的国际本位还要糟糕。同样，尽管金本位的自动运行远非完美，但仅仅是由众所周知的规则引导的金本位政策这一事实（而且这样的话，则代表当局的行动是可以预见的），就很难使这种不完善的金本位比某种更理性但更难以理解的政策带给人们更多的安全感。黄金生产在其价值开始上升时受到刺激，在其价值下降时受到抑制，这一普遍原理即使在方式上不正确，至少在实际操作的方向上也是正确的。

非理性但真实的声誉

值得注意的是，这些主张金本位的观点与黄金固有的任何属性没有直接联系。任何国际上公认的以商品（其价值由生产成本决定）为基础的本位基本上都具有相同的优点。在过去，使黄金在实践中成为唯一一种可以建立国际本位的物质的主要因素是非理性和同样真实的声誉——或者，如果你愿意，那么你也可以把它看作某种普遍存在的迷信黄金的偏见，这种偏见使它比其他任何东西都更容易被接受。只要这种信念占上风，我们就有可能维持一种以黄金为本位的国际通货，而无须那种精心设计或特别审慎的组织来对其提供支持。但如果是偏见造就了国际金本位，那么这种偏见的存在至少还造就了国际货币。因为在当时，任何基于明确协议和系统合作的国际体系都是不可能存在的。也许可以这样说，所有可以提出的支持金本位的理性论据都更有力地适用于这一建议，而这一建议同时又不具备国际体系的大多数缺陷。无论如何，在判断该计划的可行性时，它都不能仅仅被视为一项通货改革计划。必须铭记的是，积累商品储备肯定仍将是国家政策的一部分。而对于现在能够计划的任何未来的原材料市场而言，基于政治考量，我们不太可能让其完全放任自流。但是，所有旨在直接控制特定商品价格的计划都可能遭到最严重的反对，并必然导致严重的经济和政治灾难。除了货币方面的考虑之外，我们最需要的是一种制度。在这种制度下，这些管制手段是由不同的机构进行的，这些机构只能以一种几近随心所欲和不可预测的方式行事，并使这些管制方式反而服从一种机械的和可预测的规则。如果这能与重建国际货币体系相结合，那么国际通货关系将会更加稳定，原材料贸易将会更加自由，而且也等于是朝着一个更加繁荣和稳定的世界经济方向迈出了一大步。

《商品储备通货》(A Commodity Reserve Currency)，176~177页

11. 凯恩斯评哈耶克

通常情况下，人们反对把僵化的金本位作为确保价格稳定的工具的理由有两个。第一个理由是，它没有提供适当数量的货币。这是数量论的拥护者们自然会提出的似曾相识的老旧批评。很明显，解决这个问题的方法是制订一个适当改变黄金数量或使黄金等价的计划，比如，马歇尔（Marshall）在60年前提出的法定指数本位，欧文·费雪（Irving Fisher）在40年前提出的补偿美元，或者哈耶克教授所阐述的商品本位。

清算联盟（Clearing Union）作为解决长期缺乏国际货币的一种手段，其独特的优点在于，它是通过货币流通的速度而不是数量来运作的。一定数量的货币只需要满足储藏需要，提供应急储备，并弥补购买和支出之间不可避免的时间差。如果不鼓励储藏，如果针对突发事件的准备金是通过临时汇票提供的，那么实际上，一小部分未偿信贷可能就足以在组织良好的中央银行之间进行清算。如果清算联盟获得了全面的胜利，那么当所有重要的数量变得毫无用处时，它将解决国际货币的数量问题。当然，通过我们进一步加大对储藏行为的抑制，这个体系可能会得到改善。

国家物价稳定的条件

然而，另一种观点认为，每个国家的物价水平主要是由国家工资水平与国家效率之间的关系决定的——或者，更一般地说，是通过货币成本与效率的关系决定的（以国家通货单位表示）。而且，如果价格水平是由货币成本决定的，适当的货币数量就是物价稳定的必要条件，而不是充分条件。因为只有首先稳定货币工资（和其他成本）与效率的关系，我们才能稳定物价。

因此，反对金本位的第二个（也是更现代的）理由是，它试图限制工资的自然趋势，使之超出货币数量所设定的限度，但只能通过故意制造失业这个武器来做到这一点。人们在经过一番努力后，已经决定放弃这个武器。对于一个旨在提供与稳定价格相适应的货币数量的新本位而言，这个反对理由可能同样有效，就像它对老旧的金本位也有效一样。

因此，在我看来，国际通货项目在价格稳定领域只有一个有限的目标，而这一目标并不是稳定价格。对于以尤尼塔斯（unitas）或班柯（bancor）为单位的稳定的国际价格而言，除非采用影响国内货币成本水平的老旧的金本位方法，否则它们无法转化为稳定的国家价格水平。而且，如果做不到这一点，在国际价格水平上提供稳定的国际单位——它没有相应地反映在成员国实际价格水平的稳定性中——就没有多大意义。

需要不同的国家政策

因此，国际通货制度的主要目标应该不仅是防止由于黄金流入债权国而造成的国际通货的长期短缺，还要着眼于那些紧随其后的国家。这些国家未能保持国内效率-成本的稳定，既在国家工资政策上的步调不一致，也没有任何有序调整的手段。如果有序调整能发生，那么这便是另一回事，即该制度（与金本位不同）可能允许各国执行不同的工资政策（只要它们选择的话），并执行不同的价格政策。

因此，国际通货制度更困难的任务是处理成员国在其国内工资和信贷政策上步调不一致的问题，而这个问题只有依靠经验才能得到解决。为了解决这一问题，我们可以要求那些步调混乱的国家（无论是太快还是太慢）在第一时间重新考虑它们的政策。但是，如果有必要（如果效率工资率以极其不同的速度变动，这将是必要的），汇率就必须被改变，从而使特定的国家政策与汇率的平均速度相一致。如果正确地确定了最初的汇率，那么这可能是唯一一种重要的失衡现象。对这种失衡而言，汇率变化是一种适当的补救措施。

由此可见，国际通货制度可以在保持汇率稳定的领域内完美运作，但价格可能会大幅波动。如果各地的工资和物价都翻倍，国际汇率均衡就不会受到影响。如果一个特定国家的效率工资率比正常水平高出10%，这个国家就有需要关注的问题了。

因此，限制国际通货制度目标的根本原因在于，从外部强加的稳定的价格水平是不可能实现的（或者至少是不可取的）。金本位的错误在于，使国家的工资政策听命于外部。更明智的做法是，将国内价格的稳定（或不稳定）视为国内政策和政治问题。试图从外部强加这一标准的商品本位将会像僵化的金本位一样失败。

在保持国内物价稳定和效率工资方面，一些国家可能比其他国家更成功，但对国际组织来说，这种卓有成效的不公平抵消就是一个烫手山芋——共产主义国家大获全胜，稳坐成功之位。有些人认为，资本主义国家注定要失败，因为在充分就业的条件下，要阻止工资的逐步提高是不可能的。根据这一观点，严重的衰退和周期性的失业是迄今为止使效率工资保持在合理稳定范围内的唯一有效手段。

这种情况是否会发生还有待观察。我们越能较好地意识到这个问题，就越有可能克服它。

《国际物价稳定的目标》(The Objective of International Price Stability)，185~187页

12.格雷厄姆评凯恩斯

在最近一期《经济学杂志》(*Economic Journal*)上，凯恩斯爵士在回应哈耶克教授那篇关于商品储备通货的文章时所提出的问题，似乎值得进行更深入的讨论。

如果我们说，哈耶克教授通过充分利用自己的威望，对产业和贸易中具有代表性的可储存的标准原材料的仓单给出的自由铸币的提议，表达了近乎无条件的支持，那么这绝不可能是在曲解哈耶克教授的观点。

哈耶克教授认为，金本位的缺陷不在于它的内涵，而在于它是否可以相当好地完成使命。金本位总是朝着正确的方向运行，却没有足够的力量和速度。不管公众在什么时候对流动性表现出越来越大的偏好——价格水平随之下降，开采黄金都是为了补偿当时在其他产业中正遭受的失业之苦。但是，开采黄金对于劳动力的雇主来说是没那么重要的，或者它在许多经济体中根本就不存在，这便使得这种补偿在除南非以外的所有地方都变得微不足道。最后，金本位还通过黄金供应速度的增加来控制价格水平的

长期趋势，而黄金供应速度则随着黄金的实际价值的增加而上升。当黄金的实际价值下降时，黄金供应速度就会减慢。但是，如果可以把19世纪作为一个标准，那么其伴随的“周期”大约需要四分之一个世纪才能结束。

虽然金本位因此而倾向于维持充分就业和保持物价稳定，但这两种情况的趋势都如游丝般微弱，实在是不足挂齿。哈耶克教授和其他拥护商品储备本位的人认为，即使商品储备本位不能完全解决黄金储备本位的充足性问题，但至少也能使问题得到大大改善。

工资的自然趋势

我认为，虽然凯恩斯爵士并不否认商品储备本位的这些优点，但是他也接受对商品储备本位（和金本位一样）提出的另一个更现代和更重要的反对意见，即商品储备本位试图“限制工资上涨的自然趋势，使其不能超出由货币数量设置的范围”，而且它只能通过故意制造失业来做到这一点。

我不知道凯恩斯爵士所说的超出由货币数量设置的范围的工资上涨的“自然”趋势是什么意思，除非工资收入者总是希望在物价稳定的基础上获得比目前更高的货币工资，否则就没有人能阻止他得到这些工资。毫无疑问，卡尔·马克思（Karl Max）对此闻所未闻。如果马克思和凯恩斯是他们那个时代的正确者，那么无产阶级肯定已经得到了自己的工资，更重要的是，它是以马克思从未设想过的方式得到的。每单位产出的货币工资存在“自然”上涨趋势的实际情况当然取决于时间、地点、环境以及要如何做。在任何情况下，这其实是一个政治问题，而不是经济问题。也就是说，这个问题根本就不在于商品储备本位是否是一个有利于经济的货币本位，而仅仅在于它是否被一个具有政治影响力的团体接受。

事实证明，凯恩斯爵士对那类绥靖集团的危险并不抱有幻想。在最后一段，他说道：“有些人认为，资本主义国家注定要失败，因为在充分就业的条件下，要阻止工资的逐步提高是不可能的（超出了价格水平持续上升所能维持的限度）。”如果不考虑一个国家是否可以被称为“资本主义国家”，而只考虑其处于一个不太开明的无产阶级的统治之下，那么我们或许会立刻承认，凯恩斯的论点有很多值得商榷的地方。在处理这个问题时，任何一个国家都必须对自己的货币安排拥有主权。他反对由外部强加给所有参与国的国际稳定价格，这当然也适用于实行固定汇率的国际大宗商品储备本位（它更适用于不稳定的国际价格体系，其汇率关系是固定的或黏性的，因为国际价格水平可能会下降而不是上升，而且在任何情况下，它都绝对无法与几个国家各自确定的效率工资率的变化相对应）。凯恩斯爵士有理由相信，如果使这种政策看起来是某项国际公约的结果，而不是纯粹为了国家利益，那么确保工薪阶层拥护稳定的国家物价水平政策的难度将大大提高。他以怀疑的眼光看待他所认为的通过国际行动将所有参与国的价格水平稳定下来的建议。

金本位“命令”

然而，我认为凯恩斯爵士说的“金本位的错误在于，使国家的工资政策听命于外部”是不对的。原来的金本位并没有使工资政策听命于任何地方当局，而是使其成为一种非个人力量的结果，这种非个人力量激发每个人的倾向和潜力，使他们各自追求那些自认为是自己的利益。正如哈耶克教授所指出的那样，这个制度有许多优点，我们如果把它的优点和缺点一同抛弃，就会得到糟糕的建议。金本位的自动性本身就是优点，我们需要的是一个类似的自动系统，它将摆脱传统金本位的弊端。我们不应忘记，曾经对金本位近乎普遍的坚持是自发的，而不是强加的；我们也不应忘记，只是在金本位受到不同国家的管理之后，各个国家才试图克服那些对它的最初反对意见；我们还不应忘记，它是被那些无法有效管理其理念的国家抛弃的，也就是说，（不稳定的）价格水平是从外部强加的。

凯恩斯爵士断言，从外部强加的商品储备本位（如他认为哈耶克教授所赞同的）将与僵硬的金本位一样必然崩溃。虽然他的错误是如此显而易见，但我并不认为对此质疑有多重要。哈耶克教授在他的文章中并没有明确指出他是否假设了将所有国家通货的固定汇率与国际商品本位挂钩，并因此而相互挂钩。但是，如果按照哈耶克教授的建议，一些国际组织（比如新“基金”或国际清算银行）在这两方面都应该提供自由兑换国际通货单位（它与涵盖了指定原材料组合的仓单挂钩）的服务，那么任何国家都不会因此而受到货币政策的约束。只要这些国家选择保持本国通货相对于国际货币单位和与之挂钩的其他货币的兑换价值不变，这些国家就会自动拥有相当稳定的价格水平。然而，到目前为止，出于这样或那样的理由，所有国家都倾向于不稳定的价格水平。由于商品的套利性，其通货的兑换价值——与之匹配的是国际货币单位和与该单位对应的汇率稳定的各国通货——所自动发生的变化将完全与国内购买力的变化相符。因此，在我看来，凯恩斯爵士关于国际商品储备通货会从外部对某个国家实施价格水平政策或会崩溃的观点，是完全站不住脚的。

似乎没有理由不让这种国际货币单位成为清算联盟（按照凯恩斯爵士的思路）或某个国际基金会运作的核心国际通货。通过同时以固定的国际通货价格自由买卖黄金，国际单位的黄金价值也可以是固定的，或者说，黄金的商品价值也可以是稳定的。这样，那些使黄金的现代或古典功能丧失的提议所涉及的所有争议，也将消失得无影无踪。

这样的本位比我们过去所拥有的任何本位都代表了一个巨大的进步。它不仅在国际投资方面有很大的价值，而且为任何希望价格稳定的国家和其他希望实行固定汇率的志同道合的国家（这些国家能按照固定价格进行购买和销售，从而将本国通货与国际货币挂钩，使价格、汇率及时得到修复）都能提供一个参考点。

没有锚定的交换媒介

在我看来，一旦人们对那种与任何一种资产或一组资产的联系视而不见，转而求助于一种纯粹的债务通货，他们根本就不会拥有任何本位，而仅仅拥有一种完全不受约束的交换媒介和记账单位。在现有的工业技术情况下，尽管我十分希望工薪阶层获得尽可能高的（实际）工资，但在我看来，任何不限制（货币）工资这一上涨趋势的货币政策都有可能使工资上涨到超出其可能保持物价稳定的限度，从而产生一种非常邪恶的“本位”。在我看来，如果凯恩斯爵士持相反的观点，那么他实际上是在支持一种在时间和数量上完全是确定的渐进式通货膨胀。我反对与这种通货相关的任何观点，价格水平的变动是没有函数意义的，如果有，我们就不可能有一个以价格为调节机制的令人满意的经济体系。在这种情况下，我们越快采取某种有一定限度的负责任的极权主义手段，对所有相关方面就越有利。如果我们不能拥有分配上的中性货币，那么任何能够控制货币体系的群体都将对其同伴的生活和财富实行没有任何明确责任意识的极权主义手段。

在一个完全自由的货币体系中，当然没有任何一种货币工资率本身会引起失业，因为没有任何东西可以阻止商品价格上涨（在新发行货币的刺激下）到弥补生产中的劳动力要素不断上升的货币成本所需要的水平。另外，我们大家都对长期以来折磨我们的愚蠢的失业问题感到心烦意乱。但更糟的是，如果不管在什么情况下，我们都拒绝接受失业的威胁，那么我们的工资便会在货币工资的所有“自然”趋势下以高于效率工资的速度增长，不管劳动者要求多少工资，我们都被迫支付，并无休止地提高物价水平以应对这种情况。这样，这种无限通货膨胀的知识就似乎能代表这种通货膨胀方法从而阻止失业的发生。

商品储备货币的作用是通过对储备商品的无限需求提供无限的就业机会，其前提是工人们不寻求那种将货币工资提高到高于实际生产力所保证的稳定价格水平的办法。他们有权得到不多不少的工资，但如果他们把工资要求提高到这个程度以上，我们还不敢说“不”，那么我们将不再拥有经济体系，而仅仅拥有骗局。有人可能会争辩说，如果他要求这样提高工资，那么我们说“不”便是故意让他们失业。但答案是，在这种情况下，工人们不可能要求提高（实际）工资，他们如果不提出这样的要求，就会有就业机会。如果在这种情况下提供更高的工资，那么这对工人和消费者都没有好处，因为这种工资必须由更高的价格水平来弥补，而且这样做即使可以避免一些轻微的失业，也会使社会自由付出毁灭性的代价。

失业的真正问题

我们面临的有关于失业的真正问题不在于人们被剥夺了以他们想要的任何高薪而工作的机会，而在于他们被剥夺了在正常的流动资金偏好条件下随时可以赚到工资的机会。商品储备的好处在于，它可以通过不干预生产的方式自由地提供流动性，以防止流动性偏好上升，或满足市场对流动性的需求。正如凯恩斯爵士所言，“只有首先稳定货币工资（和其他成本）与效率的关系，我们才能稳定物价”。这正是商品储备货币的作用啊！我没有理由不为之奋斗。随着劳动效率的提高，货币工资也会相应地得到恰如其分的提高，同时还会有一种稳定的充分就业的趋势，而不会有通货膨胀的迹象。

“以尤尼塔斯或班柯表示的稳定的国际价格无法转化为稳定的国家价格水平，除非……影响国内的货币成本水平”——这也是千真万确的。在国家通货的固定汇率与国际商品单位挂钩的情况下，国内货币成本会受到很大的影响，我没有什么强有力的理由质疑这种结果。不论有还是没有反对理由，在任何情况下，正如前面所指出的，与国际通货的固定价格相比，如果让与国际商品单位挂钩的国内汇率随着当地商品组合的通货价格的变动而自由变动，国内货币成本就不会受到影响。如果有人坚持在国内维持一种不稳定的价格水平，那么在一种稳定的国际单位中便没有什么可以影响到它那稳定的价格水平，或者如果其他国家希望的话，也就没有什么可以阻止其保持稳定的价格水平。因此，在拥有稳定价值的国际货币单位面前，所有国家都不会比在没有锚定的国际单位面前受到更大的约束，而且，一个有着稳定价值的国际单位不会以任何方式干涉凯恩斯爵士在其清算联盟中提出的任何建议。

哈耶克教授的“不妥协”

我认为，正是哈耶克教授在这里采取的不妥协态度，让凯恩斯爵士感到不安。在凯恩斯看来，把接受或挑起失业看作一种强制坚守金钱纯洁的手段是冷酷无情的。凯恩斯问道，你本来可以让很多人不失业的，你愿意为这个目标努力吗？这个问题不仅反映了凯恩斯爵士那人道主义的关切之心，也反映了他对政治可能性表示怀疑。他认为，如果要达到预期的目的，我们就必须找到其他不那么具有惩罚性的手段。如果我认为他在这一点上提出的反对意见没有说服力，那么这是我蛮横无理且愚不可及的表现。我认为，答案在于采用最低工资政策，即每年正常增加的最低工资要等于在总效率水平上提高了的过高计算期望。经验表明，超过最低工资标准的工资至少要对最低工资群体的所有增长做出相应的反应，而且如果总效率改善的期望不管在什么时候被证明是被高估了的（由在商品生产行业出现的失业事实或这个直接威胁造成），那么我们都应根据立法的有关规定，暂停提高最低工资的规定。诸如此类的一些措施将改善在收入分配方面众说纷纭的形势，并能以有序而非混乱的方式促进调整。

在决定谁得到什么东西以及为什么得到这些东西的问题上，只要我们的经济体系在某些方面与理想的自由竞争渐渐地背道而驰，就必然会出现多方各执一词的现象。而且，只要我们还保有自由契约精神，企业家就必须像工人拒绝企业家所提出的条件一样，自由地拒绝工人的要求。由此导致的所有失业现象都是通往自由的必经之路。如果坚持认为，为了避免任何形式的失业，企业家必须支付有组织的工人可能要求的任何货币工资，而且为了实现这一目标，国家必须调整其货币政策，就像为了达到同样的目的而坚持要求工人必须接受法西斯雇主集团可能施加的任何货币工资一样，那么自由将岌岌可危。

《凯恩斯与哈耶克论商品储备通货》(Keynes vs. Hayek on a Commodity Reserve Currency)，422~428页

13. 凯恩斯回复格雷厄姆

格雷厄姆教授针对我观点的陈述非常公正，但是其评论在涉及我所表达的观点时，那些引用比实际话题所要求的要简单得多。因此，为了减少误解，我想重申和强调几点。

我不反对法定指数本位，因为它本质上比黄金更灵敏。我自己也一直是这样想的，我希望世界有一天会变成这样，但我所表达的观点建立在当代的实际政策层面上。在这个层面上，我认为这件事迫在眉睫，并且我们也不该为了这件事而冒险采取或推迟采取其他措施的时间。以下是我的

一些理由：

1. 不管是哪种国际货币，当前的任务是要找到一种既井然有序又灵活多变的方法，以将各国通货与国际通货联系起来。只要各国通货彼此之间的价值变化是混乱的，我就对用法定指数本位代替金本位能使这一任务变得更容易表示怀疑。事实上，采用弹性程序可能会使我们面临更大的困难，因为法定指数本位可能会使刚性看起来更加合理。难道哈耶克教授是在寻找一种新的方法来满足人们对刚性体系的偏爱吗？我不应该这么想。
2. 特别要注意的是，在任何井然有序的体系中，虽然给国家本位及工资水平施加外部压力看起来不可避免，但这种做法在政治上是明智的吗？我表示怀疑。我不希望看到货币工资一直飙升到实际工资无法达到的水平。找到防止这种情况发生的办法是我们在发挥政治才能时所要面临的主要任务之一。但是，我们必须以我们自己国内的方式来解决这个问题，我们觉得自己是自由人，我们可能足智多谋，但也有可能愚蠢至极。让理智战胜一切所涉及的心理问题和政治问题是难以被解决的，而外部压力的建议则使这些问题雪上加霜。

3. 在我看来，现在不是打击黄金持有者和黄金生产商既得利益的恰当时机。为什么要浪费口舌谈论美国、俄罗斯、西欧和英联邦政府必然会拒之千里的东西呢？

4. 接受法定指数本位的正确方法是要发展一种技术，并通过国际缓冲储备使人们接受这一观念。在彻底掌握了这种技术后（但要使包含了法定指数本位本身以及对其反对意见和偏见这样的复杂体消失却是一件难如登天的事），我们将有足够的时间重新考虑这个问题。在缓冲储备方面，我十分乐意与弗兰克·格雷厄姆教授和本杰明·格雷厄姆先生合作。这里，尽管我甚至在一开始有些犹豫不决，但物资匮乏的当下是不是行动的好时机呢？因为这很容易变成生产者的难题，如果他们以这种方式开始，那么其辉煌的光明大道将会受到损害。我觉得，这些讨论是非常低级的。对此，我深表歉意。但事实上，我最初是在一个较低的层次上针对哈耶克教授的高屋建瓴发表意见的。

《凯恩斯的说明》（Note by Lord Keynes），429~430 页

第四章
工资刚性和通货膨胀

14. 充分就业、计划和通货膨胀

自战争结束以来，中央计划、充分就业和通货膨胀压力体现了主导世界大部分地区经济政策的三大特征。其中，只有充分就业本身才是令人向往的。不管我们把中央计划称为中央指令，还是政府控制，它充其量是一种必须根据结果来判断的手段。通货膨胀，甚至是“被抑制的通货膨胀”，毫无疑问都是一种罪恶，尽管有些人会说，如果要实现其他宏图大志，那么这是一种必要的罪恶。通货膨胀是我们承诺实行充分就业和中央计划经济政策付出的一种代价。

造成这一局势的新事实并不是人们比战前更希望避免失业。这是一种新的信念，即与没有货币压力相比，更高水平的就业可以通过货币压力永久保持。对基于这些信念的政策的追求在某种程度上出人意料地表明，通货膨胀和政府控制是避免失业必要的伴生物——并不是所有人都对此感到意外，但主张这些政策的大多数人可能都觉得不可思议。

充分就业是首要任务

因此，目前所理解的充分就业政策是主导要素，当代经济政策的其他特征主要是其后果。在我们能够进一步研究中央计划、充分就业和通货膨胀相互作用的方式之前，我们必须弄清楚目前实行的充分就业政策究竟意味着什么。

充分就业这个理论性概念的原意可能不是指在短期内由货币压力带来的最大就业，但不可避免的是，它在实践中应该就是这个意思。一旦人们承认暂时的就业状况应该成为货币政策的主要指南，那么毫无疑问，任何可能被货币压力消除的失业都会被视为施加这种货币压力的充分理由。人们早就知道，在大多数情况下，通过货币扩张可以暂时增加就业。如果没有一如既往地实行货币扩张，那么这是因为人们认为，运用这种措施不仅制造了其他危险，还可能危及就业本身的长期稳定。当下观点的全新之处在于，人们普遍认为，只要货币扩张能够创造更多就业，它就不会带来害处，或者至少是利大于弊的。

尽管在实践中，充分就业政策只是意味着就业率在短期内会一直略高于正常水平，但至少应该要提出的疑问是，在较长时期内，其相关政策实际上是否会降低就业水平（就业水平是可以在非渐进式货币扩张的情况下长期维持的）。然而，这些政策一直反映实际问题并非如此，而是要在这样定义的充分就业和20世纪30年代持续的大规模失业之间做出选择。

在“充分就业”和一种存在各种各样失业要素的态势之间进行选择的思维习惯，或许是我们从已故凯恩斯爵士的巨大影响中得到的最危险的遗产。就各种存在的未使用资源而言，只要一种普遍失业的状态存在，货币扩张就只能是有益的，很少有人会否认这一点。但这种普遍失业的状态是相当罕见的，在这种状态下，有利的政策是否也会始终而且必然地处于一种中间位置，这是难以察觉的。而当严重的失业仅限于某些产业、职业或地区时，这种中间位置是一个经济体系在大多数情况下所处的位置。

失业与需求不足

在普遍失业的情况下，就业将随着货币收入的比例波动，这大致是正确的。而且，如果我们成功地增加了货币收入，那么我们也将以同样的比例增加就业。但认为所有的失业都是由总需求不足造成的，而且可以通过增加需求来持续不断地解决这个问题，却是错误的看法。收入和就业之间的因果关系并不是简单的单向关系，因此，通过增加一定比例的收入，我们不可能一直以相同比例增加就业。如果所有的工人都按现在的工资水平工作，总收入就会达到某个数字。因此，如果我们能把收入增加到这个数字，我们就一定能实现充分就业，这种想法未免也太天真了。在失业率不是平均分布的地方，我们就不能确定额外支出会流向哪里，也无法创造更多的就业机会。不管怎样，在增加对失业者所提供服务的需求之前（这类服务可能会在就业大幅增加之前就产生重大的通货膨胀效应），我们就必须使这样的额外支出产生。

如果支出在产业和职业之间的分配比例不同于劳动力的分配比例，那么仅仅靠增加支出是不一定能增加就业的。显然，失业可能是劳动力分配与需求分配不同这一事实的后果。在这种情况下，总货币收入较低将被视为失业的结果，而不是失业的原因。虽然在增加收入的过程中，足够的支出可能会“溢出”到萧条的行业，从而暂时解决失业问题，但一旦经济扩张结束，需求分配和供应分配之间的差异就会再次显现出来。面对这种失业和低总收入的原因如此不一致的情况，我们只有通过在自由经济中重新分配劳动力才能一劳永逸地加以解决。

随之出现的是整个领域中尤其关键和困难的一个问题：

在相当稳健或扩张的货币条件下，我们更有可能纠正不当的劳动力分配问题吗？这实际上涉及两个独立的问题。第一个问题是：在扩张过程中，如果调整的劳动力分配与当时的需求分配一致，那么这是否会产生就业，而就业又是否会在扩张停止后继续存在？第二个问题是：在稳健或扩张的货币条件下，劳动力的分配是否更有可能迅速适应任何既定的需求分配？或者换句话说，劳动力的流动性是否会更强？

第一个问题的答案相当清楚。在扩张过程中，需求的方向在一定程度上必然不同于扩张停止后的需求方向。劳动力会被吸引到那些最初会产生额外支出的特定行业中。只要扩张还在持续，那里的需求增长就会一直领先于其他行业相应发生的需求增长。只要这种对特定行业需求的暂时刺激导致了劳动力的流动，那么一旦扩张结束，它很可能会成为失业的原因。

经常性失业的主要原因

有些人可能不相信这种现象的重要性。在现在的作者看来，这似乎是失业浪潮反复出现的主要原因。在每一个繁荣时期，更多的生产要素被吸引到资本财货行业中，而不是在这个行业被永久利用，其结果是，我们在平时专门用于生产资本财货的资源所占的比例高于相应的收入所占的比例；在充分就业的情况下，这些收入将被储蓄起来用于投资。在他看来，这似乎导致了经济繁荣后随之而来的崩溃。只要信贷扩张“生生不息”，任何通过吸引劳动力进入某些行业（在那里，他们会被一直雇用）来创造充分就业的企图，都一定会导致这样一种窘境：要么信贷扩张必须无限期地持续下去，这意味着通货膨胀；要么当信贷扩张停止的时候，失业率将比没有出现暂时性就业增长的情况更高。

如果失业的真正原因是劳动力的分配与需求的分配不一致，那么创造不依赖于持续通货膨胀（或有形控制）的稳定的高就业情况的唯一方法便是，使劳动力分配与有稳定货币收入的消费方式相适应。当然，这不仅取决于在适应过程中需求的分配是否大致保持不变，还取决于整体情况是否有利于劳动力的简单和快速流动。

这就引出了我们问题的第二部分，也是难度更大的一部分。尽管在我们看来，它似乎可以明确地指向一个方向，但我们却找不到确定的答案。这个问题是：是当总需求上升时，工人们更愿意转移到新的行业或新的地方，还是当总需求趋于稳定时，流动性会更大？这两种情况的主要区别在于：前者的转移动机是在别处获得更高的工资；而在第二种情况下，起到推动作用的是工人们没有能力赚到通常的工资或在以前的行业中找不到任何工作。当然，前一种方法更令人愉快，通常也会更有效。

我会质疑后一种观点。从长远来看，同样的工资差异虽然会吸引更多的新员工进入一个行业，但不足以吸引已经在某一个行业站稳脚跟的员工跳槽进入这个行业，这本身就不足为奇。通常，从一份工作换到另一份工作会涉及金钱损失和其他牺牲，而单凭工资的增加是不能让人这么做的。只要人们能在目前的工作中依靠他的通常工资生活，他就不会愿意换工作，这是可以理解的。扩张主义政策的目的是通过提高一些工资而不让其他工资下降来实现全面的调整，虽然稳定的货币工资意味着较低的实际工资，但是用货币工资来思考的习惯将使实际工资的下降失去大部分效用，这在扩张主义政策下是不可避免之事。奇怪的是，凯恩斯爵士的信徒们在其他方面经常使用这种思维方式，却看不到它在这种情况下的重要性。

要想保证那些为了社会利益而应该到别处去工作的人继续保有他们以前的工资，我们最终就只能推迟跳槽必须发生的时间。我们也不应忘记，为了使所有以前就业的人继续在一个相对衰落的行业中就业，该行业的一般工资水平将不得不大幅下降。而如果一些工人离开了这个行业，那么其一般工资水平本不会下降这么多。

这里，外行人很难理解的是，让个人不失去工作可能并不是减少失业的方法。从长远来看，这反而可能是减少在一定工资水平下可被雇用人数的方法。如果一项长期实行的政策推迟或延迟了劳动力转移，那么其结果必然是，那本应逐渐变化的过程却在最后变成一个必须在短期内发生巨变的问题。持续的货币压力帮助人们在本应离职的工作中赚取不变的货币工资，这将造成那些必要变化的累积拖欠，而一旦货币压力停止，这些累积拖欠将不得不在更短的时间内得到弥补，从而导致本可以避免的严重的大规模失业。

扩张可能会阻碍调整

所有这些不仅适用于在普通产业波动过程中出现的劳动力分配不当，而且更重要的是，也适用于那些大规模重新分配劳动力的任务，比如在一场大战之后或者由于国际贸易渠道的重大变化而产生的任务。大多数国家自战争以来所奉行的扩张主义政策是帮助而不是阻碍了为从根本上改变世界贸易状况而必须进行的调整吗？这似乎是很值得怀疑的。英国的例子尤其引人注目，它在近年来的低失业率更可能是一种必要变革的延迟，而不是真正的经济平衡。

在所有这些情况下，最大的问题是，在多年实行这样的政策之后，我们是否仍然可以在不造成严重政治和社会动乱的情况下将其取消。不久之前，这可能仅仅意味着比较高的失业率；而现在，当大量的就业依赖于这些持续不断的政策时，这些政策实际上就变成了一种政治上无法忍受的实验。

目前实行的充分就业政策试图以一种立竿见影的简单方式使人们在其刚好所在的地方就业，而真正的问题是，劳动力分配是否能使不需要人为刺激的高就业率持续下去。我们永远无法事先知道这种分配的全貌。解决这个问题的唯一办法是，让不受阻碍的市场在一定条件下运行，从而使需求和供给达到稳定的平衡。但几乎不可避免的是，正是充分就业政策使我们必须时时刻刻干预市场力量的自由发挥，而且在这种扩张性政策中占统治地位以及供给本身要适应的价格也不会代表一种持续不变的条件。正如我们所看到的，使这些困难产生的事实是，失业从来没有均匀地分布在整个经济体系中。相反，这个事实呈现的情况是：当某些部门可能仍然存在大量失业的时候，其他部门则可能存在严重的就业不足。然而，当前充分就业政策所依赖的纯粹财政和货币措施本身对经济体系的不同部分的影响是没有什么区别的。同样的货币压力在经济体系的某些部分可能只会减少失业，而在另一些部分则会产生明确的通货膨胀效应。如果不通过其他措施加以遏制，这种货币压力很可能早在失业消失之前就形成了物价和工资的膨胀螺旋。而且，从目前全国范围内的工资谈判来看，工资的上涨甚至在其实现之前就会威胁到充分就业政策的效果。

就像在这种情况下经常发生的事情一样，各国政府将发现它们会被迫采取措施来抵消其政策的影响。由通货膨胀产生的影响必须通过直接管制价格以及生产和销售的数量来予以控制或“抑制”：必须通过实行最高价格来防止价格上涨，而由此造成的短缺必须通过一种包含配给、优先权和分配的制度来解决。

现在，通货膨胀使政府深陷于全面控制和中央计划体系的来龙去脉已经变得尽人皆知，无须赘述。通货膨胀通常是一种贻害无穷的计划，因为当通货膨胀那让人难以接受的结果出现时，这种计划都还没有被计划者深思熟虑过。计划者没有未雨绸缪，而只是走一步算一步。如果政府把通货膨胀作为一种政策工具，但又希望这种工具只产生预期的效果，那么它很快便会去干预经济中欣欣向荣的部分。

《关于哲学、政治学和经济学的研究》（*Studies in Philosophy, Politics and Economics*），270~276页

15. 由工资下降缺乏灵活性引起的通货膨胀

人们普遍认为，“凯恩斯革命”的重要结果是，人们普遍接受了一个事实假设；但与之相反，更重要的是，一个假设因为被普遍接受而成为事实。凯恩斯理论是在过去20年中发展起来的，它已成为一种正式的工具。在处理实际问题时，它可能比古典货币理论方便，也可能不那么方便——这不是我们所关心的。凯恩斯最初的论点所依据的决定性假设（并在此后成为主流政策的决定性假设）是：我们永远不可能在不造成大规模失业的情况下降低大量工人的货币工资。凯恩斯爵士从中得出的结论以及他的整个理论体系所要证明的结论是：由于货币工资实际上不可能降低，所以当工资过高而无法实现“充分就业”时，我们就必须通过曲折的货币贬值过程来进行必要的调整。如果我们的社会接受这一点，那么我们必然会经历一个持续不断的通货膨胀过程。

相对工资的重要性

这种结果在凯恩斯体系中并不明显，因为凯恩斯和他的大多数追随者争论的是总体工资水平，而其中的主要问题只有在我们考虑不同（部门或地区）工人群体的相对工资时才会出现。在经济的发展过程中，不同群体的相对工资必然会发生较大的变化。但是，如果没有一个重要群体的货币工资出现下降情况，那么相对地位的调整只能专门通过提高所有其他群体的货币工资来实现。其结果必然是货币工资水平的持续上升大于实际工资水平的上升，即通货膨胀。为了认识到这一点的重要性，我们只需要考虑不同群体工资变化的正常年度分布情况。

实际上，战争结束后的12年或多或少算得上是整个西方世界存在持续通货膨胀的时期。这在多大程度上可以被完全看作是深思熟虑的政策的结果，还是政府财政紧急状况的产物，这一点无足轻重。毋庸置疑，它是一项非常受欢迎的政策，因为伴随它而来的也许是一段前所未有的长久繁荣期。最大的问题是：同样的方法是否能无限期地保持繁荣呢？或者，这种政策是否迟早会产生其他最终定将变得无法忍受的结果呢？

在当前的讨论中，我们往往视而不见的一点是，通货膨胀对企业的刺激作用只有在它不可预见或超出预期的情况下才有效。正如人们经常看到的那样，价格上涨本身并不一定是繁荣的保证。价格必须高于预期才能产生比正常情况更高的利润。一旦确定价格将进一步上涨，我们便可以预见对生产要素的竞争将会推高成本。如果价格上涨不超过预期，我们就不会有额外的利润。如果价格上涨较慢，那么其效果将与预计本来应该稳定却下跌了的价格的情况相同。

总体来说，战后的通货膨胀是始料未及的，或者说其持续的时间要比预期的长。但是，一般来说，通货膨胀持续的时间越长，它就越有可能继续下去。而且，人们越是指望物价继续上涨，物价就必须上涨得越厉害，以使那些能够和不能够在不发生通货膨胀的情况下赚取足够利润的人都能获得足够的利润。高于预期的通货膨胀之所以使普遍的繁荣得到保证，只是因为那些如果没有通货膨胀就无利可图因而被迫转向其他活动的人能继续他们目前的活动。以累进率累积的通货膨胀很可能在相当长的一段时间内使繁荣得到保证，但具有恒定的通胀率的通货膨胀则不能。我们几乎不需要问为什么渐进式通货膨胀不能无限期地持续下去：早在它变化得如此之快以至无法对不断扩张的货币进行任何合理的计算，以及它被其他交换媒介取代之前，所有由迅速下降的固定支出的价值带来的不方便和不公平，都会创造不可抗拒的停止支付的需求——至少当人们了解正在发生的事情并意识到政府总能阻止通货膨胀时，这种需求是不可抗拒的（第一次世界大战后的超级通货膨胀之所以被容忍，只是因为人们被误导了，认为货币数量的增加不是价格上涨的原因，而是价格上涨的必然结果）。

因此，我们不能指望由通货膨胀带来的繁荣会无限期持续下去。我们一定会面临这样一种境地，即目前由通货膨胀构成的繁荣之源将不复存在。没有人能预测这一情况会在何时到来，但它终究会到来。我们密切关注的只可能是我们的生产资源必须得到妥善安排，我们希望在通货膨胀的刺激停止发挥作用时，将这些资源用在合理的活动和就业中。

通货膨胀——一种恶性循环

然而，为了使长久的繁荣得到保证，我们越依赖扩张的通货膨胀，这项任务就会越艰巨。我们将不仅面临一堆积压的延迟，即所有那些靠持续的通货膨胀才惨淡经营的企业，还面临新生产被“误导”的主因是通货膨胀这个问题。只要通货膨胀持续，它就会带来新的生产活动，这些活动就会一直赢利。特别是当这些额外货币第一次用于投资活动时，这些货币将增加到一定的数额。而一旦只有当前的储蓄可用于投资时，这些数额便无法维持。

那种认为我们可以通过保证最终需求的快速增长总是在成本上升之前发生，因而就能使繁荣持续下去的观点迟早会被证明是一种幻觉，因为成本并不是一个独立的量，而是由最终需求的预期决定的。即使“充分就业”是由

“总需求”超过“总成本”保证的，它也不可能持续太久，因为就业的数量在很大程度上取决于投资的规模，而且超过一定规模后，过度的最终需求可能对投资起到威慑作用，而不是刺激作用。

让我局促不安的是，那些相信我们已经解决了永久充分就业问题的人将会大失所望（这并不是说我们需要大萧条）。虽然通过逐渐减缓通货膨胀过渡到更稳定的货币环境也许仍然是可以实现的，但如果就业人数不在一段时间内大幅度减少，那么这几乎是不可能的。这里的难题是，在目前的舆论下，任何明显增加的失业都会立即被重新出现的通货膨胀抵消。这种通过进一步的通货膨胀来解决失业问题的尝试可能会获得暂时的成功，甚至在通货膨胀的压力足够大的情况下可能会成功好几次。但这只会推迟问题的解决，同时加剧局势的内在不稳定性。

在一篇关于20年展望的简短论文中，我没法考虑如何在不造成大萧条的情况下摆脱特定的通货膨胀时期这个严重但实质上是短期性的问题。长期性的问题是我们如何阻止这种长期性的和周期性的加速通货膨胀趋势，这也是需要反复强调的问题。关键的一点是，我们必须再次认识到：就业问题是工资问题，在工资过高而无法实现充分就业的情况下，凯恩斯这种通过降低货币价值来降低实际工资的方法，只有在工人自己被这种方法欺骗的情况下才能奏效。这种绕过所谓的工资“刚性”的企图可能会在一段时间内奏效，但从长远来看，它只会让稳定的货币体系面临比以往更大的障碍。我们需要做的是，把那种与高而稳定的就业水平相适应的工资水平的责任再次明确地放在它应该在的地方，即工会。工会目前承担的责任是，只关心获得最高的货币工资率，却不考虑其对就业的影响。而且，为了确保在最终工资水平上实现充分就业，不管增加多少货币收入，货币当局都能提供的这种愿望则必然导致持续的渐进式通货膨胀。我们发现，拒绝面对工资问题并通过货币欺骗暂时逃避后果，只会让整个问题变得更加难以解决。长期性的问题仍然是恢复劳动力市场，使其产生与稳定货币相适应的工资。这意味着，我们必须再次认识到，货币当局应对通货膨胀全权负责。尽管事实是，只要人们认为它们有责任提供足够的货币来保证在任何工资水平上的充分就业，它们就没有选择的余地，其作用就会变得完全被动——正是这个观念使持续的通货膨胀必然会发生。稳定的货币条件要求货币支出流是物价和工资必须适应的固定基准，而不是相反。

公众舆论的状态

为了防止渐进式通货膨胀及它必然产生的不稳定和反复出现的危机，在政策上做出改变是很有必要的，而改变政策的前提就是要改变仍然占主导地位的舆论状态。尽管通货膨胀政策的发源地的7%的银行利率（这个国家也在一直实践着这个政策）已宣扬了凯恩斯理论的破产，但是对于在其全盛时期长大的人们来说，几乎没有迹象表明凯恩斯理论对他们毫无影响。但是，它们除了仍在发挥知识力量之外，还在为加强这个国家在政治上的强大势力做出巨大的贡献。如果不进行一场激烈的政治斗争，那么它们是不可能被抛弃的。为了避免发生这种情况，政客们可能会一次又一次地通过再次求助于通货膨胀提供的阻力极小的临时出路来推迟这种必要性。只有当这条道路的危险性变得比现在更加显而易见时，我们才会真正面临工会权力的根本问题。

《关于哲学、政治学和经济学的研究》，295~299页

16. 工会与就业

一个多世纪以来，与工会相关的公共政策从一个极端走向了另一个极端。过去，如果工会不被完全禁止，那么它们所能做的几乎都是不合法的。现在，我们面临的工会

是这样一种状态：工会已经成为一种特权机构，而一般的法律规则并不适用于这种机构。它们已成为政府明显未能履行其主要职能——防止强制和暴力——的唯一重要实例。

最初，工会能够宣扬自由的一般原则；接着，在对它们的一切歧视已经停止以及它们获得例外特权很久之后，工会得到了自由主义者的支持——这一事实大大促进了工会的发展。在其他少数地区，进步人士并不怎么考虑任何具体措施的合理性，而只是笼统地问“是支持还是反对工会”，或者像通常所说的“是支持还是反对劳工”。然而，只要我们简单地回顾一下工会的历史，我们就会发现，工会的合理位置必须位于标志着其演变历程的两个极端之间。

问题性质的改变

当“结社自由”这一术语实际上失去了意义，真正的问题变成了个人自由加入还是不加入工会的时候，虽然大多数人对所发生的事情已经知之甚少，但他们仍然支持工会的雄心壮志，认为工会正在为“结社自由”而奋斗。这种混乱存在的部分原因是，问题的性质迅速发生了变化。在许多国家，自愿的工人社团恰恰是在其开始使用强制手段强迫不愿意加入社团的工人成为会员，并使得非会员失业后，才变得合法化的。大多数人可能仍然认为，“劳动争议”通常意味着对薪酬和就业条件的不同意见，但其唯一的原因往往是工会试图强迫那些不愿加入工会的工人入会。

英国工会获得特权尤其引人注目，1906年的《贸易争端法》（Trade Disputes Act）赋予工会

免于承担民事责任的自由，即使工会或其雇员犯下了最令人发指的错误。简而言之，给每个工会提供特权和保护，这种特权和保护是任何其他个人或团体——无论是不是法人——都不具有的。

类似的友好立法帮助了美国的工会。首先，1914年的《克莱顿法案》（Clayton Act）使其免受《谢尔曼法案》（Sherman Act）反垄断规定的约束；其次，1932年的《诺里斯－拉瓜迪亚法案》（Norris-La Guardia Act）“在建立劳工组织对侵权行为完全具有豁免权方面让人瞠目结舌”；最后，最高法院在一项关键裁决中支持“工会有权拒绝雇主，从而不参与经济活动的主张”。到20世纪20年代，大多数欧洲国家多多少少逐渐出现了类似情况，“其中很少通过明确的立法许可，更多的是通过当局和法院的默许”。在所有地方，工会的合法化都被解释为工会重要目标的合法化，

并承认工会有权为实现这一目标采取一切必要的行动，即工会具有垄断权。工会越来越不被视为一个追求正当的自私目的的团体（这个目的和其他利益一样，必须受到拥有平等权利的相互竞争的利益的制约），而是被视为一个为了公众利益，其详细而又全面地囊括了所有劳动力的组织目标必须得到支持的团体。

尽管近年来工会因为明目张胆地滥用权力而常常触怒公众舆论，而且公众那不加批判地支持工会的感情也正逐渐消失，但公众当然还没有意识到的是：现有的法律状况从根本上说是错误的，而且我们这个自由社会的整个基础已经受到工会所行使权力的严重威胁。在此，我们不会讨论最近在美国引起广泛注意的那些滥用工会权力的犯罪行为，尽管这些犯罪行为与工会在法律上享有的特权并非完全无关。我们只关心工会今天通常拥有的那些权力——这些权力要么得到法律的明确许可，要么至少得到执法当局的默许。我们的论述既不会针对工会本身，也不会局限于那些现在被广泛认为是滥用权力的做法。但是，我们应该注意它们的一些权力——这些权力即使不是它们的“神圣权利”，现在也被广泛认为是合法的。工会在行使这些权力时经常表现出很大的克制，这一事实增强了而不是削弱了反对这些权力的理由。这正是因为，在现有的法律环境下，工会将会造成的危害可能比它们已经造成的危害要大得多；也是因为，我们把这种情况归功于许多工会领导人的温和与明智。总之，我们不能让目前的事态继续下去。

工会对其工人同伴的强制

工会被允许违反法律规定的所有自由原则，并因而得以运用的强制措施主要是针对其工人同伴的，这一点怎么强调都不为过。无论工会能够真正对雇主施加什么样的强制权力，这都是工会对其他工人运用强制这种主要权力的结果。如果工会的这种权力——强迫其他不情愿表示支持的工人支持自己——被剥夺了，那么工会对雇主的强制将不会再有其令人反感的主要特征。工人之间自愿达成协议的权利，甚至他们一致拒绝提供服务的权利都不是问题。然而，应该指出，后一种权利，即罢工的权利，虽然是一种正常的权利，但却很难被视为一种不可剥夺的权利。有充分的理由说明，在某些雇佣关系中，劳动者应放弃这一权利，这应成为雇佣条款的一部分。在美国，这样的雇佣关系应该涉及工人的长期义务，任何联合破坏这样的合同的企图都应该是非法的。

的确，任何有效地控制着公司或行业所有潜在工人的工会都会对雇主施加几乎无穷无尽的压力，特别是在专业设备上投入了大量资本的地方，这样的工会实际上可以没收业主的财产并掌握其企业全部的收益。然而，具有决定性的一点是，这永远不可能符合所有工人的利益——除非不管工人是否被雇用，这种行动的总收益在他们之间是被平等分享的，但这种情况只能是天方夜谭。因此，工会只有通过强迫一些工人不顾自己的利益来支持这种一致的行动，才能实现这一目标。

这样做的原因是，只有通过限制供应，也就是扣留一部分劳动力，工人们才能将实际工资提高到自由市场的普遍水平之上。因此，那些将以较高工资获得就业的人的利益，将始终会与那些最终只能在报酬较低的工作中找到就业机会或根本不会就业的人的利益对立。

通常，工会首先将使雇主同意某一工资，然后确保没有人会以更低的工资被雇用，这个事实几乎产生不了什么影响。对于那些只能以较低工资受雇却不能被雇用的人来说，工资规定政策产生的效果和其他手段是一样的。关键的一点是，雇主只有在知道工会有权使其他人不被雇用的情况下才会同意这一工资。一般来说，工资规定政策（无论是出自工会还是出自当局）只有在其规定的工资也高于所有愿意工作的工人的工资时才会使这一工资高于正常水平。

以牺牲他人为代价提高工资

尽管工会可能仍然经常采取与其信念相反的行动，但毫无疑问，从长远来看，工会无法为所有希望工作的人带来高于在自由市场中形成的实际工资——尽管工会很可能会抬高工资水平，但其产生的苦果将在以后影响我们。虽然工会成功地使实际工资超过某一水平（如果这不是暂时的该多好），但是这只会让特定群体受益，并损害其他群体的利益。因此，工会即使得到了所有人的支持，也只是服务于一部分人的利益。这意味着，严格的自愿工会由于其工资政策不符合所有工人的利益，因而不能长期地得到所有人的支持。因此，只要工会没有权力强迫外人加入它，它就没有足够的力量迫使工人的工资超过所有人都能找到工作的工资水平。也就是说，这种工资水平将建立在一个真正自由的劳动力市场上。

但是，尽管所有被雇用者的实际工资只有在以失业为代价的情况下才能通过工会的行动得到提高，但某些特定行业的工会很可能通过迫使其他人留在工资较低的职位上来提高其成员的工资。这样的话，由此造成的工资结构扭曲程度实际上有多大呢？这很难说清楚。然而，如果你还记得一些工会认为使用暴力来阻止任何非工会成员进入它们的行业是一种合适的方式，也记得另一些工会能够收取高昂的会费（甚至为现有工会成员的子女保留在此行业的工作岗位），那么毫无疑问，这种扭曲是相当严重的。这些方法对热门职业和高薪职业至关重要，也正是如此，它们将导致相对贫穷的人被较富裕的人剥削。虽然在所有工会中，这些行为可能会缩小薪酬的差异，但毫无疑问，就主要行业的相对工资而言，今天的工会对不平等负有主要责任，而这种不平等没有任何作用，它完全是特权的结果。这意味着，它们的活动必然会降低所有行业的劳动生产率，因此也会降低实际工资的总体水平。因为如果工会的行动成功地减少了从事高薪工作的工人数量，增加了不得不留在薪酬较低工作的工人数量，那么毫无疑问，我们面临的结果是，实际工资的平均水平会更低。事实上，在工会非常强大的国家，其实际工资的总体水平极有可能低于那些不存在强大工会的国家。大多数欧洲国家确实就是这样，在这些国家，工会政策因普遍采用“创造工作”的限制性做法而得到强化。

如果许多人仍然接受一个明显而不可否认的事实，即由于工会的努力，总体工资水平的增长速度与过去一样快，那么，尽管其理论分析得出了这些毫不含糊的结论，以及存在与之相反的经验证据，他们还是会这么认为的。当工会势力较弱时，实际工资的增长往往比工会势力较强时快得多。而且，即便是在一些劳动力没有被组织起来的特定行业，其工资增长速度也往往比那些组织严密但同样繁荣的行业快得多。人们之所以对此留下了截然相反的印象，部分是因为这样一个事实，即目前的工资增长主要是通过工会谈判获得的，这也导致人们认为工资增长只能通过这种方式实现。更重要的是，正如我们现在马上就会看到的，工会活动实际上会带来货币工资的持续增长——超过实际工资的增长。货币工资之所以能够实现这种不会造成普遍失业的增长，只是因为通货膨胀经常使货币工资无效——实际上，如果要保持充分就业，我们就必然要靠通货膨胀。

有害且危险的活动

如果工会通过工资政策取得的成就实际上比人们普遍认为的要少得多，那么，从经济的角度来说，工会在这一领域的活动是非常有害的，从政治的角度来说则是极其危险的。工会通过那种往往使市场制度无效的方式运用权力，也通过那种使自己控制经济活动方向的方式运用权力，这种控制权力在政府手中是危险的，但由某一特定集团行使，又是让人难以忍受的。通过影响不同工人群体的相对工资，通过运用货币工资水平的持续上升压力及其不可避免的通货膨胀后果，工会达到了它的目的。

通常，在每一个被工会控制的群体中，相对工资受到的影响是工资的一致性和刚性会更大，在不同群体之间则是工资的非功能性差异更大。这还伴随着对劳动力流动的限制，在这其中，前者要么是结果，要么是原因。我们无须赘言的一个事实是，这虽然可能会对某些群体有利，却一定会降低生产率，从而降低工人的总体收入。我们也不必在这里强调这样一个事实，即工会所保障的特定群体的工资越稳定，就业就越不稳定。重要的是，不同行业工会力量的偶然差异不仅会造成工人之间薪酬的严重不平等，而且会在不同行业的发展中产生非经济上的差异，而这种不平等在经济上是没有道理的。社会上重要的产业，如建筑业，之所以在发展过程中会受到极大的阻碍，而且显然不能满足人们迫切的需要，仅仅是因为它们的某些特点为工会提供了施行强制性垄断行为的特殊机会。由于工会在资本投资最密集的地方最有影响力，所以工会往往会成为投资的障碍——目前可能只有税收造成的障碍超过了它。最后，往往正是这种与企业勾结在一起的工会垄断成了对相关行业进行垄断控制的主要基础。

工会主义（unionism）目前的发展所带来的主要危险是，通过在各种劳动力供应方面建立有效的垄断，工会将使竞争不能成为对所有资源进行分配的有效调节机制。但是，如果竞争失去了这样一种作为调控手段的效用，我们就必须采用其他一些手段来取代它。然而，替代市场的唯一选择是当局的指导。这种方向显然既不能由具有地方利益的特定工会掌握，也不能由包含了所有劳动力的统一组织很好地执行。这样一来，工会不仅会成为国家最强大的力量，还会成为完全控制国家的力量。然而，现在的工会主义倾向于制造一种很少有工会想要的社会主义总体规划体系，而且实际上，拒绝这种体系才是最符合工会利益的。

违反成员利益的行动

工会如果不能完全控制它自己关心的那类劳动力的供应情况，就不能实现其主要目标。而且，既然服从这种控制不符合所有工人的利益，工会就必须诱使其中一些人违背自己的利益行事。在某种程度上，这可能仅仅是通过心理和道德上的压力来实现的，这种压力会助长一种错误的信念，即工会会使所有工人受益。如果工会成功地让公众普遍认为，每个工人都应该为了自己阶层的利益支持工会的行动，那么胁迫便会被逐渐认为是一种合法手段，从而迫使一个顽固的工人履行他的职责。在这个方面，工会依靠的是一种极其有效的工具，即一种正是因为工会的努力，工人阶层的生活水平才上升得像以往一样如此迅速的神话。而且，只有通过工会持续不断地努力，工人的工资才能继续尽可能快地增长。在这种经过精心编织的神话中，工会通常得到了对手的积极帮助。只有进一步洞察事实的真相，我们才能改变这种状况，而成败与否则取决于经济学家如何有效地发挥他们的作用来启发公众舆论。

但是，尽管工会施加的这种道德压力可能非常强大，但它几乎不能使工会具有造成真正损害的权力。显然，工会领导人同意那些研究工会主义的学者的观点，即工会如果要实现其目标，就需要采取强有力的强制手段。工会发展了强制手段，其目的是强迫工人成为工会成员。工会称这种手段为“组织活动”（或者，在美国，工会称之为“工会安全”——一种让人回味无穷的委婉说法），并赋予其成员真正的权力。由于真正自愿的工会的权力将局限于所有工人的共同利益，工会已开始把主要精力用于迫使其反对者服从它们的意志。

如果工会没有得到那些受到误导的公众舆论的支持和政府的积极援助，那么工会是不可能成功的。不幸的是，工会在很大程度上已经成功地让公众相信，完全的工会化不仅合法，而且对公共政策也很重要。然而，说工人有权成立工会，并不是说工会有权独立于工人个人的意志而存在。如果工人觉得没有必要成立工会，那么这绝对不是一场公共灾难，而是一种非常可取的事态。然而，工会本来的目标是诱使所有工人加入工会，为了达到这一目标，这一事实已被解释成，工会应该有权采取一切看起来必要的行动。同样，工会争取提高工资是合法的。为了取得成功，这一事实已被解释为，工会也必须被允许做任何看起来必要的事情。特别是，由于罢工已被认为是工会的合法武器，人们已经开始相信，为了让罢工取得成功，必须允许工会做任何看起来必要的事情。总体来说，工会的合法化已经意味着，为了让工会达成目标，工会所认为的所有不可或缺的方法都应该被视为具有合法性。

因此，目前工会的强制权力主要在于，其使用方法是不能为任何其他目的所容忍的，并且是反对保护个人私人领域的。首先，在很大程度上，工会依赖于用警戒线作为威胁工具。即使所谓的“和平”示威，也涉及严重的强制。对工会的宽恕构成了一种特权，因为工会假定的合法目的表现在这样一个事实上，即工会可以被那些本身不是工人的人用来强迫他人建立一个由他们控制的组织，并且它也可以用于纯粹的政治目的或对一个不受欢迎的人发泄仇恨。广受人们支持的工会目标使工会拥有了合法性的光环，但这不能改变这样的事实，即它代表了一种针对个人的有组织的压力；而在一个自由的社会中，任何私人机构都不该被允许施加这种压力。

除了对警戒的宽容之外，工会能胁迫个别工人的主要因素是，由立法和司法批准的封闭型企业或工会企业，以及与之相关的企业，可以制裁个别工人。这些制裁构成了限制交易的协议，而且只有这些工人在获得一般法律规则的豁免时才能成为工会“组织活动”的合法对象。当要求不仅涉及让某一企业或某一行业的大多数工人的代表们所订立的合同对任何想要利用它的工人有效，还要适用于所有员工（即使他们个人希望并能够达成不同的优势合同）时，立法往往就形同虚设了。我们还必须把所有二次罢工和抵制视为不可接受的强制方式，这些方式不是工资谈判的工具，只是迫使其他工人接受工会政策的手段。

此外，只有在法律免除了工人群体共同行动的一般责任的情况下（要么允许他们无须正式成立公司，要么明确使其组织不再适用于企业的一般规则），工会的这些强制手段才能实行。没有必要单独考虑当代工会政策的其他各个方面，例如，工会在所有行业或全国范围内的谈判。工会能否实行强制手段取决于上述已经提到的做法。而且，如果工会的基本强制权力被取缔的话，那么毫无疑问，它们十有八九会销声匿迹。

非强制的作用

不可否认，通过强制手段提高工资几乎正是当今工会的主要目标。但是，即使这是它们的唯一目的，我们也没有充分的理由从法律上禁止工会。如果不通过歧视性立法就无法阻止工会，那么在一个自由的社会里，许多不受欢迎的事情就必须得到容忍。但即使是现在，控制工资也不是工会的唯一职能。毫无疑问，工会能够提供一些不仅毫无异议而且确实意义非凡的服务。如果工会的唯一目的是通过强制行动来提高工资，那么一旦被剥夺了强制权力，它们可能就会销声匿迹。但是，工会还要履行其他有用的职能，而且尽管那种可能完全禁止工会的考虑会违反我们所有的原则，但我们应当明确表明，为什么采取这种行动没有经济基础，以及为什么作为真正自愿和非强制性的组织，它们可以提供重要的服务。事实上，只有在我们有效地制止工会使用强制手段，使其远离当前的反社会目标之后，工会才有可能充分发挥其潜在的作用。

工会在决定工资的过程中，即使没有强制权力，也有可能发挥有益的重要作用。首先，人们常常要在增加工资和增加其他福利（雇主可以以同样的成本提供这种福利，但只有在所有或大部分工人在增加额外工资与接受福利之间更愿意接受福利时，雇主才能提供）之间做出选择。还有一个事实是，对于个人来说，其在工资水平上的相对地位往往和他的绝对地位一样重要。非常重要的是，不管在什么样的分级组织里，大多数人都感觉到了不同工作的报酬和晋升规则之间的差别是公正的。确保意见统一的极其有效的办法可能是在代表所有不同利益的集体谈判中商定总体方案。即使从雇主的角度来看，要想出什么其他方法来调和在一个巨大组织中的所有不同想法，以达成一个令人满意的工资结构，也是十分困难的。虽然不排除在个别情况下订立特殊条款，但一套商定的对所有希望采用这些条款的人都适用的标准条款似乎是大型组织所需要的。

同样，在涉及工作条件而非个人报酬的所有一般性问题的更大范围内（这些问题真正关系到所有雇员，涉及的是工人和雇主的共同利益），我们在管理时应该尽可能多地顾及各种愿望。一个大型组织的运行在很大程度上必须以规则为基础，而且，这些规则如果在工人的参与下制定，那么可能会更加行之有效。因为雇主和雇员之间的合同不仅规定了他们之间的关系，也规定了不同雇员群体之间的关系。赋予合同多边协定的特点，并在某些方面，如投诉程序中，为雇员提供一定程度的自我管理空间，往往大有裨益。

最后，工会还有一项历史悠久的好处极大的活动，那就是作为“友好协会”，它们承诺帮助其成员防范特殊的行业风险。不管怎么说，这一职能都必须被视为一种非常可取的自助形式，尽管这种形式正逐渐由国家接管。然而，至于上述任何一个论点是否可以证明，与一家工厂或公司的工会相比，规模更大的工会具有更大的合理性，我们不予以讨论。

我们只能在这里顺便提一下另一个完全不同的问题，即工会要求参与商业活动。在“工业民主”的名义下，或者更近则是在“共同决定”的名义下，工会参与商业活动已经得到了相当程度的普及（尤其是在德国，英国的程度稍低）。它代表了19世纪社会主义思想下的分支——工团主义思想的奇怪复兴（工团主义是该学说中最不成熟和最不切实际的一种形式）。虽然这些观点在表面上有一定的吸引力，但当我们对其进行审视时，它们便显示出其内在的矛盾。如果某个工厂或某个行业正在为消费者利益服务，它就不能为某些特定工人群体的永久性利益提供服务。此外，有效地参与企业发展方向是一项全职工作，任何从事这种工作的人很快就会失去雇员的视野和兴趣。因此，不仅从雇主的角度来看，这种计划应该被拒绝，而且在美国，也有非常充分的理由表明，工会领导人已经坚决地拒绝了在商业活动中承担任何责任。但是，为了更全面地研究这个问题，我们必须请读者查阅现有的与其所有影响相关的详细研究报告。

法律上的小变化

只要公众舆论认为工会强制是合法的，就不大可能保证个人不受任何工会强制。但是，持有这个观点的大多数学者都认为，也许正如他们在最开始所认为的那样，在立法和司法方面的微小变动，将足以对现有局势产生深远和可能是决定性的变化。只要取消那些明确授予工会的或在法庭的宽容下由工会行使的特权，我们就似乎足以剥夺工会现在所行使的更严重的强制权力，并可以引导工会的合理私利走上对社会有益的道路。

因此，无论是雇主还是雇员，无论是为组织服务还是反对组织，我们的基本要求是确保真正的结社自由，而且在这个过程中所涉及的强制都将被一视同仁地看作是违法的。我们应严格执行这样一项原则，即目的不应成为手段的理由，工会的目标不应成为它们不受一般法律规则约束的理由。今天，这首先意味着应该禁止所有大规模的示威，因为它们不仅是使暴力发生的主要且常见的诱因，而且就算在运用它们时所采取的是一种最和平的形式，它们还是一种强制手段。其次，不应该允许工会将那些不是工会成员的人排除在任何就业岗位之外。这意味着，封闭式和工会式的合同（包括“工会成员资格保留”和“优先雇用”等条款）必须被视为限制交易的合同，不受法律保护。无论从哪个方面来看，这些合同与“黄狗合同”（yellow-dog contract）（“黄狗合同”禁止员工加入工会且通常被法律禁止）都没有区别。

取消所有这些合同将消除第二次罢工和抵制的主要目标，从而使这些形式和类似形式的压力在很大程度上变得无效。但是，我们也有必要废除所有对一切雇员具有约束力的法律规定，这些法律规定授权让某个工厂或某个行业的大多数工人代表订立合同；同时，我们也要剥夺所有有组织的团体订立合同的一切权利，这些合同对那些没有自愿将这种权力授予它们的人具有约束力。最后，不论采取何种形式的有组织的行动，在与合同义务或一般法律相冲突的情况下，与具有组织性的协调性行动有关的责任必须毫无疑问地落在做出决定的人身上。

如果有人坚持认为，那些使某些类型的合同无效的一切立法将违反合同自由原则，他的反对意见就是无效的。我们在前面（第15章[①]）已经看到，这一原则绝不表示所有合同都具有法律约束力和强制执行力，它只是意味着所

① 此处是指《自由宪章》（*The Constitution of Liberty*）第15章。——编者注

有的合同都必须根据同样的一般规则来判断，任何当局都不应被赋予允许或不允许特定合同的自由裁量权。法律应当判定的无效合同包括限制交易的合同、封闭式合同和工会式合同。如果立法、司法和对行政机构的容忍没有为工会创造特权，那么那些习惯法国家也许便没有必要针对工会进行特别的立法。如果必须要这么做，那么这会是一件令人遗憾的事，信奉自由的人将对这方面的所有立法产生疑虑。但是，特权一旦成为国家法律的一部分，就只有通过专门的立法才能被取消。虽然应该没有必要制定专门的《工作权利法》，但我们很难否认，在美国，由立法机构和最高法院的决定造成的情况可能使专门的立法成为恢复自由原则的唯一可行办法。

在任何一个国家，为了恢复劳工领域内自由结社的原则，我们需要采取的具体措施将取决于该领域本身的发展所造成的情况。美国的情况备受瞩目，因为比起其他地方，这里的立法机构和最高法院的决定可能已经在很大程度上使工会的强制权力合法化，并给使自由裁量权和本质上不负责任的权力被授予了行政当局。但要了解更多的细节，我们必须让读者参考佩特罗（Petro）教授在《自由社会劳动政策》（*The Labor Policy of the Free Society*）中的重要研究，这本书详细地阐述了我们需要进行哪些改革。

为了约束工会的有害权力，尽管需要做出的所有改变只不过是使工会遵守适用于其他所有人的一般法律原则，但毫无疑问，现有的工会将竭尽全力予以抵制。工会知道，要实现自己目前的愿望，就必须依靠这种强制权力；而如果要维持一个自由社会，这种强制权力就必须加以限制。然而，当下的情况并非毫无希望。目前的一些发展势态迟早会向工会证明，现有局势不可能持续下去。工会会发现，从长远来看，在它们可以选择的进一步发展道路中，服从制止一切强制手段的一般原则比继续它们目前的政策要好得多，因为后者必然导致两种不幸后果中的一种。

失业的责任

虽然从长远来看，工会不能从根本上改变所有工人都能达到的实际工资水平，而且实际上，工会更有可能降低而不是提高实际工资水平，但货币工资水平并非如此。在这方面，工会行动的效果将取决于各项决定货币政策的原则。鉴于目前已被广泛接受的理论以及货币当局将会出台的相应政策，毫无疑问，当前的工会政策必然会导致持久且日趋严重的通货膨胀。其主要原因是，占主导地位的“充分就业”原则明确地免除了工会对任何失业的责任，并将保持充分就业的责任推给了货币当局和财政当局。然而，货币当局和财政当局能使工会政策不会产生失业的唯一方法是，通过通货膨胀来对抗由工会引起的实际工资的任何过度上涨趋势。

为了了解我们所处的形势，我们有必要简要地看一下“凯恩斯”式充分就业政策的理论来源。凯恩斯爵士理论的发展始于一个正确的认识，即大规模失业通常是因为实际工资过高。接下来，他提出了这样一种主张，即只有通过一场痛苦而漫长的斗争才能直接降低货币工资，而这场斗争是无法设想的。因此，他得出结论：实际工资必须在降低货币价值的过程中降低。这正是“充分就业”政策背后的真正原因，现在已被人们广泛接受。如果劳动者坚持把工资水平定得太高而导致充分就业不能实现，货币供应就必须增加，从而使物价上升到当前货币工资的实际价值不再大于寻求就业的工人的生产率的水平。在实践中，这必然意味着每一个独立的工会在试着超越货币价值时，将永远不会停止要求进一步提高货币工资。因此，所有工会的共同努力将导致渐进式通货膨胀。

即使各独立工会所做之事只不过是阻止某个特定群体的工资减少，这种情况也会发生。正如经济学家所说，工会不可能削减工资，而工资通常已经变成“刚性下降”。在不断变化的条件下，所有不同群体的相对工资的变化都必须通过提高除相对实际工资必须下降的群体之外的所有其他群体的货币工资来实现。此外，货币工资的普遍上涨以及由此带来的生活成本的增加通常会导致各群体提高货币工资（甚至在后一种实际工资必须下降的群体中也是如此）。而且，在相对工资得到调整之前还需要连续发生几轮工资增长。由于调整相对工资的需要一直存在，仅这一过程就产生了自第二次世界大战以来（自充分就业政策被普遍接受以来）普遍存在的工资－价格螺旋。

这个过程有时被描述为工资的增加直接导致了通货膨胀，这是不对的。如果货币和信贷的供应没有扩大，那么工资的增加将迅速导致失业。但在货币当局有责任在任何给定的工资水平上提供足够的资金以实现充分就业这种理论的影响下，每一轮工资上涨都会导致进一步的通货膨胀，这在政治上是不可避免的。或者，当价格的上涨变成了一件非常显而易见的持续性事件，并引起了严重的公众恐慌（这也是不可避免的）时，当局便会紧接着尽力对货币政策踩下刹车。但是，因为到那时，经济已经适应了进一步通货膨胀的预期，而且现有的就业将在很大程度上依赖于持续的货币扩张。因此，阻止货币扩张的努力将迅速导致大规模的失业。这将带来新一轮不可抗拒的通货膨胀压力。而且，随着通货膨胀的规模越来越大，在相当长的一段时间内，可能会出现由于工资压力而导致的失业。对一般公众来说，渐进式通货膨胀似乎是工会工资政策的直接后果，而不是试图消除其后果的直接后果。

尽管工资和通货膨胀之间的竞争可能会持续一段时间，但如果人们逐渐意识到自己必须采取某种方式来制止它，它就不可能无限期地持续下去。我们必须通过停止运用那种会造成大规模的长期失业的货币政策来打破工会的强制权力，因为它对政治和社会都具有致命的危害。但是，如果我们不能及时成功地从根本上限制工会的权力，那么工会很快便会被要求采取相关措施，而这些措施将比工会服从法治更令工人自己（如果不是工会领导人）感到反感。不久，要求政府制定工资或彻底废除工会的呼声将会应运而生。

走向中央控制

如同在任何其他领域一样，在劳动力领域，市场作为一种指导机制的消失必然会使行政指导制度取而代之。为了接近甚至只是最低程度地接近市场秩序功能，这种取而代之的制度将不得不协调整个经济。因此，到最后，这种制度将不得不来自一个单一的中央权威。虽然这样一个权力机构最初可能只关心劳动的分配和报酬，但它的政策必然会导致整个社会转而建立在一个集中的计划和管理制度上，并产生各种经济和政治后果。

在那些通货膨胀趋势已持续了一段时间的国家，我们可以看到“全面工资政策”的呼声日益高涨。在通货趋势最为明显的国家，尤其是英国，左翼知识分子领袖似乎已经接受了这样一种信条，即工资一般应由“统一政策”决定，这归根结底就意味着政府必须做出决定。如果市场因此被无可挽回地剥夺了其功能，那么除了由当局决定工资之外，市场就没有有效的办法在产业、区域和贸易中分配劳动力。通过设立具有强制权力的官方调解和仲裁机制，以及设立工资委员会，我们正一步一步地走向这样一种局面，即工资基本上将必须由当局的独断决策来决定。

这一切不过是当前工会政策的必然结果罢了，工会希望看到工资由某种“正义”概念而不是市场力量决定。但是，任何可行的制度都不可能允许任何一群人通过暴力威胁强制执行他们认为应该执行的政策。而且，当不仅仅是少数特权群体，而是大多数重要的劳动阶层都被有效地组织起来以强制其采取行动时，允许每个人独立行动不仅会产生与正义相反的结果，还会导致经济混乱。当我们的工资不再取决于市场的客观决定时，我们能够保持有效经济制度的唯一方法就是，由政府权威来决定工资。政府的决定一定是武断的，因为没有什么客观的正义标准可以被其使用。与所有其他价格或服务一样，与所有人的开放就业机会相适应的工资率不符合任何可评估的价值或任何独立的正义标准，而必须取决于一些没有人能控制的条件。

一旦政府着手设定整个工资结构，并因此被迫控制就业和生产，那么与服从平等的法律规则相比，工会目前的权力将遭到更大的打击。在这种制度下，工会只有两种选择：一方面，工会要么成为政府政策的自愿工具，要么被纳入政府机构；另一方面，工会被完全废除。前一种选择更有可能被选中，因为它将使现有的工会科层机构保留其成员的职位和部分个人权力。但对工人来说，这意味着要完全服从联合国家的控制。大多数国家的局势使我们别无选择，我们只能坐以待毙，或者重整旗鼓。工会目前的状况不可能持续下去，因为它们只能在市场经济中发挥作用，而市场经济却是它们竭尽全力要摧毁的。

“不容置疑”的工会力量

工会的问题既是对我们原则的良好考验，也是对侵犯这些原则的后果的有益例证。由于没有履行私人不受强制的职责，为了纠正这种失败的结果，各地政府现在都被迫超越其适当的职能，并因此只能像工会那样通过武断行事来执行任务。只要人们认为工会被允许获得的权力是不容置疑的，就没有办法修复工会所造成的损害，而只能使国家更任意地行使强制权力。在劳动领域，我们确实正经历着法治的明显衰落。然而，纠正这一局势真正需要的是恢复法治的原则，并由立法和行政当局始终如一地执行这些原则。

然而，阻止人们通向这条光明大道的仍然是那所有流行观点中最愚蠢至极的观点——“我们不能让时光倒流”。人们不禁会想，那些习惯于使用这一陈词滥调的人是否意识到，它表达的是一种宿命论的观点，即我们无法从错误中吸取教训，而且最可悲的是，我们承认，自己无法运用自己的智慧。如果大多数人充分了解目前的局势，那么任何有着长远目光的人会不相信还有另一种可供他们审慎选择的令人满意的解决办法吗？我表示怀疑。有一些迹象表明，有远见的工会领导人也开始认识到，如果我们不想坐视自由慢慢地销声匿迹，我们就必须扭转这一趋势，必须下定决心恢复法治。而且，为了在工会运动中保存有价值的东西，他们必须放弃那种长期以来指引它们的幻想。

只有重新遵循已经放弃的原则，我们才不会面临失去自由的威胁。我们所需要的是改变经济政策，因为在目前的情况下，这些战术性决策似乎是为了满足政府在接二连三的紧急情况中的短期需要，这只会使我们进一步陷入政府武断控制各种局面的困境。这些追求相互矛盾目标的决策是一种权宜之计，其累积性效果一定会证明这些决策在战略上是致命的。正如所有经济政策问题一样，工会问题不能通过对具体问题进行专门决策，而只能通过在所有领域自始至终运用一种能得到一致遵守的原则来得到令人满意的解决结果。能使自由社会长盛不衰的，只有这样一种原则：除了那种对所有人同等适用的一般抽象规则可以被强制执行之外，绝不允许有任何其他强制存在。

《自由宪章》，节选自第18章

17. 通货膨胀——短期的权宜之计

虽然有少数人故意主张物价持续上涨，但目前存在的通货膨胀偏见的主要根源是，人们普遍认为通货紧缩（通货膨胀的反面）是如此可怕。因此，为了安全起见，他们认为最好一直坚持通货膨胀这个错误方向。但是，由于我们不知道如何保持物价完全稳定，而且也只能通过纠正物价向任何一个方向的微小变动来实现稳定，所以这种不惜一切代价避免通货紧缩的决心必然会导致通货膨胀的累积。此外，通货膨胀和通货紧缩往往是局域或局部现象，这些现象的发生是经济资源重新分配机制的部分体现，这意味着，竭力使所有通货紧缩不影响经济中的主要领域必然会导致全面通货膨胀。

吸毒般的通货膨胀

然而，从长期来看，通货紧缩真的比通货膨胀更有害吗？这一点值得怀疑。的确，人们有一种感觉，即通货膨胀的危险要大得多，我们需要更小心地防范。在这两个错误中，我们更容易犯通货膨胀这个错误。其原因在于，温和的通货膨胀在其持续过程中通常是令人愉悦的，而通货紧缩对人们来说则是立竿见影的剧痛。几乎没有必要对通货紧缩采取任何预防措施，因为我们会在第一时间强烈感受到其危害。但是，在采取那些能马上令人愉快或能临时缓解困难的行动时，我们则有必要采取预防措施，因为我们只有在以后才会感觉到其中涉及的更大伤害。的确，人们经常把通货膨胀和吸毒相比，但这两者并不仅仅是在表面上相似。

通货膨胀和通货紧缩都通过引起意料之外的价格变化而产生其特有的影响，而且这两种情况注定会使人们的预期落空两次。第一次发生在价格高于或低于预期时，第二次则迟早会发生，因为这些价格变化是意料之中的，并且不再具有不可预见的影响。通货膨胀和通货紧缩的区别在于，前者先有惊喜后有反应，而后者对商业的最初影响就是萧条。然而，这两者的影响都是自我逆转的。在一段时间内，这两种力量都倾向于自我强化，因此其价格的上涨速度超过预期的时间可能会延长。但除非价格走势继续朝着同一个方向加速，否则人们的预期必定会跟上它们。一旦发生这种情况，其影响的特征就会改变。

通货膨胀最初仅仅产生了一种情况，在这种情况下，更多的人获得利润，而且利润通常比平时要大。每件事几乎都能获得成功，几乎没有失败。事实一再证明，利润比预期的要高，而且不计其数的投机活动都获得了成功，这就在整体上营造了一种适合冒险的氛围。即使那些没有因价格突然上涨而获得暴利就必须被迫破产的人，也能坚持下来，并使他们的雇员相信自己很快就会共享这全面的繁荣。然而，只有直到人们开始预期价格将继续以同样的速度上涨时，这种情况才会持续下去。一旦他们开始希望价格在这么多个月的时间里上涨这么多个百分点，他们就会哄抬生产要素的价格（生产要素的价格决定了成本），使其达到与他们预期的未来价格相对应的水平。如果价格涨幅不超过预期，那么利润将恢复正常，盈利的比例也将下降。而且，由于在利润异常丰厚的时期，许多本来要被迫改变投资方向的人都在继续营业，所以亏损的比例将高于通常的水平。

因此，只有在没有预见到通货膨胀的情况下，通货膨胀的刺激才会发挥作用；一旦预见通货膨胀，那么只有使通货膨胀率持续增加才能保持相同程度的繁荣。如果在这种情况下，物价涨幅低于预期，那么其效果将与未预见的通货紧缩相同。即使物价只是以普遍预期的幅度上升，也不会再产生额外的刺激，而是会使所有在临时刺激持续期间被推迟调整的积压问题显露出来。为了保持最初的刺激效果，通货膨胀必须以始终快于预期的速度继续下去。

加速通货膨胀

我们不能在这里考虑所有的复杂因素，这些因素使我们永远不能完美地对价格变化做出什么预期，特别是不能使我们的长期预期和短期预期得到同等程度的调整。我们也不能讨论这些因素对当前生产和投资的不同影响，这在全面考察产业波动时是非常重要的。我们只要知道以下两点就足够了：除非通货膨胀率逐步加速，否则它的刺激作用就必然会停止；随着通货膨胀率的继续加速，我们所面临的事实是，我们的预期绝不可能和价格变化匹配，而且由此产生的某些不利后果会变得越来越严重。其中最重要的一点是，所有商业决策所依据的会计方法只有在货币价值相当稳定的情况下才有意义。随着价格的加速上涨，为所有商业计划提供基础的资本和成本核算方法将很快失去所有意义。实际成本、利润或收入将很快不再由任何传统或被普遍接受的方法来确定。而且，按照税收原则，越来越多的税收将被视为利润；而实际上，仅仅是为了维持资本，这些利润也本该用于再投资。

因此，通货膨胀从来就只是一种暂时性的刺激，即使这种有益的效果也只能在某些人继续被欺骗和某些人的预期不必要地落空的情况下才能持续。通货膨胀的刺激作用源于它所产生的错误。通货膨胀的特别危险之处在于，即使小剂量通货膨胀的有害后遗症，也只能通过大剂量通货膨胀清除。一旦通货膨胀持续了一段时间，即使采取不让其进一步加速的措施，也会难以避免地造成通货紧缩的局面。一旦某些已经扩大的活动只能通过持续的通货膨胀来维持，那么这些活动的同步终止很可能会产生一种恶性的令人惶恐不安的过程。在这个过程中，某些收入的下降会导致其他收入的下降，等等。据我们所知，我们仍然有可能通过预防经常发生的通货膨胀来阻止严重的经济萧条，但是一旦通货膨胀开始，我们就几乎没有办法治愈它了。不幸的是，当我们为萧条忧心忡忡时，它早被大多数人抛到九霄云外去了。

《自由宪章》，330~333页

18. 通货膨胀——短暂的欺骗

对于那种迫使当局做正确事情的机制，我当然不会去诋毁。随着货币政策受公共财政因素影响的可能性越来越大，建立这种机制的理由也越来越充分；但是，如果我们夸大了它所能实现的目标，那么它将削弱而非强化上述论点。不可否认的是，虽然我们可以限制自由裁量权，但我们永远无法消除它。因此，在不可避免的自由裁量权范围内可以做什么不仅非常重要，而且甚至很可能在实践中决定该机制能否被允许运行。

中央银行的有限影响力

所有中央银行都面临一个基本的两难境地，这就一定会使它们的政策必须涉及大量的自由裁量权。中央银行只能对所有流通媒介进行间接的有限控制，它的权力主要基于在必要时不提供现金这种威胁。但与此同时，这种权力也被认为是一种责任，即在必要时绝不拒绝提供一定数额的现金。正是这个问题，而不是政策对价格或货币价值的总体影响，必然成为中央银行行长日常行动的重点。这一任务要求中央银行必须不断地预先阻止或抵制信贷领域的发展，因为简单的规则是不能提供足够的指导的。

旨在影响物价和就业的措施也是类似的道理。这些措施必须更多地用于防患于未然，而不是在变化发生之后才用于纠正。如果一家中央银行总是等到规则或机制迫使它采取行动时才采取行动，那么由此产生的波动将远远大于其需要产生的波动。如果在它的自由裁量权范围内，它所采取措施的方向与机制或规则随后会强加于它的方向相反，那么它可能会造成一种情况，即该机制不久将被允许运作。因此，最后即使货币当局的自由裁量权受到很大的限制，其结果也可能取决于货币当局在其自由裁量权范围内所做的工作。

这在实践中意味着，在目前的情况下，我们别无选择，我们只能通过规定货币政策的目标而不是具体行动来限制货币政策。当前的具体问题是，货币政策的目标应该是保持稳定的就业水平还是稳定的物价水平。在经过合理的解释和适当考虑某一水平附近不可避免的小波动后，这两个目标不一定是冲突的。其前提是货币稳定的要求被放在首位，而且经济政策的其余部分也要适应这些要求。但是，如果把“充分就业”作为主要目标，并把它解释为（有时是这样）可以通过货币手段在短期内创造的最大就业，冲突就会出现。这就是渐进式通货膨胀。

我们是可以达成高水平的稳定就业的合理目标的，我们同样也知道要如何追求某种稳定的综合物价水平。从实际目的出发，对这一价格水平做出精确的定义可能并不十分重要，除非它应该涉及的不仅仅是最终产品（因为如果它涉及的仅仅是最终产品，那么在技术迅速进步的时代，它可能仍会产生重大的通货膨胀趋势），而且它应该尽可能地以国际价格而不是当地价格为基础。如果两三个主要国家同时采取这种政策，那么这种政策也应与稳定的汇率相协调。重要的一点是，货币当局不会允许价格波动超过一定的已知限度，甚至不允许价格接近使政策必须发生重大逆转的位置。

通货膨胀的微弱反对力量

虽然有些人明确主张持续的通货膨胀，但这肯定不是因为大多数人想要通货膨胀，所以我们才有可能会得到通货膨胀。当有人指出“即使是每年3%这样看似温和的价格增长也意味着物价水平在每23年半就会翻一番，而与此同时，这意味着在一个人正常的工作年限内，物价水平几乎会翻两番”时，很少有人会愿意接受这个事实。这种通货膨胀会持续下去的危险与其说是由于那些故意鼓吹通货膨胀的人强大，不如说是由于其反对者软弱。为了阻止通货膨胀发生，我们有必要让公众清楚地意识到我们可以做的事情以及不做这些事情的后果。大多数有能力的学者都认为，阻止通货膨胀发生时所遭遇的困难仅仅是政治上的，而不是经济上的。然而，几乎没有人相信货币当局有权力而且也有能力阻止通货膨胀。有人信心十足地认为，货币政策将在短期内创造奇迹，也有人悲观沮丧地对其长期效果频频摇头。

有两点，不管我们怎样强调都不过分：第一，除非我们制止通货膨胀的趋势，否则我们将无法阻止那种越来越朝着国家控制方向发展的形势；第二，任何持续上涨的物价都是危险的，因为一旦我们开始依赖于它的刺激作用，我们就会毫无选择地走上这样一条道路，即一方面是更多的通货膨胀，另一方面是为我们的错误付出经济衰退或萧条的代价。即使是非常温和的通货膨胀，它也是危险的，因为它会使那些负责政策的人束手束脚，以致造成这样一种局面，即每当出现问题时，稍微提高通货膨胀便似乎是唯一的出路。

我们没有足够的篇幅讨论个人为保护自己不受通货膨胀影响而采取的各种措施，如浮动合同。这些措施不仅经常使通货膨胀的过程自我加速，而且还增加了维持其刺激作用所必需的通货膨胀率。那么，就让我们简单地指出以下问题吧。通货膨胀使中等收入的人越来越不可能依靠自己养老；它不鼓励储蓄，鼓励人们负债；通过摧毁中产阶级，它在赤贫者和富人之间制造了危险的鸿沟。这些特点是经历了长期通货膨胀的社会的典型表现，也是这些社会如此紧张的根源。更糟糕的也许是那更广泛的心理影响，即在广大人民中蔓延的那种无视长期观点和只关心眼前利益的精神现象，已经在公共政策中占据了主导地位。

通货膨胀政策通常是由那些希望政府加强控制的人倡导的，这并非偶然——尽管不幸的是，并非只有他们这么希望。通货膨胀使人们变得越来越依赖政府，从而也使人们要求政府采取越来越多的行动，这对社会主义者可能是有利的论据。然而，那些希望继续享有自由的人应该认识到，在那种恶性循环中，通货膨胀可能是唯一最重要的因素。基于这个原因，所有那些希望停止政府控制的人应该把他们的精力集中在货币政策上。没有什么比以下这个事实更令人沮丧的了，即那么多才华横溢和见多识广的人士在其他方面捍卫自由，然而他们却被扩张主义政策的眼前利益诱惑，去支持从长远来看必然会摧毁自由社会基础的东西。

《自由宪章》，336~339页

第五章
重申主题

19. 对凯恩斯的个人回忆

即使对那些了解凯恩斯，但无法接受他的货币理论，以及认为他的言论时不时就有些不负责任的人来说，凯恩斯的个人魅力仍然让人刻骨铭心。特别是对我们这一代人（他比我年长16岁）来说，早在他成为真正的经济理论家之前，他就是一位英雄。那个毫不畏惧对1919年和平条约中的经济条款提出反对意见的人，不正是他吗？我们欣赏他那些文采四溢的著作，因为这些著作直言不讳，思想独立，尽管一些年长而敏锐的思想家立刻指出了他论点中的某些理论缺陷。我们这些有幸与他交往的人，很快就被他的能言善辩深深吸引。他既博学多才，又有迷人的嗓音。

我第一次见到他是在伦敦，那是在1928年于商业周期研究所举办的一次会议上。虽然我们第一次就利息理论的某些方面争论不止，但从那以后我们就一直是朋友。尽管我们很少在经济学上达成一致，但是我们依然有很多共同兴趣。他的言谈举止有些让人望而生畏，因为他会盛气凌人地不顾年轻人的反对意见。但是，如果一个人对他毫不低头，那么即使这人与他意见不一致，他以后也会永远尊重这个人。1931年，在我从维也纳搬到伦敦后，我们便经常通信，并时不时面对面地交流。

凯恩斯改变思想

我曾答应《经济学》杂志，对他刚出版的《货币论》（*Treatise on Money*）予以评论。为此，我花了大量的时间和精力，写了两篇长文。对于第一篇，他的回应是对我的《物价与生产》的反击。我认为，我已经在很大程度上驳倒了他的理论体系（基本上体现在第一卷中），尽管我对这部著作第二卷中包含的许多深刻但不系统的见解非常钦佩。所有这些努力似乎都白费了，这让我非常失望，因为在我的第二篇文章发布时，他告诉我，他已经改变了想法，不再相信他在那篇文章中所说的话。

当他那本现今已经闻名全球的《就业、利息和货币通论》出版的时候，我不予置评，这就是其中的一个原因——我后来为此自责不已。我担心，在我还没完成我的论证之前，他就会再次改变想法。尽管他称它为“通用”

理论，但在我看来，它显然是一部体现时代的著作，并受到他所认为的在政策上的货币需要的制约。然而，还有另外一个原因，虽然我当时只是模糊地注意到这个原因，但当我现在回想起来时，这个原因却起到了决定性作用：我对那本书的不同意见与其说是来自其分析中的任何细节，不如说是来自整个著作所遵循的一般方法。真正的问题是我们现在所说的宏观分析的有效性。我现在觉得，从长远的角度来看，《就业、利息和货币通论》的主要意义将会显现出来——在促进宏观经济学的崛起和微观经济学理论的暂时衰落方面，它起到了决定性作用，没有任何其他著作能与之相提并论。

博学多才

事实上，尽管凯恩斯喜欢摆出一副能未卜先知但没有什么人听得进去的预言家模样，但他对自己的说服力还是非常有信心的，他相信自己能像演奏乐器的演奏家一样影响公众舆论。就天赋和气质而言，与其说他是专家或学者，不如说他是艺术家和政治家。他虽然天赋异禀，但他的思想既受纯粹理性因素的影响，又受审美和直觉的影响。对他来说，学习知识是一件易如反掌的事，他有着无与伦比的记忆力。但是，他的直觉使他在证明结论之前就确信这些结论，并使他以截然不同的理论论据来为同样的政策辩护，这使他对通常用来促进知识发展的缓慢而艰苦的智力工作失去了耐心。

凯恩斯是如此多才多艺，以至别人在评价他时，认为他那既错误又危险的经济学似乎只是一件无足轻重的事。如果你考虑一下他在经济学上投入的时间和精力有多么少，那么他对经济学的影响以及他作为经济学家被人铭记的事实，既是奇迹，又是悲剧。即使他从未写过经济学方面的东西，他也被所有认识他的人当作一位伟人铭记着。

我无法根据自己所知道的情况表明：在凯恩斯生命的最后五六年里（那时，他已经身体抱恙），在他为自己的国家做贡献时，他把所有的精力都投入了公共服务。然而，正是在那些年里，我比较全方位地认识了他，对他有了相当深入的了解。战争爆发时，伦敦经济学院搬到了剑桥，当1940年我必须在剑桥久居时，他在他的学院为我找到了住处。周末，他竭尽所能地在剑桥寻找安静的地方。我经常见到他，对他的了解也不仅仅限于工作。也许是因为他想从繁重的工作中解脱出来，抑或是因为他所有的公务都是秘密进行的，所以他所有的其他兴趣都表现得很明显。虽然他在战前减少了与商界的联系，放弃了学院工资，但他在公务之外仍积极追求自己的兴趣和活动，而这些是会耗尽其他大多数人的全部精力的。他对艺术、文学和科学的关注与平时一样多，而且他那强烈的个人喜好和反感总是显露无遗。

我特别记得一件事，在我看来，这件事尤其具有代表性。战争结束了，凯恩斯刚刚完成一项政府使命，又要去华盛顿处理一件特别重要的事情，人们会认为这件事耗尽了他所有的精力。然而，那天晚上，他向我们一行人详细介绍了美国伊丽莎白时代的藏书情况，似乎他此行的唯一目的就是研究这些藏书。他本人就是这一领域的杰出收藏家，他收藏了这个时代的大量手稿和绘画。

正如我之前提到的，他的智识兴趣在很大程度上也是由审美偏好决定的。这种情况不仅适用于其他领域，也适用于文学和历史。他觉得16世纪和17世纪是魅力无穷的，至少在他感兴趣的知识方面，他是一个专家。但他非常不喜欢19世纪，偶尔会表现出对19世纪经济史的无知，甚至都不了解那让经济学家都感到惊讶的经济史。

在这篇短文中，我甚至无法勾勒出指导凯恩斯思想的一般哲学和生活大纲。这是一项尚未开始的任务，因为在这一点上，罗伊·哈罗德（Roy Harrod）爵士那本既聪明过人又极为坦率的传记是远远不够的——或许是因为他毫无保留地认同并理所当然地接受了主导凯恩斯那代人的独特的理性主义。对于那些想要了解更多这方面知识的人，我强烈建议你们读一读凯恩斯自己的文章《我的早期信仰》（My Early Beliefs），这是在一本名为《回忆录》（*Two Memoirs*）的小书中发表的。

最后，我想简单谈一谈凯恩斯理论的未来。也许从我已经说过的话可以明显地看出，我相信，凯恩斯理论的未来不取决于将来人们如何讨论他的特殊定理，而是取决于将来人们如何发展社会科学的正确方法。凯恩斯理论只会作为一种普遍方法的最突出和最有影响力的例子出现，而这种方法的哲学论证似乎是漏洞百出的。尽管它依赖于明显可测量的量度，乍一看比旧的微观理论更科学；但在我看来，它获得的这种伪精确性是以忽视真正支配经济体系的各种关系为代价的。即使微观经济学的框架不能实现宏观经济学所追求的定量预测，但我相信，通过学着让自己对微观经济学那更温和的目标感到满意，我们起码会对复杂经济生活秩序的运作原理更加了然于心，而宏观理论那必须对问题做出的武断简化却几乎会掩盖全部的重要真相。我大胆预测，一旦我们解决了这个方法问题，“凯恩斯革命”就将作为一个插曲出现。在这个插曲中，正确科学方法中的错误观念导致许多重要见解暂时消失，这些重要见解是我们已经拥有的，而且我们终将痛苦地重新获得它们。

节选自《关于凯恩斯和“凯恩斯革命”的个人回忆》(Personal Recollections of Keynes & the “Keynesian Revolution”)

20.加拉加斯会议评议

20年前，我对布雷顿森林体系感到非常失望，这使我对货币问题失去了兴趣。我原以为这种制度很快就会被弃如敝屣，但我错了。它的主要创新之处是，将恢复国际收支平衡的责任强加给债权国。这在20世纪30年代的通货紧缩时期是合理的，但在通货膨胀时期就不合理了。现在，我们所经历的繁荣是由通货膨胀带来的，它的延续取决于持续不断的通货膨胀。如果物价上涨低于预期，经济就会走向萧条。我原以为10年的时间就足以让我们面临日益严峻的形势，然而，25年后，我们才进入由减缓通货膨胀导致的经济衰退阶段。当下，我们就是在抓着老虎的尾巴：这种通货膨胀还能持续多久呢？如果我们不再抓住（通货膨胀的）老虎的尾巴，老虎就会把我们吃掉。然而，如果老虎跑得越来越快，我们誓死要抓住老虎的尾巴，那么我们还是会被它拖死！在这里，我庆幸自己不会看到最后的结果……

（哈耶克在加拉加斯举行的朝圣山学社会议上的论文评议）

A Tiger by the Tail

Friedrich A. von Hayek

Compiled By Sudha R. Shenoy

CONTENTS

Introduction to the Third Edition

The small book you are holding in your hands is unique. It is perhaps the finest introduction to the thought of a major thinker ever published in the discipline of economics. What makes it unique is the fact that it comprises selections and short excerpts from a broad range of Hayek's works written over a span of forty years. Despite its broad coverage the book is amazingly compact and coherent, seamlessly integrating the main themes from Hayek's writings on money,capital, business cycles, and international monetary systems. Furthermore, although it mainly uses Hayek's own words, some from his more technical works, it has been compiled and arranged by the late Sudha R. Shenoy in a way that makes it comprehensible to the layperson and student but can also be read with profit by the professional economist and teacher. Because of Shenoy's brilliant choice and arrangement of the twenty-three separate excerpts and her own illuminating, but never intrusive, introductions to each separate selection, the book stands as a work in its own right and gives new insight into Hayek's thought. In a real sense, it is as much Shenoy's book as it is Hayek's.

The publication of the new edition of this classic could not have come at a better time, moreover. For it is not merely an outstanding contribution to intellectual history, but also a tract for our times. The U.S. has been mired in an officially-recognized recession for more than a year now with no end in sight. Our current downturn is fast becoming the lengthiest and most severe of the post-World War II era. Entering its fourteenth month, it has already surpassed the average length of the last six recessions and is rapidly approaching the postwar record of sixteen months. The net decline in employment of 2.6 million recorded for 2008 represents the greatest absolute decline in the number of jobs since 1945. With over a half-million workers losing their jobs in December 2008 alone, the unemployment rate unexpectedly spiked from 6.8 percent in November 2008 to 7.2 percent, the highest level in sixteen years. The 4.78 million Americans now claiming unemployment insurance is the highest since 1967, when this statistic began to be recorded and represents the highest proportion of the work force since 1983. Adding to the dismal employment picture, the average work week for the month plummeted to 33.3 hours, the lowest level since 1964, while part-time jobs shot up by 700,000, or nearly 10 percent, from the previous month, indicating that many part-time workers counted as officially employed were either previously terminated from full-time jobs or reduced from full-time to part-time employment by their current employers. Other indicators of the severity of recession besides employment reveal that the current recession has been deeper than the average recession, including industrial production, real income, and retail sales. As one Fed economist concluded, "Main recession indicators tend to support the claim that this recession could be the most severe in the past 40 years."

Indeed the dread word "depression" is now being used by some economists and media pundits to portray our current difficulties, conjuring up the specter of the prolonged mass unemployment amidst idle industrial capacity and unsold piles of raw materials that marked the 1930s. For most recognized experts and opinion leaders, how we got into our current difficulties is now a moot question. Everyone is clamoring for a way out. A massive government bailout involving $700 billion to purchase risky assets and to subsidize troubled financial service and domestic automobile firms has proven spectacularly ineffective in reversing or even slowing the contraction of the economy,although it has led to a staggering projected federal budget deficit of $1.2 trillion for the current fiscal year. Accompanying this deluge of red ink is highly inflationary growth in the official Fed monetary aggregates, with MZM (Money Zero Maturity) shooting up by 10.1 percent and M2 by 7.6 percent year-over-year as of November 2008. Driving this monetary inflation has been the Fed's expansion of the adjusted monetary base by 76 percent over the same period, which has reduced the target Fed Funds rate from 5.25 percent in mid-2007 to less than 2.5 percent by the end of 2008.

In response to the deepening economic crisis, politicians and their economic advisers are offering more of the same deficit-spending and money-creation snake oil. President Obama is promoting a massive $800-billion program of increased government spending and tax cuts over two years that includes the largest public works program since World War II. But this "stimulus program" is nothing but a continuation of the failed financial bailout under a new name. The Federal government will continue to spend and spend like a drunken sailor on shore leave. And, as Chairman Bernanke has indicated, the Fed will happily accommodate this orgy of wasteful and destructive spending by creating money to buy assets of every kind imaginable.

Crude, old-style Keynesianism has thus returned with a vengeance. In truth, it never really left. Despite all the talk by government policymakers and central bankers and their macroeconomic advisers that they have painstakingly developed and learned to deploy sophisticated new tools of "stabilization policy" in the last twenty-five years, their tool shed is, in actual practice, completely bare of all but the blunt and well-worn instruments of deficit spending and cheap money. For their part, the mandarins of academic macroeconomics have revealed the total intellectual bankruptcy of their discipline and the laughable irrelevance of their formal models by abandoning all scholarly reserve and decorum and stridently promoting and endorsing the long discredited policies of old-fashioned Keynesianism. The amazing, knee-jerk resort to simplistic Keynesian remedies by the macroeconomics establishment in the current crisis is tantamount to the admission that there has been absolutely no progress in the postwar era in understanding the causes and cures of business cycles. This reveals a deeper and more chilling truth: contemporary stabilization policy is implicitly based on one of the oldest and most naïve of all economic fallacies, one that has been repeatedly demolished by sound economic thinkers since the mid-eighteenth century. This fallacy is that there exists a direct causal link between the total volume of money spending and the levels of total employment and real income.

In this book, Hayek provides an incisive critique of this fallacy in its Keynesian form and demonstrates the dire consequences of pursuing policies based on it. But the book contains much more than a critique of fallacious theories and policies: it holds the recipe for a solid and steady recovery from our current depression (and yes, always the straight-talker, Hayek uses this forbidden word).

In brief, Hayek argues that all depressions involve a pattern of resource allocation, including and especially labor, that does not correspond to the pattern of demand, particularly among higher-order industries (roughly, capital goods) and lower-order industries (roughly, consumer goods). This mismatch of labor and demand occurs during the prior inflationary boom and is the result of entrepreneurial errors induced by a distortion of the interest rate caused by monetary and bank credit expansion. More importantly, any attempt to cure the depression via deficit spending and cheap money, while it may work temporarily, intensifies the misallocation of resources relative to the demands for them and only postpones and prolongs the inevitable adjustment. The reason why this is not perceived by Keynesians is because of an implicit assumption that Hayek identified in Keynes's writings. Keynes wrongly assumed that unemployment typically involves the idleness of resources of all kinds in all stages of production. In this sense Keynesian economics left out the vital element of the scarcity of real resources, the pons asinorum of undergraduate economic principles courses. In Keynes's illusory world of superabundance, an increase in total money expenditure will indeed increase employment and real income, because all the resources needed for any production process will be available in the correct proportions at current prices. However, in the real world of scarcity, as Hayek shows, unemployed resources will be of specific kinds and in specific industries, for example unionized labor in mining or steel fabrication. Under these circumstances, an increase in expenditure will increase employment, but only by raising overall prices and making it temporarily profitable to re-employ these idle resources by combining them with resources misdirected away from other industries where they were already employed. When costs of production have once again caught up with the rise in output prices, unemployment will once again appear, but this time in a more severe form because of the misallocation of additional resources. The government and central bank will then once again face the dilemma of allowing unemployment or expanding the stream of money spending. This sets up the conditions for an ever-accelerating monetary and price inflation punctuated by periods of worsening unemployment as was the case during the Great Inflation of the 1970s and early 1980s.

The alternative to this, Hayek argues, is to eschew monetary inflation and permit the prices of the unemployed resources to naturally readjust downward to levels that are sustainable at the current level of money income. In this case, unemployed labor and other resources will be guided by the price system into production processes that are sustainable at the current level of monetary expenditure. Permitting the market adjustment of relative prices and wage rates thus ensures a structure of resource employment that is coordinated with the structure of resource demands. In contrast, inflating aggregate money expenditure leads to a short-run increase in employment that causes an inappropriate distribution of resources whose inevitable correction ensures another depression. Such a correction can be postponed, but never obviated, only by repeatedly neutralizing relative price changes through accelerating inflation.

Those who deny Hayek's analysis–as all contemporary mainstream macroeconomists and policymakers do–and promote ever-increasing spending as the panacea for our present crisis live in the simplistic Keynesian fantasy land from which scarcity of real resources has been banished and in which the scarcity of money and credit is the only constraint on economic activity. As Hayek pointed out, such people do not merit the name "economist":

> I can not help regarding the increasing concentration on short-run effects–which in this context amounts to the same thing as a concentration on purely monetary factors–not only as a serious and dangerous intellectual error, but as a betrayal of the main duty of the economist and a grave menace to our civilization. To the understanding of the forces which determine the day-to-day changes of business, the economist has probably little to contribute that the man of affairs does not know better. It used, however, to be regarded as the duty and the privilege of the economist to study and to stress the long-run effects which are apt to be hidden to the untrained eye, and to leave the concern about the more immediate effects to the practical man, who in any event would see only the latter and nothing else.

The recent bailouts and prospective stimulus package are aimed at reflating financial asset and real estate values back to levels inconsistent with the optimal distribution of labor and other resources as determined by the free interplay of market prices. And if enough money and spending are pumped into the economy, it is just possible that such a policy may, for a short while, freeze some resources in and return others to suboptimal employments, thus arresting or reversing our present downturn. But the advocates of these short-run spending palliatives are blind to what lies beyond: the long-run aftereffects of progressive inflation which, when eventually reined in, will result in an even more severe crisis and precipitous plunge into depression.

The prevailing macroeconomics paradigm has burst asunder along with the real estate bubble. Modern macroeconomists failed to forewarn against the dangers of the recklessly inflationary monetary policy pursued by the Fed in the first half of this decade. They now are at a complete loss for a coherent explanation of its consequences in the deepening financial crisis and recession that afflicts the global economy. Instead, they are reduced to reflexively prescribing the long obsolescent Keynesian "stimulus" policy of deficit spending and cheap money–a sure recipe for a prolonged and grinding depression. Fortunately, there exists an analysis of business cycles–of bubbles, crises, and depressions–based on a long tradition of sound economic reasoning that will guide us out of the current morass to a steady and solid recovery. If one wishes to learn about this analysis, he or she can do no better than to start with a careful reading of A Tiger by the Tail.

Joseph T. Salerno

January, 2009

- I -
The Misuse of Aggregates

1. Inflationism

While the more naïve forms of inflationism are sufficiently discredited today not to do much harm in the near future, contemporary economic thought is so much permeated by an inflationism of a subtler kind that it is to be feared that for some time we shall still have to endure the consequences of a good deal of dangerous tampering with currency and credit. It is my belief that some even of those doctrines which are generally accepted in this field have no other basis than an uncritical application to the problems of society in general of the experience of the individual, that what he needs is more money.

(Preface to first edition of *Prices and Production*)

2. No Causal Connection Between Macro Totals and Micro Decisions

What I complain of is not only that [the quantity] theory in its various forms has unduly usurped the central place in monetary theory, but that the point of view from which it springs is a positive hindrance to further progress. Not the least harmful effect of this particular theory is the present isolation of the theory of money from the main body of general economic theory. For so long as we use different methods for the explanation of values as they are supposed to exist irrespective of any influence of money, and for the explanation of that influence of money on prices, it can never be otherwise. Yet we are doing nothing less than this if we try to establish direct causal connections between the total quantity of money, the general level of all prices and, perhaps, also the total amount of production. For none of these magnitudes as such ever exerts an influence on the decisions of individuals; yet it is on the assumption of a knowledge of the decisions of individuals that the main propositions of non-monetary economic theory are based. It is to this "individualistic" method that we owe whatever understanding of economic phenomena we possess;

that the modern “subjective” theory has advanced beyond the classical school in its consistent use is probably its main advantage over their teaching.

If, therefore, monetary theory still attempts to establish causal relations between aggregates or general averages, this means that monetary theory lags behind the development of economics in general. In fact, neither aggregates nor averages do act upon one another, and it will never be possible to establish necessary connections of cause and effect between them as we can between individual phenomena, individual prices, etc. I would even go so far as to assert that, from the very nature of economic theory, averages can never form a link in its reasoning.

(*Prices and Production*, pp. 3–5)

3. Fallacy of “the” Price Level

It is clear that in this case the argument for a national monetary system cannot rest on any peculiarities of the national money. It must rest, and indeed it does rest, on the assumption that there is a particularly close connection between the prices–and particularly the wages–within the country which causes them to move to a considerable degree up and down together compared with prices outside the country. This is frequently regarded as sufficient reason why, in order to avoid the necessity that the "country as a whole" should have to raise or lower its prices, the quantity of money in the country should be so adjusted as to keep the "general price level" within the country stable. I do not want to consider this argument yet. I shall later argue that it rests largely on an illusion, based on the accident that the statistical measures of price movements are usually constructed for countries as such; and that in so far as there are genuine difficulties connected with general downward adjustments of many prices, and particularly wages, the proposed remedy would be worse than the disease.

(*Monetary Nationalism and International Stability*, p. 7)

4. Economic Systems Overleap National Boundaries

The important point in all this is that what wages and what prices will have to be altered in consequence of the initial change will depend on whether and to what extent the value of a particular factor or service, directly or indirectly, depends on the particular change in demand which has occurred, and not on whether it is inside or outside the same "currency area". We can see this more clearly if we picture the series of successive changes of money incomes, which will follow on the initial shift of demand, as single chains, neglecting for the moment the successive ramifications which will occur at every link. Such a chain may either very soon lead to the other country or first run through a great many links at home. But whether any particular individual in the country will be affected will depend whether he is a link in that particular chain, that is whether he has more or less immediately been serving the individuals whose income has first been affected, and not simply on whether he is in the same country or not. In fact this picture of the chain makes it clear that it is not impossible that most of the people who ultimately suffer a decrease number of links in that country than in the one where they started. They will come to an end only when they meet, not only in the same country but in the same individual, so finally offsetting each other. This means that the number of reductions of individual incomes and prices (not their aggregate amount) which becomes necessary in consequence of a transfer of money from A to B may actually be greater in B than in A.

Misleading Concepts of Prices and Incomes

This picture is of course highly unrealistic because it leaves out of account the infinite ramifications to which each of these chains of effects will develop. But even so it should, I think, make it clear how superficial and misleading the kind of argument is which runs in terms of the prices and the incomes of the country, as if they would necessarily move in unison or even in the same direction. It will be prices and incomes of particular individuals and particular industries which will be affected and the effects will not be essentially different from those which will follow any shifts of demand between different industries or localities.

This whole question is of course the same as that which I discussed in my first lecture in connection with the problem of what constitutes one monetary system, namely the question of whether there exists a particularly close coherence between prices and incomes, and particularly wages, in any one country which tends to make them move as a whole relatively to the price structure outside. As I indicated then, I shall not be able to deal with it more completely until later on. But there are two points which, I think, will have become clear now and which are important for the understanding of the contrast between the working of the homogeneous international currency we are considering, and the mixed system to which I shall presently proceed.

In the first place it already appears very doubtful whether there is any sense in which the terms inflation and deflation can be appropriately applied to these interregional or international transfers of money. If, of course, we define inflation and deflation as changes in the quantity of money, or the price level, within a particular territory, then the term naturally applies. But it is by no means clear that the consequences which we can show will follow if the quantity of money in a closed system changes will also apply to such redistributions of money between areas. In particular there is no reason why the changes in the quantity of money within an area should bring about those merely temporary changes in relative prices which, in the case of a real inflation,lead to misdirections of production–misdirections because eventually the inherent mechanism of these inflations tends to reverse these changes in relative prices.

(*Monetary Nationalism and International Stability*, pp. 21–24)

5. Dangers of "National" Stabilisation

Indeed, if we take a somewhat more realistic point of view, there can be little doubt what will happen. While, in the country where in consequence of the changes in international demand, some prices will tend to fall, the price level will be kept stable, it will certainly be allowed to rise in the country which has been benefited by the same shift in demand. It is not difficult to see what this implies if all countries in the world act on this principle. It means that prices would be stabilised only in that area where they tend to fall lowest relatively to the rest of the world, and that all further adjustments are brought about by proportionate increases of prices in all other countries. The possibilities of inflation which this offers if the world is split up into a sufficient number of very small separate currency areas seem indeed very considerable. And why, if this principle is once adopted, should it remain confined to average prices in particular national areas? Would it not be equally justified to argue that no price of any single commodity should ever be allowed to fall and that the quantity of money in the world should be so regulated that the price of that commodity which tends to fall lowest relatively to all others should be kept stable, and that the prices of all other commodities would be adjusted upwards in proportion? We only need to remember what happened, for instance, a few years ago to the price of rubber to see how such a policy would surpass the wishes of even the wildest inflationist. Perhaps this may be thought an extreme case. But, once the principle has been adopted, it is difficult to see how it could be confined to "reasonable" limits, or indeed to say what "reasonable" limits are.

But let us disregard the practical improbability that a policy of stabilisation will be followed in the countries where, with stable exchanges, the price level would rise, as well as in the countries where in this case it would have to fall. Let us assume that, in the countries which benefit from the increase of the demand, the prices of other goods are actually lowered to preserve stability of the national price level and that the opposite action will be taken in the countries from which demand has turned away. What is the justification and significance of such a policy of national stabilisation?

Theoretical Case Not Argued

Now it is difficult to find the theoretical case for national stabilisation anywhere explicitly argued. It is usually just taken for granted that any sort of policy which appears desirable in a closed system must be equally beneficial if applied to a national area. It may therefore be desirable, before we go on to examine its analytical justification, to trace the historical causes which have brought this view to prominence. There can be little doubt that its ascendancy is closely connected with the peculiar difficulties of English monetary policy between 1925 and 1931. In the comparatively short space of the six years during which Great Britain was on a gold standard in the post-war period, it suffered from what is known as overvaluation of the pound. Against all the teaching of "orthodox" economics–already a hundred years before Ricardo had expressly stated that he "should never advise a government to restore a currency, which was depreciated 30 p.c., to par"–in 1925 the British currency had been brought back to its former gold value. In consequence, to restore equilibrium, it was necessary to reduce all prices and costs in proportion as the value of the pound had been raised. This process, particularly because of the notorious difficulty of reducing money wages, proved to be very painful and prolonged. It deprived England of real participation in the boom which led up to the crisis of 1929, and, in the end, its results proved insufficient to secure the maintenance of the restored parity. But all this was not due to an initial shift in the conditions of demand or to any of the causes which may affect the condition of a particular country under stable exchanges. It was an effect of the change in the external value of the pound. It was not a case where with given exchange rates the national price or cost structure of a country as a whole had got out of equilibrium with the rest of the world, but rather that the change in the parities had suddenly upset the relations between all prices inside and outside the country.

Relative Price and Cost Structures

Nevertheless this experience has created among many British economists a curious prepossession with the relations between national price- and cost- and particularly wage-levels, as if there were any reason to expect that as a rule there would arise a necessity that the price and cost structure of one country as a whole should change relatively to that of other countries. And this tendency has received considerable support from the fashionable pseudo-quantitative economics of averages with its argument running in terms of national "price levels", "purchasing power parities", "terms of trade", the "Multiplier", and what not.

The purely accidental fact that these averages are generally computed for prices in a national area is regarded as evidence that in some sense all prices of a country could be said to move together relatively to prices in other countries. This has strengthened the belief that there is some peculiar difficulty about the case where "the" price level of a country had to be changed relatively to its given cost level and that such adjustment had better be avoided by manipulations of the rate of exchange.

Now let me add immediately that of course I do not want to deny that there may be cases where some change in conditions might make fairly extensive reductions of money wages necessary in a particular area if exchange rates are to be maintained, and that under present conditions such wage reductions are at best a very painful and long drawn out process. At any rate in the case of countries whose exports consist largely of one or a few raw materials a severe fall in the prices of these products might create such a situation. What I want to suggest, however, is that many of my English colleagues, because of the special experience of their country in recent times, have got the practical significance of this particular case altogether out of perspective: that they are mistaken in believing that by altering parities they can overcome many of the chief difficulties created by the rigidity of wages and, in particular, that by their fascination with the relation between "the" price level and "the" cost level in a particular area they are apt to overlook the much more important consequences of inflation and deflation.

(*Monetary Nationalism and International Stability*, pp. 42–46)

6. Monetary Danger of Collective Bargaining

While the whole idea of a monetary policy directed to adjust everything to a "given" wage level appears to me misconceived on purely theoretical grounds, its consequences seem to me to be fantastic if we imagine it applied to the present world where this supposedly given wage level is at the same time the subject of political strife. It would mean that the whole mechanism of collective wage bargaining would in the future be used exclusively to raise wages, while any reduction–even if it were necessary only in one particular industry–would have to be brought about by monetary means. I doubt whether such a proposal could ever have been seriously entertained except in a country and in a period where labour has been for long on the defensive. It is difficult to imagine how wage negotiations would be carried on if it became the recognised duty of the monetary authority to offset any unfavourable effect of a rise in wages on the competitive position of national industries on the world market. But of one thing we can probably be pretty certain: that the working class would not be slow to learn that an engineered rise of prices is no less a reduction of wages than a deliberate cut of money wages, and that in consequence the belief that it is easier to reduce by the roundabout method of depreciation the wages of all workers in a country than directly to reduce the money wages of those who are affected by a given change, will soon prove illusory.

(*Monetary Nationalism and International Stability*, pp. 52–53)

- II -
Neglect of Real for Monetary Aspects

7. Keynes's Neglect of Scarcity

Somewhat more careful consideration is needed of what exactly we mean here when we speak of an increase in investment. Strictly speaking, if we start from an initial equilibrium position where the existence of unused resources is excluded by definition, an increase or decrease of investment should always mean a transfer of input from the production of consumers' goods for a nearer date to the production of consumers' goods for a more distant date, or vice versa. But where we assume that this diversion of input from one kind of production to another is accompanied, and in part brought about, by changes in total money expenditure, we cannot at the same time assume that prices will remain unchanged. It is, however, neither necessary nor advisable to adhere for our present purposes to so rigid a type of equilibrium assumption. At any rate, so far as concerns the impact effects of a rise in investment demand which we discussed in the last chapter, there is no reason why we should not assume that the additional input which is being invested has previously been unemployed, so that the increase in investment means a corresponding increase in the employment of all sorts of resources without any increase of prices and without a decrease in the production of consumers' goods. This assumption simply means that there are certain limited quantities of various resources available which have been offered but not bought at current prices, but which would be employed as soon as demand at existing prices rose. And since the amount of such resources will always be limited, the effect of making this assumption will be that we must distinguish between the effects which an increase of investments and income will have while there are unused resources of all kinds available and the effects which such an increase will have after the various resources become successively scarce and their prices begin to rise.

Investment Demand and Incomes

The initial change from which we started our discussion in the last chapter, an invention which gives rise to a new demand for capital, means that with given prices the margin between the cost of production and the price of the product produced with the new process will be higher than the ruling rate of profit, i.e., that the marginal rate of profit on the former volume of production will have risen. The first result of this, as we have seen, will be that investment will increase, the marginal rate of profit will fall, and the cash balances will decrease till the desire for holding the marginal units of the decreased cash balances is again just balanced by the higher profits which may be obtained by investing them. This new rate of profit will be somewhere between the old rate and the higher rate which would exist if investment had not increased. But since this additional investment has been financed by a release of money out of idle balances, incomes will have increased, and as a consequence the demand for consumers' goods will also increase, although probably not to the full extent, as some of the additional income is likely to be saved.

If we assume that there are unused resources available not only in the form of factors of production but also in the form of consumers' goods in all stages of completion, and so long as this is the case, the increase in the demand for consumers' goods will for sometime lead merely to an increase in sales without an increase of prices. Such an increase of the quantity of output which can be sold at given prices will have the effect of raising the investment demand further, or, more exactly, of shifting our returns curve to the right without changing its shape. The amount that it will appear profitable to borrow and invest at any given rate of interest will accordingly increase; and this in turn will mean that, though some more money will be released from idle balances, the rate of interest and the rate of profit will be raised further. And since this process will have raised incomes still further, it will be repeated: that is, every further increase in the demand for consumers' goods will lead to some further increase of investment and some further increase of the rate of profit. But at every stage of this process some part of the additional income will be saved, and as rates of interest rise, any given increase in final demand will lead to proportionally less investment. (Or, what is really the same phenomenon, only seen from a different angle, successive increases of investment demand will lead to the release of decreasing amounts of money from idle balances.) So the process will gradually slow down and finally come to a stop.

Final Position of Rate of Return

Where will the rate of interest be fixed in this final equilibrium? If we assume the quantity of money to have remained constant, it will evidently be above the rate which ruled before the initial change occurred and even above the somewhat higher impact rate which ruled immediately after the change occurred, since every revolution of the process we have been considering will have raised it a little further. But under our present assumptions there is no reason why, even when this process comes to an end, the rate of interest need have risen to the full extent to which it would have risen in the beginning had the supply of investible funds been entirely inelastic. Thus, under the conditions we have considered, the release of money from idle balances (and the same would of course be true of an increase in the quantity of money) may keep the rate of profit and interest lastingly below the figure to which it would have risen without any such monetary change.

Let us be quite clear, however, about which of our assumptions this somewhat surprising result is due to. We have assumed that not only the supply of pure input but also the supply of final and intermediate products and of instruments of all kinds was infinitely elastic, so that every increase in demand could be satisfied without any increase of price, or, in other words, that the increase of investment (or we should rather say output) was possible without society in the aggregate or even any single individual having to reduce consumption in order to provide an income for the additional people now employed. Or, in other words, we have been considering an economic system in which not only the permanent resources but also all kinds of non-permanent resources, that is, all forms of capital, were not scarce. There is indeed no reason why the price of capital should rise if there are such unused reserves of capital available, there is even no reason why capital should have a price at all if it were abundant in all its forms. The existence of interest in such a world would indeed be due merely to the scarcity of money, although even money would not be scarce in any absolute sense; it would be scarce only relatively to given prices on which people were assumed to insist. By an appropriate adjustment of the quantity of money the rate of interest could, in such a system, be reduced to practically any level.

Mr. Keynes's Economics of Abundance

Now such a situation, in which abundant unused reserves of all kinds of resources, including all intermediate products, exist, may occasionally prevail in the depths of a depression. But it is certainly not a normal position on which a theory claiming general applicability could be based. Yet it is some such world as this which is treated in Mr. Keynes's *General Theory of Employment, Interest and Money*, which in recent years has created so much stir and confusion among economists and even the wider public. Although the technocrats, and other believers in the unbounded productive capacity of our economic system, do not yet appear to have realised it, what he has given us is really that economics of abundance for which they have been clamouring so long. Or rather, he has given us a system of economics which is based on the assumption that no real scarcity exists, and that the only scarcity with which we need concern ourselves is the artificial scarcity created by the determination of people not to sell their services and products below certain arbitrarily fixed prices. These prices are in no way explained, but are simply assumed to remain at their historically given level, except at rare intervals when "full employment" is approached and the different goods begin successively to become scarce and to rise in price.

Now if there is a well-established fact which dominates economic life, it is the incessant, even hourly, variation in the prices of most of the important raw materials and of the wholesale prices of nearly all foodstuffs. But the reader of Mr. Keynes's theory is left with the impression that these fluctuations of prices are entirely unmotivated and irrelevant, except towards the end of a boom, when the fact of scarcity is readmitted into the analysis, as an apparent exception, under the designation of "bottlenecks". And not only are the factors which determine the relative prices of the various commodities systematically disregarded; it is even explicitly argued that, apart from the purely monetary factors which are supposed to be the sole determinants of the rate of interest, the prices of the majority of goods would be indeterminate. Although this is expressly stated only for capital assets in the special narrow sense in which Mr. Keynes uses this term, that is, for durable goods and securities, the same reasoning would apply to all factors of production. In so far as "assets" in general are concerned the whole argument of the *General Theory* rests on the assumption that their yield only is determined by real factors (i.e., that it is determined by the given prices of their products), and that their price can be determined only by capitalising this yield at a given rate of interest determined solely by monetary factors. This argument, if it were correct, would clearly have to be extended to the prices of all factors of production the price of which is not arbitrarily fixed by monopolists, for their prices would have to be equal to the value of their contribution to the product less interest for the interval for which the factors remained invested. That is, the difference between costs and prices would not be a source of the demand for capital but would be unilaterally determined by a rate of interest which was entirely dependent on monetary influences.

Basic Importance of Scarcity

We need not follow this argument much further to see that it leads to contradictory conclusions. Even in the case we have considered before of an increase in the investment demand due to an invention, the mechanism which restores the equality between profits and interest would be inconceivable without an independent determinant of the prices of the factors of production, namely their scarcity. For, if the prices of the factors were directly dependent on the given rate of interest, no increase in profits could appear, and no expansion of investment would take place, since prices would be automatically marked to make the rate of profit equal to the given rate of interest. Or, if the initial prices were regarded as unchangeable and unlimited supplies of factors were assumed to be available at these prices, nothing could reduce the increased rate of profit to the level of the unchanged rate of interest. It is clear that, if we want to understand at all the mechanism which determines the relation between costs and prices, and therefore the rate of profit, it is to the relative scarcity of the various types of capital goods and of the other factors of production that we must direct our attention, for it is this scarcity which determines their prices. And although there may be, at most times, some goods an increase in demand for which may bring forth some increase in supply without an increase of their prices, it will on the whole be more useful and realistic to assume for the purposes of this investigation that most commodities are scarce, in the sense that any rise of demand will, ceteris paribus, lead to a rise in their prices. We must leave the consideration of the existence of unemployed resources of certain kinds to more specialised investigations of dynamic problems.

This critical excursion was unfortunately made necessary by the confusion which has reigned on this subject since the appearance of Mr. Keynes's *General Theory*.

(*The Pure Theory of Capital*, pp. 370–376)

8. Importance of Real Factors

We will conclude the present treatment by once more stressing the fact that, though in the short run monetary influences may delay the tendencies inherent in the real factors from working themselves out, and temporarily may even reverse these tendencies, it will in the end be the scarcity of real resources relative to demand which will decide what kind of investment, and how much, is profitable. The fundamental fact which guides production, and in which the scarcity of capital expresses itself, is the price of input in terms of output, and this in turn depends on the proportion of income spent on consumers' goods compared with the proportion of income earned from the current production of consumers' goods. These proportions cannot be altered at will by adjustments in the money stream, since they depend on the one hand on the real quantities of the various types of goods in existence, and on the other hand on the way in which people will distribute their income between expenditure on consumers' goods and saving. Neither of these factors can be deliberately altered by monetary policy. As we have seen, any delay by monetary means of the adjustments made necessary by real changes can only have the effect of further accentuating these real changes, and any purely monetary change which in the first instance deflects interest rates in one direction is bound to set up forces which will ultimately change them in the opposite direction.

Significance of Rate of Saving

Ultimately, therefore, it is the rate of saving which sets the limits to the amount of investment that can be successfully carried through. But the effects of the rate of saving do not operate directly on the rate of interest or on the supply of investible funds, which will always be influenced largely by monetary factors. Its main influence is on the demand for investible funds, and here it operates in a direction opposite to that which is assumed by all the under-consumptionist theories.

It will be via investment demand that a change in the rate of saving will affect the volume of investment. Similarly, it will be via investment demand that, if monetary influences should have caused investment to get out of step with saving, the balance will be restored.

If throughout this discussion we have had little occasion to make explicit mention of the rate of saving, this is due to the fact that the effects considered will take place whatever the rate of saving, so long as this is a given magnitude and does not spontaneously change so as to restore the disrupted equilibrium. All that is required to make our analysis applicable is that, when incomes are increased by investment, the share of the additional income spent on consumers' goods during any period of time should be larger than the proportion by which the new investment adds to the output of consumers' goods during the same period of time. And there is of course no reason to expect that more than a fraction of the new income, and certainly not as much as has been newly invested, will be saved, because this would mean that practically all the income earned from the new investment would have to be saved.

The relative prices of the various types of goods and services, and therefore the rate of profit to be earned in their production, will always be determined by the impact of the monetary demand for the various kinds of goods and the supplies of these goods. And unless we study the factors limiting the supplies of these various types of goods,and particularly if we assume, as Mr. Keynes does, that they are all freely reproducible in practically unlimited quantities and without any appreciable lapse of time, we must remain in complete ignorance of the factors guiding production. In long-run equilibrium, the rate of profit and interest will depend on how much of their resources people want to use to satisfy their current needs, and how much they are willing to save and invest. But in the comparatively short run the quantities and kinds of consumers' goods and capital goods in existence must be regarded as fixed, and the rate of profit will depend not so much on the absolute quantity of real capital (however measured) in existence, or on the absolute height of the rate of saving, as on the relation between the proportion of the incomes spent on consumers' goods and the proportion of the resources available in the form of consumers' goods. For this reason it is quite possible that, after a period of great accumulation of capital and a high rate of saving, the rate of profit and the rate of interest may be higher than they were before–if the rate of saving is insufficient compared with the amount of capital which entrepreneurs have attempted to form, or if the demand for consumers' goods is too high compared with the supply. And for the same reason the rate of interest and profit may be higher in a rich community with much capital and a high rate of saving than in an otherwise similar community with little capital and a low rate of saving.

(*The Pure Theory of Capital*, pp. 393–396)

9. Dangers of the Short Run

The importance of the real factors is increasingly disregarded in contemporary discussion. But even without further continuing the discussion of the role money plays in this connection, we are certainly entitled to conclude from what we have already shown that the extent to which we can hope to shape events at will by controlling money is much more limited, that the scope of monetary policy is much more restricted, than is today widely believed. We cannot, as some writers seem to think, do more or less what we please with the economic system by playing on the monetary instrument. In every situation there will in fact always be only one monetary policy which will not have a disequilibrating effect and therefore eventually reverse its short-term influence. That it will always be exceedingly difficult, if not impossible, to know exactly what this policy is does not alter the fact that we cannot hope even to approach this ideal policy unless we understand not only the monetary but also, what are even more important, the real factors that are at work. There is little ground for believing that a system with the modern complex credit structure will ever work smoothly without some deliberate control of the monetary mechanism, since money by its very nature constitutes a kind of loose joint in the self-equilibrating apparatus of the price mechanism which is bound to impede its working–the more so the greater is the play in the loose joint. But the existence of such a loose joint is no justification for concentrating attention on that loose joint and disregarding the rest of the mechanism, and still less for making the greatest possible use of the short-lived freedom from economic necessity which the existence of this loose joint permits. On the contrary, the aim of any successful monetary policy must be to reduce as far as possible this slack in the self-correcting forces of the price mechanism, and to make adaptation more prompt so as to reduce the necessity for a later, more violent, reaction. For this, however, an understanding of the underlying real forces is even more important than an understanding of the monetary surface, just because this surface does not merely hide but often also disrupts the underlying mechanism in the most unexpected fashion. All this is not to deny that in the very short run the scope of monetary policy is very wide indeed. But the problem is not so much what we can do, but what we ought to do in the short run, and on this point a most harmful doctrine has gained ground in the last few years which can only be explained by a complete neglect–or complete lack of understanding–of the real forces at work. A policy has been advocated which at any moment aims at the maximum short-run effect of monetary policy, completely disregarding the fact that what is best in the short run may be extremely detrimental in the long run, because the indirect and slower effects of the short-run policy of the present shape the conditions, and limit the freedom, of the short-run policy of tomorrow and the day after.

Betrayal of Economists' Duty

I cannot help regarding the increasing concentration on short-run effects–which in this context amounts to the same thing as a concentration on purely monetary factors–not only as a serious and dangerous intellectual errors, but as a betrayal of the main duty of the economist and a grave menace to our civilisation. To the understanding of the forces which determine the day-to-day changes of business, the economist has probably little to contribute that the man of affairs does not know better. It used, however, to be regarded as the duty and the privilege of the economist to study and to stress the long-run effects which are apt to be hidden to the untrained eye, and to leave the concern about the more immediate effects to the practical man, who in any event would see only the latter and nothing else. The aim and effect of two hundred years of continuous development of economic thought have essentially been to lead us away from, and "behind", the more superficial monetary mechanism and to bring out the real forces which guide long-run development. I do not wish to deny that the preoccupation with the "real" as distinguished from the monetary aspects of the problems may sometimes have gone too far. But this can be no excuse for the present tendencies which have already gone far towards taking us back to the pre-scientific stage of economics, when the whole working of the price mechanism was not yet understood, and only the problems of the impact of a varying money stream on a supply of goods and services with given prices aroused interest. It is not surprising that Mr. Keynes finds his views anticipated by the mercantilist writers and gifted amateurs: concern with the surface phenomena has always marked the first stage of the scientific approach to our subject. But it is alarming to see that after we have once gone through the process of developing a systematic account of those forces which in the long run determine prices and production, we are now called upon to scrap it, in order to replace it by the short-sighted philosophy of the business man raised to the dignity of a science. Are we not even told that, "since in the long run we are all dead", policy should be guided entirely by short-run considerations? I fear that these believers in the principle of après nous le déluge may get what they have bargained for sooner than they wish.

(*The Pure Theory of Capital*, pp. 407–410)

- Ⅲ -
International versus National Policies

10. A Commodity Reserve Currency

The gold standard as we knew it undoubtedly had some grave defects. But there is some danger that the sweeping condemnation of it which is now the fashion may obscure the fact that it also had some important virtues which most of the alternatives lack. A wisely and impartially controlled system of managed currency for the whole world might, indeed, be superior to it in all respects. But this is not a practical proposition for a long while yet. Compared, however, with the various schemes for monetary management on a national scale, the gold standard had three very important advantages: it created in effect an international currency without submitting national monetary policy to the decisions of an international authority; it made monetary policy in a great measure automatic and thereby predictable; and the changes in the supply of basic money which its mechanism secured were on the whole in the right direction.

The importance of these advantages should not be lightly underestimated. The difficulties of a deliberate coordination of national policies are enormous, because our present knowledge gives us unambiguous guidance in only a few situations, and decisions in which nearly always some interests must be sacrificed to others will have to rest on subjective judgements. Uncoordinated national policies, however, directed solely by the immediate interests of the individual countries, may in their aggregate effect on every country well be worse than the most imperfect international standard. Similarly, though the automatic operation of the gold standard is far from perfect, the mere fact that under the gold standard policy is guided by known rules, and that, in consequence, the action of the authorities can be foreseen, may well make the imperfect gold standard less disturbing than a more rational but less comprehensible policy. The general principle that the production of gold is stimulated when its value begins to rise and discouraged when its value falls is right at least in the direction, if not in the way, in which it operates in practice.

An Irrational but Real Prestige

It will be noticed that none of these points claimed in favour of the gold standard is directly connected with any property inherent to gold. Any internationally accepted standard based on a commodity whose value is regulated by its cost of production would possess essentially the same advantages. What in the past made gold the only substance on which in practice an international standard could be based was mainly the irrational, but no less real factor of its prestige–or, if you will, of the ruling superstitious prejudice in favour of gold, which made it universally more acceptable than anything else. So long as this belief prevailed it was possible to maintain an international currency based on gold without much design or deliberate organisation to support it. But if it was prejudice which made the international gold standard possible, the existence of such a prejudice at least made an international money possible at a time when any international system based on explicit agreement and systematic cooperation was out of the question. It is probably true to say that all the rational arguments which can be advanced in favour of the gold standard apply even more strongly to this proposal, which is at the same time free from most of the defects of the former. In judging the feasibility of the plan, it must, however, not be regarded solely as a scheme for currency reform. It must be borne in mind that the accumulation of commodity reserves is certain to remain part of national policy and that political considerations render it unlikely that the markets for raw commodities will in any future for which we can now plan be left entirely to themselves. All plans aiming at the direct control of the prices of particular commodities are, however, open to the most serious objections and certain to cause grave economic and political difficulties. Even apart from monetary consideration, the great need is for a system under which these controls are taken from the separate bodies which can but act in what is essentially an arbitrary and unpredictable manner and to make the controls instead subject to a mechanical and predictable rule. If this can be combined with the reconstruction of an international monetary system which would once more secure to the world stable international currency relations and a greater freedom in the movement of raw commodities, a great step would have been taken in the direction toward a more prosperous and stable world economy.

("A Commodity Reserve Currency", pp. 176–177)

11. Keynes's Comment on Hayek

There are two complaints which it has been usual to lodge against a rigid gold standard as an instrument to secure stable prices. The first is that it does not provide the appropriate quantity of money. This is the familiar, old-fashioned criticism naturally put forward by adherents of the Quantity Theory. The way to meet it is, obviously, to devise a plan for varying appropriately the quantity of gold or its equivalent–for example, the tabular standard of Marshall sixty years ago, the compensated dollar of Irving Fisher forty years ago, or the commodity standard of Professor Hayek expounded in the article printed above.

The peculiar merit of the Clearing Union as a means of remedying a chronic shortage of international money is that it operates through the velocity, rather than through the volume, of circulation. A volume of money is only required to satisfy hoarding, to provide reserves against contingencies, and to cover inevitable time-lags between buying and spending. If hoarding is discouraged and if reserves against contingencies are provided by facultative over drafts, a very small amount of actually outstanding credit might be sufficient for clearing between well-organised Central Banks. The CU, if it were fully successful, would deal with the quantity of international money by making any significant quantity unnecessary. The system might be improved, of course, by further increasing the discouragements to hoarding.

Conditions for National Price Stability

On another view, however, each national price-level is primarily determined by the relation of the national wage-level to the national efficiency; or, more generally, by the relation of money-costs to efficiency in terms of the national unit of currency. And if price-levels are determined by money-costs, it follows that whilst an appropriate quantity of money is a necessary condition of stable prices, it is not a sufficient condition. For prices can only be stabilised by first stabilising the relation of money-wages (and other costs) to efficiency.

The second (and more modern) complaint against the gold standard is, therefore, that it attempts to confine the natural tendency of wages to rise beyond the limits set by the volume of money, but can only do so by the weapon of deliberately creating unemployment. This weapon the world, after a good try, has decided to discard. And this complaint may be just as valid against a new standard which aims at providing the quantity of money appropriate to stable prices, as it is against the old gold standard.

In the field of price stabilisation international currency projects have, therefore, as I conceive it, only a limited objective. They do not aim at stable prices as such. For international prices which are stable in terms of unitas or bancor cannot be translated into stable national price-levels except by the old gold standard methods of influencing the level of domestic money-costs. And, failing this, there is not much point in an international price-level providing stability in terms of an international unit which is not reflected in a corresponding stability of the actual price-levels of member countries.

Different National Policies Needed

The primary aim of an international currency scheme should be, therefore, to prevent not only those evils which result from a chronic shortage of international money due to the draining of gold into creditor countries but also those which follow from countries failing to maintain stability of domestic efficiency-costs and moving out of step with one another in their national wage-policies without having at their disposal any means of orderly adjustment. And if orderly adjustment is allowed, that is another way of saying that countries may be allowed by the scheme, which is not the case with the gold standard, to pursue, if they choose, different wage policies and, therefore, different price policies.

Thus the more difficult task of an international currency scheme, which will only be fully solved with the aid of experience, is to deal with the problem of members getting out of step in their domestic wage and credit policies. To meet this it can be provided that countries seriously out of step (whether too fast or too slow) may be asked in the first instance to reconsider their policies. But, if necessary (and it will be necessary, if efficiency wage-rates move at materially different rates), exchange rates will have to be altered so as to reconcile a particular national policy to the average pace. If the initial exchange-rates are fixed correctly, this is likely to be the only important disequilibrium for which a change in exchange rates is the appropriate remedy.

It follows that an international currency scheme can work to perfection within the field of maintaining exchange stability, and yet prices may move substantially. If wages and prices double everywhere alike, international exchange equilibrium is undisturbed. If efficiency wage-rates in a particular country rise ten percent more than the norm, then it is that there is trouble which needs attention.

The fundamental reason for thus limiting the objectives of an international currency scheme is the impossibility, or at any rate, the undesirability, of imposing stable price-levels from without. The error of the gold standard lay in submitting national wage-policies to outside dictation. It is wiser to regard stability (or otherwise) of internal prices as a matter of internal policy and politics. Commodity standards which try to impose this from without will break down just as surely as the rigid gold-standard.

Some countries are likely to be more successful than others in preserving stability of internal prices and efficiency wages–and it is the offsetting of that inequality of success which will provide an international organisation with its worst headaches. A communist country is in a position to be very successful.

Some people argue that a capitalist country is doomed to failure because it will be found impossible in conditions of full employment to prevent a progressive increase of wages. According to this view severe slumps and recurrent periods of unemployment have been hitherto the only effective means of holding efficiency wages within a reasonably stable range.

Whether this is so remains to be seen. The more conscious we are of this problem, the likelier shall we be to surmount it.

("The Objective of International Price Stability", pp. 185–187)

12. F. D. Graham's Criticism of Keynes

The issues raised in Lord Keynes's reply to Professor F.A. Hayek's article on a commodity reserve currency, in a recent issue of *Economic Journal*, seem worthy of more extended discussion.

It will perhaps do no great injustice to Professor Hayek's views to assert that he brought the great weight of his authority to an all but unqualified support of the proposal to give free coinage to warehouse receipts covering representative bales of the standard storable raw materials of industry and trade.

Professor Hayek believes that the defects of the gold standard lay not in conception, but in adequacy to its task. The gold standard always operated in the right direction, but not with sufficient power or speed. Whenever the public showed an increasing preference for liquidity–with a consequent fall in the price level–the mining of gold was stimulated in compensation of the unemployment with which other industries were then afflicted. But the relative unimportance of gold mining as an employer of labour, or its complete absence from many economies, reduced this compensation to negligible importance everywhere but in South Africa. The gold standard also operated, at long last, to check any secular trend in the price level through the increase in the rate of gold supply which attended a rise in the real value of gold, and the reduction in the rate of gold supply which occurred when the real value of gold fell off. But, if the nineteenth century may be taken as a criterion, the attendant "cycle" takes something like a quarter of a century to run its course.

Though the gold standard thus tended towards the maintenance of full employment, and to the preservation of a stable price level, the tendency in both cases was so faint as to be of no practical importance. Professor Hayek and other advocates of a commodity reserve standard assert that it would greatly ameliorate, if not completely cure, these defects of adequacy in its gold counterpart.

The "Natural Tendency of Wages"

Lord Keynes, I take it, is not concerned to deny these asserted virtues of a commodity reserve standard, but says that it is open, along with the gold standard, to another, more modern and, one gathers, more important, objection, in that it would attempt "to confine the natural tendency of wages to rise beyond the limits set by the volume of money", and that it could do so only by deliberately creating unemployment.

I do not know what Lord Keynes means by the "natural" tendency of wages to rise beyond the limits set by the volume of money, unless it is that the wage-earner would always like to have higher money wages than he can currently earn on the basis of a stable price level, and that no one is in a position to prevent his getting them. This would certainly be news to Karl Marx, and if both Marx and Keynes were right in their day and generation, the proletariat has surely come into its own, and more, in a way that Marx never envisaged. The degree in which it is true that there is any "natural" tendency towards an increase of money wages per unit of output is, of course, a matter of time, place and circumstance, and what should be done about it, in any given case, is a political rather than an economic problem. The problem, that is, does not at all touch the question as to whether the commodity reserve standard is an economically good monetary standard, but is solely concerned with its reception by a politically potent group.

That Lord Keynes is under no illusions about the dangers of appeasement of such a group is shown by the fact that, in his concluding paragraph, he says that "some people argue that a capitalist country is doomed to failure because it will be found impossible in conditions of full employment to prevent a progressive increase in wages" (beyond the point which can be sustained without a persistent rise in the price level). Disregarding the query as to whether a country so situated could be called "capitalist", rather than under the domination of a not very enlightened proletariat, it may, perhaps, be at once conceded that there is much to be said for Lord Keynes's contention that, in dealing with the problem, it is essential that any given country have sovereignty over its own monetary arrangements. His opposition to an international stabilisation of prices, imposed from outside on all participating countries, applies, of course, to an international commodity reserve standard with fixed exchange rates. (It applies still more strongly to an international system of unstable prices, with fixed or viscous exchange-rate relationships, since the international price level might then fall rather than rise and would, in any case, inevitably fail to correspond with the varying shifts in independently determined efficiency-wage rates in the several countries.) Since Lord Keynes justifiably believes that the difficulty of securing the allegiance of the wage-earning group to a policy of stable national price levels would be greatly enhanced if it could be made to appear that such a policy was the result of an international convention, rather than of purely national interest, he looks askance at what he believes to be a proposal, through international action, to fasten stable price levels on all participating countries.

Gold Standard "Dictation"

Lord Keynes, however, is, I think, not right in saying that "the error of the gold standard lay in submitting national wage-policies to outside dictation". The original gold standard did not submit wage-policies to dictation, by governing authority anywhere, but made them the resultant of impersonal forces issuing out of the disposition, and potentiality, of individuals to follow what they conceived to be their own interest. This system, as Professor Hayek points out, had many virtues, and we should be badly advised if we should throw away its virtues along with its imperfections. The automaticity of the gold standard was, per se, all to the good, and what we need is a similarly automatic system which will be free of the vices of the traditional gold standard. We should not forget that the once well-nigh universal adhesion to the gold standard was spontaneous rather than imposed, and that it was only after the gold standard had been subjected to varying national management, in an attempt to overcome the original objections against it, that it was abandoned by those countries that could not make their ideas on its management effective, that is, after (unstable) price levels had been imposed from without.

Lord Keynes's assertion that a commodity reserve standard imposed from without (such as he supposes Professor Hayek to endorse) would break down just as surely as the rigid gold standard, is not obviously true, but I am not concerned to dispute it. Professor Hayek, in his article, fails to state explicitly whether or not he posits fixed exchange rates of all national currencies against the international commodity standard and, therefore, against each other. But if, in line with Professor Hayek's suggestion, some international organisation, such as, e.g., the new "Fund" or the Bank for International Settlements, should offer freely to exchange, both ways, an international currency unit against warehouse receipts covering a designated composite of raw materials,no monetary policy would thereby be imposed on any country. So far as any country chose to keep the exchange value of its own currency fixed, against the international unit and other currencies tied to it, it would automatically have a substantially stable price level. So far, however, as, for one reason or another, it preferred an unstabilised price level, the exchange value of its currency, vis-à-vis the international unit and the currencies of countries with stable exchange rates against that unit, would, as a result of commodity arbitrage, automatically shift in strictly appropriate correspondence with its shifting domestic purchasing power. It seems to me, therefore, that Lord Keynes's argument that an international commodity reserve currency would impose, from without, a price-level policy on any country, or would break down, is quite untenable.

There would seem to be no reason why an international monetary unit of this sort should not be the international currency around which the operations of a Clearing Union, on Lord Keynes's lines, or an international fund, could be centred. Through the concurrent free purchase and sale of gold, at a fixed price in the international currency, the gold value of the international unit could also be fixed, or, what is the same thing, the commodity value of gold would be stabilised. This would avoid all the controversy which would be involved in any proposal to deprive gold of its present, or traditional, functions.

Such a standard would represent a great advance over anything we have had in the past. Not only would it be of great value in connection with international investment, but it would furnish a point d'appui to which any country desirous of stable price levels, and of fixed exchange rates with other like-minded countries, could, by linking its own currency to the international unit through purchase and sale at fixed prices, repair.

Unanchored Medium of Exchange

When once a tie with any and every asset, or group of assets, is abandoned, and resort is had to a pure debt currency, one has, in my judgement, no standard at all, but merely a wholly unanchored medium of exchange and unit of account. Though I have the fullest sympathy with the wage-earner's getting the highest (real) wages possible, in the current state of the industrial arts, it seems to me that any monetary policy which does not confine such tendency as (money) wages may have to rise beyond the limits within which it is possible to preserve a stable price level, provides a very vicious "standard". If Lord Keynes takes the contrary view, he seems to me, in effect, to be plumping for a progressive inflation, wholly in definite as to time and amount. Against any argument for such a currency I would assert that movements in the price level have no functional significance, or that, if they have, we cannot hope to run a satisfactory economic system with price as the regulating mechanism. In that case, the more quickly we go to some not very limited form of responsible totalitarianism the better it will be for all concerned. If we cannot have a distributorily neutral money, any group that can get control of the monetary system will have totalitarian power over the lives and fortunes of their fellows, without any clear recognition of responsibility.

In a perfectly free monetary system, there is, of course, no rate of money wages which would ever, of itself, bring unemployment, since there is nothing to prevent commodity prices from rising (under the stimulus of new issues of money) to whatever level is necessary to cover the stepped-up money cost of the labour factor of production. All of us, moreover, are impatient with the senseless unemployment with which we have so long been afflicted. But, if we refuse even to accept the threat of unemployment under any conditions whatever, we shall, under any “natural” tendency of money wages to rise faster than efficiency, be forced to pay whatever money wages labourers may be pleased to demand and to jack up the price level unendingly to take care of the situation. The knowledge of what unlimited inflation can mean would seem to preclude the prevention, in this way, of a mote of unemployment.

A commodity reserve currency would operate to provide unlimited employment, through the unlimited demand for the commodities in the reserve, provided the workers did not seek to drive money wages above the figure which, at a stable price level, is warranted by their real productivity. They are entitled to so much–not less and not more–and, if we shrink from saying "No" when they press their demands beyond this point, we shall no longer have an economic system, but merely a racket. One may contend, if he will, that to say "No" is a deliberate induction of unemployment, but the answer is that employment will be available if the workers refrain from pushing what, in the circumstances, are quite impossible demands for higher (real) wages. Higher money wages, if granted in the circumstances, would do the workers no good as consumers, since such wages must be compensated by a higher price level, and, even if some slight unemployment were thus prevented, it would be at devastating cost in social freedom.

The Real Problem of Unemployment

Our real problem of unemployment is not that people are denied the opportunity of work at whatever fancy wage they may desire, but that they are denied that opportunity at wages that they could readily earn under conditions of normal liquidity preference. It is the merit of commodity reserves that they would operate to keep the preference for liquidity from rising, or would sate the appetite for it, by offering it freely in such a way as not to interfere with production. It is true, as Lord Keynes says, that "prices can only be stabilised by first stabilising the relation of money wages (and other costs) to efficiency". This is precisely the purpose of commodity reserve money, and I can see no reason for not pursuing it. As the efficiency of labour rises, money wages would tend to rise in correspondence–no more and no less–and there would be a steady tendency towards full employment without a trace of inflation.

It is also true that "international prices which are stable in terms of unitas or bancor [the international unit] cannot be translated into stable national price-levels except by... influencing the level of domestic money-costs". Domestic money-costs would be so influenced, under fixed rates of exchange of a national currency against the international commodity unit, and I see no strong reason for objecting to this consequence. Whatever the objections, or lack of them, the influence would, in any case, not be present if, as pointed out above, the exchange rate of the national against the international unit were left free to move in correspondence with variations in the local currency price of the commodity composite relative to the fixed price in the international currency. If one insists upon an unstabilised price level at home, there is nothing in a stabilised international unit to prevent it, or nothing to prevent other countries having stable price levels if they so desire. No country, therefore, would be any more inhibited in the presence of an international monetary unit of stable value than in the presence of an international unit without anchor, and a stable-value international unit would not interfere in any way with anything that Lord Keynes has proposed in his Clearing Union.

Professor Hayek's "Intransigence"

It is the intransigence of the attitude taken here, and by Professor Hayek, which is, I think, troubling Lord Keynes. To him it seems ruthless to accept, or provoke, unemployment as a means of enforcing adherence to pecuniary purity. How much otherwise avoidable unemployment, he asks, would you be willing to bring about for this purpose? The query reflects not only Lord Keynes's humanitarian concern, but also his doubts as to political possibilities. He thinks that other, less punitive, means must be found if the desired end is to be attained. It would be churlish, and foolish, to deny the cogency of his objections on this point, and the answer, I think, lies in the adoption of a minimum wage policy with a normal yearly increase in the minimum equal to a generously computed expectation of enhancement in the general level of efficiency. Experience goes to show that wages above the minimum will respond, at least proportionately, to any increase in the lowest group, and if, at any time, the expectation of improvement in general efficiency were shown to be over-computed (by the fact or immediate threat of unemployment in the industries producing the goods in the commodity unit), the stated increase in the minimum wage should be temporarily suspended in accordance with appropriate provisions in the legislation. Some such measures as this would reduce the acerbity of disputes over the distribution of income and would promote adjustments in an orderly rather than chaotic manner.

So long as our economic system deviates widely, and in certain respects progressively, from ideally free competition, there is bound to be some friction in the determination of who gets what, and why. So long, moreover, as we preserve anything whatever of the spirit of free contract, the enterpriser must be as free to reject the demands of workers as are the latter to reject the terms that the enterpriser may offer. Any unemployment that may result from this cause is an inevitable phase of freedom. It would be as fatal to freedom to insist that, to avoid any unemployment whatever, the enterpriser must pay whatever monetary wages organised workers may demand, and that the State must so shape its monetary policy as to make this possible, as it would be to insist, to the same end, that workers must accept whatever monetary wage a fascist group of employers might see fit to impose.

("Keynes vs. Hayek on a Commodity Reserve Currency", pp. 422–428)

13. Keynes's Reply to Graham

Professor Graham's statement of my point of view is a very fair one. But in the note on which he comments I expressed myself much more briefly than the nature of the subject matter really allowed. So, to diminish the chances of misunderstandings, there are one or two points I should like to restate and emphasise.

I have no quarrel with a tabular standard as being intrinsically more sensible than gold. My own sympathies have always fallen that way. I hope the world will come to some version of it some time. But the opinion I was expressing was on the level of contemporary practical policy; and on that level I do not feel that this is the next urgent thing or that other measures should be risked or postponed for the sake of it. These are some of my reasons:

1. The immediate task is to discover some orderly, yet elastic, method of linking national currencies to an international currency, whatever the type of international currency may be. So long as national currencies change their values out of step with one another, I doubt if this task is made easier by substituting a tabular standard for gold. Indeed the task of getting an elastic procedure may be made more difficult, since a tabular standard might make rigidity seem more plausible. Perhaps unjustly, I was suspecting Professor Hayek of seeking a new way to satisfy a propensity towards a rigid system.
2. In particular, I doubt the political wisdom of appearing, more than is inevitable in any orderly system, to impose an external pressure on national standards and therefore on wage levels. Of course, I do not want to see money wages

forever soaring upwards to a level to which real wages cannot follow. It is one of the chief tasks ahead of our statesmanship to find a way to prevent this. But we must solve it in our own domestic way, feeling that we are free men, free to be wise or foolish. The suggestion of external pressure will make the difficult psychological and political problem of making good sense prevail still more difficult.

3. This does not strike me as an opportune moment to attack the vested interests of gold holders and gold producers. Why waste one's breath on what the Governments of the United States, Russia, Western Europe and the British Commonwealth are bound to reject?

4. The right way to approach the tabular standard is to evolve a technique and to accustom men's minds to the idea through international buffer stocks. When we have thoroughly mastered the technique of these, which is sufficiently difficult without the further complications of the tabular standard and the oppositions and prejudices which this must overcome, it will be time enough to think again. On buffer stocks I can enthusiastically join forces with Professor Frank Graham and Mr. Benjamin Graham. Though even here I

am beginning to feel a slight reserve about whether just this moment, when many materials are scarce, is the right moment to start; they can so easily be turned into producers' ramps, and if they start that way the prospect of a brilliant improvement will have been prejudiced. All this, I agree, is very low-level talk; for which I apologise. But it was in fact from a low level that I was, in the first instance, addressing Professor Hayek on his dolomite.

("Note by Lord Keynes", pp. 429–430)

- IV -
Wage Rigidities and Inflation

14. Full Employment, Planning and Inflation

In the years that have elapsed since the war, central planning, "full employment", and inflationary pressure have been the three features which have dominated economic policy in the greater part of the world. Of these only full employment can be regarded as desirable in itself. Central planning, direction, or government controls, however we care to call it, is at best a means which must be judged by the results. Inflation, even "repressed inflation", is undoubtedly an evil, though some would say a necessary evil if other desirable aims are to be achieved. It is part of the price we pay for having committed ourselves to a policy of full employment and central planning.

The new fact which has brought about this situation is not a greater desire to avoid unemployment than existed before the war. It is the new belief that a higher level of employment can be permanently maintained by monetary pressure than would be possible without it. The pursuit of a policy based on these beliefs has somewhat unexpectedly shown that inflation and government controls are its necessary accompaniments–unexpected not by all, but by probably the majority of those who advocated those policies.

Full Employment the Main Priority

Full employment policies as now understood are thus the dominant factor of which the other characteristic features of contemporary economic policy are mainly the consequence. Before we can further examine the manner in which central planning, full employment, and inflation interact, we must become clear about what precisely the full employment policies as now practised mean.

Full employment has come to mean that maximum of employment that can be brought about in the short run by monetary pressure. This may not be the original meaning of the theoretical concept, but it was inevitable that it should have come to mean this in practice. Once it was admitted that the momentary state of employment should form the main guide to monetary policy, it was inevitable that any degree of unemployment which might be removed by monetary pressure should be regarded as sufficient justification for applying such pressure. That in most situations employment can be temporarily increased by monetary expansion has long been known. If this possibility has not always been used, this was because it was thought that by such measures not only other dangers were created, but that long-term stability of employment itself might be endangered by them. What is new about present beliefs is that it is now widely held that so long as monetary expansion creates additional employment, it is innocuous or at least will cause more benefit than harm.

Yet while in practice full employment policies merely mean that in the short run employment is kept somewhat higher than it would otherwise be, it is at least doubtful whether over longer periods they will not in fact lower the level of employment which can be permanently maintained without progressive monetary expansion. These policies are, however, constantly represented as if the practical problem were not this, but as if the choice were between full employment thus defined and the lasting mass unemployment of the 1930s.

The habit of thinking in terms of an alternative between "full employment" and a state of affairs in which there are unemployed factors of all kinds available is perhaps the most dangerous legacy which we owe to the great influence of the late Lord Keynes. That so long as a state of general unemployment prevails, in the sense that unused resources of all kinds exist, monetary expansion can be only beneficial, few people will deny. But such a state of general unemployment is something rather exceptional, and it is by no means evident that a policy which will be beneficial in such a state will also always and necessarily be so in the kind of intermediate position in which an economic system finds itself most of the time, when significant unemployment is confined to certain industries, occupations or localities.

Unemployment and Inadequate Demand

Of a system in a state of general unemployment it is roughly true that employment will fluctuate in proportion with money income, and that if we succeed in increasing money income we shall also in the same proportion increase employment. But it is just not true that all unemployment is in this manner due to an insufficiency of aggregate demand and can be lastingly cured by increasing demand. The causal connection between income and employment is not a simple one-way connection so that by raising income by a certain ratio we can always raise employment by the same ratio. It is all too naïve a way of thinking to believe that, since, if all workmen were employed at current wages, total income would reach such and such a figure, therefore, if we can bring income to that figure, we shall also necessarily have full employment. Where unemployment is not evenly spread, there is no certainty that additional expenditure will go where it will create additional employment. At least the amount of extra expenditure which would have to be incurred before the demand for the kind of services is raised which the unemployed offer may have to be of such a magnitude as to produce major inflationary effects before it substantially increases employment.

If expenditure is distributed between industries and occupations in a proportion different from that in which labour is distributed, a mere increase in expenditure need not increase employment. Unemployment can evidently be the consequence of the fact that the distribution of labour is different from the distribution of demand. In this case the low aggregate money income would have to be considered as a consequence rather than as a cause of unemployment. Even though, during the process of increasing incomes, enough expenditure may “spill over” into the depressed sectors temporarily there to cure unemployment, as soon as the expansion comes to an end the discrepancy between the distribution of demand and the distribution of supply will again show itself. Where the cause of unemployment and of low aggregate incomes is such a discrepancy, only a reallocation of labour can lastingly solve the problem in a free economy.

This raises one of the most crucial and most difficult problems in the whole field: is an inappropriate distribution of labour more likely to be corrected under more or less stable or under expanding monetary conditions? This involves in fact two separate problems: the first is whether demand conditions during a process of expansion are such that, if the distribution of labour adjusted itself to the then existing distribution of demand, this would create employment which would continue after expansion has stopped; the second problem is whether the distribution of labour is more likely to adapt itself promptly to any given distribution of demand under stable or under expansionary monetary conditions, or, in other words, whether labour is more mobile under expanding or under stable monetary conditions.

The answer to the first of these questions is fairly clear. During a process of expansion the direction of demand is to some extent necessarily different from what it will be after expansion has stopped. Labour will be attracted to the particular occupations on which the extra expenditure is made in the first instance. So long as expansion lasts, demand there will always run a step ahead of the consequential increases of demand elsewhere. And in so far as this temporary stimulus to demand in particular sectors leads to a movement of labour, it may well become the cause of unemployment as soon as the expansion comes to an end.

Main Cause of Recurrent Unemployment

Some people may feel doubt about the importance of this phenomenon. To the present writer it seems the main cause of the recurrent waves of unemployment. That during every boom period a greater quantity of factors of production is drawn into the capital goods industries than can be permanently employed there, and that as a result we have normally a greater proportion of our resources specialised in the production of capital goods than corresponds to the share of income which, under full employment, will be saved and be available for investment, seems to him the cause of the collapse which has regularly followed a boom. Any attempt to create full employment by drawing labour into occupations where they will remain employed only so long as credit expansion continues creates the dilemma that either credit expansion must be continued indefinitely (which means inflation), or that, when it stops, unemployment will be greater than it would be if the temporary increase in employment had never taken place.

If the real cause of unemployment is that the distribution of labour does not correspond with the distribution of demand, the only way to create stable conditions of high employment which is not dependent on continued inflation (or physical controls) is to bring about a distribution of labour which matches the manner in which a stable money income will be spent. This depends of course not only on whether during the process of adaptation the distribution of demand is approximately what it will remain, but also on whether conditions in general are conducive to easy and rapid movements of labour.

This leads to the second and more difficult part of our question to which, perhaps, no certain answer can be given, though the probability seems to us to point clearly in one direction. This is the question whether workers will on the whole be more willing to move to new occupations or new localities when general demand is rising, or whether mobility is likely to be greater when total demand is approximately constant. The main difference between the two cases is that in the former the inducement to move will be the attraction of a higher wage elsewhere, while in the second case it will be the inability to earn the accustomed wages or to find any employment in the former occupation which will exercise a push. The former method is, of course, the more pleasant, and it is usually also represented as the more effective.

It is this latter belief which I am inclined to question. That the same wage differentials which in the long run would attract the necessary greater number of new recruits to one industry rather than another will not suffice to tempt workers already established in the latter to move is in itself not surprising. As a rule the movement from job to job involves expenditure and sacrifices which may not be justified by a mere increase in wages. So long as the worker can count on his accustomed money wage in his current job, he will be understandably reluctant to move. Even if, as would be inevitable under an expansionist policy which aimed at bringing about the adjustment entirely by raising some wages without allowing others to fall, the constant money wages meant a lower real wage, the habit of thinking in terms of money wages would deprive such a fall of real wages of most of its effectiveness. It is curious that those disciples of Lord Keynes who in other connections make such constant use of this consideration regularly fail to see its significance in this context.

To aim at securing to men who in the social interest ought to move elsewhere the continued receipt of their former wages can only delay movements which ultimately must take place. It should also not be forgotten that in order to give all the men formerly employed continued employment in a relatively declining industry, the general level of wages in that industry will have to fall more than would be necessary if some of the workers moved away from it.

What is so difficult here for the layman to understand is that to protect the individual against the loss of his job may not be a way to decrease unemployment but may over longer periods rather decrease the number which can be employed at given wages. If a policy is pursued over a long period which postpones and delays movements, which keeps people in their old jobs who ought to move elsewhere, the result must be that what ought to have been a gradual process of change becomes in the end a problem of the necessity of mass transfers within a short period. Continued monetary pressure which has helped people to earn an unchanged money wage in jobs which they ought to have left will have created accumulated arrears of necessary changes which, as soon as monetary pressure ceases, will have to be made up in a much shorter space of time and then result in a period of acute mass unemployment which might have been avoided.

Expansion May Hinder Adjustment

All this applies not only to those maldistributions of labour which arise in the course of ordinary industrial fluctuations, but even more to the task of large-scale reallocations of labour such as arise after a great war or as a result of a major change in the channels of international trade. It seems highly doubtful whether the expansionist policies pursued since the war in most countries have helped and not rather hindered that adjustment to radically changed conditions of world trade which have become necessary. Especially in the case of Great Britain the low unemployment figures during recent years may be more a sign of a delay in necessary change than of true economic balance.

The great problem in all those instances is whether such a policy, once it has been pursued for years, can still be reversed without serious political and social disturbances. As a result of these policies, what not very long ago might merely have meant a slightly higher unemployment figure, might now, when the employment of large numbers has become dependent on the continuation of these policies, be indeed an experiment which politically is unbearable.

Full employment policies, as at present practised, attempt the quick and easy way of giving men employment where they happen to be, while the real problem is to bring about a distribution of labour which makes continuous high employment without artificial stimulus possible. What this distribution is we can never know beforehand. The only way to find out is to let the unhampered market act under conditions which will bring about a stable equilibrium between demand and supply. But the very full employment policies make it almost inevitable that we must constantly interfere with the free play of the forces of the market and that the prices which rule during such an expansionary policy, and to which supply will adapt itself, will not represent a lasting condition. These difficulties, as we have seen, arise from the fact that unemployment is never evenly spread throughout the economic system, but that, at the time when there may still be substantial unemployment in some sectors, there may exist acute scarcities in others. The purely fiscal and monetary measures on which current full employment policies rely are, however, by themselves indiscriminate in their effects on the different parts of the economic system. The same monetary pressure which in some parts of the system might merely reduce unemployment will in others produce definite inflationary effects. If not checked by other measures, such monetary pressure might well set up an inflationary spiral of prices and wages long before unemployment has disappeared, and–with present nation wide wage bargaining–the rise of wages may threaten the results of the full employment policy even before it has been achieved.

As is regularly the case in such circumstances, the governments will then find themselves forced to take measures to counteract the effects of their own policy. The effects of the inflation have to be contained or "repressed" by direct controls of prices and of quantities produced and sold: the rise of prices has to be prevented by imposing maximum prices and the resulting scarcities must be met by a system of rationing, priorities and allocations.

The manner in which inflation leads a government into a system of overall controls and central planning is by now too well known to need elaboration. It is usually a particularly pernicious kind of planning, because not thought out beforehand but applied piecemeal as the unwelcome results of inflation manifest themselves. A government which uses inflation as an instrument of policy but wants it to produce only the desired effects is soon driven to control ever increasing parts of the economy.

(*Studies in Philosophy, Politics and Economics*, pp. 270–276)

15. Inflation Resulting From Downward Inflexibility of Wages

Contrary to what is widely believed, the crucial result of the "Keynesian Revolution" is the general acceptance of a factual assumption and, what is more, of an assumption which becomes true as a result of its being generally accepted. The Keynesian theory, as it has developed during the last twenty years, has become a formal apparatus which may or may not be more convenient to deal with the facts than classical monetary theory; this is not our concern here. The decisive assumption on which Keynes's original argument rested and which has since ruled policy is that it is impossible ever to reduce the money wages of a substantial group of workers without causing extensive unemployment. The conclusion which Lord Keynes drew from this, and which the whole of his theoretical system was intended to justify, was that since money wages can in practice not be lowered, the adjustment necessary, whenever wages have become too high to allow "full employment", must be effected by the devious process of reducing the value of money. A society which accepts this is bound for a continuous process of inflation.

Importance of Relative Wages

This consequence is not at once apparent within the Keynesian system because Keynes and most of his followers are arguing in terms of a general wage level while the chief problem appears only if we think in terms of the relative wages of the different (sectional or regional) groups of workers. Relative wages of the different groups are bound to change substantially in the course of economic development. But if the money wage of no important group is to fall, the adjustment of the relative position must be brought about exclusively by raising all other money wages. The effect must be a continuous rise in the level of money wages greater than the rise of real wages, i.e., inflation. One need only consider the normal year-by-year dispersion of wage changes of the different groups in order to realise how important this factor must be.

The twelve years since the end of the war have in fact in the whole Western world been a period of more or less continuous inflation. It does not matter how far this was entirely the result of deliberate policy or the product of the exigencies of government finance. It certainly has been a very popular policy since it has been accompanied by great prosperity over a period of probably unprecedented length. The great problem is whether by the same means prosperity can be maintained indefinitely–or whether an attempt to do so is not bound sooner or later to produce other results which in the end must become unbearable.

The point which tends to be overlooked in current discussion is that inflation acts as a stimulus to business only in so far as it is unforeseen, or greater than expected. Rising prices by themselves, as has often been seen, are not necessarily a guarantee of prosperity. Prices must turn out to be higher than they were expected to be, in order to produce profits larger than normal. Once a further rise of prices is expected with certainty, competition for the factors of production will drive up costs in anticipation. If prices rise no more than expected there will be no extra profits, and if they rise less, the effect will be the same as if prices fell when they had been expected to be stable.

On the whole the post-war inflation has been unexpected or has lasted longer than expected. But the longer inflation lasts, the more it will be generally expected to continue; and the more people count on a continued rise of prices, the more must prices rise in order to secure adequate profits not only to those who would earn them without inflation but also to those who would not. Inflation greater than expected secures general prosperity only because those who without it would make no profit and be forced to turn to something else are enabled to continue with their present activities. A cumulative inflation at a progressive rate will probably secure prosperity for a fairly long time, but not inflation at a constant rate. We need hardly inquire why inflation at a progressive rate cannot be continued indefinitely: long before it becomes so fast as to make any reasonable calculation in the expanding currency impracticable and before it will be spontaneously replaced by some other medium of exchange, the inconvenience and injustice of the rapidly falling value of all fixed payments will produce irresistible demands for a halt–irresistible, at least, when people understand what is happening and realise that a government can always stop inflation. (The hyper-inflations after the First World War were tolerated only because people were deluded into believing that the increase of the quantity of money was not a cause but a necessary consequence of the rise of prices.)

We can therefore not expect inflation-borne prosperity to last indefinitely. We are bound to reach a point at which the source of prosperity which inflation now constitutes will no longer be available.Nobody can predict when this point will be reached, but come it will. Few things should give us greater concern than the need to secure an arrangement of our productive resources which we can hope to maintain at a reasonable level of activity and employment when the stimulus of inflation ceases to operate.

Inflation–A Vicious Circle

Yet the longer we have relied on inflationary expansion to secure prosperity, the more difficult that task will be. We shall be faced not only with an accumulated backlog of delayed adjustments–all those businesses which have been kept above water only by continued inflation. Inflation also becomes the active cause of new "misdirections" of production, i.e., it induces new activities which will continue to be profitable only so long as inflation lasts. Especially when the additional money first becomes available for investment activities, these will be increased to a volume which cannot be maintained once only current savings are available to feed them.

The conception that we can maintain prosperity by keeping

final demand always increasing a jump ahead of costs must sooner or later prove an illusion, because costs are not an independent magnitude but are in the long run determined by the expectations of what final demand will be. And to secure "full employment" even an excess of "aggregate demand" over "aggregate costs" may not lastingly be sufficient, since the volume of employment depends largely on the magnitude of investment and beyond a certain point an excessive final demand may act as a deterrent rather than as a stimulus to investment.

I fear that those who believe that we have solved the problem of permanent full employment are in for a serious disillusionment. This is not to say that we need have a major depression. A transition to more stable monetary conditions by gradually slowing down inflation is probably still possible. But it will hardly be possible without a significant decrease of employment of some duration. The difficulty is that in the present state of opinion any noticeable increase of unemployment will at once be met by renewed inflation. Such attempts to cure unemployment by further doses of inflation will probably be temporarily successful and may even succeed several times if the inflationary pressure is massive enough. But this will merely postpone the problem and in the meantime aggravate the inherent instability of the situation.

In a short paper on the twenty years' outlook there is no space to consider the serious but essentially short-term problem of how to get out of a particular inflationary spell without producing a major depression. The long-term problem is how we are to stop the long term and periodically accelerated inflationary trend which will again and again raise that problem. The essential point is that it must be once more realised that the employment problem is a wage problem and that the Keynesian device of lowering real wages by reducing the value of money when wages have become too high for full employment will work only so long as the workers let themselves be deceived by it. It was an attempt to get round what is called the "rigidity" of wages which could work for a time but which in the long run has only made this obstacle to a stable monetary system greater than it had been. What is needed is that the responsibility for a wage level which is compatible with a high and stable level of employment should again be squarely placed where it belongs: with the trade unions. The present division of responsibility where each union is concerned only with obtaining the maximum rate of money wages without regard to the effect on employment, and the monetary authorities are expected to supply whatever increases of money income are required to secure full employment at the resulting wage level, must lead to continuous and progressive inflation. We are discovering that by refusing to face the wage problem and temporarily evading the consequences by monetary deception, we have merely made the whole problem much more difficult. The long-run problem remains the restoration of a labour market which will produce wages which are compatible with stable money. This means that the full and exclusive responsibility of the monetary authorities for inflation must once more be recognised. Though it is true that, so long as it is regarded as their duty to supply enough money to secure full employment at any wage level, they have no choice and their role becomes a purely passive one, it is this very conception which is bound to produce continuous inflation. Stable monetary conditions require that the stream of money expenditure is the fixed datum to which prices and wages have to adapt themselves, and not the other way round.

The State of Public Opinion

Such a change of policy as would be required to prevent progressive inflation, and the instability and recurrent crises it is bound to produce, presupposes, however, a change in the still predominant state of opinion. Though a 7 percent Bank rate in the country where they originated and were most consistently practised proclaims loudly the bankruptcy of Keynesian principles, there is yet little sign that they have lost their sway over the generation that grew up in their heyday. But quite apart from this intellectual power they still exercise, they have contributed so much to strengthen the position of one of the politically most powerful elements in the country, that their abandonment is not likely to come without a severe political struggle. The desire to avoid this will probably again and again lead politicians to put off the necessity by resorting once more to the temporary way out which inflation offers as the path of least resistance. It will probably be only when the dangers of this path have become much more obvious than they are now that the fundamental underlying problem of union power will really be faced.

(*Studies in Philosophy, Politics and Economics*, pp. 295–299)

16. Labour Unions and Employment

Public policy concerning labour unions has, in little more than a century, moved from one extreme to the other. From a state in which little the unions could do was legal if they were not prohibited altogether, we have now reached a state where they have become uniquely privileged institutions to which the general rules of law do not apply. They have become the only important instance in which governments signally fail in their prime function–the prevention of coercion and violence.

This development has been greatly assisted by the fact that unions were at first able to appeal to the general principles of liberty and then retain the support of the liberals long after all discrimination against them had ceased and they had acquired exceptional privileges. In few other areas are progressives so little willing to consider the reasonableness of any particular measure but generally ask only whether it is "For or against unions" or, as it is usually put, "For or against labour". Yet the briefest glance at the history of the unions should suggest that the reasonable position must lie somewhere between the extremes which mark their evolution.

Changed Character of the Problem

Most people, however, have so little realisation of what has happened that they still support the aspirations of the unions in the belief that they are struggling for "freedom of association", when this term has in fact lost its meaning and the real issue has become the freedom of the individual to join or not to join a union. The existing confusion is due in part to the rapidity with which the character of the problem has changed; in many countries voluntary associations of workers had only just become legal when they began to use coercion to force unwilling workers into membership and to keep non-members out of employment. Most people probably still believe that a "labour dispute" normally means a disagreement about remuneration and the conditions of employment, while as often as not its sole cause is an attempt on the part of the unions to force unwilling workers to join.

The acquisition of privilege by the unions has nowhere been as spectacular as in Britain, where the Trade Disputes Act of 1906 conferred

upon a trade union a freedom from civil liability for the

> commission of even the most heinous wrong by the union or its servant, and in short confer[red] upon every trade union a privilege and protection not possessed by any other person or body of persons, whether corporate or incorporate.

Similar friendly legislation helped the unions in the United States, where first the Clayton Act of 1914 exempted them from the antimonopoly provisions of the Sherman Act; the Norris-La Guardia Act of 1932 "went a long way to establish practically complete immunity of labour organisations for torts"; and, finally, the Supreme Court in a crucial decision sustained "the claim of a union to the right to deny participation in the economic world to an employer". More or less the same situation had gradually come to exist in most European countries by the 1920s, "less through explicit legislative permission than by the tacit toleration by authorities and courts". Everywhere the legalisation of unions was interpreted as a legalisation of their main purpose and as recognition of their right to do whatever seemed necessary to achieve this purpose–namely, monopoly. More and more they came to be treated not as a group which was pursuing a legitimate selfish aim and which, like every other interest, must be kept in check by competing interests possessed of equal rights, but as a group whose aim–the exhaustive and comprehensive organisation of all labour–must be supported for the good of the public.

Although flagrant abuses of their powers by the unions have often shocked public opinion in recent times and uncritical pro-union sentiment is on the wane, the public has certainly not yet become aware that the existing legal position is fundamentally wrong and that the whole basis of our free society is gravely threatened by the powers arrogated by the unions. We shall not be concerned here with those criminal abuses of union power that have lately attracted much attention in the United States, although they are not entirely unconnected with the privileges that unions legally enjoy. Our concern will be solely with those powers that unions today generally possess, either with the explicit permission of the law or at least with the tacit toleration of the law-enforcing authorities. Our argument will not be directed against labour unions as such; nor will it be confined to the practices that are now widely recognised as abuses. But we shall direct our attention to some of their powers which are now widely accepted as legitimate, if not as their "sacred rights". The case against these is strengthened rather than weakened by the fact that unions have often shown much restraint in exercising them. It is precisely because, in the existing legal situation, unions could do infinitely more harm than they do, and because we owe it to the moderation and good sense of many union leaders that the situation is not much worse, that we cannot afford to allow the present state of affairs to continue.

Union Coercion of Fellow Workers

It cannot be stressed enough that the coercion which unions have been permitted to exercise contrary to all principles of freedom under the law is primarily the coercion of fellow workers. Whatever true coercive power unions may be able to wield over employers is a consequence of this primary power of coercing other workers; the coercion of employers would lose most of its objectionable character if unions were deprived of this power to exact unwilling support. Neither the right of voluntary agreement between workers nor even their right to withhold their services in concert is in question. It should be said, however, that the latter–the right to strike–though a normal right, can hardly be regarded as an inalienable right. There are good reasons why in certain employments it should be part of the terms of employment that the worker should renounce this right; i.e., such employments should involve long-term obligations on the part of the workers, and any concerted attempts to break such contracts should be illegal.

It is true that any union effectively controlling all potential workers of a firm or industry can exercise almost unlimited pressure on the employer and that, particularly where a great amount of capital has been invested in specialised equipment, such a union can practically expropriate the owner and command nearly the whole return of his enterprise. The decisive point, however, is that this will never be in the interest of all workers–except in the unlikely case where the total gain from such action is equally shared among them, irrespective of whether they are employed or not–and that, therefore, the union can achieve this only by coercing some workers against their interest to support such a concerted move.

The reason for this is that workers can raise real wages above the level that would prevail on a free market only by limiting the supply, that is, by withholding part of labour. The interest of those who will get employment at the higher wage will therefore always be opposed to the interest of those who, in consequence, will find employment only in the less highly-paid jobs or who will not be employed at all.

The fact that unions will ordinarily first make the employer agree to a certain wage and then see to it that nobody will be employed for less makes little difference. Wage fixing is quite as effective a means as any other of keeping out those who could be employed only at a lower wage. The essential point is that the employer will agree to the wage only when he knows that the union has the power to keep out others. As a general rule, wage fixing (whether by unions or by authority) will make wages higher than they would otherwise be only if they are also higher than the wage at which all willing workers can be employed.

Wage Increases at Expense of Others

Though unions may still often act on a contrary belief, there can now be no doubt that they cannot in the long run increase real wages for all wishing to work above the level that would establish itself in a free market–though they may well push up the level of money wages, with consequences that will occupy us later. Their success in raising real wages beyond that point, if it is to be more than temporary, can benefit only a particular group at the expense of others. It will therefore serve only a sectional interest even when it obtains the support of all. This means that strictly voluntary unions, because their wage policy would not be in the interest of all workers, could not long receive the support of all. Unions that had no power to coerce outsiders would thus not be strong enough to force up wages above the level at which all seeking work could be employed, that is, the level that would establish itself in a truly free market for labour in general.

But, while the real wages of all the employed can be raised by union action only at the price of unemployment, unions in particular industries or crafts may well raise the wages of their members by forcing others to stay in less well-paid occupations. How great a distortion of the wage structure this in fact causes is difficult to say. If one remembers, however, that some unions find it expedient to use violence in order to prevent any influx into their trade and that others are able to charge high premiums for admission (or even to reserve jobs in the trade for children of present members), there can be little doubt that this distortion is considerable. It is important to prosperous and highly-paid occupations and that they will therefore result in the exploitation of the relatively poor by the better-off. Even though within the scope of any one union its actions may tend to reduce differences in remuneration, there can be little doubt that, so far as relative wages in major industries and trades are concerned, unions today are largely responsible for an inequality which has no function and is entirely the result of privilege. This means that their activities necessarily reduce the productivity of labour all around and therefore also the general level of real wages; because, if union action succeeds in reducing the number of workers in the highly-paid jobs and in increasing the number of those who have to stay in the less remunerative ones, the result must be that the overall average will be lower. It is, in fact, more than likely that, in countries where unions are very strong, the general level of real wages is lower than it would otherwise be. This is certainly true of most countries of Europe, where union policy is strengthened by the general use of restrictive practices of a "make-work" character.

If many still accept as an obvious and undeniable fact

that the general wage level has risen as fast as it has done because of the efforts of the unions, they do so in spite of these unambiguous conclusions of theoretical analysis–and in spite of empirical evidence to the contrary. Real wages have often risen much faster when unions were weak than when they were strong; furthermore, even the rise in particular trades or industries where labour was not organised has frequently been much faster than in highly organised and equally prosperous industries. The common impression to the contrary is due partly to the fact that wage gains, which are today mostly obtained in union negotiations, are for that reason regarded as obtainable only in this manner and even more to the fact that, as we shall presently see, union activity does in fact bring about a continuous rise in money wages exceeding the increase in real wages. Such increase in money wages is possible without producing general unemployment only because it is regularly made ineffective by inflation–indeed, it must be if full employment is to be maintained.

Harmful and Dangerous Activities

If unions have in fact achieved much less by their wage

policy than is generally believed, their activities in this field are nevertheless economically very harmful and politically exceedingly dangerous. They are using their power in a manner which tends to make the market system ineffective and which, at the same time, gives them a control of the direction of economic activity that would be dangerous in the hands of government but is intolerable if exercised by a particular group. They do so through their influence on the relative wages of different groups of workers and through their constant upward pressure on the level of money wages, with its inevitable inflationary consequences.

The effect on relative wages is usually greater uniformity and rigidity of wages within any one union-controlled group and greater and non-functional differences in wages between different groups. This is accompanied by a restriction of the mobility of labour, of which the former is either an effect or a cause. We need say no more about the fact that this may benefit particular groups but can only lower the productivity and therefore the incomes of the workers in general. Nor need we stress here the fact that the greater stability of the wages of particular groups which unions may secure is likely to involve greater instability of employment. What is important is that the accidental differences in union power of the different trades and industries will produce not only gross inequalities in remuneration among the workers which have no economic justification but uneconomic disparities in the development of different industries. Socially important industries, such as building, will be greatly hampered in their development and will conspicuously fail to satisfy urgent needs simply because their character offers the unions special opportunities for coercive monopolistic practices. Because unions are most powerful where capital investments are heaviest, they tend to become a deterrent to investment–at present probably second only to taxation. Finally, it is often union monopoly in collusion with enterprise that becomes one of the chief foundations of monopolistic control of the industry concerned.

The chief danger presented by the current development of unionism is that, by establishing effective monopolies in the supply of the different kinds of labour, the unions will prevent competition from acting as an effective regulator of the allocation of all resources. But if competition becomes ineffective as a means of such regulation, some other means will have to be adopted in its place. The only alternative to the market, however, is direction by authority. Such direction clearly cannot be left in the hands of particular unions with sectional interests, nor can it be adequately performed by a unified organisation of all labour, which would thereby become not merely the strongest power in the state but a power completely controlling the state. Unionism as it is now tends, however, to produce that very system of overall socialist planning which few unions want and which, indeed, it is in their best interest to avoid.

Acting against Members' Interests

The unions cannot achieve their principal aims unless they obtain complete control of the supply of the type of labour with which they are concerned; and, since it is not in the interest of all workers to submit to such control, some of them must be induced to act against their own interest. This may be done to some extent through merely psychological and moral pressure, encouraging the erroneous belief that the unions benefit all workers. Where they succeed in creating a general feeling that every worker ought, in the interest of his class, to support union action, coercion comes to be accepted as a legitimate means of making a recalcitrant worker do his duty. Here the unions have relied on a most effective tool, namely, the myth that it is due to their efforts that the standard of living of the working class has risen as fast as it has done and that only through their continued efforts will wages continue to increase as fast as possible–a myth in the assiduous cultivation of which the unions have usually been actively assisted by their opponents. A departure from such a condition can only come from a truer insight into the facts, and whether this will be achieved depends on how effectively economists do their job of enlightening public opinion.

But though this kind of moral pressure exerted by the unions may be very powerful, it would scarcely be sufficient to give them the power to do real harm. Union leaders apparently agree with the students of this aspect of unionism that much stronger forms of coercion are needed if the unions are to achieve their aims. It is the techniques of coercion that unions have developed for the purpose of making membership in effect compulsory, what they call their "organisational activities" (or, in the United States, "union security"–a curious euphemism) that give them real power. Because the power of truly voluntary unions will be restricted to what are common interests of all workers, they have come to direct their chief efforts to the forcing of dissenters to obey their will.

They could never have been successful in this without the support of a misguided public opinion and the active aid of government. Unfortunately, they have to a large extent succeeded in persuading the public that complete unionisation is not only legitimate but important to public policy. To say that the workers have a right to form unions, however, is not to say that the unions have a right to exist independently of the will of the individual workers. Far from being a public calamity, it would indeed be a highly desirable state of affairs if the workers should not feel it necessary to form unions. Yet the fact that it is a natural aim of the unions to induce all workers to join them has been so interpreted as to mean that the unions ought to be entitled to do whatever seems necessary to achieve this aim. Similarly, the fact that it is legitimate for unions to try to secure higher wages has been interpreted to mean that they must also be allowed to do whatever seems necessary to succeed in their effort. In particular, because striking has been accepted as a legitimate weapon of unions, it has come to be believed that they must be allowed to do whatever seems necessary to make a strike successful. In general, the legalisation of unions has come to mean that whatever methods they regard as indispensable for their purposes are also to be treated as legal.

The present coercive powers of unions thus rest chiefly on the use of methods which would not be tolerated for any other purpose and which are opposed to the protection of the individual's private sphere. In the first place, the unions rely–to a much greater extent than is commonly recognised–on the use of the picket line as an instrument of intimidation. That even so-called "peaceful" picketing in numbers is severely coercive and the condoning of it constitutes a privilege conceded because of its presumed legitimate aim is shown by the fact that it can be and is used by persons who themselves are not workers to force others to form a union which they will control, and that it can also be used for purely political purposes or to give vent to animosity against an unpopular person. The aura of legitimacy conferred upon it because the aims are often approved cannot alter the fact that it represents a kind of organised pressure upon individuals which in a free society no private agency should be permitted to exercise.

Next to the toleration of picketing, the chief factor which enables unions to coerce individual workers is the sanction by both legislation and jurisdiction of the closed or union shop and its varieties. These constitute contracts in restraint of trade, and only their exemption from the ordinary rules of law has made them legitimate objects of the “organisational activities” of the unions. Legislation has frequently gone so far as to require not only that a contract concluded by the representatives of the majority of the workers of a plant or industry be available to any worker who wishes to take advantage of it, but that it apply to all employees, even if they should individually wish and be able to obtain a different combination of advantages. We must also regard as inadmissible methods of coercion all secondary strikes and boycotts which are used not as an instrument of wage bargaining but solely as a means of forcing other workers to fall in with union policies.

Most of these coercive tactics of the unions can be practised, moreover, only because the law has exempted groups of workers from the ordinary responsibility of joint action, either by allowing them to avoid formal incorporation or by explicitly exempting their organisations from the general rules applying to corporate bodies. There is no need to consider separately various other aspects of contemporary union policies such as, to mention one, industry-wide or nation-wide bargaining. Their practicability rests on the practices already mentioned, and they would almost certainly disappear if the basic coercive power of the unions were removed.

A Non-coercive Role

It can hardly be denied that raising wages by the use of coercion is today the main aim of unions. Even if this were their sole aim, legal prohibition of unions would, however, not be justifiable. In a free society much that is undesirable has to be tolerated if it cannot be prevented without discriminatory legislation. But the control of wages is even now not the only function of the unions; and they are undoubtedly capable of rendering services which are not only unobjectionable but definitely useful. If their only purpose were to force up wages by coercive action, they would probably disappear if deprived of coercive power. But unions have other useful functions to perform, and, though it would be contrary to all our principles even to consider the possibility of prohibiting them altogether, it is desirable to show explicitly why there is no economic ground for such action and why, as truly voluntary and non-coercive organizations, they may have important services to render. It is in fact more than probable that unions will fully develop their potential usefulness only after they have been diverted from their present anti-social aims by an effective prevention of the use of coercion.

Unions without coercive powers would probably play a useful and important role even in the process of wage determination. In the first place, there is often a choice to be made between wage increases, on the one hand, and, on the other, alternative benefits which the employer could provide at the same cost but which he can provide only if all or most of the workers are willing to accept them in preference to additional pay. There is also the fact that the relative position of the individual on the wage scale is often nearly as important to him as his absolute position. In any hierarchical organisation it is important that the differentials between the remuneration for the different jobs and the rules of promotion are felt to be just by the majority. The most effective way of securing consent is probably to have the general scheme agreed to in collective negotiations in which all the different interests are represented. Even from the employer's point of view it would be difficult to conceive of any other way of reconciling all the different considerations that in a large organisation have to be taken into account in arriving at a satisfactory wage structure. An agreed set of standard terms, available to all who wish to take advantage of them, though not excluding special arrangements in individual cases, seems to be required by the needs of large-scale organisations.

The same is true to an even greater extent of all the general problems relating to conditions of work other than individual remuneration, those problems which truly concern all employees and which, in the mutual interest of workers and employers, should be regulated in a manner that takes account of as many desires as possible. A large organisation must in a great measure be governed by rules, and such rules are likely to operate most effectively if drawn up with the participation of the workers. Because a contract between employers and employees regulates not only relations between them but also relations between the various groups of employees, it is often expedient to give it the character of a multilateral agreement and to provide in certain respects, as in grievance procedure, for a degree of self-government among the employees.

There is, finally, the oldest and most beneficial activity of the unions, in which as "friendly societies" they undertake to assist members in providing against the peculiar risks of their trade. This is a function which must in every respect be regarded as a highly desirable form of self-help, albeit one which is gradually being taken over by the state. We shall leave the question open, however, as to whether any of the above arguments justify unions of a larger scale than that of the plant or corporation.

An entirely different matter, which we can mention here only in passing, is the claim of unions to participation in the conduct of business. Under the name of "industrial democracy" or, more recently, under that of "codetermination", this has acquired considerable popularity, especially in Germany and to a lesser degree in Britain. It represents a curious recrudescence of the ideas of the syndicalist branch of nineteenth-century socialism, the least thought-out and most impractical form of that doctrine. Though these ideas have a certain superficial appeal, they reveal inherent contradictions when examined. A plant or industry cannot be conducted in the interest of some permanent distinct body of workers if it is at the same time to serve the interests of the consumers. Moreover, effective participation in the direction of an enterprise is a full-time job, and anybody so engaged soon ceases to have the outlook and interest of an employee. It is not only from the point of view of the employers, therefore, that such a plan should be rejected; there are very good reasons why in the United States union leaders have emphatically refused to assume any responsibility in the conduct of business. For a fuller examination of this problem we must, however, refer the reader to the careful studies, now available, of all its implications.

Minor Changes in the Law

Though it may be impossible to protect the individual against all union coercion so long as general opinion regards it as legitimate, most students of the subject agree that comparatively few and, as they may seem at first, minor changes in law and jurisdiction would suffice to produce far-reaching and probably decisive changes in the existing situation. The mere withdrawal of the special privileges either explicitly granted to the unions or arrogated by them with the toleration of the courts would seem enough to deprive them of the more serious coercive powers which they now exercise and to channel their legitimate selfish interests so that they would be socially beneficial.

The essential requirement is that true freedom of association be assured and that coercion be treated as equally illegitimate whether employed for or against organisation, by the employer or by the employees. The principle that the end does not justify the means and that the aims of the unions do not justify their exemption from the general rules of law should be strictly applied. Today this means, in the first place, that all picketing in numbers should be prohibited, since it is not only the chief and regular cause of violence but even in its most peaceful forms is a means of coercion. Next, the unions should not be permitted to keep non-members out of any employment. This means that closed- and union-shop contracts (including such varieties as the "maintenance of membership" and "preferential hiring" clauses) must be treated as contracts in restraint of trade and denied the protection of the law. They differ in no respect from the "yellow-dog contract" which prohibits the individual worker from joining a union and which is commonly prohibited by the law.

The invalidating of all such contracts would, by removing the chief objects of secondary strikes and boycotts, make these and similar forms of pressure largely ineffective. It would be necessary, however, also to rescind all legal provisions which make contracts concluded with the representatives of the majority of workers of a plant or industry binding on all employees and to deprive all organised groups of any right of concluding contracts binding on men who have not voluntarily delegated this authority to them. Finally, the responsibility for organised and concerted action in conflict with contractual obligations or the general law must be firmly placed on those in whose hands the decision lies, irrespective of the particular form of organized action adopted.

It would not be a valid objection to maintain that any legislation making certain types of contracts invalid would be contrary to the principle of freedom of contract. We have seen before (in Chap. xv) that this principle can never mean that all contracts will be legally binding and enforceable. It means merely that all contracts must be judged according to the same general rules and that no authority should be given discretionary power to allow or disallow particular contracts. Among the contracts to which the law ought to deny validity are contracts in restraint of trade. Closed- and union-shop contracts fall clearly into this category. If legislation, jurisdiction, and the tolerance of executive agencies had not created privileges for the unions, the need for special legislation concerning them would probably not have arisen in common-law countries. That there is such a need is a matter for regret, and the believer in liberty will regard any legislation of this kind with misgivings. But, once special privileges have become part of the law of the land, they can be removed only by special legislation. Though there ought to be no need for special "right-to-work laws", it is difficult to deny that the situation created in the United States by legislation and by the decisions of the Supreme Court may make special legislation the only practicable way of restoring the principles of freedom.

The specific measures which would be required in any give country to reinstate the principles of free association in the field of labour will depend on the situation created by its individual development. The situation in the United States is of special interest, for here legislation and the decisions of the Supreme Court have probably gone further than elsewhere in legalising union coercion and very far in conferring discretionary and essentially irresponsible powers on administrative authority. But for further details we must refer the reader to the important study by Professor Petro on *The Labor Policy of the Free Society*, in which the reforms required are fully described.

Though all the changes needed to restrain the harmful powers of the unions involve no more than that they be made to submit to the same general principles of law that apply to everybody else, there can be no doubt that the existing unions will resist them with all their power. They know that the achievement of what they at present desire depends on that very coercive power which will have to be restrained if a free society is to be preserved. Yet the situation is not hopeless. There are developments under way which sooner or later will prove to the unions that the existing state cannot last. They will find that, of the alternative courses of further development open to them, submitting to the general principle that prevents all coercion will be greatly preferable in the long run to continuing their present policy; for the latter is bound to lead to one of two unfortunate consequences.

Responsibility for Unemployment

While labour unions cannot in the long run substantially alter the level of real wages that all workers can earn and are, in fact, more likely to lower than to raise them, the same is not true of the level of money wages. With respect to them, the effect of union action will depend on the principles governing monetary policy. What with the doctrines that are now widely accepted and the policies accordingly expected from the monetary authorities, there can be little doubt that current union policies must lead to continuous and progressive inflation. The chief reason for this is that the dominant "full-employment" doctrines explicitly relieve the unions of the responsibility for any unemployment and place the duty of preserving full employment on the monetary and fiscal authorities. The only way in which the latter can prevent union policy from producing unemployment is, however, to counter through inflation whatever excessive rises in real wages unions tend to cause.

In order to understand the situation into which we have been led, it will be necessary to take a brief look at the intellectual sources of the full-employment policy of the "Keynesian" type. The development of Lord Keynes's theories started from the correct insight that the regular cause of extensive unemployment is real wages that are too high. The next step consisted in the proposition that a direct lowering of money wages could be brought about only by a struggle so painful and prolonged that it could not be contemplated. Hence he concluded that real wages must be lowered by the process of lowering the value of money. This is really the reasoning underlying the whole "full-employment" policy, now so widely accepted. If labour insists on a level of money wages too high to allow of full employment, the supply of money must be so increased as to raise prices to a level where the real value of the prevailing money wages is no longer greater than the productivity of the workers seeking employment. In practice, this necessarily means that each separate union, in its attempt to overtake the value of money, will never cease to insist on further increases in money wages and that the aggregate effort of the unions will thus bring about progressive inflation.

This would follow even if individual unions did no more than prevent any reduction in the money wages of any particular group. Where unions make such wage reductions impracticable and wages have generally become, as the economists put it, “rigid downward”, all the changes in relative wages of the different groups made necessary by the constantly changing conditions must be brought about by raising all money wages except those of the group whose relative real wages must fall. Moreover, the general rise in money wages and the resulting increase in the cost of living will generally lead to attempts, even on the part of the latter group, to push up money wages, and several rounds of successive wage increases will be required before any readjustment of relative wages is produced. Since the need for adjustment of relative wages occurs all the time, this process alone produces the wage-price spiral that has prevailed since the second World War, that is, since full-employment policies became generally accepted.

The process is sometimes described as though wage increases directly produced inflation. This is not correct. If the supply of money and credit were not expanded, the wage increases would rapidly lead to unemployment. But under the influence of a doctrine that represents it as the duty of the monetary authorities to provide enough money to secure full employment at any given wage level, it is politically inevitable that each round of wage increases should lead to further inflation. Or it is inevitable until the rise of prices becomes sufficiently marked and prolonged to cause serious public alarm. Efforts will then be made to apply the monetary brakes. But, because by that time the economy will have become geared to the expectation of further inflation and much of the existing employment will depend on continued monetary expansion, the attempt to stop it will rapidly produce substantial unemployment. This will bring a renewed and irresistible pressure for more inflation. And, with ever bigger doses of inflation, it may be possible for quite a long time to prevent the appearance of the unemployment which the wage pressure would otherwise cause. To the public at large it will seem as if progressive inflation were the direct consequence of union wage policy rather than of an attempt to cure its consequences.

Though this race between wages and inflation is likely to go on for some time, it cannot go on indefinitely without people coming to realise that it must somehow be stopped. A monetary policy that would break the coercive powers of the unions by producing extensive and protracted unemployment must be excluded, for it would be politically and socially fatal. But if we do not succeed in time in curbing union power at its source, the unions will soon be faced with a demand for measures that will be much more distasteful to the individual workers, if not the union leaders, than the submission of the unions to the rule of law: the clamour will soon be either for the fixing of wages by government or for the complete abolition of the unions.

Progression to Central Control

In the field of labour, as in any other field, the elimination of the market as a steering mechanism would necessitate the replacement of it by a system of administrative direction. In order to approach even remotely the ordering function of the market, such direction would have to coordinate the whole economy and therefore, in the last resort, have to come from a single central authority. And though such an authority might at first concern itself only with the allocation and remuneration of labour, its policy would necessarily lead to the transformation of the whole of society into a centrally planned and administered system, with all its economic and political consequences.

In those countries in which inflationary tendencies have operated for some time, we can observe increasingly frequent demands for an "overall wage policy". In the countries where these tendencies have been most pronounced, notably in Great Britain, it appears to have become accepted doctrine among the intellectual leaders of the Left that wages should generally be determined by a "unified policy", which ultimately means that government must do the determining. If the market were thus irretrievably deprived of its function, there would be no efficient way of distributing labour throughout the industries, regions, and trades, other than having wages determined by authority. Step by step, through setting up an official conciliation and arbitration machinery with compulsory powers, and through the creation of wage boards, we are moving towards a situation in which wages will be determined by what must be essentially arbitrary decisions of authority.

All this is no more than the inevitable outcome of the present policies of labour unions, who are led by the desire to see wages determined by some conception of "justice" rather than by the forces of the market. But in no workable system could any group of people be allowed to enforce by the threat of violence what it believes it should have. And when not merely a few privileged groups but most of the important sections of labour have become effectively organised for coercive action, to allow each to act independently would not only produce the opposite of justice but result in economic chaos. When we can no longer depend on the impersonal determination of wages by the market, the only way we can retain a viable economic system is to have them determined authoritatively by government. Such determination must be arbitrary, because there are no objective standards of justice that could be applied. As is true of all other prices or services, the wage rates that are compatible with an open opportunity for all to seek employment do not correspond to any assessable merit or any independent standard of justice but must depend on conditions which nobody can control.

Once government undertakes to determine the whole wage structure and is thereby forced to control employment and production, there will be a far greater destruction of the present powers of the unions than their submission to the rule of equal law would involve. Under such a system the unions will have only the choice between becoming the willing instrument of governmental policy and being incorporated into the machinery of government, on the one hand, and being totally abolished, on the other hand. The former alternative is more likely to be chosen, since it would enable the existing union bureaucracy to retain their position and some of their personal power. But to the workers it would mean complete subjection to the control by a corporative state. The situation in most countries leaves us no choice but to await some such outcome or to retrace our steps. The present position of the unions cannot last, for they can function only in a market economy which they are doing their best to destroy.

"Unassailable" Union Powers

The problem of labour unions constitutes both a good test of our principles and an instructive illustration of the consequences if they are infringed. Having failed in their duty of preventing private coercion, governments are now driven everywhere to exceed their proper function in order to correct the results of that failure and are thereby led into tasks which they can perform only by being as arbitrary as the unions. So long as the powers that the unions have been allowed to acquire are regarded as unassailable, there is no way to correct the harm done by them but to give the state even greater arbitrary power of coercion. We are indeed already experiencing a pronounced decline of the rule of law in the field of labour. Yet all that is really needed to remedy the situation is a return to the principles of the rule of law and to their consistent application by legislative and executive authorities.

This path is still blocked, however, by the most fatuous of all fashionable arguments, namely, that "we cannot turn the clock back". One cannot help wondering whether those who habitually use this cliché are aware that it expresses the fatalistic belief that we cannot learn from our mistakes, the most abject admission that we are incapable of using our intelligence. I doubt whether anybody who takes a long range view believes that there is another satisfactory solution which the majority would deliberately choose if they fully understood where the present developments were leading. There are some signs that farsighted union leaders are also beginning to recognise that, unless we are to resign ourselves to the progressive extinction of freedom, we must reverse that trend and resolve to restore the rule of law and that, in order to save what is valuable in their movement, they must abandon the illusions which have guided it for so long.

Nothing less than a rededication of current policy to principles already abandoned will enable us to avert the threatening danger to freedom. What is required is a change in economic policy, for in the present situation the tactical decisions which will seem to be required by the short-term needs of government in successive emergencies will merely lead us further into the thicket of arbitrary controls. The cumulative effects of those palliatives which the pursuit of contradictory aims makes necessary must prove strategically fatal. As is true of all problems of economic policy, the problem of labour unions cannot be satisfactorily solved by ad hoc decisions on particular questions but only by the consistent application of a principle that is uniformly adhered to in all fields. There is only one such principle that can preserve a free society: namely, the strict prevention of all coercion except in the enforcement of general abstract rules equally applicable to all.

(*The Constitution of Liberty*, extracts from Chap. 18)

17. Inflation–A Short-term Expedient

Although there are a few people who deliberately advocate a continuous upward movement of prices, the chief source of the existing inflationary bias is the general belief that deflation, the opposite of inflation, is so much more to be feared that, in order to keep on the safe side, a persistent error in the direction of inflation is preferable. But, as we do not know how to keep prices completely stable and can achieve stability only by correcting any small movement in either direction, the determination to avoid deflation at any cost must result in cumulative inflation. Also, the fact that inflation and deflation will often be local or sectional phenomena which must occur necessarily as part of the mechanism redistributing the resources of the economy means that attempts to prevent any deflation affecting a major area of the economy must result in overall inflation.

Inflation Similar to Drug-taking

It is, however, rather doubtful whether, from a long-term point of view, deflation is really more harmful than inflation. Indeed, there is a sense in which inflation is infinitely more dangerous and needs to be more carefully guarded against. Of the two errors, it is the one much more likely to be committed. The reason for this is that moderate inflation is generally pleasant while it proceeds, whereas deflation is immediately and acutely painful. There is little need to take precautions against any practice the bad effects of which will be immediately and strongly felt; but there is need for precautions wherever action which is immediately pleasant or relieves temporary difficulties involves much greater harm that will be felt only later. There is, indeed, more than a mere superficial similarity between inflation and drug-taking, a comparison which has often been made.

Inflation and deflation both produce their peculiar effects by causing unexpected price changes, and both are bound to disappoint expectations twice. The first time is when prices prove to be higher or lower than they were expected to be and the second when, as must sooner or later happen, these price changes come to be expected and cease to have the effect which their unforeseen occurrence had. The difference between inflation and deflation is that, with the former, the pleasant surprise comes first and the reaction later, while, with the latter, the first effect on business is depressing. The effects of both, however, are self-reversing. For a time the forces which bring about either tend to feed on themselves, and the period during which prices move faster than expected may thus be prolonged. But unless price movements continue in the same direction at an ever accelerating rate, expectations must catch up with them. As soon as this happens, the character of the effects changes.

Inflation at first merely produces conditions in which more people make profits and in which profits are generally larger than usual. Almost everything succeeds, there are hardly any failures. The fact that profits again and again prove to be greater than had been expected and that an unusual number of ventures turn out to be successful produces a general atmosphere favourable to risk-taking. Even those who would have been driven out of business without the windfalls caused by the unexpected general rise in prices are able to hold on and to keep their employees in the expectation that they will soon share in the general prosperity. This situation will last, however, only until people begin to expect prices to continue to rise at the same rate. Once they begin to count on prices being so many percent higher in so many months' time, they will bid up the prices of the factors of production which determine the costs to a level corresponding to the future prices they expect. If prices then rise no more than had been expected, profits will return to normal, and the proportion of those making a profit also will fall; and since, during the period of exceptionally large profits, many have held on who would otherwise have been forced to change the direction of their efforts, a higher proportion than usual will suffer losses.

The stimulating effect of inflation will thus operate only so long as it has not been foreseen; as soon as it comes to be foreseen, only its continuation at an increased rate will maintain the same degree of prosperity. If in such a situation prices rose less than expected, the effect would be the same as that of unforeseen deflation. Even if they rose only as much as was generally expected, this would no longer provide the exceptional stimulus but would lay bare the whole backlog of adjustments that had been postponed while the temporary stimulus lasted. In order for inflation to retain its initial stimulating effect, it would have to continue at a rate always faster than expected.

Accelerating Inflation

We cannot consider here all the complications which make it impossible for adaptations to an expected change in prices ever to become perfect, and especially for long-term and short-term expectations to become equally adjusted; nor can we go into the different effects on current production and on investment which are so important in any full examination of industrial fluctuations. It is enough for our purpose to know that the stimulating effects of inflation must cease to operate unless its rate is progressively accelerated and that, as it proceeds, certain unfavourable consequences of the fact that complete adaptation is impossible become more and more serious. The most important of these is that the methods of accounting on which all business decisions rest make sense only so long as the value of money is tolerably stable. With prices rising at an accelerating rate, the techniques of capital and cost accounting that provide the basis for all business planning would soon lose all meaning. Real costs, profits, or income would soon cease to be ascertainable by any conventional or generally acceptable method. And, with the principles of taxation being what they are, more and more would be taken in taxes as profits that in fact should be reinvested merely to maintain capital.

Inflation thus can never be more than a temporary fillip, and even this beneficial effect can last only as long as somebody continues to be cheated and the expectations of some people unnecessarily disappointed. Its stimulus is due to the errors which it produces. It is particularly dangerous because the harmful after-effects of even small doses of inflation can be staved off only by larger doses of inflation. Once it has continued for some time, even the prevention of further acceleration will create a situation in which it will be very difficult to avoid a spontaneous deflation. Once certain activities that have become extended can be maintained only by continued inflation, their simultaneous discontinuation, may well produce that vicious and rightly feared process in which the decline of some incomes leads to the decline of other incomes, and so forth. From what we know, it still seems probable that we should be able to prevent serious depressions by preventing the inflations which regularly precede them, but that there is little we can do to cure them, once they have set in. The time to worry about depressions is, unfortunately, when they are furthest from the minds of most people.

(*The Constitution of Liberty*, pp. 330–333)

18. Inflation–The Deceit is Short-lived

I certainly have no wish to weaken the case for any arrangement that will force the authorities to do the right thing. The case for such a mechanism becomes stronger as the likelihood of the monetary policy's being affected by considerations of public finance becomes greater; but it would weaken, rather than strengthen, the argument if we exaggerated what can be achieved by it. It is probably undeniable that, though we can limit discretion in this field, we never can eliminate it; in consequence, what can be done within the unavoidable range of discretion not only is very important but is likely in practice to determine even whether or not the mechanism will ever be allowed to operate.

Limited Central Bank Influence

There is one basic dilemma, which all central banks face, which makes it inevitable that their policy must involve much discretion. A central bank can exercise only an indirect and therefore limited control over all the circulating media. Its power is based chiefly on the threat of not supplying cash when it is needed. Yet at the same time it is considered to be its duty never to refuse to supply this cash at a price when needed. It is this problem, rather than the general effects of policy on prices or the value of money, that necessarily preoccupies the central banker in his day-to-day actions. It is a task which makes it necessary for the central bank constantly to forestall or counteract developments in the realm of credit, for which no simple rules can provide sufficient guidance.

The same is nearly as true of the measures intended to affect prices and employment. They must be directed more at forestalling changes before they occur than at correcting them after they have occurred. If a central bank always waited until rule or mechanism forced it to take action, the resulting fluctuations would be much greater than they need be. And if, within the range of its discretion, it takes measures in a direction opposite to those which mechanism or rule will later impose upon it, it will probably create a situation in which the mechanism will not long be allowed to operate. In the last resort, therefore, even where the discretion of the authority is greatly restricted, the outcome is likely to depend on what the authority does within the limits of its discretion.

This means in practice that under present conditions we have little choice but to limit monetary policy by prescribing its goals rather than its specific actions. The concrete issue today is whether it ought to keep stable some level of employment or some level of prices. Reasonably interpreted and with due allowance made for the inevitability of minor fluctuations around a given level, these two aims are not necessarily in conflict, provided that the requirements for monetary stability are given first place and the rest of economic policy is adapted to them. A conflict arises, however, if "full employment" is made the chief objective and this is interpreted, as it sometimes is, as that maximum of employment which can be produced by monetary means in the short run. That way lies progressive inflation.

The reasonable goal of a high and stable level of employment can probably be secured as well as we know how while aiming at the stability of some comprehensive price level. For practical purposes, it probably does not greatly matter precisely how this price level is defined, except that it should not refer exclusively to final products (for if it did, it might in times of rapid technological advance still produce a significant inflationary tendency), and that it should be based as much as possible on international rather than local prices. Such a policy, if pursued simultaneously by two or three of the major countries, should also be reconcilable with stability of exchange rates. The important point is that there will be definite known limits which the monetary authorities will not allow price movements to exceed–or even to approach to the point of making drastic reversals of policy necessary.

Weak Opposition to Inflation

Though there may be some people who explicitly advocate continuous inflation, it is certainly not because the majority wants it that we are likely to get it. Few people would be willing to accept it when it is pointed out that even such a seemingly moderate increase in prices as 3 percent per annum means that the price level will double every twenty-three and a half years and that it will nearly quadruple over the normal span of a man's working life. The danger that inflation will continue is not so much due to the strength of those who deliberately advocate it as to the weakness of the opposition. In order to prevent it, it is necessary for the public to become clearly aware of the things we can do and of the consequences of not doing them. Most competent students agree that the difficulty of preventing inflation is only political and not economic. Yet almost no one seems to believe that the monetary authorities have the power to prevent it and will exercise it. The greatest optimism about the short-term miracles that monetary policy will achieve is accompanied by a complete fatalism about what it will produce in the long run.

There are two points which cannot be stressed enough: first, it seems certain that we shall not stop the drift toward more and more state control unless we stop the inflationary trend; and, second, any continued rise in prices is dangerous because, once we begin to rely on its stimulating effect, we shall be committed to a course that will leave us no choice but that between more inflation, on the one hand, and paying for our mistake by a recession or depression, on the other hand. Even a very moderate degree of inflation is dangerous because it ties the hands of those responsible for policy by creating a situation in which, every time a problem arises, a little more inflation seems the only easy way out.

We have not had space to touch on the various ways in which the efforts of individuals to protect themselves against inflation, such as sliding-scale contracts, not only tend to make the process self-accelerating but also increase the rate of inflation necessary to maintain its stimulating effect. Let us simply note, then, that inflation makes it more and more impossible for people of moderate means to provide for their old age themselves; that it discourages saving and encourages running into debt; and that, by destroying the middle class, it creates that dangerous gap between the completely propertyless and the wealthy that is so characteristic of societies which have gone through prolonged inflations and which is the source of so much tension in those societies. Perhaps even more ominous is the wider psychological effect, the spreading among the population at large of that disregard of long-range views and exclusive concern with immediate advantages which already dominate public policy.

It is no accident that inflationary policies are generally advocated by those who want more government control– though, unfortunately, not by them alone. The increased dependence of the individual upon government which inflation produces and the demand for more government action to which this leads may for the socialist be an argument in its favour. Those who wish to preserve freedom should recognise, however, that inflation is probably the most important single factor in that vicious circle wherein one kind of government action makes more and more government control necessary. For this reason all those who wish to stop the drift toward increasing government control should concentrate their efforts on monetary policy. There is perhaps nothing more disheartening than the fact that there are still so many intelligent and informed people who in most other respects will defend freedom and yet are induced by the immediate benefits of an expansionist policy to support what, in the long run, must destroy the foundations of a free society.

(*The Constitution of Liberty*, pp. 336–339)

- V -
Main Themes Restated

19. Personal Recollections of Keynes

Even to those who knew Keynes but could never bring themselves to accept his monetary theories, and at times thought his pronouncements somewhat irresponsible, the personal impression of the man remains unforgettable. And especially to my generation (he was my senior by sixteen years) he was a hero long before he achieved real fame as an economic theorist. Was he not the man who had had the courage to protest against the economic clauses of the peace treaties of 1919? We admired the brilliantly written books for their outspokenness and independence of thought, even though some older and acuter thinkers at once pointed out certain theoretical flaws in his argument. And those of us who had the good fortune to meet him personally soon experienced the magnetism of the brilliant conversationalist with his wide range of interests and his bewitching voice.

I met him first in 1928 in London at some meeting of institutes of business cycle research, and though we had at once our first strong disagreement on some point of interest theory, we remained thereafter friends who had many interests in common, although we rarely could agree on economics. He had a somewhat intimidating manner in which he would try to ride roughshod over the objections of a younger man, but if one stood up to him he would respect him forever afterwards even if he disagreed. After I moved from Vienna to London in 1931 we had much occasion for discussion both orally and by correspondence.

Keynes Changes His Mind

I had undertaken to review for *Economica* his *Treatise on Money* which had then just appeared, and I put a great deal of work into two long articles on it. To the first of these he replied by a counter attack on my *Prices and Production*. I felt that I had largely demolished his theoretical scheme (essentially Vol. I), though I had great admiration for the many profound but unsystematical insights contained in Volume II of the work.

Great was my disappointment when all this effort seemed wasted because after the appearance of the second part of my article he told me that he had in the meantime changed his mind and no longer believed what he had said in that work.

This was one of the reasons why I did not return to the attack when he published his now famous *General Theory*–a fact for which I later much blamed myself. But I feared that before I had completed my analysis he would again have changed his mind. Though he had called it a "general" theory, it was to me too obviously another tract for the times, conditioned by what he thought were the momentary needs of policy. But there was also another reason which I then only dimly felt but which in retrospect appears to me the decisive one: my disagreement with that book did not refer so much to any detail of the analysis as to the general approach followed in the whole work. The real issue was the validity of what we now call macro-analysis, and I feel now that in a long-run perspective the chief significance of the *General Theory* will appear that more than any other single work it decisively furthered the ascendancy of macro-economics and the temporary decline of micro-economic theory.

Wide Intellectual Interests

The fact is that, although he liked to pose as the Cassandra whose dire predictions were not listened to, he was really supremely confident of his powers of persuasion and believed that he could play on public opinion as a virtuoso plays on his instrument. He was, by gift and temperament, more an artist and politician than a scholar or student. Though endowed with supreme mental powers, his thinking was as much influenced by aesthetic and intuitive as by purely rational factors. Knowledge came easy to him and he possessed a remarkable memory. But the intuition which made him sure of the results before he had demonstrated them, and led him to justify the same policies in turn by very different theoretical arguments, made him rather impatient of the slow, painstaking intellectual work by which knowledge is normally advanced.

He was so many-sided that for his estimate as a man it seemed almost irrelevant that one thought his economics to be both false and dangerous. If one considers how small a share of his time and energy he gave to economics, his influence on economics and the fact that he will be remembered chiefly as an economist is both miraculous and tragic. He would be remembered as a great man by all who knew him even if he had never written on economics.

I cannot from personal knowledge speak of his services to his country during the last five or six years of his life when, already a sick man, he gave all his energy to public service. Yet it was during those years when I saw most of him and came to know him fairly well. The London School of Economics had at the outbreak of war been moved to Cambridge, and when it became necessary in 1940 for me to live wholly at Cambridge, he found quarters for me at his College. On the weekends for which, so far as possible, he sought the quiet of Cambridge, I then saw a fair amount of him and came to know him otherwise than merely professionally. Perhaps it was because he was seeking relief from his arduous duties, or because all that concerned his official work was secret, that all his other interests then came out most clearly. Though he had before the war reduced his business connections and given up the bursarships of his college, the interests and activities he still actively pursued besides his official duties would have taxed the whole strength of most other men. He kept as informed on artistic, literary and scientific matters as in normal times, and always his strong personal likings and dislikings came through.

I remember particularly one occasion which now seems to me characteristic of many. The war was over and Keynes had just returned from an official mission to Washington on a matter of the greatest consequence which one would have assumed had absorbed all his energy. Yet he entertained a group of us for part of the evening with details about the state of the collection of Elizabethan books in the United States as if the study of this had been the sole purpose of his visit. He was himself a distinguished collector in this field, as of manuscripts of about the same period, and of modern paintings.

As I mentioned before, his intellectual interests were also largely determined by aesthetic predilections. This applied as much to literature and history as to other fields. Both the 16th and 17th centuries greatly appealed to him, and his knowledge, at least in selected parts, was that of an expert. But he much disliked the 19th century and would occasionally show a lack of knowledge of its economic history and even the history of its economics surprising in an economist.

I cannot in this short essay attempt even to sketch the general philosophy and outline on life which guided Keynes's thinking.

It is a task which has yet to be attempted, because on this the other wise brilliant and remarkably frank biography by Sir Roy Harrod is hardly sufficient–perhaps because he so completely shared and therefore took for granted the peculiar brand of rationalism which dominated Keynes's generation. Those who want to learn more about this I would strongly advise to read Keynes's own essay "My Early Beliefs" which was published in a little volume entitled *Two Memoirs*.

In conclusion I want to say a few words about the future of Keynesian theory. Perhaps it will be evident from what I have already said that I believe that this will be decided not by any future discussion of his special theorems but rather by the future development of views on the appropriate method of the social sciences. Keynes's theories will appear merely as the most prominent and influential instance of a general approach whose philosophical justification seems to be highly questionable. Though with its reliance on apparently measurable magnitudes it appears at first more scientific than the older micro theory, it seems to me that it has achieved this pseudo-exactness at the price of disregarding the relationships which really govern the economic system. Even though the schemata of micro-economics do not claim to achieve those quantitative predictions at which the ambitions of macro-economics aim, I believe by learning to content ourselves with the more modest aims of the former, we shall gain more insight into at least the principle on which the complex order of economic life operates, than by the artificial simplification necessary for macro-theory which tends to conceal nearly all that really matters. I venture to predict that once this problem of method is settled, the "Keynesian Revolution" will appear as an episode during which erroneous conceptions of the appropriate scientific method led to the temporary obliteration of many important insights which we had already achieved and which we shall then have painfully to regain.

(Excerpted from "Personal Recollections of Keynes & the 'Keynesian Revolution'")

20. Caracas Conference Remarks

Twenty years ago I lost interest in monetary matters because of my disillusionment with Bretton Woods. I was wrong in my prediction that the arrangement would soon disappear. Its main innovation has been to impose the responsibility for restoring balance in international payments on the creditor nations. This was reasonable in the deflationary 1930s, but not in an inflationary period. Now we have an inflation-borne prosperity which depends for its continuation on continued inflation. If prices rise less than expected, then a depressing effect is exerted on the economy. I expected that ten years would suffice to produce increasing difficulty; however, it has taken 25 years to reach the stage where to slow down inflation produces a recession. We now have a tiger by the tail: how long can this inflation continue? If the tiger (of inflation) is freed he will eat us up; yet if he runs faster and faster while we desperately hold on, we are still finished! I'm glad I won't be here to see the final outcome…

(Notes of comments by F.A. Hayek on a paper presented to the Mont Pèlerin Conference, Caracas)